철학적
포스트휴머니즘

철학적
포스트휴머니즘

Philosophical
Posthumanism

포스트휴먼 시대를 이해하는
237개의 질문들

프란체스카 페란도 지음
이지선 옮김 **신상규** 감수

아카넷

일러두기

이 책은 프란체스카 페란도 박사가 자신의 학위 논문에 기초하여 2016년 ETS에서
출판한 『철학적 포스트휴머니즘과 타자성(Il Postumanesimo filosofico e le sue
alterità)』의 수정 번역본이다. 박사 논문은 2014년 이탈리아 대통령 조르조 나폴리
타노가 수여한 "사이나티(Sainati)" 철학상을 수상했다.

감사의 말

로지 브라이도티 교수, 프란체스카 브레치 교수, 그리고 슈테판 로렌츠 조르그너 교수에게 진심으로 감사를 표한다.

학계의 식구들

케빈 워릭 교수, 아킬레 바르지 교수, 루이자 파레시니 교수, 지아니 바티모 교수, 지아코모 마라마오 교수, 시모나 마리노 교수, 안젤로 모리노 교수, 에비 삼파니쿠 교수, 나타샤 비타-모어 박사, 데이비드 로든 교수 그리고 제이비 델 발에게, 지적이고 인간적이면서 포스트휴먼다운 헤아릴 길 없는 지지에 감사한다. 사이나티상(賞)과 ETS 출판사, 블룸스베리 출판사, 프랭키 메이스와 익명의 심사자들에게도 감사한다. 이들은 열정, 식견 그리고 인내로써 이 기획을 지지해 주었다. 내 연구를 신뢰하고 나에게 공유와 교육과 학습을 위한 이상적인 공간을 제공해 준 뉴욕대 교양학부에도 감사한다. 나의 훌륭한 학생들에게도 감사한다. 이들은 매일같이 내 삶에 영감을 주었고 어떻게 포스트휴먼을 명쾌하고 매력적인 방식으로 가르칠 것인지를 가르쳐주었다. 이들의 피드백이 이 책의 구상에서 가장 중요한 역할을 했다.

휴머니즘 너머 네트워크(Beyond Humanism Network)와 뉴욕 포스트휴먼 연구 그룹, 그리고 공동 운영자 케빈 라그랜저, 파자드 마후티안, 짐 맥브라이드, 유누스 턴셀에게도 감사한다. 포스트휴먼 패러다임 전환에 자양분을 주고 포스트휴먼의 지적인 전망에 계속해서 영감을 주는 세계 포스트휴먼 학회와 토마스 슈타인부크에게도 특별히 감사한다. 또한 영어권 세계 밖에서 활발한 포스트휴먼 논의를 끌어내 준 나의 번역가들, 특히 안젤라 발자노 박사, 로만 스탄시에스코 교수에게도 감사한다. 이탈리아 로마 트레 대학 철학과, 미국 컬럼비아 대학 철학과 및 "IRWGS" 연구 센터, 잉글랜드 리딩 대학 사이버네틱스학과, 토리노 대학 젠더 연구 센터 "CIRSDe", 그리고 이탈리아 나폴리의 페데리코 2세 대학 젠더학 박사과정에도 진심 어린 감사를 표한다.

식구들

내 인생에 찾아온 소피아 사하라 샨티(너는 나의 순수한 빛이란다),

내 인생을 함께하며 지지와 사랑을 보내주는 토머스 로비, 나를 가졌을 때나 내가 태어날 때부터 줄곧 사랑해 주었을 뿐 아니라 사이나티상 공모에 지원해 준 레나타 프라토, 철학에 대한 사랑과 생각에 대한 믿음을 심어준 우고 페란도, 두 사람에게 사랑과 감사를 가득 담은 감사를 전한다. 티치아나 라키오의 사랑, 힘 그리고 예리함에 감사한다. 관용과 사랑을 베풀고 또 나의 생각을 영어로 구사하는 데 도움을 준 엘렌 델라헌티 로비, 내 인생에 영감을 준 바르바라 페란도와 페데리카 페란도, 나의 전망을 믿어준 톰 로비와 그의 가족에게도 감사한다. 이다 바치갈루포, 아고스티노 프라토, 카테리나 마나세로, 조바니 페란도, 이들은 언제나 내 가슴속에 있다. 골든 오아시스의 리지우드와 다른 멋진 사람들도 마찬가지다. 또 트리스탄, 알리사, 레미, 가론, 지셀라, 마리아, 마리사, 아릴린에게도 내 인생을 함께해 준 데 감사한다.

세계의 식구들

전 세계 포스트휴먼 공동체에 깊이 감사한다. 이메일, 피드백, 코멘트 그리고 "좋아요"로 나의 연구와 시각을 지지해 준 데 감사한다. 나의 사상을 형성한 모든 철학자들, 특히 로지 브라이도티와 프리드리히 니체에게도 감사한다. 페미니즘, 아나키즘, 요가, 마음챙김, 불교, 그 밖에 내 삶에 지대한 영향을 준 다른 사상에도 감사한다. 이탈리아와 유럽 전역, 뉴욕과 미국 전역, 코스타리카, 모로코, 인도, 그리고 지구 전역에 흩어져 있는 모든 사람에게도 감사한다. 철학적 글쓰기를 위해 지치지 않는 리듬을 유지해 준 나의 신체에도 감사한다. 이 책을 읽고 신나는 포스트휴먼 물결을 공유해 줄 여러분에게도 감사한다. 또 나의 실존적 자각을 엄청나게 확장시켜 준 이 책에도 감사한다. 그리고 존재에게도 깊은 존재론적 감사를 표한다. 이 모두에게 감사한다.

포스트휴먼 한국에 바치는 헌사

나는 한국을 기억합니다.

한국의 산을 기억합니다. 한국에서 산은 존중과 존경의 대상입니다. 그 산의 힘을 나는 기억합니다.

한국의 찜질방을 기억합니다. 찜질방에서 정화의 경험을 기억합니다. 찜질방의 물은 자아가 가진 다양한 욕구를 충족시켜 줍니다. 찜질방에서는 하나에서부터 열까지 모든 것이 진정과 치유의 경험이었습니다.

자아의 돌봄도 기억합니다. 한국에서 자아의 돌봄은 환경에 대한 염려와 분리되지 않는 것이었고, 환경에 대한 의식은 기술에 대한 염려이기도 했습니다.

서울의 지하철도 기억합니다. 서울의 지하철은 깨끗하고 조용하고 정확합니다. 서울에서의 지하철 탑승은 상호 존재를 실천하는 쾌적하면서도 사색적인 경험이었습니다.

고도의 기술 혁신과 과거의 무속 전통이 어우러진 향연을 기억합니다. 이 두 가지는 포스트휴먼을 실현하기에 더할 나위 없는 잠재적 조건입니다.

나는 한국을 기억합니다.

나의 책이 한국어로 번역된 것을 영광으로 생각합니다. 이 번역서를 통해 대화가 더욱 발전하여 전국적으로나 국제적으로나 활발해지기를 기대합니다. 번역자 이지선 박사, 신상규 교수님을 비롯한 한국의 포스트휴먼 동지들, 아카넷 출판사, 그리고 친애하는 독자들에게 감사를 표합니다. 한국은 포스트휴먼 논의에 크게 기여할 것입니다. 포스트휴먼 물결을 일으켜준 데 감사합니다.

평화, 전망, 그리고 감사를 담아
프란체스카 페란도

넘쳐흐르는 과잉으로서의 포스트휴먼

로지 브라이도티

페란도 고유의 포스트휴먼 사상은 인류 종말의 위기와는 거리가 멀다. 그 어떤 포스트휴머니즘에 비해서도 멀다. 대신에 관념, 정서, 욕망, 열망이 아낌없이 넘쳐흐른다. 페란도는 이를 광범위한 인문학 담론 전반에서 작동시킨다. 그것은 철학처럼 엄밀한 학문과 매체, 젠더, 탈식민주의 연구처럼 보다 학제적인 분야를 포함하되, 어느 하나로 한정되지도 않는다. 페란도는 고전학자인 동시에 미래주의 사상가다. 박학하면서도 활달하고, 헌신적이면서도 비판적이며, 개념적인 동시에 시적이다. 그녀는 잠재적으로 모순적인 관념과 정서를 결합하고 그 사이에서 균형을 유지한다. 그럼으로써 독창적인 논증 스타일을 확보한다. 그녀가 생산하는 텍스트는 정보를 주고, 흥미를 돋우며, 논쟁을 부른다. 프란체스카 페란도는 긴장들을 화해시키고 질적으로 더 높은 차원의 담론으로 고양시키는

데, 이는 그녀가 포스트휴먼 조건의 역설적인 구조를 철저하게 이해한 덕분이다. 나는 포스트휴먼을 탈-인간주의와 탈-인류중심주의의 수렴 현상으로 규정한 바 있다. 그것은 한편으로는 이성적 인간이라는 보편적인 이상에 대한 비판이고, 다른 한편으로는 종적 우월성에 대한 거부다. 페란도의 연구는 이 격동적인 분야 안에 위치한다. 그리고 그녀에게 넘쳐흐르는 과잉은 인간주의와 인류중심주의를 탈영토화하는 영감을 주는 힘이 된다.

페란도는 과잉이 개념의 과-결집이자 포화의 한 형태이며 이로부터 개념들이 경계의 끝으로 밀려나고 결국에는 폭발하게 된다는 것을 잘 이해하고 있다. 결핍으로서의 욕망 개념에 대립하는 과잉으로서의 욕망 개념을 방법론적으로 적용한 결과다. 달리 말해 그것은 라캉이 아닌 들뢰즈의 입장, 그리고 헤겔보다는 스피노자와 공명한다. 이 과잉 양태는 그 자체로 목적이 아니다. 우선적으로 또는 예외적으로 중요한 것도 아니다. 그것은 딱 생산적인 정도의 창조성을 표현하고 유지한다. 페란도가 열망하는 것(달리 말해 그녀의 연구를 추동하는 개념적 욕망)은 "아직 실현된 것은 아닌", 그러나 절실하게 필요한 사변적 통찰을 표현하는 새로운 사유의 지평을 열어젖히는 것이다. 이러한 과잉의 전략적 사용을 통해 프란체스카 페란도는 기존 철학적 사유의 구조가 넘쳐흐르도록 하고 그럼으로써 사유와 사유하는 주체의 새로운 이미지의 윤곽을 그린다. 페란도에게 사유는 인간/인류(안트로포스)에게 한정된 특권이 아니라 인간과 비인간 존재물의 넓은 스펙트럼에 걸쳐 분배되어 있다. 이로써 인간은 초월적 의식을 지닌 자율적 행위자가 아니라 인간과 비인간 타자들, 유기적이고 비유기적인 타자들과의 다중적인 관계와 더불어서, 그리고 그러한 관계를 통해서 사유하는 내재적인[신체화되고(embodied) 내재되어(embedded) 있으며 관계적인] 존재물로서 이해된다. 이러한 주체에 대한 시각과 주체를 규정하는 타자성에 대한 관대한 포용은 때로 성급한 독해를 낳기도 하지만, 여기에서 드러난 이론적 복잡성은 페란도의 텍스트가 지닌 예지력으로 보상된다.

인간주의의 과잉

지난 수십 년 동안 인문학에는 철학적 탈-구조주의, 해체, 그리고 그에 따른 비판적 반-인간주의의 여파가 몰아쳤다. 한편으로는 새로운 움직임들도 일어났다. 여성주의, 탈식민주의 및 반-인종차별주의 비판 이론, 환경 운동, 장애인 권리 운동, 퀴어와 LGBT 이론을 포함한 급진적인 이론의 물결이 일어났고, 유럽식 인간주의의 범위, 기초, 성취, 그리고 서구의 근대성 기획에서의 역할에 의문을 제기했다. 보다 구체적으로 이 운동들은 "인간"의 인간주의적 이상, 인간이 소위 "만물의 척도"라는 암묵적인 관념에 의문을 제기했다. 이 이상은 개인의 신체적 완벽함과 지적·도덕적 향상가능성[직역하면 완벽가능성(perfectibility)으로, 인간의 진보를 믿은 루소와 스탈 부인 등 계몽사상가들이 즐겨 쓴 개념이다ㅡ옮긴이]을 종합하는 것이었다. 수 세기 동안 그것은 자기-성찰적 이성에 의해 전체로서의 인간종, 그중에서도 특히 유럽 문화의 특권을 주장하는 예외주의적 문명의 표준으로 탈바꿈했다. 이성에 대한 믿음은 과학과 기술의 전면 배치를 통해 인류에 대한 유럽중심적 시각과 합리적 진보에 대한 목적론적 전망과 결합했다. 1966년 인간의 죽음에 대한 푸코의 날카로운 분석에 따르면, 마르크스주의 역시 역사적 유물론의 방법을 통해 유럽 사유의 주체에 인간의 사회적이고 문화적인 진화의 원동력이라는 최상의 지위를, 게다가 합리적 자기-확신은 이성과 진보의 보편적인 힘을 유럽과 동일시하는 문명화 모델을 정당화하고 공고히 하는 주된 역사적 역할을 수행했다. 이 주장은 후에 유럽 팽창을 위한 식민 이데올로기에 중심적인 역할을 하게 되었다.

페란도의 연구는 인간주의에 대한 이러한 근본적·철학적 비판에서 자양분과 영감을 얻지만 이에 국한되지 않는다. 탈구조주의와 탈근대 세대들은 반-인간주의를 이론적이고 정치적인 기획으로서 포용하고, 그것을 구조화하는 권력 관계에 대한 보다 정확한 분석을 위해 주체성을 보편주의적 태도로부터 탈-연결했다. 그에 반해 다른 운동들은 인간주의를 보다 신중하게 다루었다. 예를 들어 여성주의 위치 정치학은 실제의 경험과 여성적 신체화의 특수성에 가치를 두었다. 그리고 "입장론(Standpoint theory)"을 근본으로 삼았다. 여성들 사이의 다양성에 주목하면서도 여성주의 주체를 포기하지 않고 유목적이고 비-단일적인 특이성으로서 재-편성했다. 이 주체는 신체화되고 내재화된, 정서적이고 관계적인 상황적 지식을 생산하는데, 이때 지식은 권력의 미시-정치적 분석에 기초로 작용하며 유효한 대안을 제시하는 방법이자 정치적 전략이 된다.

이. 내재적이고 유물론적인 접근은 여성주의, 반-인종주의, 그밖의 다른 사회 운동에서 각광을 받으면서 급진적으로 변형된 신-

인간주의를 발전시켰다. 이것이 페란도의 저작 곳곳에서 눈에 띄게 드러난다. 고전적 인간주의에 대한 급진적인 비판은 두 가지 상호 연결된 관념을 겨냥했다. 하나는 자아와 타자의 변증법이고 다른 하나는 폄하로서의 차이 개념이다. 타자성은 지배적인 주체에 대한 부정적 대립으로 규정되고 또 열등성을 환기하는 위계질서에 기입되어 왔다. 그런데 이것이 스피노자주의적 신-유물론의 영감을 받은 상황적이고 내재적인 방법에 의해 도전을 받게 된다. 차이의 변증법은 실제로 부정적인 차이의 범주와 우연히 일치하는 실제 사람들에게 끔찍한 결과를 가져왔다. 여성, 원주민, 지구 등이 이러한 범주들로, 이 "타자들"의 사회적·상징적 실존은 위태롭고 모든 종류의 위험에 노출되어 있다. 이들의 신체는 인간주의가 가능한 해결책을 찾고자 했던 권력, 지배, 배제에 중대한 문제들을 제기한다.

다양한 유형의 수정 인간주의는 탈식민 이론에서도 나타난다. 탈식민 이론은 프란츠 파농과 그의 스승 에메 세제르의 반식민적 현상학으로부터 영감을 받았다. 이들은 인간주의를 유럽의 미완의 기획으로 간주하고, 이것이 제국주의적 폭력과 구조적 인종주의에 의해 좌초됐다고 보았다. 그러나 다른 문화에는 다른 형태의 인간주의가 존재한다고 주장했다. 이들의 입장은 환경 또는 초국가적 환경 정의 운동가들에게 반향을 얻었다. 이들은 근대성의 인식적이고 물리적인 폭력에 대한 비판을 유럽 식민주의에 대한 비판과 결합한다. 인간주의에 대한 페란도의 논의는 이탈리아 르네상스의 고전에 기반하고 동시대 포스트-휴머니즘 및 트랜스-휴머니즘 연구들에 힘입고 있으며, 이 모든 비판적 우려들로 구조화되어 있지만 동시에 이들을 넘어서 있다. 그녀는 다양한 담론 공동체를 통해 자신만의 연결망을 만들고, 이 공동체 모두를 존중하면서도 그중 어디에도 충성을 맹세하지 않는다.

인류중심주의의 과잉

인류중심주의의 대체에 관한 논쟁은 인간주의의 비판과 중복되기는 하지만 다른 수준에 있으며 다른 계보학적 노선을 추구한다. 종적 우월성(이 행성에서 인류의 폭력적인 지배)에 대한 비판은 인간 자체를 규정하는 특성들에 대한 또 다른 노선의 비판으로 이어진다. "인간"은 위계적이고 폭력적인 종을 대리한다는 비난을 받는다. 인간의 욕심과 탐욕은 과학적 진보와 지구적 경제 지배의 결합으로 한층 커졌다. 페란도가 명쾌하게 설명하는 것처럼, 보편적이고 인간주의적인 만물의 척도로서의 "인간"이나 지배적인 종으로서의 인류는 사유라는 임무에서 중심적인 위치를 요구할 수 없다. 포스트휴먼 수렴의 틀을 짜는 이 시대에 사유의 힘은 다수의 종에 걸쳐서 분배되어 있고 네트워크와 컴퓨터 처리 과정을 통해 기술로 매개된 지식 생산 체계에 의해 실행된다. 생물발생학과 컴퓨터의 진보는 전적으로 인간적인 생명인 '비오스(bios)'와 동물 및 비인간 존재물들의 생명인 '조에(zoe)'의 분리에 도전장을 내민다. 대신에 인간/비인간 연속체를 전면에 등장시킨다. 그리고 이것은 파급력 강한 기술의 매개에 의해 공고화된다.

　이러한 전환이 갖는 정치적 함축은 상당하다. 여성주의, 퀴어, 반-인종주의, 생태적·탈식민적 비판에 의한 인간주의의 수정이 성별화되고 인종화된 (그러나 여전히 인간인) "타자들"에게 힘을 실었다면, 인류의 위기는 자연화된 타자들을 소환한다. 동물, 곤충, 식물, 세포, 박테리아 그리고 사실은 지구와 우주까지도 정치적 무대에 선다. 비인간 존재물과 행위자들은 페란도의 저술에서 중요한 역할을 수행한다. 여기에서 그들은 재평가되고 "개념적 인물"[들뢰즈와 과타리가 쓴 개념으로 자신이 만들어낸 개념을 스스로의 삶을 통해 구체화하는 인물을 가리킨다—옮긴이]로 재개념화된다. 이들의 최우선적인 기능은 자연-문화의 구분에 도전하고 그럼으로써 인류중심적 예외주의를 고발하는 것이다. 페란도의 저술에서 놀라운 점은 그녀가 특히 비인간종들의 근본적인 다양성에 환희할 줄 안다는 점이다. 이들의 다양성은 공포와 통제의 대상이 아닌 경이와 감탄의 원천이 된다.

프란체스카 페란도의 저술에서 눈길을 끄는 또 하나는 다양한 문해 재능이다. 독자들은 저자가 인문학 소양에서 과학기술의 소양으로 능숙하게 전환하고 또 그러면서도 과학과 인문학의 이분법을 피한다는 점에서 놀라게 될 것이다. 페란도는 역사, 문학, 철학, 종교 이론이 지구-중심적, 간접적, 비-인류중심적 준거틀에서 행성적 관점을 전개해야 한다고 요구하는 듯이 보인다. 이는 전통적 인문학 분야에 많은 것을 요구한다. 왜냐하면 이 분야들은 인간의 종말이라는 유령은 고사하고 인류중심주의의 탈-중심화를 성찰하기조차 쉽지 않을 정도로 인류중심적 습관으로 깊이 구조화되어 있기 때문이다.

그러나 페란도의 학식은 젠더, 여성주의, 퀴어, 인종, 탈식민 연구와 문화 이론, 영화, 텔레비전, 그리고 매체 이론 등 근본적으로 간학문적인 분야에 의존한다. 그런 만큼 또 다른 수준의 복잡성을 가진다. 이 "연구들"은 인문학의 핵심에 유럽중심주의, 성차별주의, 인종(차별)주의, 방법론적 민족주의라는 중대한 결점이 있음을 보였다. 이들은 인문학의 경계를 확장하고 어느 정도는 파열시켰다. 그러나 과학적 이성과 폭력의 양립가능성을 인정한다 해서 불가피하게 인간주의를 거부하는 것은 아니다. 대신에 인간과 인간을 연결하는 관계망에 대한 대안적 시각이 출현한다. 여기에는 21세기를 위한 인간주의의 혁신적인 재구성도 포함된다.

페란도는 상당한 기술애호가이고 동시대 과학과 기술의 어휘들에도 친숙하다. 이를 바탕으로 그녀는 인간주의의 비판과 인류중심주의의 폐기를 완성했다. 그녀는 여성주의 신체 정치학을 과학기술학과 통합하는 여성주의 전통을 유지하는 한편으로, 과학에서 게임의 규칙을 변경하는 것을 목표로 한다. 그녀는 해러웨이와 브라이도티를 따라 인류중심주의를 인간과 비인간 타자 사이의 관계적 연결로 대체하고자 한다. 여기에는 원주민, LGBT, 다른 종, 기술적 인공물, 그리고 우주적 타자들이 포함된다. "안트로포스(Anthropos)"['인류' 또는 '인간'이라는 뜻의 그리스어로, 브라이도티는 이를 대문자 인간(Human)과 같은 의미로 사용한다 — 옮긴이]에서 여성주의의 집단적 퇴장은 위기가 아니라 폭발적인 다수의 새로운 시작을 알린다.

이 책 전반에는 어떤 정서적 기류가 흐른다. 그것은 자신의 종에 대한 불충을 포함하지만, 연민과 더불어 비판적 거리가 쉽게 만들어지는 것은 아니며 협력적인 노력을 요구한다는 자각에 의해 풍요로워진다. 아무리 기술애호가라 해도 새로운 기술의 해방적이고 초월적인 잠재력이 이를 지지하는 경제적·사회적 제도권의 고착화된 보수주의와 충돌한다는 점은 받아들일 수 밖에 없다. 포스트휴먼 전회는 정서적 힘, 심지어 열정으로 충만하다. 열정은 우리 모두가 알다시피 병리적인 것과 고통까지 포함한다.

나아가 페란도의 다종적인 담론의 우주는 인간과 비인간의 섹슈얼리티의 다형적이고 도착적인 구조에 대한 생기론적 전회로부터 출발해서 젠더 없이 또는 젠더를 넘어서 섹슈얼리티를 재사유할 것을 촉구한다. 이탈리아 차이 철학 학파[라캉과 이리가레의 영향을 받은 여성주의 이론으로, 정신분석학에 대한 비판적 접근에서 출발하여 추상적이고 중립적인 주체 개념과 언어를 비판하고 신체적 차이에 기반한 구체적이고 성적인 관계에 주목한다. 이탈리아에서는 루이자 무라로(Luisa Muraro)와 아드리아나 카바레로(Adriana Cavarero) 등이 주도하고 있다. ─옮긴이]를 의식하면서 그녀는 여성적 신체화의 생성력 또한 재평가한다. 여기에는 재생산 능력도 포함된다. 그야말로 모성적 유물론이다. 페란도의 접근은 섹슈얼리티가 사회화된 섹스-젠더 이항으로 포획되었을지는 몰라도 그것으로 환원될 수 없음을 상기시킨다. 젠더 체계를 포획한 이항 기제는 섹슈얼리티가 횡단적이고 구조적이고 생기적인 함의를 갖는다는 사실을 바꾸지 못한다. 생명-력으로서 섹슈얼리티는 인간과 비인간의 정서와 욕망의 조직화를 위한 비-본질론적이고 종-초월적인 존재론적 구조를 제공한다. 그것은 페란도의 지적 우주에서 인간과 비인간 타자 다수의 혼종적인 교차-수정과 발생적 조우를 포함하는 가능한 성별과 관계에 대한 환상을 주입한다.

이 책을 읽으면서 내게 가장 와닿은 것은 페란도가 창조적 실천으로서의 비판적 사고에 보내는 깊은 신뢰다. 그녀는 즐거운 탈-친숙화를 실천하면서 인류중심주의와 같은 낡은 사고 습관으로부터 거리를 두고 이에 환호한다. 그녀는 우리를 친숙하지 않은 영역으로 유혹하고, 비-단일한 이성의 흐름에 동참하며, 자신이 발견한 사유와 실천의 새로운 지평에 두려워하기보다는 의기양양해한다. 페란도의 방법론적 과잉 문화는 내가 들뢰즈를 차용해서 "도래할" 민중[질 들뢰즈가 『이미지-시간(L'image-temps)』(1985)에서 제안한 개념. 소비에트나 독일의 고전 영화에서 집단적으로 행동하는 민중의 "현전"을 재현했던 것과 달리 현대 정치 영화나 제3세계나 소수자 집단 영화에서 민중이 "누락" 또는 "실종"(missing)되었으면서도 한편으로 "도래"할 수 있음을 보이는데, 브라이도티는 이 개념을 발전시켜 기존의 인간 및 주체중심적 세계에서 "실종"되었으나 새로이 "도래"할 민중으로 여기에 인간과 비인간 존재물들을 아우르는 혼종적인 존재까지 포함시킨다 ― 옮긴이]들이라 부르는 것의 재-구성을 지지한다. 그녀는 집단적인 자기-스타일링의 관대한 몸짓 또는 상호 구체화를 통해 현실화되는 상호문화적이고, 내부종적(intraspecies)이며, 매개된 공동체를 갈구한다. 그녀에게 포스트휴먼은 결코 탈-정치적이지 않고 언제나 횡단적이고 관계적이다.

이 책은 친숙한 가치로부터의 탈-동일화(또는 탈-영토화)가 감정적으로 부담을 주지만 또 한편으로 창조적인 유목적 전환을 가능케 한다는 점을 설득력 있게 보여준다. 그것은 새로운 것과 "아직 아닌" 것을 향한 개념적이고 정서적인 발판의 역할을 수행한다. 페란도에게 이 움직임은 비극적인 단절이 아니라 황홀한 출발이다. 그것은 여왕벌의 비행이다.

차례

1부 철학적 포스트휴머니즘이란 무엇인가

2부   포스트휴먼은 어떤 "인간"의 "포스트"인가

3부   인간은 항상 포스트휴먼이었는가

휴먼에서 포스트휴먼으로

포스트휴머니즘은 우리 시대의 철학이다. 이 주제를 둘러싼 지대한 관심과 세계 각지에서 강연, 연구, 진단이 쏟아지고 있는 것을 보면 알 수 있다. 존재-인식론적, 과학적, 생명-공학적 발전에 따라 인간의 개념을 완전히 새롭게 정의하는 일은 20세기와 21세기의 가장 시급한 과제가 되었다. 이 과제를 해결하기 위해 학계에서는 논쟁을 벌이고 있다. 이 논쟁에서 "포스트휴먼"은 핵심 개념이 되었다. 그것은 여러 가지 운동과 학파를 포괄하는 철학으로 전개되었다. "포스트휴먼"이라는 이름표는 각기 다른 관점 중 어디에 가져다 붙여도 무방할 정도로 유(類)적이고 포괄적으로 사용되고 있고, 전문가와 비전문가 사이에서 방법론적이고 이론적인 혼동을 낳곤 한다.[1] 그리하여 "포스트휴먼"은 (철학적, 문화적 그리고 비판적) 포스트휴머니즘, 트랜스휴머니즘(그리고 그 변형들, 이를테면 무엇보다도 엑스트로피즘, 자유주의 트랜스휴머니즘, 그리고 민주적 트랜스휴머니즘 등), 신(新)유물론(포스트휴먼의 틀 안에서 여성주의의 특정한 흐름), 다양한 진영의 안티휴머니즘, 객체지향적 존재론, 포스트인문학과 메타인문학 등을 아우르는 포괄 용어가 되었다. 이 책은 한편으로 이 다양한 용어와 학파들의 계보, 유사점, 그리고 접점을 추적함으로써 그 사이의 유사성과 차이를 드러낸다. 다른 한편으로는 이 책은 존재론적, 인식론적, 윤리학적 근거들에 입각한 이론적 시도를 발전시킴으로써 철학적 포스트휴머니즘에 대해 독창적인 공헌을 한다.

이 책은 서로 다른 세 가지 주제적인 마디를 중심으로 3부로 나뉘어 있다. 각 주제는 다음과 같은 질문의 형태로 제시된다:

1. 철학적 포스트휴머니즘이란 무엇인가?
2. 포스트휴먼은 어떤 "인간"의 "포스트"인가?
3. 인간은 항상 포스트휴먼이었는가?

세 가지 질문이 주제적으로 면밀히 구분되는 것은 아니다. 그러나 이후 논의의 전개에 대한 길잡이로 생각할 수 있다. 나는 이 책을 구성하는 1부에서 3부까지의 장들에 연속적인 순서를 매김으로써 매끄러운 서사의 진행을 강조할 것이다.

또한, 책 전반에 걸쳐 나타나는 여러 가지 서사의 갈래에 길을

---

1 이 책은 다음 논문에서 처음으로 발전시킨 주제를 확장한 것이다. 「포스트휴머니즘, 트랜스휴머니즘, 안티휴머니즘, 메타휴머니즘, 그리고 신유물론: 차이와 관계 (Posthumanism, Transhumanism, Antihumanism, Metahumanism, and New Materialism: Differences and Relations)」(2014).

잃을 수도 있는 독자들을 위해 길잡이 역할을 할 질문을 제시한다 (이 서론 다음에 질문 전체의 목록을 볼 수 있다). "주"는 본문에 필요한 기여를 하는 것으로서 그 자체로 하나의 부분으로 간주되어야 할 것이다.

첫 번째 질문은 철학적 포스트휴머니즘에 대한 역사적 고찰 (1장에서 10장)에 해당한다. 철학적 포스트휴머니즘은 최초 용어의 등장(Hassan 1977)에서부터 1990년대를 거쳐 그리고 핵심 텍스트인 캐서린 헤일스의 『우리는 어떻게 포스트휴먼이 되었는가』 (1999)의 출간에 이르기까지 문예비평 영역에서 나온 비판적 혹은 문화적 포스트휴머니즘의 최신 판본으로 소개된다. 비판적 포스트휴머니즘이나 문화적 포스트휴머니즘과 비교하면 철학적 포스트휴머니즘은 아직 형성 단계에 있는 철학으로서, 21세기의 첫 10년 [2000년대]부터 오늘에 이르기까지 보다 엄밀한 철학적 접근으로 전개되었다. 그 계보는 마르틴 하이데거의 「인간주의에 관한 편지」 (1947)로 거슬러 올라가며, 포스트모더니즘, 차이 연구(무엇보다도 젠더 연구, 비판적 인종 연구, 퀴어 이론, 탈식민 이론, 장애 연구 등) 그리고 사이보그 연구를 포함한다. 계보학적으로 철학적 포스트모더니즘은 "인간"의 급진적인 해체와 연관된다. 그것은 1960년대에는 정치적 입장으로 시작되었다가, 1970년대에는 학술적 기획으로 변모했으며, 1990년대에는 인식론적 접근으로 진화했는데, 결과적으로는 다수의 상황적 관점을 낳았다.

포스트휴먼은 (인간에 의해 그리고 인간을 위해 이론화되었다는) 인식적 한계를 인지하고, 비위계적 관점을 취하며, 인간에게 어떤 우월성도 부여하지 않고, 비인간인 동물(Wolfe 2010)에서부터 인공지능, 로봇, 그리고 미지의 생명체(Badmington 2004)에 이르기까지, 비인간(nonhuman)의 경험을 지식의 영역으로 포함하는 것을 인식론의 조건으로 제시한다. 그러한 비교적 접근은 인간종이 젠더, 민족, 사회, 개인에 따른 다양성을 포함하며 애초에 차이가 인간종의 구성적 요소임을 인정하는 데에 뿌리를 둔다. 달리 말해 포스트휴먼의 비인간적 타자성(alterity)에 대한 인식은 인간적 타자성에 대한 인식에서 시작한다. 포스트휴머니즘은 2세대 포스트모더니즘으로, 종차별주의, 즉 특정한 종이 다른 종에 비해 우월하다는 주장에 이론적 수정을 가함으로써 인간의 해체가 극단적 결과까지 이르도록 한다고 생각될 수 있다. 포스트휴머니즘의 존재론-인식론적 개방성은 인간 자체에 대한 혼종적 관점에서 온다. 특히 사이보그[2]는 도나 해러웨이(1985)의 비판적 성찰에서 중심을 차지하는데, 포스트휴머니즘은 사이보그를 출발점(다시 말해 기원이 없는 기원)으로 삼음으로써 혼종을 내재화했다.[3] 한편으로 포스트휴머니즘은 "포스트-휴머니즘", 즉 인간주의와 인류중심주의에 대한 급진적인 비판이라 볼 수 있다. 다른 한편으로 "포스트휴먼-이즘"의 의미에서는 인간을 구성하는, 그럼에도 불구하고 엄밀한 의미에서는 인간의 구성적 한계를 넘어서는 측면들을 인식한다. 포스트휴머니

---

2 "사이보그"라는 용어는 1960년 맨프레드 클라인스와 네이선 클라인이 만든 용어로 생물학적인 부분과 인공적인 부분으로 만들어진 존재를 가리킨다(Clynes and Kline 1960).

3 해러웨이가 말하듯이 사이보그는 어느 하나의 기원 신화에 국한되지 않는다. "어떤 의미에서 사이보그는 서구적 의미의 기원 신화를 갖지 않는다. '서구적' 휴머니즘의 의미에서 기원 신화는 기원적인 통일성의 신화에 의존한다"(1985: 51). 22장에서 이 문제에 대해 다시 논할 것이다.

즘은 실천인 동시에 탈-이원론적이고 탈-중심적이며, 포용적이다. 또 타자성을 인정(acknowledge)하고 타자성 안에서 자신을 인지하며 그런 의미에서 "인정"(이 용어는 인정과 동시에 감사의 표현이라는 이중적 의미 때문에 더더욱 적합하다. 이 두 가지 양태는 "인정"의 철학에서 한 쌍을 이룬다)의 접근을 표방한다. 그것은 매개의 철학이다.

다음으로 포스트휴머니즘을 다른 사상의 조류와 비교할 것이다(3장). 우선 포스트휴머니즘과 트랜스휴머니즘의 구분에서 시작한다(4장에서 7장). 두 운동 모두 1990년대에 본격적으로 일어났고 비슷한 주제에 관심을 보였지만, 근원도 관점도 다르다. 포스트휴머니즘이 포스트모더니즘에서 나왔다면, 트랜스휴머니즘은 계몽사상에 기원을 두며 따라서 휴머니즘을 폐기하지 않을뿐더러 나아가 "울트라-휴머니즘"으로 정의될 수 있다(Onishi 2011). 트랜스휴머니즘은 인간의 능력을 크게 향상시키는 것을 목적으로 (재생의학, 수명 연장, 마인드 업로딩, 인체 냉동 보관의 경우에서 보듯이) 기술을 통한 인간 조건의 급진적 변형을 택한다. 그 기술은 현존하는 것일 수도, 추후 도래하는 것일 수도, 아니면 사변에 머무는 것일 수도 있다. 몇몇 트랜스휴머니스트들에 따르면 인간의 존재는 스스로를 급진적으로 변형해서 일순간에 포스트휴먼이 될지도 모른다(여기에서는 포스트휴먼의 개념이 특별히 트랜스휴머니즘의 방식으로 해석된다). 여기에서 중요한 것은 트랜스휴머니즘이 동질적인 운동이 아니라는 사실이다. 특히 엑스트로피즘(More 1990, 1998; Vita-More 2004), 민주적 트랜스휴머니즘(Hughes 2004), 그리고 특이점 이론(Kurzweil 2005) 등의 주요한 주장을 소개할 것이다. 이 다양한 경향은 몇 가지 차이에도 불구하고 인간 향상이라는 트랜스휴머니즘의 주요 목표를 공유한다. 일반적으로 말해서 트랜스휴머니스트 시각의 강점은 과학과 기술이 제공하는 가능성에 대한 개방성에 있다. 그러나 이러한 태도가 도리어 약점이 되기도 하는데, 존재를 기술 환원론적으로 동화하거나 해체론적 실천의 여지를 남겨두지 않는 진보주의적(progressivist) 접근이 바로 그러한 경우라 볼 수 있다.

합리성과 진보가 트랜스휴머니즘의 핵심 전제라면 그러한 개념들에 대한 급진적인 비판은 안티휴머니즘의 핵심이다. 안티휴머니즘은 포스트모더니티[탈근대]라는 뿌리를 포스트휴먼과 공유하기는 해도 그와 동화될 수 없는 철학적 입장이다(9장). 인간의 해체는 트랜스휴머니즘의 성찰에서는 거의 부재하는데 안티휴머니즘에서는 결정적이며 이것이 바로 포스트휴머니즘과의 공통점 중 하나다. 반면에 이들 간의 주요한 차이는 단어의 형성, 특히 조합 안에 들어 있다. 접두사 "안티"에 함축된 구조적 대립은 포스트휴머니즘의 탈이분법적 과정-존재론적 지평에 의해 도전을 받아왔다. 포스트휴머니즘은 휴머니즘의 위계적인 가정이 쉽게 간과되거나 제거되지 않는다는 사실을 받아들인다. 그런 점에서 포스트휴먼은 푸코의 인간의 죽음보다 데리다의 해체적 접근과 통한다(1967). 이 장에서는 니체의 초인(위버멘쉬)이 각기 다른 관점에서 포스트·트랜스·안티휴머니즘 전부와 관련된다는 점을 다룰 것이다. (가능한 가장 넓은 의미로 이해된) 포스트휴먼의 각본에서 기술과 인간 개념의 재평가에 있어서 기술이 갖는 잠재성 역시 비교의 방법으로 제시될 수 있다. 트랜스휴머니즘에서 기술에 대한 성찰은 중심화되고 수단화되어 있다. 여기에서 기술은 계속해서 발전하는 것으로 생명의 급진적 연장으로 재규정된 불멸에 이르기까지 특정한 목표를 획득하기 위한 수단이자 목적으로서 제시된다. 철학적 트랜스휴머니즘은 한편으로 하이데거의 「기술에 관한 물음」(1953)을 통해 탈은폐의 방식으로서 기술의 존재론적이고 실존적인 잠재성을 재평가한다. 다른 한편으로 자아에 대한 기술이라는 개념(Foucault 1988)은 자아/타자의 이분법을 해체하는 포스트휴머니즘 각본에서 중요해진다(10장).

이제 우리는 두 번째 질문을 던질 수 있다. **포스트휴먼은 어떤 "인간"에 대해서 "포스트(post)"인가?** 역사적으로 인간 지위에 대한 인식은 규칙적인 기복을 보여왔다. 예를 들어 서구의 역사에서 "인간" 개념은 배타적 실천을 특징으로 하는 범주로 재기입되어 왔다. 성차별, 인종차별, 계급차별, 나이차별, 동성애혐오, 장애인차별 등은 다른 형태의 차별과 더불어 누가 인간으로 간주될 수 있는지 규정하는 성문법[쓰여진 법]과 관습법[쓰여지지 않은 법]을 제정해 왔다. 예를 들어 다른 범주들 중에서도 노예와 여성은 인간의 주변부, 무질서 그리고 훈육되지 않는 부류를 대표했다(14장). 서구 역사에서 "인간"은 특히 백인이고 남성이며 이성애자이자 재산권을 갖고 제도화된 규범 및 민족적, 문화적, 물리적 특성에 순응하는 시민을 지칭하는 것이었다. 인간 개념에 대한 포괄적이고 "인정적인" 접근을 따르기 위해서는 이 질문을 던져야 한다. 반복적으로 비인간화되어 온 인간들(의 "범주")은 어떻게 자신들의 인간다움(humanness)을 다루어 왔는가? 그들은 어떻게 그렇게 부인된 지위를 재정립했는가? 포스트휴머니스트 접근을 이해하기 위해서는 우선 역사적으로 인간 "타자"에 의해 발전된 자아의 기술을 탐구하고(15장) 집단적 패권이 제정되고 또 확립된 방식을 밝혀냄으로써 "인간" 개념의 의미를 반성할 필요가 있다. 우리는 인간화(humanizing) 과정 ─ 여기에서는 "인류학적 기계"(Agamben 2002)보다는(13장) "인간화하다(humanize)"라는 동사의 의미로(12장) 쓰였다 ─ 을 살피고, "인간"이라는 용어를 뒷받침하는 의미론과 화용론을 탐색할 것이다(16장). 특히 라틴어 어원(humanitas)(17장)과 [생물학적] 분류학에서 호모 사피엔스의 분류(18장)를 탐구할 것이다. 이러한 탐구는 "포스트"가 인간 개념에 적합한지 성찰하기 위해 필요하다. 한편으로 포스트휴먼은 인간과의 계보학적 관계를 자각하고 그것이 포함하는 역사적이고 철학적인 의미를 탐색해야 한다. 다른 한편으로 포스트휴머니즘은 "포스트"의 조건을 통해 비판적 개입을 성공적으로 드러내고 그 입장을 확고히 한다.

포스트휴먼은 인간 개념의 한계와 상징적 경계를 불안정하게 만든다. 인간/동물, 인간/기계, 그리고 보다 일반적으로, 인간/인간 아닌 것 사이의 이분법을 대립 도식을 통하지 않은 지각을 통해 재탐색한다. 같은 방식으로 포스트휴먼은 삶/죽음, 유기물/합성물, 그리고 자연/인공 사이의 선명한 구분도 해체한다. 이제 우리는 세 번째 질문의 영역으로 진입한다: 인간은 항상 포스트휴먼이었는가? 여기에서 우리는 "비오스(bios)"의 영역, 즉 생명과 생물학(19장에서 22장), 또한 생명윤리와 후생인류의 생명공학적 진화(23장에서 25장)를 탐구할 것이다. 조에(zoe)보다 비오스(bios)에 특권을 부여한 인류중심적 선택은 "생명" 자체가 배타주의적 영역임을 보여준다. 좀 더 분명하게는 인간의 인지적 장치에 기반한 인간적 개념으로서 제시된다. 이 부분에서는 그 신체화된 특성에서 포스트휴먼 관점주의를 인정할 것이다. 이러한 접근은 프리드리히 니체

(1887; 1901/6)의 제안에 따라 역사적으로 기술되고(27장), 또 "자기생성(autopoiesis)" 개념(Maturana/Varela 1972)에 대한 비판적 평가를 통해 생물학적으로 기술될 것이다(26장). 궁극적으로 포스트휴머니즘은 존재의 물리학에 대한 양자적 접근을 통해 활성적인 것과 비활성적인 것 사이의 경계를 흐리면서 생물중심주의, 감각중심주의, 생기론 그리고 특히 생명의 개념 자체에 도전한다. 이제 포스트휴먼적 재편의 3단계로 진입할 차례다. 이 단계는 보다 구체적으로 존재론적이다. 우리는 양자물리학과 초끈이론을 신유물론의 구도에서(28장), 특히 캐런 버라드(2007)와 그녀의 관계적 존재론에 대한 성찰을 통해서, 물질의 역동적이고 다원론적인 자연문화(natureculture)[4]에 대한 철학적 탐구를 시작할 것이다(29장). 이 구도 안에서 인간은 하나의 단일한 행위자가 아니라 기호적이고 물질적이면서 다차원적인 연결망의 부분으로 간주된다(Latour 1987, 2005). 이런 의미에서 인간은 이미 포스트휴먼이다. 유물론적 구도에 따르면 진화는 존재의 기술로서 접근될 수 있다. 다중우주(multiverse)에 대한 일원론적 다원주의뿐 아니라 다원주의적 일원론의 접근에서 모든 물질적 현시는 생성의 한 마디(node)로 간주될 것이다.

　　다중우주 개념은 물질의 미시 및 거시 수준에서의 물질화 과정에 대한 과학에서 왔다. 이 연구는 각기 다른 분야들(양자물리학에서

4　자연적 특성과 문화적 특성의 혼종으로서의 "자연-문화(nature-culture)"라는 용어는 이미 존재했다. 예를 들어 Latour 1991. 나는 도나 해러웨이가 만든 신조어 "자연문화"(하이픈 없는)를 사용한다. 자연이 애초에 문화적이며 그 역도 성립함을 표현하고 그럼으로써 자연과 문화 각각의 단순화나 본질화를 피하기 위해서다.

우주론이나 천체물리학까지)로부터 동일한 가설적 결론을 도출했다. 이 우주가 다른 많은 우주 가운데 하나라는 결론이 그것이다. 다중우주 가설은 근본적으로 포스트휴먼적이다. 그것은 (하나의 우주라는 일체를 포함하는 그러나 여전히 중심화된 개념에 문제를 제기함으로써) 모든 단일우주 중심의 관점을 확장할 뿐 아니라, 엄밀하게 이가적이고 이분법적인 양태와 배타주의적인 접근의 해체를 구체화한다. 그러나 이 개념이 지닌 비인간 중심적 특성에도 불구하고, 다중우주 가설이 과학적으로나(Everett 1956) 철학적으로나(Lewis 1986) 인류중심적이고 유아론적인 방식으로 전개된 것은 사실이다. 우리는 이러한 개념을 리좀(Deleuze and Guattari 1987)을 통해 재고하고 사변적으로 발전시키되, 그 과정에서 어떤 본질론, 편향성, 엄밀한 이분법에도 기대지 않으면서, 혼종적이고 매개되고 또 과정-존재론적인 관점에 의존할 것이다. 우리는 다중우주에 대한 하나의 해석을 제시하고 이를 "포스트휴먼 다중우주"라 칭할 것이다. 그것은 자아의 사변적 지각을 확장하는 사고 실험인 동시에 실제 다중우주에 부합하는 가능한 물리학의 윤곽을 숨기고 있을 수도 있는 물질적 가설이다. 이러한 가설은 자아/타자 패러다임의 해체에 기초하고, 물질이 이 우주를 구성함과 동시에 다른 무한정한 숫자의 우주를 현실화하는 관계성과 자율성의 과정에 있음을 함축한다. 이렇듯 다중우주가 독창적인 의미를 획득할 때, 그 결과로 나온 포스트휴머니즘은 그 어느 엄밀한 이분법도 극복할 수 있다.

다음은 이 책의 각 장에서 다루는 주요한 질문들이다.

1부 철학적 포스트휴머니즘이란 무엇인가

1. 전제

  a. 이 각본은 인간 지각의 존재론적·인식론적 패러다임 전환을 유도하는가? 이것은 "포스트휴먼" 전환인가?

  b. "포스트"는 왜 이토록 쉽게 사용되는가?

  c. 철학적 포스트휴머니즘을 어떻게 정의할 것인가?

2. 포스트모던에서 포스트휴먼으로

  a. 포스트휴머니즘은 무엇을 의미하는가?

  b. 포스트휴머니즘은 어디에서 연유하는가?

  c. "포스트휴먼"이라는 용어는 언제 만들어졌는가?

  d. 비판적 포스트휴머니즘이란 무엇인가?

  e. 문화적 포스트휴머니즘이란 무엇인가?

  f. "포스트휴먼"이란 포괄 용어는 어떤 사상을 포함하는가?

3. 포스트휴머니즘과 그 타자들

    a. 포괄 용어 "포스트휴먼"에 포괄되는 운동 중에서 무엇이 혼동을 야기하는가?

    b. 트랜스휴머니즘과 포스트휴머니즘의 주요한 차이는 무엇인가?

    c. "우리"는 이미 포스트휴먼인가?

4. 트랜스휴머니즘의 탄생

    a. 트랜스휴머니즘의 계보학적 뿌리는 무엇인가?

    b. 줄리언 헉슬리의 시각은 어떤 점에서 인류중심적인가?

5. 현대 트랜스휴머니즘(들)

    a. 트랜스휴머니즘이란 무엇인가?

    b. 이 운동들이 공유하는 것은 무엇인가?

    c. 인간 향상은 어떻게 획득되는가?

    d. 엑스트로피즘이란 무엇인가?

6. 트랜스휴머니즘의 뿌리

    a. 트랜스휴머니즘은 어디에서 연유하는가?

    b. 포스트휴머니즘의 입장에서 볼 때 트랜스휴머니즘이 계몽의 인간주의 전통을 계승한 것은 문제적이다. 왜 그러한가?

7. 트랜스휴머니즘과 기술의 매혹

    a. 트랜스휴머니즘 논의에서 기술이 중심이 되는 이유는 무엇인가?

    b. 트랜스휴머니즘에 따르면 인간은 어떻게 재설계될 수 있는가?

c. 인간 신체의 [남성중심적] 역사와 여성의 역사는 포스트휴먼 미래에 어떤 영향을 미치는가?

8. 탈은폐의 방법으로서의 포스트휴머니즘 기술

a. 기술과 포스트휴머니즘은 어떤 관계인가?

b. 왜 하이데거인가?

c. 기술이란 무엇인가?

d. 기술에 대해 반성할 때, 우리는 우리가 무슨 말을 하고 있는지 정말로 알고 있는가?

e. "포이에시스(생성)"는 무엇을 뜻하는가?

f. 현대 기술은 어떤 점에서 몰아세움(Enframing)인가?

g. 하이데거가 말하는 위험이란 무엇인가?

h. 이러한 세계상의 전환은 언제 일어났는가?

9. 안티휴머니즘과 위버멘쉬

a. 안티휴머니즘의 주요 특징은 무엇인가?

b. 안티휴머니즘과 포스트휴머니즘은 어떤 점에서 조화를 이루고 어떤 점에서 다른가?

c. 푸코가 말하는 에피스테메란 무엇인가?

d. 푸코의 말대로 현재의 "인간" 개념이 종말에 이르렀다면, 그 개념은 언제 생겼나?

e. 위버멘쉬란 무엇을 뜻하는가?

f. 니체의 위버멘쉬는 포스트휴먼 논의와 어떤 관련이 있는가?

g. 니체가 말하는 영혼의 변신이란 무엇인가?

h. 니체라면 인간 향상을 지지했을 것인가?

i. 초인(overhuman)은 철학적 포스트휴머니즘과 관련해서 어떤 의미
를 갖는가?

j. 왜 자라투스트라가 신의 죽음을 선언했는가?

k. 니체는 왜 신의 죽음을 선포했는가?

l. 니체는 우리의 일상적인 삶과 어떤 관계를 갖는가?

m. 만약 당신의 삶이 완전히 동일한 것으로, 정확히 똑같은 것으로
영원히 회귀한다면 어떻겠는가?

n. 포스트휴머니즘은 신의 죽음을 지지하는가?

o. 신과 인간이 죽었다면 누가 그들을 죽였는가?

p. 포스트휴먼 전회와 연관이 있는 다른 운동으로는 어떤 것이 있는가?

10. 철학적 포스트휴머니즘

a. 철학적 포스트휴머니즘이란 무엇인가?

b. 철학적 포스트휴머니즘은 어디에서 비롯되었는가?

c. 철학적 포스트휴머니즘의 이러한 특정의 접근은 어디에서 비롯되
었는가?

간주 1

a. 탈-이원론은 어떠한가?

b. 철학적 포스트휴머니즘이 해체하는 것은 어떤 종류의 이원
론인가?

c. 탈-이원론이 왜 중요한가?

2부 포스트휴먼은 어떤 "인간"의 "포스트"인가

13. 인류학적 기계

    a. 이 인간들은 누구였는가? 그리고 누가 "인간"의 표준을 설정했는가?

    b. "누가" "누구"를 인간화하는가?

    c. 철학적 논의의 정식화(표현)에서 언어가 "그렇게까지" 중요한가?

14. 거의, 인간

    a. 어떻게 인간화 과정에 대한 포괄적인 분석에 이를 것인가?

    b. 배제된 주체성들이 인간 개념과 관련해서 스스로를 어떻게 지각
       하는가?

    c. 인간 개념에서 배제되어 온 인간은 누구인가?

    d. 왜 "정복자"의 시대로 거슬러 올라가는가?

    e. 비인간화 과정이 얼마나 많은 인종 학살을 야기했는가?

    f. 모든 인간 "외부인(아웃사이더)"은 인간 이하로 간주되어 왔는가?

15. 포스트휴먼의 근원(자원)으로서의 자아의 기술

    a. 반복적으로 비인간화되어 온 인간들(의 범주들)이 어떻게 그들의
       인간됨을 다루어왔는가? 그들은 인간으로서 부인된 지위를 어떻
       게 재설정했는가?

    b. 담론의 외부자를 어떻게 해명할 것인가?

    c. 자아의 기술이란 무엇인가?

    d. 어떻게 인간 개념에 대한 비-패권적 관점에 접근할 것인가?

    e. 영성(靈性)은 어떠한가?

16. 인간 되기의 현현

    a. 인간화 과정의 가능한 결과에는 어떤 것이 있는가?

    b. 인간이 하나가 아니라 여럿이라면 어떻게 하나의 종으로서의 인간 (들)의 목적을 파악할 수 있는가?

    c. 왜 포스트휴먼 접근에서 개관 효과가 중요한가?

    d. 언제 그리고 어떻게 인간들은 "인간"으로 되었는가?

    e. 인간의 개념은 내재적으로 편향되어 있는가?

    f. 인간은 무엇인가?

17. "인간(휴먼)"이란 말은 어디에서 왔는가?

    a. 라틴어에서 "후마누스" 개념은 언제 그리고 어떻게 출현했는가?

    b. "후마누스"가 로마 공화정 시대에 만들어졌다면, 이를 처음으로 사용한 저자는 누구인가?

18. 포유류 아니면 호모 사피엔스?

    a. 생물학에서 인간은 어떻게 분류되는가?

    b. 인간은 언제 그리고 어떻게 처음으로 호모 사피엔스로 분류되었는가?

    c. 린네(린나이우스) 체계에 편향된 전제는 없는가? 만약 있다면 이 전제들에 기반한 호모 사피엔스 개념이 모든 인간 존재를 동등하게 아우를 수 있는가?

20b. 활성/비활성

  c. 생명이란 무엇인가?

  d. 생명이 분류의 "상대적인" 범주라는 것은 어떤 의미인가?

  e. 물활론은 어떤 점에서 적합한가?

  f. 기계는 활성적인가?

  g. 인간과 로봇은 어떤 관계를 맺는가?

  h. 로봇은 살아 있는가?

21. 인공생명

  a. 생명이 인공적일 수 있는가?

  b. 생명이 신체화될 필요가 있는가?

  c. 생물학적 인공생명은 왜 전환점인가?

  d. 인공생명에 대한 관심으로 비인간 동물은 관심에서 멀어지는가?
     달리 말해 철학적 포스트휴머니즘은 기술중심주의인가?

  e. 인공생명은 새로운 존재론적 우월성을 가정하는가?

  f. "생태-기술"이란 무엇을 의미하는가?

  g. 물질적 순환이 기술의 개념에서 분리될 수 있는가?

22. 진화하는 종

  a. 진화론의 입장에서 "생명"이란 무엇인가?

  b. 포스트휴머니즘 관점에서 왜 생명의 기원에 관한 논의가 중요한가?

  c. 유전적 관점에서 "종"의 개념은 무엇을 의미하는가?

  d. "종"의 개념으로부터 무엇을 추론할 수 있는가? 달리 말해 "종"의
     개념은 암묵적으로 종차별주의를 함축하는가?

e. 반다나 시바는 왜 사이보그 개념에 비판적인가?

f. 후기 자본주의는 왜 도착적으로 탈-인류중심적인가?

23. 후생인류

a. 인간은 다른 종으로 진화할 것인가?

b. 진화는 어떻게 작동하는가?

c. "후생인류"란 무엇을 뜻하는가?

d. 라마르크는 누구였으며 라마르크주의는 어떻게 해서 진화에 관한 논의에 재등장하게 되었는가?

e. 후성유전학이란 무엇인가?

f. 후성유전은 어떻게 일어나는가?

g. 후성유전학은 철학적 포스트휴머니즘과 어떤 관계에 있는가?

24. 포스트휴먼 생명윤리

a. 유전자 변형을 허용할 것인가 금지할 것인가?

b. 크리스퍼란 무엇인가?

c. 우생학이란 무엇인가?

d. 우리 사회는 맞춤 아기의 미래로 향하는 길을 따라가야 하는가?

e. 생명 보수주의와 생명 자유주의의 차이는 무엇인가?

f. 왜 "치유"와 "향상"의 분리는 모호한가?

25. 인간 향상

a. 인간 향상을 어떻게 규제할 것인가?

b. 인간 향상이란 무엇인가?

c. 유전공학의 결과는 완전히 예측가능한가?

d. 유전적 차별이란 무엇인가?

e. 사전 예방 원칙이란 무엇인가?

f. 사전 예방인가 아니면 앞서 주도할 것인가?

g. 미래 주도 원칙이란 무엇인가?

h. 인간 향상과 관련해서 포스트휴머니즘의 생명윤리적 입장은 무엇인가?

i. 포스트휴머니즘은 인간 향상에 반대하는가?

j. 인간 향상에 대한 이러한 입장이 스스로를 포스트휴머니스트라 칭하는 모든 사상가들에게 해당되는가?

k. 사변적 포스트휴머니즘이란 무엇인가?

l. "생명"은 이러한 가설적 진화 각본에 적합한 용어인가?

26. 인지적 자기생성

a. "생명" 개념에 대안이 있는가?

b. 인터넷은 살아 있는가?

c. 로봇은 비인간적 인격체인가?

d. "자기생성"은 무엇을 뜻하는가?

e. 자기생성 개념은 어디서 처음으로 등장했는가?

f. 자기생성 개념은 포스트휴먼 관점에서 볼 때 충분히 포괄적인가?

g. 마투라나와 바렐라의 인지적 접근이란 무엇인가?

h. 인지과학과 인식론의 차이는 무엇인가?

i. 자기생성 개념은 어디에서 왔는가?

j. 동물 실험에 대해 어떻게 생각해야 하는가?

k. 개구리 실험의 탈-인류중심적 독해는 몰역사적인가?

l. 개구리 실험의 명시적인 전제와 암묵적인 전제는 무엇인가?

m. 마투라나와 바렐라 이론은 어떤 비판을 받았는가?

n. 유아론이란 무엇인가?

o. 앨런 튜링에 의하면 예의 규약이란 무엇인가?

p. 인지적 인류중심주의란 무엇인가?

q. 상대주의와 관점주의의 차이는 무엇인가?

r. "상대적"의 정의에서 전제되는 "다른 어떤 것"은 무엇인가?

27. 포스트휴먼 관점주의

a. 관점주의는 어디에 연유하는가?

b. 서양 철학에서 관점주의는 어디에 뿌리를 두는가?

c. 니체의 관점주의는 인간-중심적인가?

d. 포스트휴머니즘에서 "사실" 개념은 유지되는가?

e. 철학적 포스트휴머니즘의 관점에서 다원주의는 무엇을 함축하는가?

f. 여성주의 인식론이란 무엇인가?

g. 입장론이란 무엇인가?

h. 비인간 관점은 어떠한가?

i. 친연성인가 아니면 정체성인가?

j. "전략적 본질주의"란 무엇인가?

k. 관점주의와 신체화의 관계는 무엇인가?

l. 신체화는 물리학적 그리고/또는 생물학적이어야 하는가?

m. 힘에의 의지란 무엇인가?

n. 신체화의 대안은 없는가?

o. 꿈의 신체화는 어떠한가?

28. 신유물론에서 객체지향 존재론까지

　a. 신유물론이란 무엇인가?

　b. 신유물론은 역사적 유물론에서 연유하는가?

　c. "신유물론"이란 용어는 누가 만들었는가?

　d. 신유물론은 어디에 연유하는가?

　e. 행위적 실재론이란 무엇인가?

　f. 신유물론 사상가들이 안고 있는 위험은 무엇인가?

　g. 생기론이란 무엇인가?

　h. 스피노자의 코나투스란 무엇인가?

　i. "생기적 물질성"이란 무엇인가?

　j. 베넷의 비인간 행위성 개념은 철학적 포스트휴머니즘과 어떤 연관을 갖는가?

　k. 베넷의 제안과 철학적 포스트휴머니즘에는 어떤 차이가 있는가?

　l. 생기론은 버라드의 행위적 실재론과 어떻게 다른가?

　m.객체-지향적 존재론(Object-Orientied Ontology, OOO)이란 무엇인가?

　n. OOO와 철학적 포스트휴머니즘의 주요한 유사점은 무엇인가?

　o. OOO와 철학적 포스트휴머니즘의 주요한 차이점은 무엇인가?

　p. 평평한 존재론이란 무엇인가?

　q. 만약 언제나 관점이 있다면, 어떻게 평평한 존재론이 가능한가?

29. 철학적 포스트휴머니즘 존재론

a. 물질이란 무엇인가?

b. 초끈이론이란 무엇인가? 그리고 그것이 철학적 포스트휴머니즘과 어떤 관련이 있는가?

c. 일원론인가 아니면 다원론인가?

d. 입자-파동 이중성이란 무엇인가?

e. 양자물리학은 어떤 종류의 존재론을 제시하는가?

f. 환원론이란 무엇인가?

g. 환원론의 문제는 무엇인가?

h. 초끈이론으로부터 어떤 포스트휴머니즘 철학의 통찰이 나오는가?

i. 서스킨드가 말하는 "풍경"은 무엇을 의미하는가?

j. 초끈이론은 다중우주 가설과 어떤 연관이 있는가?

30. 다중우주

a. 다중우주란 무엇인가?

30a. 과학에서의 다중우주

b. 다중우주의 네 가지 주요 단계는 무엇인가?

c. 다중우주 개념은 포스트휴먼적인가?

d. 왜 인간의 영역이 어디선가 번성하고 있다는 자기애적 투사에 초점을 맞추는가?

e. 왜 다중우주 가설에서 "낭비 우려"를 불식하기가 쉽지 않은가?

30b. 철학에서의 다중우주

　f.　철학 영역에서 다중우주 개념은 어떠한가?

　g.　현대 철학에서는 어떠한가?

　h.　만일 이 세계들이 아무 공통점도 갖지 않는다면 우리가 왜 상관해
　　　야 하는가?

　i. 포스트휴먼 다중우주란 무엇인가?

30c. 사고 실험: 포스트휴먼 다중우주

　j.　왜 사고 실험인가?

　k.　이 사고 실험은 무엇을 함축하는가?

　l.　이 사고 실험은 "당신"과의 관계에서 어떤 의미를 갖는가?

　m.우리의 존재 방식이 다차원적인 물결(파급) 효과를 가졌다면 어
　　　떻게 되겠는가?

　n.　리좀이란 무엇인가?

　o.　리좀의 개념은 철학적 포스트휴머니즘과 어떤 관련이 있는가?

　p.　리좀의 은유와 다중우주의 은유는 어떤 차이가 있는가?

　q.　포스트휴먼 다중우주 안에서 인간은 무엇인가?

　r.　포스트휴먼 행위성이란 무엇인가?

간주 3

　a.　탈-인류중심주의란 무엇인가? 그리고 탈-이원론이란 무엇인가?

　b.　물질은 어떻게 물질화되는가?

마무리 축사

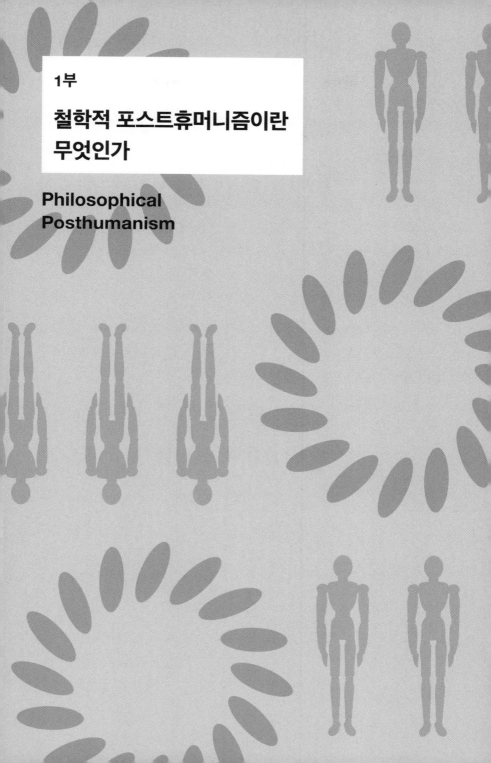

1부

철학적 포스트휴머니즘이란 무엇인가

Philosophical
Posthumanism

1 　전제

21세기 사이버네틱스와 생명공학의 발전으로 신체는 재정의되었
다. "인간"의 개념은 곳곳에서 도전에 직면했다. "포스트휴먼"과 "트
랜스휴먼"은 철학적·과학적 탐색의 조건이 되었다. 인터넷 중독이
점점 심각한 문제로 떠오르는 것에서 볼 수 있듯이 물리성은 더 이
상 사회적 상호작용이 일어나는 기본적인 공간을 대표하지 않는
다. 인간 복제가 생명윤리 논쟁의 주제가 되는가 하면, 대리모는 자
연 수정을 해체한다. 인간과 사이보그의 의미론적 구분은 불분명
해졌다. 한편으로 전자 심박 조절기, 최신 보철 기술, 성형 수술은
신체를 재형상화하는 실천으로 받아들여지게 되었다. 다른 한편으
로 점점 더 많은 사람들이 기술적 향상을 향한 선구적인 실험[1]의 차
원에서 전자칩을 피부에 이식하고 있다. **이 각본은 인간 지각의 존
재론적·인식론적 패러다임 전환을 유도하는가? 이것은 "포스트휴**

먼" 전환인가? 포스트모던에서 포스트-포스트모던까지, 포스트식민에서 포스트-자본주의까지, 포스트-페미니즘에서 포스트-인종주의까지, 포스트-민주주의에서 과장된 포스트-진실에 이르기까지, 이 시대는 "포스트"의 범람을 야기해 왔고 또 여전히 야기하고 있다. 이러한 시대에 꽂핀 것이 철학적 포스트휴머니즘이다. 여기에서 "포스트"에 대한 요구는 저 모든 각각의 "포스트"가 포착하지 못하는 어떤 것을 표현하려는 절박한 요구로, "포스트" 자체가 지닌 함축을 통해 보다 일반적으로 탐구되어야 한다. **"포스트"는 왜 이토록 쉽게 사용되는가?** 이러한 경향은 여러 가지 사유 전통으로 설명될 수 있다. 포스트모던에서 고정 범주의 완전한 해체, 양자물리학의 인식론적 충격, 자아 구성 기술로서의 혼종화[2]로 이어지는, 인간 정체성의 형성에서 기술(technology)의 역할 증대[3] 등이 그것이다. 철학적 포스트휴머니즘은 기술 발전이 함축하는 의미를 보다 광범위하게 탐색한다. 그러나 분석이 거기에 그쳐서는 안 된다.

---

1 인간에 대한 이식의 장기적인 부작용을 확증할 만한 실험은 아직까지 충분히 나오지 않았다.

2 정체성과 기술의 관계와 관련해서 셰리 터클(Sherry Turkle)의 사상은 흥미로운 양상으로 전개되고 있다. 터클은 인간 정체성의 형성에서 갈수록 높아지는 가상성의 영향에 대한 사회학과 심리학 연구의 선구자 중 한 명이다. 『제2의 자아』(1984)에서 그녀는 컴퓨터를 외재적인 도구가 아니라 사용자의 사회적이고 사적인 삶의 일부로 보아야 한다고 지적했다. 이어 『스크린 위의 삶』(1995)에서는 사람이 스스로를 사람으로 인식하는 데 있어 컴퓨터의 영향을 받는다고 주장했다. 한편 최근의 저작인 『따로 또 같이』(2011)에서는 소셜미디어가 진정한 소통보다는 동반의 환영을 표상한다고 주장한다.

3 자아의 기술(technology of the self), 즉 인간 존재가 스스로를 구성하는 방법과 기술(Foucault 1988)은 포스트휴먼에서 핵심적인 개념이다. 이 측면에 대해서는 12장에서 깊이 살펴볼 것이다.

아직까지도 세계의 많은 인구가 생존의 문제에 매달려 있는 것이 현실이다. 이런 현실에서 철학적 포스트휴머니즘이 특정한 기술의 시도를 통한 인간의 기술적 친화성에 대한 재고와 반성에 그친다면 그것은 고전주의적이고 기술중심적인 학계의 운동에서 벗어나지 못할 것이다.[4] 실제로 포스트휴먼의 전회는 인간 혹은 기술과의 관계만으로는 설명될 수 없다. 그것은 그 자체로 실천적[참여적]이어야 한다.

철학적 포스트휴머니즘을 어떻게 정의할 것인가? 철학적 포스트휴머니즘은 존재-인식론적 접근이자 윤리학적 접근이면서 매개의 철학을 표방한다.[5] 또 대립적인 이원론과 위계적 유산에서 해방된 철학으로, 그렇기 때문에 탈-인간주의(post-humanism), 탈-인류중심주의(post-anthropocentrism) 그리고 탈-이원론(post-dualism)이라 볼 수 있다. 역사적으로는 비공식적인 지질학 시대인 인류세(Anthropocene)에 부합하는 철학적 접근이라 볼 수 있다(Crutzen and Stoermer 2000). 철학적 포스트휴머니즘이 인간을 담론의 중심에서 탈중심화하는 데 초점을 맞춘다면, 인류세는 지구적 수준에

---

4 캐서린 헤일스(Hayles, N. K)는 『우리는 어떻게 포스트휴먼이 되었는가(How We Became Posthuman)』(1999)에서 이렇게 말한다:
   인터넷에 접속한 3000만 명의 미국인은 화면 바깥에 존재하는 물질적인 신체와 화면 안에 공간을 창조하는 것으로 보이는 컴퓨터 모사물이 분리되는 가상 경험에 갈수록 빠져들고 있다. 그렇지만 일상에서 가상성의 비중이 구름 한 조각보다 못한 사람은 그보다 100만 명 더 많다. 보다 거시적인 맥락에서 보면 가상성의 경험은 더할 나위 없이 이국적인 것이 된다. 세계 인구의 70퍼센트가 전화 한 통 걸어본 일이 없다는 사실을 때로는 기억할 필요가 있다(20).
5 불교에서 가르치는 중도(양극단 사이 중용의 길)와 몇 가지 흥미로운 공통점을 찾을 수 있을 것이다.

서 인간 활동의 영향의 범위를 인지하고 생태계가 손상되면 인간의 조건에도 부정적인 영향을 미치게 되는 만큼 인간이 생태계 보전에 시급히 경각심을 가져야 함을 강조한다. 포스트휴머니즘은 특정한 서구 사상의 전통을 넘어서며, 다른 문화와 다른 양식에서도 그 흔적을 찾을 수 있고 또 실행될 수 있다.[6] 마찬가지로 포스트휴머니즘은 학계의 관점에 그치는 것이 아니라 초역사적 태도로서 시대와 공간을 초월한 인간 문화의 일부였음이 지적되어야 한다. 혼종의 표상은 구석기 시대로 거슬러 올라간다. 가령, 독일 홀렌슈타인-슈타델 (Hohlenstein-Stadel)의 사자 머리 조각상은 3만 2000년 전의 것으로 판명되었는데 이는 현재까지 세계에서 발견된 동물 형상 조각 중에서 가장 오래된 것이다(Hahn 1993). 혼종적 형상은 기록 문명 초창기부터 인간의 상징적 유산의 일부였다. 그것은 포스트모더니즘에서 문화적이고 존재론적인 은유로 부각되었고,[7] 포스트휴머니즘과 생명 혹은 기술의 문화(유전학적 키메라(잡종)를 생각해 보라)의 부상 속에서 더욱 심오한 의미를 띠게 되었다. 한편 유전공학과 나

---

6 반다나 시바(Vandana Shiva)의 환경 행동주의는 포스트휴머니즘 접근과 공통점이 많다. 『정신의 일문화들: 생물다양성과 생명공학에 관하여』(1993)에서 시바는 전통적 지식 체계가 생물학적 다양성, 생태적 지속가능성, 자연문화적 다양성에 대한 이해에서 중요한 기여를 한다고 지적한다:

> 다양성에 대한 중요한 위협은 일문화(一文化: monoculture)로 사고하는 습관, 즉 내가 "정신의 일문화"라 부른 것이다. 정신의 문화는 다양성을 지각에서 그리고 결과적으로 세계에서 사라지게 만든다. 다양성의 실종은 대안의 실종이기도 하다. [⋯] 대안은 존재한다. 그러나 배제된다. 대안을 포함하기 위해서는 다양성의 맥락이 요구된다. 사고의 양식과 행동의 맥락이 다양성으로 전환되면 다양한 선택이 가능해진다.

7 들뢰즈와 과타리(1980)가 존재론적 개념틀로 발전시킨 배치(assemblage)를 생각해 보라.

노공학으로 인해 생명은 갈수록 "생명공학적 배치(biotechnological assemblage)"(Waldby 2000)가 되어가고 있다. 다른 한편으로 포스트휴먼 윤리학의 환경에 대한 우려는 재활용 정책과 지속가능성에 주력하면서 그러한 전통에 자발적으로 합류하고 있다. 이 책에서는 주로 포스트휴먼에 대한 서양 현대 철학의 계보학을 다룰 것이다. 이러한 위치 설정은 본질적인 것과는 거리가 멀다. 그보다 광범위한 포스트휴먼 계보학이 전개되는 전체적인 과정의 일부라 볼 수 있을 것이다. 중요한 것은 이 원천이 환원적이어서는 안 된다는 것이다. 이는 편협하고 문화적으로 편향된 기원의 신화에 빠지지 않기 위해서다. 포스트휴먼 접근의 의미와 가능성에 대한 심도 있는 논의에 앞서 특정한 종에 한정된 인식론적 전제도 언급해야 한다. 지식의 경제에서 인간은 주체이자 객체다.[8] 인간은 인류중심적인 입장을 피하고자 할 때조차 인간에 특정한 상황적 이해를 다른 인간 존재와 인간의 언어로 소통한다. 포스트휴머니즘은 인간 존재에 의해 수행된다는 점에서는 휴머니즘과 같지만, 상황적 자아에 대한 여성주의 강령을 거쳐 자아가 다원적이고 관계적임을 인정함으로써 그러한 인식론적 입장에 접근한다는 점에서는 다르다.[9] 포스트휴머니즘은 특별한 자기 인식을 전제한다.[10] 인간을 인식론

---

8 미셸 푸코는 『말과 사물: 인간 과학의 고고학』(1966)에서 분명히 강조한다: "[인간 과학은] 서구 문화에서 인간이 스스로를 상상과 인식의 대상으로 구성하면서 형성되었다."

9 이 강령은 특히 유목적인 방식을 지향한다(Braidotti 1994).

10 한나 아렌트(1906-75)는 『인간의 조건』(1958)에서 이렇게 쓴다: "우리는 우리 주위의 우리가 아닌 모든 사물의 본질을 인식하고 규정하고 정의할 수 있다. 우리가 우리 자신에 대해서도 이와 똑같이 할 수 있으리라 보기는 어렵다. 그것은 우리

적 위계질서에서 최상의 위치에 두지 않으면서 자신의 신체화된 위치를 인지하는 인정이 그것이다.[11] 앤디 마이아(Andy Miah)는 「포스트휴머니즘의 비판적 역사(A Critical History of Posthumanism)」(2008)에서 이 점을 강조하면서 말한다. "포스트휴머니즘의 핵심적인 전제는 인간이 자연의 질서에서 우월한 종이라는 관념에 대한 비판이다"(77). 그리고 이어서 밝힌다. "포스트휴머니즘의 '포스트'가 생물학적이거나 진화론적인 의미에서 인간의 극복을 함축할 필요는 없다. 그보다는 인류중심적 세계관에서 누락되어 왔던 것을 이해하려는 시도가 출발점이 되어야 한다"(같은 곳). 철학적 포스트휴머니즘은 매개에 기초하며, 이 관점에서 우리는 포스트휴머니즘을 인간 개념에서 누락되어 왔던 것에 대한 반성인 동시에 인간종의 발전가능성에 관한 성찰이라 해석할 수 있다. 두 관점은 연결되어 있다. 사변적 측면은 인간 개념의 함축에 대한 비판적 이해에 의거한다. 포스트휴머니스트 의제를 마련하기 위해서는 인간에 대한 비판적 수정이 필요하다.[12]

자신의 그림자를 건너뛰는 것과 같을 것이다"(10). 아렌트의 표현을 사용하자면 자기 인식은 "그림자"의 지울 수 없는 현존에 대한 인식이라 정의할 수 있을 것이다.
11 26장에서 이 점을 다시 논할 것이다.
12 이러한 실천은 단번에 이루어질 수 없고 꾸준하게 재-실행(re-enact)되어야 한다. 이 점에 대해서는 특히 6장과 12장에서 재론할 것이다.

2 　포스트모던에서 포스트휴먼으로

포스트휴머니즘은 무엇을 의미하는가? "포스트휴머니즘"이라는 용어는 보다 구체적으로는 비판적 포스트휴머니즘, 문화적 포스트휴머니즘, 그리고 철학적 포스트휴머니즘을 지칭한다. 이 장에서는 각 사상을 소개하고 설명할 것이다. 이때 "포스트휴머니즘"은 이 모든 것을 포함하는 것으로 간주될 것이다. **포스트휴머니즘은 어디에서 연유하는가?** 포스트휴머니즘은 포스트모더니즘 내부에서 그리고 그 이후에 등장한 것으로, 1960년대 후반 철학적이고 정치적인 기획으로 시작해서 1990년대에는 인식론적 기획으로 변모한 "인간"의 급진적 해체[1]로부터 나왔다. 포스트휴머니즘은 "인간"

---

1 이 용어는 자크 데리다(Jacques Derrida, 1930-2004)의 『그라마톨로지(Of Grammatology)』(1967)에서 처음 쓰인 것으로, 마르틴 하이데거의 『존재와 시간

의 개념에 대한 "포스트"로서, 이때의 "인간"은 (위계적 도식에 기초
한) "인간주의"의 역사적 출현,[2] 그리고 종차별적 가정과 위계적 구
성물에 기초한 "인류중심주의"의 무비판적인 수용 안에 위치한다.[3]
"인간" 개념과 "휴머니즘"의 역사적 출현은 모두 상징적인 "타자"
의 반복적인 형성에 의해 유지되었다. 타자는 누가 그리고 무엇이
"인간"으로 간주될 수 있는지와 관련해서 부유하는 경계의 표지로
서 기능해 왔다. 역사적으로는 비유럽, 비백인, 여성, 동성애자, 기
형아, 동물, 그리고 자동기계 등이 "인간"에 대한 대립항으로서 표
상되어 왔다. 로지 브라이도티는 『변신: 되기의 유물론을 향하여
(Metamorphoses: Towards a Materialist Theory of Becoming)』(2002)
에서 말한다. "포스트모더니티[탈근대]는 차이가 번창한 시대다. 타
자는 근대적 주체의 거울상을 구성하면서 가치절하되어 왔다. 그
러한 '타자'(여성, 민속적 혹은 인종화된 타자, 자연, 또는 '지구-타자')가 복
수를 위해 귀환한 것이다"(174). 포스트휴머니즘은 "복수"의 요구가
충족되고 역사적으로 "타자"의 영역에 환원되어 왔던 주체들의 목
소리가 인정되면서 대두되었다. 포스트휴머니즘은 차이에 대한 연
구와 긴밀히 연결되어 있다. 차이 연구란 서구 존재-인식론의 "중

(Being and Time)』(1927)에 등장하는 해체(Destruktion)를 데리다가 번역한 말
이다. 텍스트를 구성하는 이항 대립에 대한 데리다의 기호학적 해체는 포스트휴머
니즘의 계보학적 기원 중 하나로 간주될 수 있다. 이에 대해서는 6장에서 다룰 것
이다.

2 2부에서 이 문제로 돌아가서 인간 개념을 서구, 백인, 남성, 장애인차별주의적, 패
권적 함축을 통해 보다 자세하게 설명할 것이다.

3 다시 말해 인간을 최상위에 두었다는 뜻이다. 예를 들어 "존재의 대사슬(Great
Chain of Beings)"을 생각해 보라. 이에 대해서는 18장에서 살펴볼 것이다.

립적 주체"의 해체에서 발전된 분야를 일컫는다.[4] 해체는 포스트모더니즘의 역사적이고 철학적인 이론틀 안에서 여성주의자, 흑인, 게이, 레즈비언, 탈식민주의자 그리고 치카나[멕시코계 미국 여성─옮긴이] 연구자와 더불어 능력이 다른(differently abled) 활동가 및 다른 주변인에 의해 수행된 것으로 기존 담론 구성의 편향성을 지적했다.[5] 차이는 인간을 구성하는 것임에도 역사적으로 패권적 입장의 자칭 객관성에 의해 지워져 있었다. 인간에 대해 "포스트"를 가정하기 위해서는 이러한 차이들이 인정되어야 한다. 포스트휴머니즘은 이렇게 중심화된 인간 주체의 "주변부"로부터 나온 반성에 빚지고 있다. 인간이 소여[주어진 것]가 아닌 과정이며 부유하는 정체성을 특징으로 갖는다는 점을 강조한 것이 바로 이 이 주변부였기 때문이다.

"포스트휴먼"이라는 용어는 언제 만들어졌는가? 포스트휴먼과 포스트모던을 계보학적으로 추적해 보면 둘 사이의 접점이 인식론적이고 역사적인 부분에만 있지는 않음을 알 수 있다. "포스트휴먼"과 "포스트휴머니즘"이라는 용어는 포스트모던 문학에서 처음으로 등장했다. 문학이론가 이합 핫산(Ihab Hassan)은 이 용

---

4 윌리엄 스패노스(William Spanos)는 1993년에 출간한 선구적 텍스트 『교육의 종말: 포스트휴머니즘을 향하여(End of Education: Toward Posthumanism)』에서 포스트휴먼의 이러한 계보학적 위치를 적시한 바 있다.

5 담론을 역사적으로 형성하는 주체는 객관적이고 보편적인 것으로 전제되지만, 결국 특정한 항, 그중에서도 서구, 백인, 남성, 이성애, 자산가, 비장애인의 신체화된 흔적이 밝혀지게 마련이다. 여기에서 "담론"의 개념이 그것을 지식, 사회적 실천, 권력 관계를 구성하는 방식으로 보는 푸코의 용법뿐만이 아니라(Foucault 1976), 남근중심적 로고스(Irigaray 1974)와 상징 질서(Kristeva 1974)를 지향하고 있음을 상기하라.

어를 「수행자 프로메테우스: 포스트휴머니스트 문화를 향하여? (Prometheus as Performer: Toward a Posthumanist Culture?)」(1977)에서 처음으로 쓴 뒤 『포스트모던 전회(The Postmodern Turn)』(1987)에서 발전시켰다. 이 책에서 그는 이 특별한 언어적 자산의 핵심적인 측면을 지적한다. "나는 하나의 패턴을 본다. 다른 사람들도 보았을 것이다. 서구 세계의 수정에의 의지가 그것이다. 그것은 코드, 규준, 과정, 신념을 불안정하게 또는 다시 안정하게 만든다. 이것이 포스트휴머니즘을 시사한다"(XVI). 핫산이 "포스트휴머니즘"으로 정의하는 패턴은 저 모든 "포스트"에서 벗어나는 것으로 보이는 무언가를 표현하고자 하는 이 시대의 긴박한 요구와 상통한다. 포스트모던 연구의 포스트휴머니즘으로의 전환을 예견한 셈이다. 포스트모더니즘을 가리켜 핫산은 말한다. "변환의 심층에서 그것은 보다 넓은 다른 어떤 것에 도달하는데 혹자는 이를 포스트휴머니즘이라 부른다"(XVII).

텍스트 전체에 걸쳐 핫산은 포스트휴머니즘의 주요한 측면을 부각한다. 탈-이원론적 접근,[6] 포함적인 인간 개념에 대한 요청, 그리고 그 결과로서의 "포스트휴먼 시각" 등이 그것이다. "물론 가장 중요한 문제는 남는다. 어떻게 실제로 휴먼 혹은 포스트휴먼의 시각(이러한 시각을 포함적으로 인간적이라 부르자)이나 또는 갈구하는 지식의 질서를 정립할 것인가?"(82) "포함"이라는 용어는 비판의 여

---

6 "당분간 우리는 일자와 다자, 인간주의와 해체, 공동체와 분리 사이에서 어느 하나를 선택할 수 없고 선택해서도 안 된다. 우리가 할 수 있는 일이란 다만 계속해서 협상을 재개하는 것뿐이다"(Hassan 1987: XVII).

지를 남기지만(왜냐하면 포함을 위해서는 결과적으로 다른 것을 배제하게 되기 때문이다),[7] 핫산의 논의는 포스트휴머니즘의 주요한 논점을 요약한다. 추후 인간의 해체, "포스트"의 가능성을 통한 개방성, 그리고 동[일]화 대신 [차이의] 인정을 통한 탈-이분법적 접근이 그것이다.

비판적 포스트휴머니즘이란 무엇인가? 때로 비판적 포스트휴머니즘은 특히 문학 비평의 영역에서 발전된 포스트휴먼의 한 측면을 가리킨다. 캐서린 헤일스의 『우리는 어떻게 포스트휴먼이 되었는가: 사이버네틱스 문학과 정보이론에서 가상 신체』(1999)는 이 접근에서 중요한 텍스트였다. 사이버네틱스와 정보 이론 안에서 탈-신체화된 서사에 대한 헤일스의 비판은 여성주의와 포스트모던 실천에 뿌리를 둔 포스트휴머니즘의 길을 열었다.[8]

문화적 포스트휴머니즘이란 무엇인가? 포스트휴머니즘의 전회는 1990년대 문학 이론 영역에서 이루어진 후 문화 연구에서도 수용되었다. 이는 포스트휴먼의 특정한 측면을 낳았고 이것이 문

---

7 덕분에 "포함" 개념에 내재된 내적 갈등을 선별할 수 있게 해준 나폴리 "페데리코 2세" 대학의 시모나 마리노 교수와 주세페 페라로가 주축이 된 나폴리 철학 공동체에 감사하는 바이다. 나는 이들과의 대화를 숙고한 끝에 "포-용(com-prehensiveness)"이라는 말을 창안했다. 이 단어의 역동성은 분리(안/밖)와 타자화보다는 연결(com-)과 이해의 패러다임에서 발휘된다.

8 헤일스의 글에서 "포스트휴먼"이라는 용어가 포스트휴머니스트와 트랜스휴머니스트 입장을 동시에 지칭한다는 점이 명시되어야 한다:
  신체를 존재의 장이 아니라 패션 액세서리쯤으로 생각하는 포스트휴먼들이 점유한 문화는 악몽이다. 대신에 나는 정보 기술의 가능성을 포용하면서도 무한한 힘과 탈신체화된 불멸이라는 환상에 미혹되지 않는 포스트휴먼, 유한성을 인간 존재의 조건으로 인정하고 경축하며 인간 생명이 매우 복잡한 물질 세계에 내재하고 있음을 이해하는 포스트휴먼을 꿈꾼다(1999).

화적 포스트휴머니즘으로 정의되어 왔다.[9] 여기에 핵심적으로 기여한 것이 사이보그 이론이다. 「사이보그 선언: 과학, 기술 그리고 1980년대 사회주의적 여성주의(A Manifesto for Cyborgs: Science, Technology, and Socialist Feminism in the 1980s)」(1985)의 성공은 사이보그 이론의 포문을 열었다. 여기에서 도나 해러웨이는 인간의 고정성을 문제시하고 혼종에 대한 실증적이고 발생적인 연구를 도입했다. "20세기 후반 우리는 신화적인 시대에 살고 있다. 우리는 모두 키메라다. 이론화되고 제작된 기계와 유기체의 혼종이다. 요컨대 우리는 사이보그다. 사이보그는 우리의 존재론이다. 그것은 우리의 정치학의 바탕이 된다"(50). 또한 해러웨이는 문화적 포스트휴머니즘 내부에서 중심으로 떠오른 한 분야의 발전에 중요한 영향을 미쳤는데 동물 연구가 그것이다(이를테면 Haraway 1989, 1991, 1996a, 2003, 2007). 그러나 동물 연구가 그 자체로 반드시 포스트휴먼 접근을 함축하는 것은 아니다. 캐리 울프(Cary Wolfe)는 『포스트휴머니즘이란 무엇인가?(What Is Posthumanism?)』(2010)에서 다원주의를 무비판적인 형태로 받아들이면 "편입(incorporation)"에 그칠 위험이 있다고 지적한다.[10] **"포스트휴먼"이란 포**

---

9 문화적 포스트휴머니즘에 대한 역사적이고 이론적인 논의는 다음을 보라: Livingston 1995; Badmington 2000; Miah 2008, Section 2. "포스트휴머니즘과 문화 이론"(81–5).

10 캐리 울프를 직접 인용해 본다:
비인간 동물의 연구에 주목한다고 해서 인간주의를 포기하게 되는 것은 아니다. 심지어 어떻게 동물들이 오해되고 착취되어 왔는지를 밝히는 것을 목적으로 하는 경우에도 마찬가지다. 사실 인간주의(그리고 보다 구체적으로 자유주의라 불리는 종류의 인간주의)의 지표 중 하나는 다원주의 경향이다. 여기에서 다원주의란 관심의 영역을 이전에 주변화되었던 집단으로 확대하고 확장하는

괄 용어는 어떤 사상을 포함하는가? 포스트휴머니즘의 여러 가지 측면(비판적, 문화적, 철학적 포스트휴머니즘)은 분리된 것이 아니라 본질적으로 연관되어 있다. 포스트휴먼의 개념 자체는 심층적으로는 저마다 다른 방식으로 발전해 왔다. (넓은 의미에서의) 포스트휴머니즘뿐만이 아니라 트랜스휴머니즘과 안티휴머니즘(그리고 이들의 변형), 메타휴머니즘, 포스트인문학과 메타인문학, 객체지향적 존재론과 비인간적 전회 등이 그것이다. 포괄 용어 "포스트휴먼"으로 묶이는 풍부하고 다양한 사조가 있다는 사실은 이 주제에 대한 관심이 커지고 있음을 증명한다. 동시에 비전문가뿐 아니라 전문가 사이에서 혼동을 야기하는 원인이 되기도 한다.

경향을 말한다. 그런데 그러한 다원화를 가정하는 인간의 도식을 불안정하게 만들거나 문제를 제기하지 않는 한 다원주의는 다만 편입에 그칠 뿐이다(99).

3 포스트휴머니즘과 그 타자들

포괄 용어 "포스트휴먼"에 포괄되는 운동 중에서 무엇이 혼동을 야기하는가? 의미가 가장 혼동되는 것은 트랜스휴머니즘과 포스트휴머니즘이다. 가장 흔한 오해는 "포스트휴먼"이라는 용어가 포스트휴머니즘과 트랜스휴머니즘 담론[1] 안에서 사용되는 방식에서 온다. 실제로 트랜스휴머니즘 문헌에서 "포스트휴먼"이 (인간) 진화의 다음 단계를 지칭한다면, 포스트휴머니즘 문헌에서는 인간이 무엇보다도 기술과 환경에 의해 규정된다는 사실을 인정하는 탈-인류중심적 접근을 수용함으로써 인간을 넘어서려는 상징적 움직임을 가리킨다. **트랜스휴머니즘과 포스트휴머니즘의 주요한 차이는 무**

---

1 두 운동의 차이점에 관해서는 특히 Ferrando 2013과 Ranisch and Sorgner 2014 참조.

엇인가? 트랜스휴머니즘과 포스트휴머니즘 모두 1980년대 후반에서 1990년대 초반에 나왔다. 둘 다 유사한 주제들을 지향하고 인간이 고정되지 않고 변이하는 조건이라는 공통의 인식을 갖지만, 뿌리와 관점 전반에서는 공통점이 없다. 트랜스휴머니즘은 과거나 현재의 유산이 아니라 생물학적 진화, 특히 물리적이고 인지적인 향상이 약속하는 가능성을 통해 현재 인간에 대한 이해에 문제를 제기한다. 트랜스휴머니즘에서 포스트휴머니즘의 개념은 특정한 방식으로 해석된다. 트랜스휴머니즘은 인간 능력의 향상을 위해 현존하거나 탄생하고 있거나 사변적인 기술에 의한 인간 조건의 급진적인 변형을 택한다(재생 의학, 획기적인 수명 연장, 마인드 업로딩,[2] 냉동 보관). 그리하여 생물학적 신체와 같이 하나의 단일한 체계 내의 존재라는 개념을 다양성과 복수성으로 대체할 것을 제안한다.[3] 일부 트랜스휴머니스트들은 인간 존재가 스스로를 극단적으로 변형해서 "포스트휴먼"(현재의 트랜스휴먼 시대 이후에 맞이할 조건)이 될 것이라 본다. 예를 들어 트랜스휴머니스트 철학자 맥스 모어(Max More)는 선언한다. "기술을 우리 자신에게 신중하고, 조심스럽게, 그러면서도 대담하게 적용함으로써 우리는 더 이상 정확히 인간으

---

2 마인드 업로딩은 "두뇌 전체의 에뮬레이션"으로 정의되며, 의식적 마음을 두뇌에서 비-생물학적인 대체물로 전송하거나 복사하는 가설적인 과정을 가리킨다(Moravec 1988). 이 견해는 이원론과 기계론의 존재론적-인식론적 위험을 안고 있다.

3 흥미롭게도 트랜스휴머니스트들은 인간의 신체에 가치를 두고 건강 유지와 복지에 대한 자기 책임을 옹호한다. 이는 다른 선택지가 가능해지는 날까지 오래 살고 또 생물학적 신체가 살아 있도록 유지하기 위해서다. 내게 이 점을 일깨우고 밝혀 준 나타샤 비타-모어(Natasha Vita-More)에게 감사한다.

로 기술될 수 없는 무엇이 될 수 있다. 우리는 포스트휴먼이 될 수 있다"(More 2013: 4).

이제 중요한 질문을 해보자. **"우리"는 이미 포스트휴먼인가?** 트랜스휴머니즘에 따르면 답은 "아직은 아니다". 우리는 휴먼이다. 우리 중 일부는 현재에도 트랜스휴먼으로 규정될 수 있다. 이를테면 인간을 점점 더 많은 기술과 결합되고 재설계될 수 있는 열린 기획으로 접근하면 가능하다. 트랜스휴머니즘에 따르면 일부는 포스트휴먼이 될지도 모른다.[4] 이를테면 가까운 미래에, 마인드 업로딩이라는 사변적 기술이 인간적 의식과 기계적 집합체의 혼종적인 동시 출현으로 실현될 수 있다. 이는 더 이상 생물학적 신체를 가진 (그리고 그 자체로 생물학적 신체인) 인간으로 간주될 수 없을 것이다. 그렇지만 그들은 내재적으로는 인간종과 연결되어 있을 것이다. 왜냐하면 그것들 스스로의 의식의 현상학적 계보는 신체화된 인간 경험에서 유래할 것이기 때문이다. 우리가 이미 포스트휴먼인가 하는 질문으로 돌아가면, 답은 우리가 다루는 철학 사조에 따라서 여러 가지일 수 있다. 트랜스휴머니즘에 따르면 답은 "아직은 아니지만 일부는 가까운 미래에 포스트휴먼이 될 것"이다. 반대로 포스트휴머니즘에 따르면 답은 "그렇다. 우리는 이미 포스트휴먼일 수 있다". 이는 인간 개념에 대한 역사적이고 물질적인 해체의 결과

---

4 프랜시스 후쿠야마(Francis Fukuyama)의 『우리의 포스트휴먼 미래: 생명공학 혁명의 결과(Our Posthuman Future: Consequences of the Biotechnology Revolution)』(2002)는 주류 학계의 주목을 받았는데, 이는 그가 "포스트휴먼 미래"라 부른 것에 대한 단호한 비판이 트랜스휴머니즘과 포스트휴머니즘의 동일시에 기초하고 있고 따라서 그에게서 "포스트휴먼"이라는 용어의 사용은 대개 트랜스휴먼 관점을 가리키기 때문이다.

를 완전히 받아들임으로써 가능하다. 포스트휴머니즘은 시간을 선형적인 개념으로 다루지 않는다. 어제, 오늘, 내일은 분리되어 있지 않다. 우리, 포스트휴먼은 현재와 과거를 생각하지 않고서는 미래를 생각할 수 없다. 인간에 대한 계보학적 접근이 적절한 것은 그런 이유에서다. 마찬가지로 우리는 미래와 현재를 생각하지 않고서는 과거를 생각할 수 없다. 예를 들어 우리는 이제서야 비로소 산업 혁명이 야기한 환경적 손실에 대해 속속들이 알게 되었다. 더 나은 삶의 조건을 누리게 된 것이 현재 산업화된 국가에서 살고 있는 인간의 일부에 국한된 것이라는 사실도 마찬가지다. 포스트휴머니즘은 포스트휴먼을 단지 존재론-인식론으로서가 아니라 관점주의와 실천으로 제시한다. 포스트휴머니즘에 따르면 우리는 실존하는 방식, 행동하는 양식, 그리고 우리가 타자 및 "타자"로서의 우리 자신과 맺는 관계에서 포스트휴먼일 수 있다. 탈인간주의, 탈인류중심주의 그리고 탈-이원론에 입각한 인간의 해체를 통해서다. 이제 이 매혹적인 운동에 빠져들 차례다. 먼저 트랜스휴머니즘과 안티휴머니즘 사이의 차이와 공통점에 초점을 맞출 것이다.[5]

---

5 포스트휴머니즘과 객체지향 존재론 사이의 차이와 유사점에 대해서는 3부 28장에서 고찰할 것이다.

4 트랜스휴머니즘의 탄생

트랜스휴머니즘의 계보학적 뿌리는 무엇인가? 우선 트랜스휴머니즘이라는 용어의 근원에 대한 검토에서 시작해 보자.[1] 인간을 넘어선다는 뜻의 동사 "트라수마나르(trasumanar)"는 단테 알리기에리(1265-1321)가 썼고 후에 『신곡(La Divina Commedia)』이라 알려지게 된 작품 『코메디아(Comedia[이탈리아 고어로 희곡이라는 뜻—옮긴이])』(1304-21)에도 등장한다. 그런데 단테에게서 이 동사는 현재와는 매우 다른 방식으로 쓰였다. 단테는 (희곡의 주인공으로서) 신 앞에서 "트라수마나르(trasumanar)", 즉 인간을 초월하는 특정한 상태를

---

1 트랜스휴머니즘에 기여한 사상들에 대한 역사적 개관으로는 닉 보스트롬(Nick Bostrom)의 「트랜스휴머니즘 사상의 역사(A History of Transhumanist Thought)」(2005)가 있다.

경험한다.[2] 이와 유사하게 T. S. 엘리엇(T. S. Eliot, 1888-1965)은 희곡 「칵테일 파티(The Cocktail Party)」(1950)에서 인간이 계시를 향한 여정에서 맞게 되는 위험을 지칭하기 위해 이 용어를 사용한다.[3] "초-인간화(trans-humanizing)"라는 용어는 「민주주의 사상의 본질: 생물학적 접근(The Essence of the Democratic Idea: A Biological Approach)」(1949)에도 등장하는데, 이 글은 그의 사후에 출판된 철학자 피에르 테야르 드 샤르댕(Pierre Teilhard de Chardin, 1881-1955)의 『인류의 미래(The Future of Mankind)』(1959)에 수록되었다. 여기서는 윤리적, 정치적, 정신적인 영역과 연관된 확장된 의미로 사용했다.[4] 테야르 드 샤르댕이 트랜스휴머니즘에 미친 영향은 그동안 제대로 평가받지 못했다(Steinhart 2008). 트랜스휴머니즘 운동에서는 현재의 트랜스휴머니즘에 가장 가까운 철학적 태도를 진

---

2 특히 단테는 「천국」편의 제1송가에서 베아트리체를 보고 그녀의 눈을 통해 신적인 것을 지각하는 순간에 이 단어를 썼다.

Trasumanar significar per verba
non si poría; però l'esempio basti
a cui esperienza grazia serba. (v. 70-73, 1896: 524)

헨리 캐리는 이렇게 번역했다: "이 초-인간적인 변화는 언어로 표현할 수 없네; 그러니 바로 이것을 본보기로 삼으세"(1909: 289).

3 특히 조연급인 두 인물(줄리아와 라일리) 사이의 대화에서 볼 수 있다. 줄리아는 말한다.

인간이 어떤 과정을 통해 초인간화되는지는
당신도 나도 알지 못해
계시의 길에서 겪게 될 고통에 대해
우리가 무엇을 알겠어?(1978: 147)

4 특히 테야르 드 샤르댕은 말한다:

자유란 인간이 잠재력을 가능한 한 최대한으로 계발함으로써 스스로를 "초-인간화"할 기회로, (장애물을 제거하고 그가 취할 수 있는 적절한 수단을 제시함으로써) 모든 인간에게 제공될 수 있다(1964: 239).

화생물학자인 줄리언 헉슬리(Julian Huxley, 1887-1975)와 그의 아우인 올더스 헉슬리(Aldous Huxley)의 저술에서 찾는다. 테야르 드 샤르댕과 헉슬리 사이에서 지적 교류가 이루어졌다는 사실이 종종 간과되어 왔다. 그러나 헉슬리가 진화를 의식의 확장을 향한 과정으로 보는 테야르 드 샤르댕의 접근을 따르고 또 테야르 드 샤르댕의 대작 『인간 현상(The Phenomenon of Man)』(1955)에 서문을 썼다는 사실을 주지할 필요가 있다. 헉슬리는 이 교류에서 영감을 얻어 "트랜스휴머니즘"이라는 용어를 창안하고 저서 『새 술은 새 부대에(New Bottles for New Wine)』(1957) 중 한 장의 제목으로 썼다. 이 장은 이렇게 시작한다. "수십억 년에 걸친 진화의 결과로 우주는 자기를 의식하고 또 과거의 역사나 가능한 미래를 이해할 수 있게 되었다. **우주적 자각이 우주의 극히 미소한 부분인 인간 존재 일부에게서 실현되고 있다**"(13, 강조는 인용자). 이러한 의식의 확장이 탈중심화된 것이 아니라는 사실이 중요하다. 헉슬리의 트랜스휴머니즘은 인류중심적이고, 인간의 예외주의에 기반한다. 그의 시각에서 인간의 특수성은 유일하다. 그러한 존재론적 우월성이 최근 전개된 트랜스휴머니즘에도 대부분 그대로 남아 있음을 앞으로 보게 될 것이다.

줄리언 헉슬리의 시각은 어떤 점에서 인류중심적인가? 인간 예외주의가 장 전체에 걸쳐 언급된 끝에 "인간의 책임과 운명"이 "나머지 세계를 위한 대행자가 되는 것"(같은 곳)으로 제시되기에 이른다. 헉슬리는 주장한다. "이는 마치 돌연 인간이 진화라는 이름의 세상에서 가장 거창한 사업의 관리 책임자로 임명된 것과 같다. […] 게다가 그는 이 일을 거절할 수 없다"(13-14). 인간이 (보다 구체적으로, 젠더-중립성을 추구하는 문법 이전의 언어로 말하면 "남성"은) 책임자이다. 바로 이러한 측면이 포스트휴머니즘에 의해 커다란 도전에 직면하게 된다. 포스트휴머니즘은 인류세 개념, 그리고 인간의 특권을 유지하는 인류중심적 습관과 담론을 비판적으로 성찰하고, 그런 면에서 탈-인류중심주의로 규정될 수 있다. 현대의 트랜스휴머니즘이 인류중심주의 그 자체에 대해 근본적으로 도전한 것은 아니다. 헉슬리의 제안은 한 가지 면에서 현재의 트랜스휴머니즘의 성찰과 거리를 둔다. "이 새로운 믿음에는 이름이 필요하다. 어쩌면 트랜스휴머니즘은 인간이 스스로를 초월함으로써, 인간 본성의, 그리고 인간 본성을 위한, 새로운 가능성을 실현함으로써 **인간으로 남을 수 있도록 하는 일**에 복무할지도 모른다"(17, 강조는 인용자). 현대 트랜스휴머니즘의 주요한 논점은 인간이 역사적 초월을 경험하고 있으며 이로부터 진화의 다음 단계에 이르리라는 것이다. 헉슬리는 이러한 시각을 공유한다("인간종은 새로운 종류의 존재로 들어서는 문턱에 있게 될 것이다")(같은 곳). 그렇지만 "인간은 인간으로 남을 것"이라 본다. 반면 현대 트랜스휴머니스트들은 인간 중 일부가 다양한 종류의 기술의 발전에 따라서 다른 종으로 변모하리라고 본다.[5] 현대 트랜스휴머니스트들의 각본을 살펴보고 이 점을 분명하게 밝혀보자.

---

5 이러한 견해는 FM-2030의 선구적인 텍스트에서 이미 찾아볼 수 있다: 「당신은 트랜스휴먼인가? 급속도로 변화하는 세상에서 당신 개인의 성장률을 주시하고 촉진하는 방법(Are You a Transhuman? Monitoring and Stimulating Your Personal Rate of Growth in a Rapidly Changing World)」(1989).

5   현대 트랜스휴머니즘(들)

이제 이 질문을 던질 차례다. **트랜스휴머니즘이란 무엇인가?** 우선 트랜스휴머니즘이 하나의 동질적인 운동이 아니라 여러 가지 다양한 사조로 이루어져 있다는 점을 분명히 해야 한다. 이것이 우리가 트랜스휴머니즘을 복수형 트랜스휴머니즘(들)이라 말할 수 있는 이유다. 자유지상주의적 트랜스휴머니즘, 민주적 트랜스휴머니즘, 엑스트로피즘, 특이점 이론 등 변별적인 경향이 공존한다. **이 운동들이 공유하는 것은 무엇인가?** 바로 인간 향상이라는 목표다. 그러한 트랜스휴머니즘 사상을 논하는 주요 온라인 플랫폼의 이름이 H+인 것은 그런 이유에서다. "H"는 "휴머니티(인류, 인간성)"를 뜻하고 "플러스"는 향상을 가리킨다. **인간 향상은 어떻게 획득되는가?** 트랜스휴머니즘(들)에 따르면 인간 향상을 가져올 인간 재구성의 주요한 자산은 과학과 기술이다(현재 가능한 것과 사변에 불과한 것들을 포함한다). 과학과 기술은 이 입장들의 주요한 관심사지만 각기 다른 측면을 가진다. 예를 들어 자유지상주의적 트랜스휴머니즘은 인간 향상의 권리를 보장하는 최상의 수단으로 자유 시장을 옹호한다(특히 Bailey 2005를 보라). 그 일원인 졸탄 이슈트반은 트랜스휴머니즘의 정치적 문제에 대한 관심을 고취하기 위해 2016년 미국 대선에 출마하기도 했다.[1] 민주적 트랜스휴머니즘은 기술 향상에 대한 동등한 접근을 요청하고 결과적으로는 인종 및 성 정치를 표방한다. 아니라면 기술 향상은 특정한 사회정치적 계급으로 한정되고 경제 권력과 결탁될 것이다(Hughes 2004). 이를 선도하는 주자 중 한 명인 제임스 휴즈는 주장한다. "젠더, 인종, 계급, 종교 등에 기반한 사회 내 불공정한 권력이 민주적 과정을 왜곡한다. 우리는 이에 대해 비판적이다. […] 그러나 우리는 또한 트랜스휴머니스트로서 민주주의 사회가 새롭게 출현하는 기술에 적응할 필요가 있다고 믿는다"(2009).[2] 또한 민주적 트랜스휴머니스트들은 공통적으로 사회 문제에 대한 실행가능한 해법을 찾고 기술의 진보

---

[1] 이슈트반은 정치 캠페인의 주요 목표로 다음의 세 가지를 내세웠다:

    1) 15-20년 내로 인간의 죽음과 노화를 극복하기 위해 […] 가능한 모든 것을 시도한다.

    2) 급진적인 기술과 과학을 포용하고 생산하는 것이야말로 국가와 인간종의 최고의 관심사라는 문화와 사상을 미국 내에 고취한다.

    3) 트랜스휴머니즘의 시대로 진입하면서 직면하게 될 과도한 기술과 다른 지구적 위험으로부터 사람들을 보호할 전 국가적이고 전 세계적인 조치와 계획을 마련한다(Istvan 2014).

    2016년 선거에서 이슈트반은 단 한 주의 투표용지에도 오르지 못했다. 2017년에는 2018년 캘리포니아 주지사 선거에 출마할 의사를 밝혔다.

[2] 상당수의 트랜스휴머니즘 문헌은 온라인으로 출판되어 있는 까닭에 출처의 쪽수를 표기할 수 없다. 이 경우도 마찬가지다.

를 전폭적으로 지지하는 일이 시급함을 강조한다. 기술적 실업에 대한 필요한 해답으로서 보편 기본 소득을 제시하는 것이 그 예다 (Lagrandeur and Hughes 2017).

엑스트로피즘(extropianism)이란 무엇인가? 자유지상주의와 민주적 트랜스휴머니즘이 사회적, 정치적, 경제적 의제를 통해 가장 분명하게 규정될 수 있다면, 트랜스휴머니즘 각본의 또 다른 조류인 엑스트로피즘은 개인적인 것 그리고 자기-변형과 관련된 철학이라는 변별적인 특징을 갖는다. 트랜스휴머니즘의 주요 이론가 중 한 사람이자 엑스트로피즘의 창시자인 맥스 모어에 따르면 그것은 "최초의 완결된 트랜스휴머니즘 철학"(2013: 5)으로 간주될 수 있고, 그런 점에서, 비록 엑스트로피 연구소가 2006년에 폐쇄되기는 했지만, 여전히 유효하다. 엑스트로피즘의 주요 원리는 영구적인 진보, 자기-변형, 실천적 낙관주의, 인공(지능) 기술, 개방 사회(정보와 민주주의), 자기-지도, 합리적 사고 등으로 요약될 수 있다 (More 2003). 합리성, 진보, 낙관주의와 같은 개념을 무비판적으로 강조한다 해서 놀랄 일은 아니다. 트랜스휴머니즘은 포스트모더니티의 철학적 기여를 전혀 인정하지 않는다. 대신에 기원을 자연과 과학에서 찾고, 철학적인 뿌리를 계몽사상에 두며, 따라서 합리적 휴머니즘을 축출하지 않는다. 이것은 우리가 간과해서는 안 될 중요한 측면이다.

6   트랜스휴머니즘의 뿌리

다시 계보학적 질문으로 돌아가 보자. **트랜스휴머니즘은 어디에서 연유하는가?** 트랜스휴머니즘의 뿌리는 18세기 유럽에 전파된 계몽 시대의 철학 전통으로 거슬러 올라갈 수 있다.[1] 가령 제임스 휴즈는 「트랜스휴머니즘 선언(Transhumanist Declaration)」(2002)이 계몽의 유산이 명시적으로 긍정된 순간임을 관찰한다. "그 선언과 더불어 트랜스휴머니즘은 계몽, 민주주의와 인간주의와의 연속성을 받아들였다"(2004: 178). 진보와 합리성에 대한 열망은 계몽의 이상에서 핵심이었고 이는 스스로를 인간주의 전통에 위치시키는 트랜스휴머니즘에서도 받아들여진다.[2] 인간주의는 재확인될 뿐

---

1 트랜스휴머니즘과 포스트휴머니즘이 같은 뿌리에서 나온 것이 아니라는 사실은 중요하다. 10장에서 이 점을 강조할 것이다.

아니라 급진화된다. 「엑스트로피즘의 원리: 트랜스휴머니즘 선언 (Extropian Principles: A Transhumanist Declaration)」(1998)에서 모어는 주장한다. "휴머니스트들과 마찬가지로 트랜스휴머니스트들도 외부의 종교적 권위가 아니라 우리의 복지를 중점으로 하는 이성, 진보, 가치를 선호한다. 트랜스휴머니즘은 비판적이고 창조적인 사고와 결합된 과학과 기술을 수단으로 인간의 한계에 도전함으로써 인간주의를 진일보시킨다"(1). 트랜스휴머니즘의 출발점은 인간주의다. 그렇지만 두 접근은 동일시될 수 없다. 인간주의와의 거리는 무엇보다도 과학과 기술에 대한 트랜스휴머니즘의 존재론적 보증(승인)에서 찾을 수 있을 것이다. 모어는 부연해서 설명한다. "트랜스휴머니즘은 다양한 과학과 기술로 인한 우리의 삶의 본성과 가능성에 대한 급진적인 대체를 인정하고 기대한다는 점에서 인간주의와 다르다"(같은 곳). "인간주의를 진일보시킨다는 것"은 트랜스휴머니즘이 단순히 인간주의의 하나로 정의될 수 없음을 의미한다. 대신에 "극-인간주의(울트라-휴머니즘)"로 제시될 수 있다 (Onishi 2011).[3] 이것이 포스트휴머니즘과 트랜스휴머니즘의 주요

---

2 맥스 모어는 「트랜스휴머니즘: 미래주의 철학을 향하여(Transhumanism: Towards a Futurist Philosophy)」(1990)에서 말한다. "트랜스휴머니즘은 인간주의의 많은 요소를 공유한다. 이성과 과학에 대한 신뢰, 진보에의 헌신, 초자연적 '내세'보다는 현세에서의 인간(또는 트랜스휴먼) 존재에 대한 가치 부여 등이 그것이다."

3 브래들리 오니쉬(Bradley Onishi)는 말한다:
  포스트휴머니즘의 노선은 다양하지만 일반적으로 두 진영으로 나눌 수 있다. 하나는 울트라-휴머니스트들로, 이들은 인간주의 기획을 도구를 넘어선 목적으로 확장하고자 한다. 다른 하나는 포스트-휴머니스트들로 이들은 인간에 대한 인간주의적 이해를 극복하고자 수정된 모델을 선호한다. [...] 과학적 포스트

한 차이 중 하나다. 포스트휴머니즘은 탈-인간주의(동시에 탈-인류 중심주의이자 탈-이원론)이지만 트랜스휴머니즘은 그렇지 않다. 그 반대다. 인간에 대한 인간주의적 이해는 트랜스휴머니즘에 의해 손상되지 않고 오히려 강화된다. 그런 만큼 트랜스휴머니즘 역시 극-인간주의로 제시될 수 있다.

포스트휴머니즘의 입장에서 볼 때 트랜스휴머니즘이 계몽의 인간주의 전통을 계승한 것은 문제적이다. 왜 그러한가? 트랜스휴 머니즘은 계몽과의 계보학적 연관성이나 그와 연관된 가치에 비판 적으로 개입하지 않는 것으로 보인다.[4] 미셸 푸코가 강조했듯이 철 학적 서사, 사회적 담론, 그리고 지식은 중립적이지 않다. 그것들은 전부 정치, 역사적 사건, 권력의 거시물리 및 미시물리와 연결되어 있다.[5] 또한 개념들은 일의적이지 않고 관계적이다. 가령 "진보" 개 념은 2차 세계대전 이후 광범위하게 비판되어 왔다. 원자폭탄이 인 간과 지구라는 행성에 미친 영향으로 많은 사람들이 진보와 퇴보가 반드시 분리되지는 않음을 깨달은 것이다. 어떤 기술은 진보와 퇴 보를 동시에 낳는다. 그런 의미에서 핵에너지의 발견이 인간 사회 (일부)에 (어느 정도의) 진보를 결과했다면, 원자폭탄이나 최근 핵폐 기물이 환경에 미친 결과는 인간들 사이의 공존이라는 실천에 있 어서는 퇴보였다(1945년 원자폭탄 투하 이후 히로시마와 나가사키 주

휴먼의 울트라-휴머니스트 노선을 가장 생생하게 표현하는 것은 "트랜스휴머 니즘"이라 불리는 과학적 운동이다(Onish 2011, 102-03).

4 이 책의 2부에서 우리는 인간주의에 대한 상세한 비판과 해체에 이르게 될 것이다.
5 권력의 거시물리 및 미시물리 개념에 대해서는 13장의 각주 3번에서 설명할 것 이다.

민들에게서 암과 선천적 질환이 증가한 것을 생각해 보라). 인간종과 비인간종의 행성의 공유라는 실천 역시 퇴보했다(1986년 체르노빌과 2011년 후쿠시마에서 방사능이 야생동물에게 미친 참혹한 결과를 생각해 보라). 트랜스휴머니즘 전통에서 당연시되어 온 또 다른 개념은 "이성"이다. 그렇지만 이성적 동물로서의 인간을 강조하는 태도가 역사적으로는 인간 일부와 대부분의 비인간 동물을 착취하고 학대하고 지배하기 위한 강력한 담론적 도구가 되어왔다는 사실은 이미 비판적 인종 이론, 여성주의, 동물 연구를 통해 밝혀진 바 있다. 예를 들어 여성과 노예는 역사적으로 "비이성적", "감정적" 그리고 "자연적"("문화적"의 대립항)으로 규정되어 왔다. 합리적 동물이라는 개념은 이들에게 적용되는 것이 아니었다. 특권이 부여된 인간의 범주를 지칭하는 것이었다(가부장제 사회에서는 성인 남성, 노예 경제에서는 주인/소유주가 이에 해당한다).[6] 그러한 담론은 중립적인 것과는 거리가 멀다. 그것은 사회적 불평등, 정치적 차별, 그리고 법적인 폭력을 생산하고, 유지하고 또 정당화한다. 포스트휴머니즘의 관점에서 보자면 인간주의 패러다임뿐 아니라 기술 개념에 대해 대대적으로 비판적인 접근을 취하는 것은 트랜스휴머니즘에게도 도움이 될 것이다. 트랜스휴머니즘 시대의 핵심을 관통하는 것이 바로 기술이기 때문이다.

---

6 12장에서 이 논의를 좀 더 확장할 것이다.

7   트랜스휴머니즘과 기술의 매혹

트랜스휴머니즘 논의에서 기술이 중심이 되는 이유는 무엇인가?
트랜스휴머니즘 각본에는 많은 학파가 등장하는데 이들은 모두 기
술에 깊은 관심을 가지고 또 강조한다는 공통점을 가지고 있다. 이
들은 기술을 인간의 "다음" 단계로 향하는 진화적 동인의 핵심으로
받아들인다. 인간은 기술에 의해 생물학적 신체에 재접근하고 그
럼으로써 유한한 수명을 초월할 수 있게 된다. 이때 신체는 잠재적
진보를 향한 지속적인 기획으로 간주된다. 기술은 급진적인 수명
연장과 디지털 불멸을 향한 투쟁에서 중추적인 역할을 한다. 생명
그 자체를 재조명하는 데 있어서도 기술은 필요불가결하다. 공리
주의 트랜스휴머니즘 철학자인 데이비드 피어스(David Pearce)는
"쾌락주의 명령(hedonistic imperative)"의 옹호자다. "쾌락주의 명
령"은 "어떻게 유전공학과 나노 기술이 모든 감각이 있는 생명을 고

통으로부터 벗어나게 하는지 대략적으로 보여준다"[1] (1995). 피어스는 "낙원 공학(Paradise engineering)"을 "호모 사피엔스의 고통의 완전한 종식"(같은 곳)으로 정의한다. 고통을 경감하려는 피어스의 시도에는 공감할 수 있지만, "행복"이나 "낙원"과 같은 상대적이고 특정 문화 한정적 개념들에 대한 자신들의 인식에 따라서, (일부) 인간이 지구적 생태계를 재설계한다는 전망은 과도한 형태의 인간주의적 예외주의, 도덕적 인류중심주의 그리고 절대주의에 뿌리를 두고 있다. 이는 포스트휴머니즘의 비판적 관점에서 결코 바람직하지 않다. 무신론적 가정에 기반하는 트랜스휴머니즘의 담론 안에서,[2] 기술은 욕망을 충족시키는 충동이자,[3] "더 나은" 개인과 생태계

---

1 데이비드 피어스가 「쾌락주의 명령」(1995)에서 인생의 "해피엔딩"을 머리 좋아지는 약(smart drug)을 섭취함으로써 얻는 웰빙(well-being)의 상태로 묘사하고 있음은 주목할 만하다. 그의 제안은 과거 서양 의학에서 쾌락주의적인 시도로서 시행되어 온 과도한 처방과 그다지 달라 보이지 않을지도 모른다. 비록 피어스의 기획이 국유화의 형태로 간주된 것은 아니지만, 이러한 각본은 올더스 헉슬리의 『멋진 신세계』나 "소마[『멋진 신세계』에 등장하는 마약 — 옮긴이]"의 사용과 여러 가지 점에서 유사성을 보여준다. "인생에 진정으로 해피엔딩이 있을 수 있는가?(Could Life Really Have A Happy Ending?)"라는 제목의 절에서 그는 말한다:

    인지 향상제("머리 좋아지는 약")와 순한 마약의 조합이라면 호의적인 기성세대 독자가 서서히 정신을 잠식하는 쇠퇴가 아니라 아름다운 경험과 영예로운 자기-실현의 시대를 예견하지 않을 이유가 없다. 그 이후 삶은 그(또는 그녀)가 이전과는 비교할 수 없을 만큼 풍족한 시대가 될 수 있다(1995).

2 모르몬 트랜스휴머니즘의 예에서 보듯이 트랜스휴머니즘의 몇몇 부류가 종교적 구도에서 전개된 것은 사실이다. 그러나 제임스 휴즈가 말하는 것처럼 일반적으로 말해서 "오늘날 스스로를 트랜스휴머니스트라 규정하는 사람들은 대부분 세속적이고 무신론자다."(2010) 예를 들어서 맥스 모어는 과학의 이름으로 규범적 종교에 명시적으로 반대 입장을 취한다. "과학적 이해에 있어서의 엄청난 진보에도 불구하고 종교가 존속하고 있다는 사실을 많은 사람들은 의아하고 또 실망스럽게 여긴다."(1990)

3 특히 이 측면에 대한 비판으로 일레인 L. 그레이엄(Elaine L. Graham)의 저술 중

를 구성하려는 희망에 대한 종적인 답변이면서,[4] 동시에 불멸이라
는 금지된 열매에 도달하기 위한 황금 열쇠가 된다. 후에 불멸은 트
랜스휴머니즘 문헌에서 급진적 수명 연장이라 명명된다.[5] 기술에
대한 트랜스휴머니즘의 논의와 종교 사이에서는 흥미로운 유사점
들이 상당수 발견된다(Tirosh-Samuelson and Mossman 2012). 비판
적 역사학자 데이비드 노블(David Noble)은 『기술 종교: 인간의 신
성(神性)과 발명의 정신(The Religion of Technology: The Divinity of
Man and the Spirit of Invention)』(1997)에서 주장한다.

> 기술적인 것의 매혹(이것이야말로 근대 계몽의 척도다)은 종교적 신
> 화와 고대의 상상에 근원을 둔다. 오늘날의 기술학자들은 유용성,
> 권력, 이윤을 진지하게 추구하면서 합리성에 대한 사회의 표준을
> 확립하는 듯이 보이지만, 이들을 추동하는 것은 초자연적인 구원에
> 대한 요원한 꿈과 정신적인 열망의 충동이다. 그들이 보여주는 현
> 세의 지혜가 아무리 눈부시고 두렵다 해도 그들의 진정한 영감은
> 다른 데서 온다. 내세에서의 초월과 구원을 향한 끈질긴 추구가 그
> 것이다(4).

"기술매혹"이라는 제목의 절을 보라(2002: 165-68).

4 예를 들어 생명윤리학자 존 해리스(John Harris)는 인간 향상이 도덕적으로 선하
   다고 본다. "왜냐하면 그것은 우리를 더 나은 사람으로 만들기 때문이다"(2007: 2).

5 윤리적 관점에서 급진적 수명 연장에 대한 비판적 성찰로는 특히 다음을 보라:
   Fukuyama 2012.

현재의 기술 매혹에 대한 노블의 묘사는 기술에 관한 트랜스휴머니즘 담론에도 무리 없이 적용될 수 있다. 트랜스휴머니즘은 자신의 위치를 계몽의 전통 안에서 찾는다. 앞 장에서 살펴본 것처럼 진보와 합리성의 개념은 트랜스휴머니즘의 기술 패러다임 안에서 그대로 유지된다. 기술은 합리적 사고에 기반해서 진보를 향해 추동되는 위계적 기획이 된다. 이러한 인식론의 틀 안에서 인간의 시간 개념은 기술의 존재론적 자양분이 된다. 가술은 초월적 기획을 성공적으로 발전시키기 위해 연대기적인 미래를 필요로 한다. 그 기획 중의 하나가 인간 향상으로 트랜스휴머니즘과 핵심적인 관련성을 지닌다.

트랜스휴머니즘에 따르면 인간은 어떻게 재설계될 수 있는가?
많은 트랜스휴머니즘 사상가들이 이 주제에 관해 글을 썼다. 예를 들어 맥스 모어는 형태학적 자유를 "외과 수술, 유전공학, 나노기술, 업로딩과 같은 기술을 통해 신체 형태를 자유자재로 변형할 수 있는 능력"으로 정의한다(1993). 형태학적 자유라는 개념은 자기-변형의 권리를 주장하는 바이오해킹[무단으로 DNA 조작이나 다른 유전학 실험을 시행하는 행위—옮긴이] 단체에 의해 널리 받아들여지고 있다. 여기에 트랜스휴머니즘 윤리학자 앤더스 샌드버그(Anders Sandberg)는 형태학적 자유와 자기-해학의 구별을 추가함으로써 "타인과 스스로에 해악을 초래하는 경우에는 형태학적 자유에 대한 합법적 제한을 가해야 한다"고 첨언한다(Sandberg 2011). 트랜스휴머니즘 운동을 선도하는 인물 중 한 명인 나타샤 비타-모어는 포스트랜스휴먼 신체 설계를 10년 이상 연구해 왔다. "프리모 포스트휴먼(Primo Posthuman) [첫 번째라는 뜻의 접두사인 '프리모'와 '포스트휴먼'의 합성어 — 옮긴이]"(1997년부터 현재까지)이라 불리는 그녀의 예술적이고 철학적인 기획은 발상에서의 통찰력이 돋보인다. 그렇지만 "자연", "생물학" 그리고 "기술"을 제시함에 있어서 트랜스휴머니즘 사상가들이 고수하는 이원론적 성향을 보여준다. 비타-모어는 주장한다. "현재 진보의 영향으로 인간의 본성은 갈림길에 서 있다. 고래로 우리를 속박해 왔던 자연의 생물학적이고 우연적인 설계는 급속도로 와해되고 있다. 우리는 인간적 생물학에 도전하고 무엇이 생물학적인 것인지에 관해 의문을 제기하고 있다"(2004). 여기에서 자연이 "우연적 설계"로 제시되고 있는 반면에 (자연과 분리된) "우리"는 우리에게 고유한 생물학에 도전하고 있는 점에 주목하라. 인간 신체와 21세기 "프리모 프로토타입" 사이의 차이를 보여주는 도식에서 프리모는 "대체가능한 유전자"와 "업그레이드"로 "불로장생"하는 것으로 그려진다(2013). 반면에 인간의 신체는 "제한된 수명", "타고난 유전자", 그리고 무엇보다도 "낡는다"는 사실로 규정된다. 젠더는 (프리모 포스트휴먼의 "변신가능성"과 비교해서) "제한된" 특성을 갖는다. 인종은 언급되지 않는다. 나이는 극복되어야 한다. 그러나 이러한 인간 신체는 어떤 하나의 계보학에 위치되거나 소속되지 않는 것으로 보인다. 재설계되고 있는 일견 "중립적"인 이런 신체에 대해 포스트휴머니즘이 비판적 입장에서 제기할 수 있는 합당한 질문은 이것이다. **인간 신체의 [남성중심적] 역사와 여성적 역사는 포스트휴먼 미래에 어떤 영향을 미치는가?**[6] "인간"은 하나가 아니라 여럿이다.[7] 그리고 정치사회적 상호작용의 생물학적

---

6 나는 논문 「신체(The Body)」에서 이 문제를 발전시켰다(Ferrando 2014b).

이고 형상적인 위치(장소)로서의 인간 "신체"가 중립적이기는 힘들다. 우리는 이 불연속성을 재확인하고 차이를 지우기보다는 강조함으로써 다가올 후생인류를 전망하기 위한 보다 전략적인 출발점을 마련할 것이다. 보다 일반적으로 인간의 신체화를 편의에 따라 주조될 수 있는 장비[또는 의상]처럼 말하는 것은 데카르트의 신체/정신 이원론에 기반한 환원주의적 접근을 드러낸다. 이원론에 따르면, "나"는 나의 정신이고 "나"는 큰 손실 없이 대체될 수 있는 신체를 가진다. "나는 생각한다, 고로 나는 존재한다"로 유명한 코기토는 신체에 대한 정신의 특권을 설정한다. 이원론이 반드시 위계적일 필요는 없지만,[8] 이원론의 두 가지 측면들은 서구 사상의 역사에서 한 면은 긍정적으로 보고 다른 한 면은 부정적으로 보는 가치체계에 놓여 있다.

때로 트랜스휴머니즘은 기술을 지나치게 강조함으로써 생물학에 대한 기술중심적 초월로 귀결된다. 예를 들어 『특이점이 온다: 인간이 생물학을 초월할 때(The Singularity is Near: When Humans Transcend Biology)』(2005)에서 특이점 운동의 아버지인 레이 커즈와일(R. Kurzweil)은 인간의 진화에 관해 예측한다. "우리는 계속해서 인간의 신체를 가질 것이다. 그러나 신체는 우리 지성의 변조가 가능한 투사가 될 것이다. [⋯] 궁극적으로 소프트웨어에 기반한 인간은 현재 우리가 알고 있는 인간의 심각한 한계를 넘어서서 광대하게 확장될 것이다"(324-5). 이는 매우 높은 수준의 미래주의적 감수

---

7 이 개념에 대해서는 12장에서 다시 논할 것이다.
8 이 점은 간주 1에서 보다 분명해질 것이다.

성과 통찰력이 있는 예측임에는 분명하지만, 포스트휴머니즘 관점에서 보기에는 여전히 그것의 영향력을 약화하는 존재론적 약점 위에 서 있다. 커즈와일의 언어는 "우리"(정신)와 "그들"(신체)이라는 존재의 이원론적 인식을 노정한다. 인간 실존을 탈-육화하고 "우리 지성의 변조가능한 투사"가 됨으로써, "우리"는 "현재 우리에게 알려진 인간의 심각한 한계"를 극복하게 된다. 여기서의 한계는 엄밀히 말해서 살로 이루어진 우리의 몸이다.[9] 대부분의 트랜스휴머니즘 논쟁은 기술을 통해 인간을 재사유한다. 따라서 인간 진화의 다음 단계를 향함에 있어서, 기술에게 존재론적인 일차적 역할이 부여된다. 『영적 기계의 시대(The Age of Spiritual Machines)』(1999)에서 커즈와일은 말한다. "기술의 도입은 단순히 지구상의 수많은 종 중의 어느 하나에 국한된 사사로운 사태가 아니다. 그것은 이 행성의 역사에서 중대한 사건이다. 진화의 위대한 창조물인 인간 지성은 진화의 다음 단계로 진입할 수단을 제공하고 있다. 그 수단이란 바로 기술이다"(35). 커즈와일의 진화론적 해석에서 인간 지성은 "진화의 가장 위대한 창조물"이 된다(이에 대해 우리는 조심스럽게 물을 수 있다: 이 말을 하는 것은 다름 아닌 인간 지성이지 않은가?). 그리고 기술이 자격을 갖춘 후계자로 결정되었다.[10] 인류세는 인간의 활동

---

9 인간 신체에 대한 트랜스휴머니즘의 가치 하에 대해 브래들리 오니쉬는 이렇게 말한 바 있다. "기술 발전에 대한 트랜스휴머니즘의 열망은 인간 신체를 포함한 물질적 실존을 인류 혹은 후생인류의 목표에 대한 장애물로 이해하는 극-인간주의적 논리에 의해 강화된다"(2011: 104).

10 여성주의 학자인 일레인 L. 그레이엄은 문화 연구의 포스트휴머니즘 전환을 마련한 선구적인 텍스트 『포스트/휴먼의 표상』(2002)에서 바로 이 구절의 마지막 문장을 비판하면서 커즈와일의 시각을 "인류중심적 자아도취와 진화론적 결정론의

에 의해 매년 수백만의 비인간종이 소멸되는 시대이다. 진화에 대한 커즈와일의 자아도취적 접근은 인류중심적이고 기술중심적인 전제에 기반하는데 이것이 모든 사람을 만족시키지는 못할 것이다. 포스트휴머니즘과 트랜스휴머니즘은 기술에 대한 공통의 관심을 공유하지만 이 개념을 성찰하는 방식에서는 차이를 보여준다. 트랜스휴머니즘은 기술에 대한 심오하고 통찰력 있는 성찰을 제공하며, 현존하거나 가설 단계에 있는 기술의 잠재력에 관심이 있는 사람이면 누구나 반길 만한 것이다. 그러나 인류중심적이고 이원론적인 경향을 무비판적으로 수용하며 그에 따라 기술중심적 편견과 망상에 빠질 수 있는 한계도 일부 발견된다. 기술에 대한 포스트휴머니즘의 비판적 성찰은 신체화와 "생성(poiesis)" 등의 개념을 통해 이해의 폭을 넓힐 것이다. 이에 대해 살펴보자.

혼합물"로 규정한다.

8 탈은폐의 방법으로서의
포스트휴머니즘 기술

기술과 포스트휴머니즘은 어떤 관계인가? 포스트휴머니즘 의제를 이해하는 데 있어 기술의 역사적·존재론적 차원은 핵심적 쟁점이다. 그러나 포스트휴머니즘은 탈-**중심화**를 지향한다. 어떤 하나의 특정한 이해의 중심을 설정하지 않는다는 의미다. 포스트휴머니즘은 기술을 인간 역량의 특성으로 보지만, 그 자신의 이론적 시도를 일종의 기술 환원론으로 축소하는 것이 그 주안점은 아니다. 기술은 신-기계파괴주의 태도에서 보이는 두려움이나 반항의 대상인 타자도 아니다. 또한 기술은 일부 트랜스휴머니즘 학파가 부여하듯 신과 같은 특성을 갖는 것도 아니다. 이들은 포스트-생물학적 미래에 인류의 자리를 보장하는 외적인 원천으로 기술에 접근한다. 트랜스휴머니즘과 포스트휴머니즘이 공유하는 것은 기술발생(technogenesis)의 개념이다. 캐서린 헤일스는 「트랜스휴머니즘과 씨름하기(Wrestling with Transhumanism)」(2008)에서 지적한다: "기술은 인간의 발전과 더불어 나선형의 역동적인 공진화에 개입되어 있다. 기술발생으로 알려져 있는 이 가정은 내게 일리가 있고 또 사실상 반박 불가능한 것으로 보인다"(2011: 216).[1] 인간과 기술 영역 사이의 비-분리성은 포스트휴먼의 이해에서 결정적인 중요성을 지니는 것으로 인류학적이고(Gehlen 1957 참조) 고생물학적인(Leroi-Gourhan 1943, 1964 참조) 동시에 존재론적 주제로 탐색되어야 한다. 다음에서는 이 구도 안에서, 기술발생에서의 "기술"(techno)을 마르틴 하이데거(1889-1976)의 작품을 통해 해석할 것이다.

왜 하이데거인가? 먼저 하이데거가 비윤리적인 행동과 정치적 선택으로 뜨거운 논란을 불러일으킨 사실을 언급해야 한다. 그는 나치의 대변인이자 자신이 지도하는 여학생들과 성관계를 가진 나르시시스트였다(Chessick 1995; Badiou and Cassin 2016). 포스트휴머니즘은 실천이다. 따라서 이론과 실천은 분리될 수 없다(Ferrando 2012). 한편으로 하이데거가 포스트휴머니스트라 밝힌 적이 없는 것 또한 사실이다(당시에 이 용어는 존재하지도 않았다). 그러나 하이데거의 고찰은 기술에 관한 논의를 존재론의 영역으로 끌어들임으로써, 다시 말해 "기술이란 무엇인가?"라는 존재에 관

---

1 같은 구절에서 헤일스는 이렇게 단언한다:
   나는 대부분의 트랜스휴머니즘 수사에는 근본적으로 동의하지 않는다. 그러나 트랜스휴머니스트 공동체는 현대에서 기술발생이 어디를 향하는지 그리고 인간의 미래에 어떤 함축을 갖는지 이해하려는 시도를 열성적으로 추구하는 공동체 중 하나다. 이것이 그들의 긍정적인 기여다. 그런데 내 관점에서 이는 우려할 만한 일이기도 하다(2011: 216).

한 물음으로 기술에 접근함으로써 중요한 실마리를 던진다. 그는 이러한 방향을 급진적이면서도 수긍할 만한 방식으로 추구한 최초의 철학자다. 이것이 그의 전기가 논란의 대상임을 인정하는 것만큼이나 그의 작품을 고찰하는 것이 중요한 이유다. 하이데거는 에세이 「기술에 관한 물음(The Question Concerning Technology and Other Essays)」(1953; 영역본 1977)에서 존재론적 성찰에 착수하는데 이는 포스트휴머니즘의 기술 이해에 매우 적합하다. 우리는 이 에세이가 2차 세계대전 이후에 쓰였음을 주지해야 한다. 2차 대전에서 기술은 핵심적인 역할을 수행했고 최종 결과에도 영향을 미쳤다.

현대 사회에서 기술의 중대한 관련성을 이해한 하이데거는 헌신적인 철학자로서 다음과 같이 요약될 수 있는 중대한 질문을 던진다. **기술에 대해 반성할 때, 우리는 우리가 무슨 말을 하고 있는지 정말로 알고 있는가?** 보다 구체적으로, 하이데거는 기술을 지지하거나 비난하기보다는 대개는 자명하게 주어져 있는 질문에 답변하고자 한다. **기술이란 무엇인가?** 이 질문에 대한 답변으로는 흔히 두 가지를 든다. 기술은 보통 "목적에 대한 수단"이자 "인간적 활동"(4)으로 규정된다. 하이데거에 따르면 이 답변들은 틀리지 않다. 그러나 기술의 본질을 이해하기에는 충분하지 않다. 서양 고대 철학으로 단련이 되어 있었던 그는 그리스로 거슬러 올라가 어원[테크네(technē)와 로고스(logos), 즉 "기술"에 대한 "담론"]뿐 아니라 의미론적 유산을 통해 기술을 다룬다. 그럼으로써 하이데거는 상당히 흥미로운 사실을 주지시킨다. 고대 그리스의 문학과 철학에서 "테크네"라는 용어가 포이에시스(poiēsis)[2]와 에피스테메(epistēmē)[3]라는 두 가지 다른 개념들과 필연적으로 결부되어 있었다는 사실이 그것이다. 고대 그리스에서 "테크네"는 수공업과 예술을 지칭했다. "에피스테메"와의 의미론적 관계는 기술에 대한 우리의 현대적 이해에 비추어 보면 놀랍지 않다(에피스테메는 "지식"의 영역, 보다 구체적으로는 "과학적 지식"과 결부된다).[4] 오늘날 이 두 용어, 즉 "기술적" 지식과 "과학적" 지식은 연관되어 쓰이곤 한다(이를테면 과학기술학이라는 학문 분야를 생각해 보라). 기술에 대한 우리의 현대적 이해에 비추어서 놀라운 것은 테크네와 포이에시스의 관계다. 이 용어 자체가 고대 그리스어에 익숙하지 않은 독자들에게는 낡은 것으로 들릴 것이다. 이들을 위해 질문을 던져보자. **"포이에시스(생성)"는 무엇을 뜻하는가?**

"포이에시스" 개념을 이해하기 위해 시, 즉흥 연주 또는 피어나는 꽃 등 여러 가지 다른 예를 들 수 있다. 시를 한 편 쓰기 시작할 때, 또는 다른 연주자들과 즉흥 연주를 시작할 때는 어떤 결과가 나올지 모른다. 준거로 삼을 만한 틀이 있을 수도 있고(재즈 즉흥 연주에서 화음을 위한 솔로의 음계) 또는 말하고 싶은 주제(인생에 관한 시를

---

2 하이데거의 말을 빌리면 "테크네는 밖으로 끌어내어 앞에 내어놓음, 즉 포이에시스에 속한다"(1977: 13).

3 하이데거를 인용하면 "테크네라는 말은 옛날부터 플라톤에 이르기까지 에피스테메라는 말과 같이 사용되어 왔다"(같은 책: 13).

4 철학자 리처드 패리(Richard Parry)가 강조하는 이 점은 중요하다:
  테크네는 대부분 공예나 예술로 번역된다. 에피스테메는 일반적으로 지식인데, 이 맥락에서 정확한 의미로 사용될 때에는 과학적 지식으로 번역된다. 그러나 우리는 이 용법을 과학에 대한 우리의 현대적인 이해와 혼동해서는 안 된다. 우리의 이해에는 실험이 포함되어 있다. 그러나 실제로 가설을 확증하기 위해 실험을 수행하게 된 것은 훨씬 나중의 일이다. 에피스테메의 확실성이 강조될 때는 과학적 지식으로 번역된다(Parry 2014).

쓸 때)가 있을 수 있다. 그렇지만 결과가 어떻게 될지는 모른다. 지나간 즉흥 연주를 다시 들을 때, 또는 결국 완성된 시를 읽을 때, 우리는 처음의 기대를 넘어서는 놀라움을 느낀다. 이것이 바로 창조적 과정의 드러냄이다. 하이데거에 따르면 "수공업적 제작이나 예술적이고 시적인 차원의 밖으로 드러냄"(10)뿐만 아니라, "퓌시스 Physis" 즉 자연 또한 "밖으로 끌어내어 앞에 내어놓음, 즉 포이에시스"라는 사실을 강조하는 것이 중요하다. 예를 들어 "만발하는 꽃"(같은 곳)을 생각해 보라. 이것은 "가장 높은 의미의 포이에시스"(같은 곳)다. 고대 그리스인들에 따르면 창조적인 과정은 신과 여신들에 연관된 신성한 어떤 것이었다. 그것은 진리의 순간, 진리가 드러나는 순간이었다. 알레테이아(aletheia), 즉 그리스어로 "은폐성을 비은폐시키는 것"(12)이다.

다시 기술, 그리고 기술과 "포이에시스"의 관계로 돌아가 보자. 하이데거는 묻는다. "기술의 본질이 탈은폐와 무슨 연관이 있단 말인가? 정답: 기술의 모든 것이 탈은폐와 관련이 있다"(같은 곳). 하이데거에 따르면 "따라서 기술은 그저 하나의 수단만은 아니다. 기술은 탈은폐의 한 방식이다"(12). 그는 이 결정적인 발언을 에세이 전반에 걸쳐 반복한다.[5] 현대 사회는 이러한 "포이에시스"로서의 "테크네"에 대한 이해를 잃어버렸다. 이것이 현대 기술이 탈은폐의 한 방식임에도 불구하고 하이데거가 그것을 "몰아세움(Enframing)"이

---

5 예를 들면 이렇다: "기술은 탈은폐의 한 방식이다. 기술은 탈은폐성과 비은폐성인 알레테이아, 즉 진리의 사건이 일어나고 있는 그곳에 본질적으로 존재한다"(같은 책: 13). 기술의 본질은 하이데거에 따르면 탈은폐의 한 방식이다.

라 기술하는 이유다.[6] 하이데거는 현대 기술이 탈은폐의 잠재력을 제한하는 것이라고 본다. 그는 주장한다.

> 현대의 기술은 무엇인가? 그것도 역시 하나의 탈은폐다. [⋯] 그런데 탈은폐는 현대의 기술 전반을 지배하며 이제 더 이상 포이에시스라는 의미의 밖으로 끌어내어 앞에 내어놓음의 방식으로 전개되지 않는다. 현대의 기술을 지배하는 탈은폐는 도발적 요청(Herausfordern)이다. 그것은 자연에 추출되고 저장될 수 있는 에너지를 제공하라고 무리하게 요구한다. [⋯] 이제 땅은 한낱 탄광으로, 흙은 한낱 광물 창고로 스스로를 드러낼 뿐이다.(14).

현대 기술은 어떤 점에서 몰아세움인가? 기술에 대한 우리의 현대적 이해는 "엄밀 과학으로서의 현대 물리학에 기반"(14)하는 것으로, 우선적으로 공리주의적 관점을 따른다. 창조적 과정을 가능하게 했던 신비의 감각과 포이에시스의 [발생적인] 측면도 사라졌다. 모든 것은 측정가능하고 이용가능해졌다. 자연은 이제 인간이 사용하는 "부품"이 되었다: "이제 땅은 한낱 탄광으로, 흙은 한낱 광물 창고로 스스로를 드러낼 뿐"(14)이요, "태양의 온기는 열을 제공할 것을 강요당하고"(15), "강은 이제 수력 발전의 공급자로서 존재한다"(16). 만발하는 꽃의 예로 돌아가자면, 현대 사회는 그것을

---

6 하이데거의 말로는 이러하다: "우리는 스스로를 탈은폐시키고 있는 것을 부품으로 주문 요청하도록 인간을 집약시키고 있는 그것을 이제 몰아세움이라 부르자"(같은 책: 19).

생성적 행위로서보다는 꿈을 생산하는 장소로 볼 것이다. 사회가 지금 과학과 기술에 접근하는 방식 때문에, 현대 기술은 과거의 기술과는 다르다. 현대 기술은 인간의 현실적 필요에 따라서 규제되는 질서로 체계화되었고 "인간화"되었다. 이는 탈은폐의 양태로서의 가능성이 제한하는 환원주의적 접근 속에서 이루어진다. 『기술과 시간 1: 에피메테우스의 실수(Technica and Time, 1: The Fault of Epimetheus)』(1994)에서 프랑스 철학자 베르나르 스티글러(Bernard Stiegler)는 하이데거의 입장을 날카롭게 논평한다: "형이상학이 자연의 지배와 소유에 대한 계산적 이성의 기획으로 스스로를 표현하고 완성할 때, 기술은 현대적이 된다."(1998: 10). **이러한 세계상의 전환은 언제 일어났는가?** 하이데거는 17세기와 18세기 후반으로 잡는다.[7] 트랜스휴머니즘 역시 정확히 같은 시기를 전환의 시작으로 본다. 이제 우리는 포스트휴머니즘과 트랜스휴머니즘이 기술을 대하는 방식이 왜 다른지를 좀 더 분명하게 이해할 수 있다. 이성, 진보, 지배를 강조하는 트랜스휴머니즘이 하이데거의 비판과 스티글러의 반성의 대상이라면, 포스트휴머니즘이 기술과 관계를 맺는 방식은 다른 가능성의 여지를 남긴다.

포스트휴머니즘은 기술이 단순한 수단이나 사물화로 환원될 수 없고 따라서 "숙달될 수 없다"는 하이데거의 반성을 따른다. 이러한 반성은 AI 지배에 대한 현대인의 두려움, 즉 기술적 존재(예를

---

7 하이데거를 인용하면 "연대기적으로 볼 때 근대의 물리 과학은 17세기에 시작되었다. 반면에 기계를 이용한 발전 기술은 18세기 후반에 가서야 발전되었다. 연대기적 추산으로는 근대 기술이 나중에 나왔지만, 그 안에 있는 본질의 관점에서 보면, 즉 역사적으로는, 이전에 나왔다."(22).

들면 로봇과 인공지능)가 지구를 지배하고 인간의 지배를 대체할 것이라는 가설적 각본(예를 들면 Bostrom 2014)에 대해서도 제시될 수 있다. 이러한 논의에 하이데거의 반성은 다른 수준의 이해를 덧붙인다. "우리는 기술을 '영적으로 손에 넣는다'. 우리는 그것을 숙달할 것이다. 숙달하려는 의지는 기술이 인간의 통제를 벗어나겠다고 위협할수록 더 절박해질 것이다. 그러나 바로 그 기술이 단순한 수단이 아니라고 가정한다면 어떻게 그것을 숙달하려는 의지와 양립하겠는가?"(1977: 5) 하이데거는 독일의 흑삼림지[Black Forest: Schwarzwald, 즉 검은 숲이라는 뜻으로 독일 남서부의 삼림 지대를 일컫는다―옮긴이]의 목가적 삶을 선택하고 기술을 "위험하다"고 본 기계 파괴주의자로 그려지기도 한다. 그러나 이것은 오해일 수 있다. 하이데거의 기술에 대한 시각은 선과 악을 넘어서 있다. 기술 그 자체는 문제가 아니다. 문제는 인간 사회가 그것에 어떻게 접근하는가에 있다. 달리 말해 기술의 생성력에 대한 사회문화적 망각이 문제다. 하이데거에 따르면 "위험스러운 것은 기술이 아니다. 기술 안에 악령은 없지만, 그 본질의 신비가 있다. 기술의 본질은 탈은폐로 운명지워진 것으로서의 위험이다."(28) 하이데거는 "인간에 대한 위협은 잠재적으로 치명적인 기계나 기술 장치들에서 처음으로 오는 것이 아니다. 이미 실제(actual)의 위협이 인간의 본질에 영향을 미쳤다"(같은 곳)는 사실을 강조한다. **하이데거가 말하는 위험이란 무엇인가?** 위험은 모든 존재의 잠재성 중에서도 "더욱 근원적인 탈은폐로 들어가서 더욱 원초적인 진리의 부름을 경험할 가능성이 몰아세움의 지배로 인해 거부될 것이라고 인간을 위협"(같은 곳)하는 데 있다. 이 구절에는 의미가 농축되어 있다. 하이데거가 서양 철학

사상 가장 복잡한 사상가 중 하나로 간주된다는 점을 생각하면 그리 놀라운 일은 아니다. 몇 가지 예를 통해 이 지점을 더 분명하고 생생하게 살펴보자.

우리가 조각가라고 상상을 해보자. 그리고 커다란 대리석 조각으로 작업을 해야 한다고 하자. 이 대리석 조각으로부터 우리는 철학자 한나 아렌트, 로봇 소피아,[8] 유니콘 등 여러 가지 다른 것들을 조각할 수 있다. 달리 말해서 대리석 조각은 잠재성으로 가득하다. 이 모든 가능성에서 우리는 로봇 소피아의 조각상을 만들기로 결심한다. 아주 열심히 작업을 해서 주어진 일을 완수한다. 소피아 상은 일단 완성되면 돌이킬 수 없다. 우리가 만들 수 있었던 모든 가능한 조각상 중에서 오직 하나가 현실화되는 것이다. 이제 영화 「월-E(Wall-E)」(2008)[9]를 생각해 보자. 여기서 미래의 인간은 극도로 비만하고 팔과 다리는 짧으며 걸을 수도 없고 기술에 전적으로 의존한다. 미래의 인간이 어떤 모습일지 예측하기는 힘들지만 기술이 발전되어 온 방식이 그 모습에 일정한 역할을 할 것이다. 예를 들어 현재 우리는 컴퓨터를 사용할 때 책상 앞에 앉아 손을 이용한다. 비록 기술 그 자체는 잠재성으로 가득하지만,[10] 그리고 컴퓨터

---

8 소피아는 시민권을 부여받은 최초의 로봇이었다. 그녀는 2017년 사우디아라비아의 시민이 되었다. 로봇 소피아에 대해서는 21장에서 살펴볼 것이다.

9 「월-E」는 인간이 (거의) 등장하지 않는 드문 영화적 사례 중 하나다. 포스트휴머니즘 매체 이론에서 볼 때 "탈-인류동형적이고 탈-인류중심적"이라 하겠다(Ferrando 2015: 273).

10 여기에서 "잠재성"이 "현실성"에 대조되는 것으로 제시되지 않았다는 점은 중요하다. 철학에서 이 두 원리는 전통적으로 아리스토텔레스를 따라 서양 철학에서 이분법적으로 접근해 왔다.

가 아주 다른 방식으로 발전할 수도 있겠지만, 컴퓨터가 설계되는 방식은 이미 우리의 신체, 자세 그리고 건강에 직접적인 효과를 낳고 있다(예를 들어 컴퓨터 앞에 너무 오래 앉아 있는 것은 허리 통증, 혈액 순환 문제, 두통 등을 일으킬 수 있다).

다시 대리석 조각으로 돌아가서 같은 방식으로 기술에 대해서 생각해 보자. 다시 말해 컴퓨터가 발전할 수 있는 모든 가능한 방식을 떠올려 보자. 예를 들어 전기로 작동하는 노트북 컴퓨터 대신에 전기를 필요로 하지 않고 운동과 태양 에너지로 충전되는 기계를 상상해 볼 수 있다. 이 가상의 기계는 야외 공간을 이동할 때 작동하면서 태양 에너지를 저장할 수 있을 것이다. 이 기계들에는 스크린도 키보드도 없을 것이다. 스마트 스피커 알렉사(Amazon 2016) [미국 아마존사에서 출시한 음성 인식 스피커 — 옮긴이]처럼 구어로 인간의 입력을 인식할 수 있다. 가상의 조력자와 상호작용하기 위해 인간은 계속해서 걸어야 할 것이고 아무래도 야외에서 보다 많은 시간을 보내게 될 것이다. 이 가상의 각본에 따르면 이러한 유형의 기술을 사용하는 인간은 근육질의 다리를 가질 것이고, 또한, 비록 피부는 햇빛 노출에 대비한 보호를 필요로 하겠지만, 비타민 D가 결핍되는 일은 없을 것이다. 이 간단한 예는 우리가 기술을 개발하는 방식이 중립적이지 않고, 관계적으로 생각할 때 심오한 결과를 가져온다는 점을 증명한다. 우리는 컴퓨터는 그저 컴퓨터가 아니라고 말할 수 있다. 탈은폐의 무제한적 가능성으로부터 우리가 앞으로 내어놓는 것은 존재의 틀 안에서 가능한 모든 존재론적 내부-작용 [intra-acting: 캐런 버라드(Karen Barad)가 창안한 개념. 존재가 개체화되기 이전의 사태로 개체적 구분이 없이 얽혀 있는 상태에서 일어나는 작용을 가리킨다 — 옮긴이]과 관련된다.

　　요약하면 기술은 "획득"(에너지, 보다 발전된 기술, 나아가 불멸성 등)을 위한 기능적인 도구 이상이며, 마르틴 하이데거, 미셸 푸코, 그리고 도나 해러웨이 같은 핵심 사상가들의 매개를 거쳐서 포스트휴머니즘 논쟁에 도달한다. 하이데거를 논했으니 이제 기술에 대한 포스트휴먼 접근에서 중추적인 것으로 여겨지는 특히 여성주의를 언급할 차례다. 여성주의에서는 신체화의 강조[11]와, 도나 해러웨이의 사이보그(1985), 특히 그녀의 이원론 및 여러 경계들의 해체가 중요하다. 동물-인간(유기체)과 기계 사이의 경계, 물리적인 것과 비물리적인 것 사이의 경계, 기술과 자아의 경계 등이 그것이다. 포스트휴머니즘은 기술을 탈은폐의 양태로서 탐색하고, 그럼으로써 기술이 기술적인(technical) 시도로만 반복적으로 축소되는 각본 안에서 간과되어온 기술의 존재론적 중요성을 재평가한다.[12] 기술에 대한 포스트휴먼 접근에서 핵심적인 개념 중 하나로 자아의 기술이 있다. 이는 하이데거로 돌아가되 탈은폐를 몰아세움에 한정하지 않는 방식일 수 있다. 미셸 푸코(1926-84)의 후기 개념인 자아의 기술은 포스트휴먼에 결정적으로 중요하다.[13] 자아/타자의 이원

11　이 개념에 대해서는 21장에서 보다 명료하게 밝힐 것이다.

12　이 점에 대해서는 3부에서 재론할 것이다.

13　1984년 사망하기 직전 푸코는 자아의 기술에 관한 저서를 집필할 생각이 있다고 언급한다. 『자아의 기술: 미셸 푸코의 세미나(Technologies of the Self: A Seminar with Michel Foucault)』는 1988년 사후에 출판된 것으로, 푸코가 1982년 버몬트 대학에서 처음으로 실시한 세미나에 기초한다. 푸코는 이 개념을 이렇게 소개한다:

　　섹슈얼리티에 관한 규칙, 의무, 금지, 그리고 관련된 금지와 제한에 관해 연구하기 시작했을 때 내가 허용되거나 금지된 행위를 염두에 둔 것은 아니었다.

론이 관계론적 존재론에 의해 재평가될 때, 앞으로 보겠지만, 자기의 기술이 실존적 탈은폐의 과정에서 본질적인 역할을 수행한다. 자아의 기술은 구술/기록문자 패러다임을 초월하는 포스트휴먼 실천에 대한 성찰을 가능하게 하며, 존재와 관계의 양태들을 잉태시키면서 포스트휴먼 윤리학과 응용 철학에 대한 논쟁의 장을 열어준다. 이에 대해서는 15장에서 심도 있게 다룰 것이다. 우선은 철학적 포스트휴머니즘의 관점을 정의하고 그 위치를 설정하기 위해 현재 포스트휴먼 각본을 규정하는 여러 가지 운동들과 입장들 사이의 차이를 밝히는 일로 돌아가자.

그것은 표현된 느낌, 생각, 누군가 경험했을지 모를 욕망, 자아 안에서 숨겨진 느낌을 찾으려는 충동, 영혼의 움직임, 환영의 형태로 가장한 욕망들이기도 했다 (1988: 16).

9   안티휴머니즘과 위버멘쉬

근대적 합리성과 진보가 트랜스휴머니즘의 핵심적인 전제라면, 안티휴머니즘의 핵심은 같은 개념에 대한 급진적인 비판에 있다. 안티휴머니즘은 포스트휴머니즘과 탈근대성이라는 뿌리를 공유하지만 동일시될 수는 없다.[1] 본격적인 논의를 시작하기 전에 안티

---

1 메리 슈네켄베르그 카타니(Mary Schnackenberg Cattani)는 『60년대 프랑스 철학: 안티휴머니즘에 관한 에세이(French Philosophies of the Sixties: An Essay on Antihumanism)』(1985)에서 이렇게 말한다:

근대적 합리성에 대한 이러한 비판은 의식과 의지로서 규정된 (인간의) 주체, 다시 말해 자신의 행위와 관념의 저자로서의 인간에 대한 비판과 결코 분리될 수 없었다. 이를 이해하기 위해서는 2차 세계대전이 유럽 지성인들에게 남긴 엄청난 트라우마를 상기해야 한다. 실제로 전쟁이 끝난 직후 "문명화된 사회", 즉 서구 세계 전체가 이 세기 최악의 정치적 재앙을 야기했거나 적어도 중단시키지 못했다는 비난을 받아 마땅했다고 해도 과장이 아닐 것이다. 그 재앙이란 식민주의적 제국주의와 나치즘을 말한다(Cattani, 1990: xii-xiii).

휴머니즘이 동질적인 운동은 아니라는 점을 언급해야 한다(Han-Pile 2010: 119). 여기에서는 니체-프로이트 유산에서 나온 철학 사조에 초점을 맞추겠지만 안티휴머니즘에도 여러 가지 관점이 있음을 언급할 필요가 있다. 마르크스주의에 뿌리를 두고 루이 알튀세르(Louis Althusser, 1918-90)와 죄르지 루카치(György Lukàcs, 1885-1971) 같은 철학자들에 의해 발전된 사상이 그 예다.[2] **안티휴머니즘의 주요 특징은 무엇인가?** 인간에 대한 비판은 트랜스휴머니즘에서는 거의 부재하지만 안티휴머니즘에서는 결정적이다. 안티휴머니즘과 포스트휴머니즘은 인간주의의 보편주의적 수사학을 거부한다. "우리"는 동일하지 않다. 우리는 실제로 상당히 다르다. 그러나 다름은 더 좋거나 나쁨을 의미하지 않는다. 차이는 위계적이지 않다. 이러한 의미에서 다원주의는 상대주의와 동등하지 않다.[3] 우리는 우리의 차이 안에서 그리고 우리의 차이에 의해 통일될 수 있다.[4] 이 점에서 우리는 안티휴머니즘과 포스트휴머니즘 사이의 본질적인 유사성을 볼 수 있다. 그렇다면 이들은 같은 방향을 공유하는가? 보다 구체적으로, **안티휴머니즘과 포스트휴머니즘은 어떤 점에서 조화를 이루고 어떤 점에서 다른가?**

포스트휴머니즘과 안티휴머니즘은 인간에 대한 단일하면서도 일반적인 접근과는 거리를 둔다. 이는 경험, 견해 그리고 관점을 인

---

2 이 특수한 유형의 안티휴머니즘에 관한 설명으로는 다음을 보라: Davies 1997: 57-69.

3 이것이 존재론적 관점에서 우리가 다원론적 일원론 또는 일원론적 다원론을 말할 수 있는 이유다. 3부에서 보게 될 것이다.

4 이 점에 대해서는 로지 브라이도티가 중요하게 지적한 바 있다. 브라이도티의 철학적 연구는 안티휴머니즘과 포스트휴머니즘 사이에 다리를 놓았다.

간종 전체의 절대적 특성으로 부과할 수 있는 특정한 유형의 인간이란 없음을 의미한다.[5] 이러한 의미에서 서양 철학사에서 "중립적"인 주체로 가정된 것은 백인, 남성, 서구중심의 역사 경험에 참여하는 것이 (보편적인) 인간 경험을 기술하는 중심적인 위치를 획득하는 내적인 가정에 의존하고 있었음을 드러낸다. 이 존재론적-인식론적 관점에 따르면, 역사적으로 특권을 누려온 인간은 "타자들"(여성이나 비유럽인 등)을 기술할 수 있다. 이는 "여성"이나 "비-유럽인"으로서의 존재의 의미를 비-신체화되고 간접적인 경험에 기초하여, 그리하여 자신들의 기대와 편향을 투사하여 기술하는 것이었다. 이 서사 구조에서 긍정적인 함의는 전형적으로 위계적인 이원론의 첫 번째 요소(담론을 형성하는 주체, 즉 기술하는 자로 표상되는 것)에 적용된다. 반면에 두 번째 요소(기술되는 것)는 첫 번째 요소의 긍정적 구성의 주변에서 부정적으로 재창조된다. 예를 들어 에드워드 사이드(Edward Said)가 영향력 있는 저서 『오리엔탈리즘(Orientalism)』(1978)에서 강조한 것처럼, 어떻게 "동양"의 개념이 서양의 편견과 고정관념을 심화하도록 구성되었는지,[6] 또는, 시몬 드 보부아르(Simone de Beauvoir, 1949)와 뤼스 이리가레(Luce Irigaray, 1974)가 명쾌하게 밝힌 것처럼, 어떻게 "여성" 개념이 성차별적 편

---

5 27장에서 관점주의를 다룸으로써 이 논점을 확장할 것이다.
6 에드워드 사이드는 다음을 상기시킨다.
    오리엔탈리즘은 데니스 헤이가 유럽의 관념이라고 부른 것과 결코 멀지 않다. 그것은 "우리" 유럽인을 다른 모든 "비-유럽인"에 대항해서 규정하는 집단적 개념이다. 실제로 유럽의 문화를 구성하는 주요한 요소는 유럽 안에서 그리고 바깥에서 그 문화를 패권적으로 만든 바로 그것, 즉 스스로를 다른 모든 비-유럽 민중과 문화와 비교해서 우월한 것으로 보는 유럽 정체성의 관념이다(1978: 7).

향과 가정에 근거한 표준을 유지하기 위해 창조되었는지 생각해 볼 수 있다.[7] 1960년대와 70년대에는 인간의 정치적이고 이론적인 해체가 일어나기 시작한다. 1968년은 상징적인 해다. 시민권 운동, 히피 반문화, 여성주의 그리고 다른 많은 사회적, 정치적, 생태적 행동주의에 의해 촉발된 정치적이고 사회적인 혁명이 일으킨 파문으로 명백한 존재론적-인식론적 진화가 일어났다. "사적인 것이 정치적인 것이다"라는 여성주의의 구호처럼 삶은 정치적인 무대였다. 우리가 사는 방식이 곧 정치적 행위다. 포스트휴머니즘과 안티휴머니즘은 절대주의와 보편주의의 인간에 대한 패권적인 승인과 인정에 대한 급진적인 비판을 공유한다. 그리고 이 비판은 "중립적" 인간에 대한 지적인 가정에 연루된 주체성을 반성한다. 이러한 유형의 탈은폐와 이러한 형태의 역사적 "포이에시스"는 철학 사상의 체계에서 인식론적인 전회뿐만 아니라[8] 사회적 의식의 역사에서 정치적인 전회 또한 수행했다. **이것이** 바뀌어야 했고 또 이미 바뀌고 있었음을 깨닫게 된 것이다.

이것이 포스트휴머니즘과 안티휴머니즘 사이의 주요한 공통점이라면, 차이는 "포스트-"와 "안티-"와의 조합이라는 언어적 형태에 이미 배태되어 있다. 이러한 의미에서 계보학이 말해주는 바는 자명하다. 안티휴머니즘은 "인간의 죽음"의 결과를 전적으로 인정한다. 이에 대해서는 특히 푸코와 같은 몇몇 포스트-구조주의 이

---

7 12장에서 이러한 측면을 상세하게 분석할 것이다.

8 철학사는 많은 타자들의 저술, 예를 들면 시몬 드 보부아르(1908-86)를 통해서 비판적이고 비-남성적인 관점에 눈을 떴고, 프란츠 파농(1925-61)을 통해서 비판적이고 비-유럽중심적인 관점에 눈을 뜨게 되었다.

론가들이 서술한 바 있다. 푸코는 『말과 사물: 인간 과학의 고고학 (The Order of Things: An Archeology of the Human Sciences)』(1966) 에서 말한다. "인간은 인간 지식에 제기된 가장 오래된 문제도 아니고 가장 지속적인 문제도 아니다. [...] 우리 사상의 고고학이 쉽게 보여주는 것처럼 인간은 최근의 발명이다. 그리고 아마도 거의 마지막에 이르렀다"(1970: 386-87). 여기에서 푸코가 사용한 "인간"이 프랑스어에서 남성형이기는 해도 인류를 지칭함을 주지하라 (프랑스어의 homme는 "남성"과 "인간 존재" 둘 다를 의미한다). 거의 마지막에 이르렀다는 푸코의 말이 인간이 위기에 처해 있다는 뜻은 아니다. 사실 푸코는 인간을 진화생물학상의 동물로서가 아니라 역사적 개념, 보다 구체적으로는 특정한 "에피스테메" 안에서 수용되는 사회문화적 구성으로 지칭하고 있다. **푸코가 말하는 에피스테메란 무엇인가?** 앞에서 우리는 이 개념을 하이데거와 관련해서 살펴보았다.[9] 미셸 푸코에게 이 개념은 각 시대마다 과학적 지식으로 인정되는 지식을 지칭한다.[10] 사실 특정한 시대에 과학으로 간주되는 것이 다른 시대에는 과학으로 간주되지 않을 수도 있다. 이 점은 중요하다. 현재 시점에서 예를 들어보자. 만약 당신이 친구들에게 천사의 과학을 공부하기 위해 뉴욕 대학에 간다고 말한다면 대부

---

9 푸코와 하이데거가 이 개념을 다른 방식으로 사용했음을 주지하라. 하이데거의 이 용어의 사용으로는 8장을 보라.

10 미셸 푸코는 『말과 사물』에서 말한다(1966; 영역본 1970):
    내가 밝히고자 하는 것은 인식론적 영역, 즉 에피스테메다. 합리적 가치나 객관적 형식과 관련된 기준과 별개로 상상되는 지식은 에피스테메 안에서 자신의 실증성의 기반을 정립하며, 그에 따라 완전성에 다가가는 역사가 아니라 가능성의 조건의 역사를 보여준다(xxii).

분이 믿지 않을 것이다. 천사는 우리 사회에서 과학적 연구의 대상으로 간주되지 않는다. 이와 다르게 중세 시대 천사학은 영적인 존재의 기원과 성질을 설명하고자 하는 기독교 신학의 한 분야였다. 그것은 수도원의 방법에서 스콜라적인 방법으로의 변환에 큰 역할을 수행했고,[11] 현재 우리가 알고 있는 학제의 탄생을 가져왔으며 필수적으로 거쳐야 하는 과정이 되었다(Keck 1998). 이 예를 통해 과학으로 간주되는 것이 각 시대의 특정한 믿음, 즉 사회적이고 문화적인 담론에 따라서 변화할 수 있다는 사실을 알 수 있다. 푸코라면 이러한 담론을 "에피스테메"라 정의했을 것이다.

푸코의 말대로 현재의 "인간" 개념이 종말에 이르렀다면, 그 개념은 언제 생겼나? 푸코가 이 특정한 "인간"의 역사적 탄생을 계몽사상에서 추적했다는 것이 중요하다. 베아트리스 안-파일(Béatrice Han-Pile)이 지적하는 것처럼 "르네상스 동안의 키케로의 후마니타테스(humanitates) 개념의 부활과 재해석"(2010: 122)에서가 아니다.[12] 트랜스휴머니즘의 문화적 인간 개념이 계몽으로 거슬러 올라간다면, 이와 같은 개념이 이제는 종말에 이르렀다는 것이 푸코가 말하는 바다. 이 죽어가는 인간의 상징적인 탄생이 계몽으로 거슬러

---

11 데이비스 켁(David Keck)은 말한다:

　　궁극적으로 논리적인 방법과 관념의 스콜라적인 사용은 자연적[소질적] 천사론의 가능성에 의문을 제기하기에 이르렀다. 성서의 계시에 의해 깨우친 인간이 자신들의 주어진 능력만으로 천국의 영혼의 지식에 도달할 수 있는가? 인간 이성이 성서와 신부들의 권위에 의존하지 않고도 천사를 인식할 수 있는지 의문을 품기 시작했을 때 수도원의 방법에서 스콜라적인 방법으로의 변환은 완수되었다(1998: 82).

12 이 지점에 대해서는 2부 17장에서 좀 더 자세히 논할 것이다.

올라간다면, 푸코는 이 인간의 상징적 죽음을 프리드리히 니체의 위버멘쉬(Übermensch), 즉 초인의 철학적 출현과 동일시한다.[13] **위버멘쉬란 무엇을 뜻하는가?** 위버멘쉬 개념은 『즐거운 학문』(1882)에 처음으로 등장하는데 그의 철학적이고 서사시적인 소설 『자라투스트라는 이렇게 말했다: 모든 것을 위한 책 혹은 그 어느 것을 위한 것도 아닌 책』(1883-85)에서 완전히 발전되었다. 이 개념은 주인공이자 저자의 또 다른 자아인 자라투스트라가 남긴 다음의 말로 축약된다[14]: **"내가 너에게 초인[위버멘쉬]을 가르치겠다.[15]** 인간 존재는 극복되어야 할 무엇이다. 너는 그를 극복하기 위해 무엇을 했는가?"(2006: 5) 초인 개념에 대해 깊이 들어가기 전에 위버멘쉬의 영어 번역인 남성형 "오버맨(overman)"이 정확하지 않다는 점을 지적해야 한다.[16] 독일어에서 **"멘쉬(Mensch)"**는 중성 명사로 "인류"

---

13 이와 관련해서 푸코는 말한다:
  니체는 인간과 신이 서로에게 속하고, 후자의 죽음이 전자의 상실과 동의어이며, 초인의 약속이란 가장 먼저 그리고 무엇보다도 인간의 즉각적인 죽음을 의미한다는 것을 재발견했다. […] 우리 시대에는 인간의 상실로 남겨진 빈 공간 안에서가 아니라면 더 이상 사고가 불가능하다. 이 빈 공간은 결핍을 생산하지 않는다. 그것은 채워져야 하는 빈칸을 구성하지 않는다. 그것은 사고를 다시금 가능하게 만드는 공간의 전개 이상도 이하도 아니다(1970: 342).
14 아래에서 주인공 자라투스트라의 상징적 의미를 설명할 것이다.
15 강조는 원문.
16 나는 일관성을 위해 월터 카우프만의 니체 번역을 참조할 것이다. 『자라투스트라는 이렇게 말했다』도 마찬가지인데(초판 1954년; 1976년 판본 참조), 이 경우에 한해서는 델 카로(Del Caro)와 피핀(Pippin)의 2006년 번역본을 인용했다. 이 번역본은 "멘쉬"의 번역에서 카우프만의 번역에는 없는 젠더 감수성을 보여준다. 역자 델 카로와 피핀은 강조한다: "멘쉬가 인간, 인간 존재를 의미하는 것처럼, 위버멘쉬는 초인간을 말한다. 이 대목에서는 오버맨으로 번역했지만 낡고 성별화된 '맨(man)'의 사용을 피하기 위해 인간 존재, 인류, 사람 등을 사용했다"(2006: 5).

를 뜻하고, **"만(Mann)"**은 "남자, 남성"을 뜻하며, **"프라우(Frau)"**는 "여자, 여성"을 뜻한다. 이것이 위버멘쉬가 "초인간(overhuman)"이라 번역되어야 하는 이유다.

니체의 위버멘쉬는 포스트휴먼 논의와 어떤 관련이 있는가?
초인의 개념은 저마다 다른 이유와 해석에서 트랜스휴머니즘, 포스트휴머니즘 그리고 안티휴머니즘의 영감의 원천으로 받아들여졌다. 안티휴머니즘과 관련해서, 특히 푸코의 용법에서 니체가 선포한 신의 죽음은 필연적으로 인간의 죽음으로 이어진다. 보다 구체적으로, 푸코가 생각하던 이 죽어가는 "인간"은 역사적으로는 계몽에서 형성된 인간 개념을 가리킨다. 그런데 철학적 운동으로서의 트랜스휴머니즘은 이와는 정반대로 계몽의 전통을 선조로 본다.[17] 트랜스휴머니즘과 관련해서는 2009년에서 2010년 사이 슈테판 로렌츠 조르그너(Stefan Lorenz Sorgner)의 논문 「니체, 초인 그리고 트랜스휴머니즘(Nietzsche, the Overhuman, and Transhumanism)」(2009)의 출간을 계기로 흥미로운 논쟁이 있었다.[18] 이 논문에서 조르그너는 니체가 트랜스휴머니즘의 영감의 원천임을 간과했다는 이유로 닉 보스트롬을 비판했다.[19] 맥스 모어는 「트랜스휴먼 안의

---

17 트랜스휴머니즘과 계몽 사이의 계보학적 관계에 관해서는 6장을 보라.

18 이러한 관계는 1997년에 출판된 기스 안셀 피어슨(Keith Ansell Pearson)의 『바이로이드 라이프: 니체와 트랜스휴먼 조건에 대한 관점(Viroid Life: Perspectives on Nietzsche and the Transhuman Condition)』에서 이미 강조된 바 있다.

19 예를 들어 닉 보스트롬은 「트랜스휴머니즘의 역사(A History of Transhumanist Thought)」에서 말했다:
   니체가 염두에 두었던 것은 기술적 변환이 아니라 예외적인 개인들의 개인적인 급격한 성장과 문화적 발전이었다(그는 삶을 저해하는 기독교의 "노예-도덕"을 극복해야 한다고 생각했다). 니체의 시각과의 몇 가지 표면적인 유사성

초인(The Overhuman in the Transhuman)」(2010)으로 조르그너에게 답변한다. 그는 조르그너와 같은 입장에서 "트랜스휴머니즘 사상은 니체의 직접적인 영향을 받았다"(1)고 주장한다.[20] 대화는 최근 『니체와 트랜스휴머니즘: 선구자인가 혹은 반대자인가?(Nietzsche and Transhumanism: Precursor or Enemy?)』(Tuncel 2017)에서 계속되었는데, 이 책에서 여러 니체 연구자들은 니체를 트랜스휴머니즘 이상의 선구자로 보는 시각을 지지하거나 비판하면서 다음의 질문을 던졌다: **니체라면 인간 향상을 지지했을 것인가?** 이 질문에 대해서는 여러 가지 답변이 가능하다. 일반적으로 말해서 니체가 생명공학이나 유전공학의 가능한 발전에 반대하지는 않았겠지만 그렇다고 과학을 위버멘쉬에 이르는 길로 본 것은 아니다. 사실 당신은 위버멘쉬로 태어나는 것이 아니라 위버멘쉬가 되는 것이다. 위버멘쉬는 니체가 영혼의 변신(metamorphoses)이라 정의하는 개별적 과정의 결과다. 이 점을 보다 면밀히 들여다보자.

니체가 말하는 영혼의 변신이란 무엇인가? 『자라투스트라는 이렇게 말했다』의 1부에서 설명하는 것처럼 영혼의 변신은 세 가지 단계로 전개된다. 첫 번째 단계는 낙타다. 우리 인생에서 외적인 권위에 의존하는 단계를 표상한다. 낙타는 등에 인간이나 인간의 짐

에도 불구하고 트랜스휴머니즘은 (그보다는 계몽에 뿌리를 두고 있고 또 개인적 자유와 모든 인간의 복지를 염려하는 인간주의의 자세를 보여주는 만큼) 그보다는 영국의 자유사상가이자 공리주의자이며 니체의 동시대인인 J. S. 밀과 공통점을 지닌다(2005: 4).

20 조르그너가 촉발한 논쟁은 《헤도니스트: 니체 서클 저널(The Hedonist: A Nietzsche Circle Journal)》의 4권 2호에 실린 바베트 바비치, 폴 S. 로엡, 키스 안셀 피어슨의 논문과 더불어 계속되었다.

을 짊어진 모습으로 비치곤 한다. 낙타는 이 임무에서 벗어나길 원할지 몰라도 스스로 해방되지는 못한다. 이것이 낙타가 "아니오"라기보다 "예"라 말하는 이유다. 이 단계의 예로는 학생을 들 수 있다. 학생은 낙타처럼 무거운 책을 등에 지고 걷는다. 학생은 "아니오, 나는 시험에 응하고 싶지 않습니다"라 말하고 싶어 해도 "예, 시험에 응하겠습니다"라고 말한다. 그렇게 말하지 않으면 학위를 취득할 수 없다. 낙타는 중요한 단계다. 우리는 학생처럼 낙타일 때에는 외부 권위를 수용함으로써 사회에 대해 배운다. 그러나 이 단계는 영구적일 수 없다. 위버멘쉬가 되는 과정에서 잠정적인 단계일 뿐이다. 낙타는 사자로 변모한다. 자라투스트라는 말한다. "짐을 지고 사막으로 달려가는 낙타처럼 영혼도 사막으로 달려간다 / 가장 외떨어진 사막에서 두 번째 변신이 일어난다: 영혼은 자유를 쟁취하고 오직 자신의 사막에서 주인인 사자가 된다"(138). 사자는 반항과 자유를 표상한다. 사자는 "아니오"라고 말하고 "아니오"라고 말하기를 원한다. 사자의 예로는 부모의 목소리에서 벗어나 자신의 목소리를 찾으려 하는 10대 청소년을 들 수 있다. 권리를 위해 싸운다는 생각도 사자와 관련된다. 예를 들어 차별을 받다가 어느 한순간 더 이상 참을 수 없다고 깨닫는 사람들을 생각해 보자. 그들은 이제 자신들을 차별하려는 누군가에게 "아니오"라고 할 것이다. 이 미묘한 상황의 결과로 사람들은 자신들의 자유의 공간을 계속해서 보호해야 할 필요에 직면할 것이다. 그러지 않으면 한순간에 권리를 다시 빼앗길 수 있기 때문이다. 이것은 위버멘쉬가 되는 과정에서 중요한 단계다. 그러나 니체에 따르면 사자는 자신의 자유를 수호하기에 급급해서 창조는 하지 못한다.

영혼의 세 번째이자 마지막 변신은 아이다. 아이는 그들이 "예"라고 말하기를 원할 때에만 "예"라고 말한다. 예를 들어서 아주 어린아이(6-7개월)를 생각해 보자. 이 아이는 배고프면 먹고 음식이 없으면 울 것이다. 배가 고프지 않으면 아무리 부모가 먹이려 해도 먹지 않을 것이다. 게다가 이 어린아이의 창조성은 규칙과 예측에 의해 제한되지 않는다. 예를 들어 당신이 그런 어린아이에게 책을 한 권 주면 그 아이는 그것을 책이라 생각하지 않을 것이다. 대신에 그것을 만지고, 열고, 사방으로 움직이고, 냄새를 맡고, 심지어는 맛을 보는 등 책이 가진 모든 가능성을 탐구할 것이다. 그러다가는 갑자기 태세를 전환해서 책을 바닥에 던지고 다른 무언가로 주의를 돌릴 것이다. 아이들은 주어진 순간에 온전히 있으면서 모든 가능성에 열려 있다. 이것이 그들이 새로운 가치를 창조할 수 있는 이유다. "아이는 (니체에 따르면) 순수하고 잘 잊는다. 아이는 새로운 시작, 놀이, 자기-추진 바퀴, 최초의 운동, 신성한 '예'다"(139). 아이는 "위버멘쉬"를 표상한다. 여기에서 우리는 니체가 모든 아이가 위버멘쉬라 주장하는 것은 아님을 분명히 해야 한다. 그것은 단지 은유일 뿐이다. 실제로 위버멘쉬는 하나의 과정(아이는 낙타였고 그다음에는 사자였다)이자 하나의 선택이다. 이러한 이유에서 유전공학적으로 위버멘쉬를 주조하는 것은 불가능할 것이다. 나아가, 비록 니체가 과학과 기술의 최신 발전에 반대하지는 않았을지 몰라도, 아이를 위버멘쉬를 만들기 위해 유전적으로 조작한다는 기획은 외부 권위(예를 들어 부모나 과학자)가 개인에게 가한 강제처럼 들릴 것이다. 니체가 반복해서 **아모르 파티**(amor fati: 운명에 대한 사랑)에 대해 말한 것은 사실이지만,[21] 여기에서 말하는 운명은 당신이 스스로 창조한 것이지 신이나 당신의 부모님이나 유전학자로부터 부과된 것이 아니었다. 이것이 니체의 철학에서 가장 중요한 점이다. 우리는 다음 단락에서 신의 죽음 개념을 다룸으로써 이 점을 보다 분명하게 살펴볼 것이다.

우선 우리의 철학적 탐구에 중대한 질문을 던져보자. **초인은 철학적 포스트휴머니즘과 관련해서 어떤 의미를 갖는가?** 포스트휴머니즘의 관점에서 니체가 철학적 포스트휴머니즘의 전개에 주요한 영향을 끼친 것은 사실이지만,[22] 그렇다고 해서 위버멘쉬가 당연하게 받아들여진 것은 아니다. 한편으로 니체가 인간 존재를 "교량이지 목적이 아닌 것"으로 그리는 방식은 포스트휴머니즘에 있어서도 결정적으로 중요하다.[23] 인간에 대한 이러한 해석은 특히 포스트휴머니즘의 직접적인 계보학적 원천 중 하나인 포스트모던 여성주의 이론에서 발전한 **라 프론테라**(la frontera, Anzaldúa 1987) [미국의 치카나 이론가 글로리아 안잘두아가 1987년 펴낸 자전적 소설 『경계지대 : 새로운 혼혈아(Borderland/La Frontera: The New Mestiza)』 (1987)에서 따온 말로 국경 또는 경계 지역이라는 뜻의 스페인어. 이 소설은 치카나 문학의 효시라 불린다 — 옮긴이], **유목적 주체**(Braidotti 1994), 그리고 **사이보그**(Haraway 1985)와 같은 개념에서 반향을 일으킨다. 다른 한편으로 위버멘쉬는 유인원-인간-위버멘쉬라는 조합이

---

21 특히 『이 사람을 보라』(이 책은 1888년에 집필해서 1908년에 출판되었다)의 10절, 그리고 『즐거운 학문』(1882)의 276절을 보라.
22 이 지점에 대해서는 27장을 보라.
23 『자라투스트라는 이렇게 말했다』에서 니체는 말한다:
     인간 존재의 위대함은 교량에 있지 목적에 있지 않다. 인간 존재의 사랑스러움은 위로 지나가는 그리고 아래로 가는 데에서 온다(같은 곳: 7).

보여주듯 위계적 상징주의를 통해 제시되었다는 비판을 받을 수 있다.[24] 자라투스트라는 선언한다. "인간에게 유인원은 무엇인가? 웃는 가축이거나 고통스러운 부끄러움이다. 이것이야말로 인간이 초인이 되어야 하는 이유다"(2006: 6). 비판적 포스트휴머니즘 관점에서 볼 때 니체의 초인 개념의 내재적인 인류중심주의는 문제적이다. 또 다른 차이점은 신의 죽음에 기댄다는 사실에 있다. 이 상징적 죽음은 니체의 견해에 따르면 위버멘쉬의 탄생에 있어서 필연적이다. 신의 죽음을 다루기 전에 한 걸음 물러서서 이렇게 물어보자. **왜 자라투스트라가 신의 죽음을 선언했는가?** 자라투스트라(조로아스터의 그리스어)는 조로아스터교[25]의 창시자로, 기원전 6세기경[26] 고대 페르시아에서 산 예언자다. 그는 최초로 신의 단일성 또는 일자이자 보편자이자 초월자로서의 신[아베스타어로 "주님" 또는 "지혜"를 뜻하는 "아후라 마츠다(Ahura Mazda)"로 정의되었다]을 주장하고, 그럼으로써 다신교 사회에서 유일신앙의 사회로의 전환을 알린 인물 중 하나다. 니체는 고대 그리스의 시간 개념에 따라서 시간을 선형적인 것이 아니라 원형적인 것으로 간주했다.[27] 원형적 시

---

24 『자라투스트라는 이렇게 말했다』의 구절: "지금까지 모든 피조물은 스스로를 넘어선 어떤 것을 창조했다. 그런데 당신은 이 거대한 물결에서 썰물이 되려 하고 심지어 인간을 극복하기보다는 동물로 되돌아가려 하는가?"(2006: 5)

25 조로아스터교는 마츠다이즘(Mazdaism)이라고도 부른다.

26 이 연대는 논란의 여지가 있다. 그보다 훨씬 더 이전일 수도 있다. 그가 살았던 정확한 시대에 대해 학계에서 합의된 바는 아직 없다.

27 대부분의 고대 사회는 시간을 선형적이기보다는 원형적인 것으로 간주했다. 이는 자연의 계절(봄, 여름, 가을, 겨울)과 삶과 죽음의 순환 등을 반영한다. 오늘날에도 대부분의 세속적 세계관이나 많은 종교에서 시간을 원형적으로 본다(힌두교 우주론의 유가[힌두교 교리에서 시대를 구분하는 단위로 백만 년간 지속된

간 개념에서는 신의 탄생을 선포한 예언자만이 신의 죽음 역시 선포할 수 있음을 암시한다.[28]

니체는 왜 신의 죽음을 선포했는가? 니체는 엄격한 사회에서 태어나 자랐다. 이 사회에서 종교는 선택이 아니라 필연이었다. 19세기 유럽에서 기독교도가 된다는 것은 암묵적으로나 명시적으로나 문명사회의 일원이 되기 위한 필수적인 요소로 간주되었다. 종교의 역할은 매우 중요해서 종교가 제시하는 전제를 파괴하는 자는 위험 분자, 광인, 심지어 이단으로 간주되었다. 이는 다윈이 『종의 기원』(1859)을 출판하기까지 23년을 기다린 이유이기도 하다. 왜냐하면 종이 다른 종으로부터 진화했다는 이 책의 주요한 논증은 성서의 창세기 1장 1절부터 2장 3절까지 열거된 창조에 대한 설명과 대립하는 것처럼 보였기 때문이다. 여기에서 우리는 니체가 신의 죽음을 선포했을 때 이것이 단지 종교만이 아니라 과학을 가리키는 것이기도 했다는 사실을 강조해야 한다. 과학이 숭배의 대상이 되고 맹목적으로 수용되는 최종적인 권위인 한에서는 그러하다.[29] 니체의 신은 넓은 의미에서 개인에게 자신의 진리를 강요하는 외부적 권위로 이해되어야 한다. 보다 일반적으로 신의 죽음은 우리 자신의 삶에 대한 외부의 강요라면 무엇이든 거부하고 대신에 우리의

황금시대에서 기원전 3100년경 시작된 현대의 암흑시대까지 4기로 이루어진다 ─ 옮긴이], 그리고 불교와 시크교의 시간의 바퀴 개념을 생각해 보라).

28 이와 유사하게 선과 악의 이원론을 처음으로 주장한 예언자만이 선악을 넘어서는 메시지를 선포할 수 있다. 조로아스터교는 선과 악 사이의 투쟁에서 이원론적 견해를 보여주지만 이원론적 종교는 아니다(Rose 2011 참조).

29 이런 이유에서 철학자 폴 리쾨르가 니체를 카를 마르크스와 지크문트 프로이트와 더불어 "의심의 대가"로 정의한 것은 유명하다(1970: 33).

개별적인 목소리를 찾으려는 시도에 대한 은유로 간주되어야 한다. 여러 가지 다른 관점들이 존중되고 계발되어야 한다.[30] 외재적 진리의 죽음은 위버멘쉬, 또는 완전한 능력을 갖춘 개인의 탄생을 허용한다. 이것이 니체가 우리 모두에게 선사한 특별한 선물이다.

니체는 우리의 일상적인 삶과 관련성이 있는가? 우리가 스스로 원하는 삶을 살고 있는지 이해하기 위해 니체는 "동일자의 영원회귀"라는 강력한 사고 실험을 제안한다.[31] 그 실험을 바로 시행해 보자. 자리를 잡고 눈을 감아보라. 그리고 당신의 삶을 있는 그대로 생각해 보라. **만약 당신의 삶이 완전히 동일한 것으로, 정확히 똑같은 것으로 영원히 회귀한다면 어떻겠는가?** 당신이 한 모든 생각, 당신이 만난 모든 사람, 당신이 취한 모든 행동, 당신이 꾼 모든 꿈, 모든 것이, 정확히, 똑같이, 단 하나도 다르지 않게. 이때 당신은 흥분할 것인가? 공포에 떨 것인가? 행복할 것인가, 아니면 절망할 것인가? 이제 잠시 이 사고 실험에 대한 당신의 감정적 반응에 대해 생각해 보자. 당신은 어떻게 반응했는가? 니체에 따르면 이 사고 실험을 즐겁게 받아들일 수 있는 사람이 위버멘쉬다. 이를 당신의 일상적인 삶에 적용할 수 있다. 예를 들어서 우리가 어떤 중요한 결정에 대해 확신이 서지 않는다면 스스로 이렇게 물을 수 있다. **만약에 이것을 영원히 경험해야 한다면?** 이 질문은 우리에게 정말로 중요한 것이 무엇인지 선택하도록 도울 것이다.

---

30 이에 대해서는 28장에서 다시 살펴볼 것이다.
31 이를 두고 니체는 『즐거운 학문』에서 "가장 막중한 책임"으로 규정하고 『자라투스트라는 이렇게 말했다』에서 더 발전시킨다. 포스트휴먼 우주론과 니체의 영원회귀 개념의 관계에 대한 고찰로는 다음을 보라: Ferrando 2013.

포스트휴머니즘은 신의 죽음을 지지하는가? 포스트휴머니즘은 개별자에게 강요된 모든 외재적 진리의 종말을 지지한다. 물론 니체가 기술하는 신의 죽음이 가진 특수성은 포스트휴머니즘의 매개적 접근과 같은 노선에 있지 않다. 포스트휴머니즘은 안티휴머니즘과는 달리 반드시 신의 죽음에 의존하는 것은 아니다. 인간의 죽음에 의존하는 것도 아니다. 그리고 이 점에서 푸코의 접근을 넘어선다. "죽음"에 대한 가정 자체가 죽음/삶의 상징적 이원론에 기반하는데, 포스트휴머니즘은 이에 도전한다.[32] 그보다 중요한 점은 니체에 따르면 신은 단순히 죽은 것이 아니라는 사실이다. "우리가 그를 죽였다."[33] **신과 인간이 죽었다면 누가 그들을 죽였는가? 여기에서 "우리"는 누구인가? 당신이 신을 죽였는가?** 이것은 적절한 질문이다. 누군가가 그들의 죽음에 대해 말하고 있다면 이는 누군가는 살아남았기 때문이라는 단순한 사실에 의해서다. **생존자는 누구인가?** 신의 죽음과 인간의 죽음은 구원의 상징적 희생으로 비칠 수 있지만, 포스트휴머니즘의 틀 안에서는 불필요하다. 우리는 살해와 같은 폭력(이것은 필연적으로 복수를 부를 것이다)에 의존하지 않고도 개별적 진화를 통해 외재적 진리의 종말에 대해 충분히 말할 수 있다. 안티휴머니즘이 사회적이고 문화적인 의제를 추구하면서 발전한 당시(1960년대라는 상징적인 시기) 대립적인 태도를 취했다면, 1990년대에 발전한 포스트휴머니즘은 패권적 사고방식을 저항적 사고방식에 가깝게 재위치시키는 매개의 철학이다

---

32 이에 대해서는 19-21장에서 알아볼 것이다.
33 『즐거운 학문』 125절에 나오는 구절이다.

(Ferrando 2012).[34] 둘 중의 어느 사고방식도 전적으로 간과되지 않고 철학적 드라마에서 기능적인 역할을 수행하며, 보다 일반적으로는 인간 개념의 역사적 형성에 기여한 것으로 인정된다.

결국 포스트휴머니즘은 자신의 입장이 특정한 "에피스테메"[35] 안에서 형성된 인간에 의해 정식화된다는 사실을 자각하고 있다. 에피스테메는 역사적 위치를 갖는 인간 언어에 의해 다른 인간 독자를 대상으로 표현된다. 그리고 포스트휴머니즘은 인간주의적 견해와 가정이 그러한 인간과 관계된 각본 내에 구조적으로 내재되어 있고 따라서 쉽게 간과되거나 삭제될 수 없다는 사실 또한 자각하고 있다. 이 점에서 포스트휴먼은 푸코의 인간의 죽음 이상으로 데리다의 해체적 접근(1967)과 상통한다. 닐 배드밍턴(Neil Badmington)이 선집 『포스트휴머니즘(Posthumanism)』(2000)에서 지적하는 것처럼 "안티-휴머니스트들이 인간주의의 유산으로부터의 탈출을 선언하는 동안, 데리다는 그러한 단절의 어려움을 끈질기게 지적하고 있었다. 서양 철학이 인간주의의 전제에 담겨 있는 까닭에 인간의 종말이 인간의 언어로 쓰여질 수 밖에 없다는 것이 그의 관찰이었다"(9). 배드밍턴은 더 나아가서 이렇게 말한다. "'우리'가 도약할 수 있는 순수한 바깥은 없다. 인간주의를 뒤에 버려두었다고 주장함으로써 인간주의에 반대하는 것은 그 반대가 명확하게 표현되는 방식을 간과하는 것이다. / 그렇다고 해서 포스트구조주의가 현재 상태를 확인하는 데 만족했다는 것은 아니다. 데리

---

34 2장에서 포스트휴머니즘을 복수의 요구를 넘어선 철학으로 논한 바 있다.
35 여기에서 이 용어는 이 장의 앞부분에서 밝힌 것처럼 푸코의 용법을 따른다..

다의 연구는 체계가 어떻게 언제나 자기-모순적이고 계속해서 스스로를 안으로부터 해체하고 있는지를 보여준다"(같은 곳). 안티휴머니즘과는 달리 포스트휴머니즘은 인간에게 어떠한 존재-인식론적 우선성을 인정하지 않으면서도 실제로는 해체적이고 관계적인 형태로 인간 행위성의 가능성을 회복한다.

포스트휴먼 전회와 연관이 있는 다른 운동으로는 어떤 것이 있는가? 철학적 포스트휴머니즘을 집중해서 논하기 전에 다른 운동에 대해서도 살펴보자. 객체-지향적 존재론(OOO)은 신실재론, 사변적 실재론, 그리고 비인간 전회와 연결된 것으로 포스트휴머니즘과는 탈-인류중심적 전회를 공유하는 분야다. 물론 탈-인류중심주의에 접근하는 방식은 다르다.[36] 이 책의 3부에서는 보다 직접적으로 존재론에 초점을 맞추고, 포스트휴머니즘과 OOO 사이의 차이를 분석하며, 신유물론의 포스트휴머니즘적인 영역 또한 심도 있게 다룰 것이다. 메타휴머니즘은 '포스트-'와 '트랜스-'의 경향을 매개하려는 최근의 시도다(Del Val and Sorgner 2010). 이것을 메타인류와 혼동해서는 안 된다. 메타인류란 1980년대 코믹스 서사와 롤-플레잉 게임에서 나타난 용어로서 슈퍼히어로와 돌연변이들을 지칭하는데,[37] 그 이후로는 문화 연구의 맥락에서 특별하게 사용되어 왔다. 마지막으로 언급할 것은 포스트인문학(posthumanities) 개념이다. 포스트인문학의 개념은 인간의 조건에 대한 연구를 포스

---

36 이 점에 대해서는 28장에서 다시 논할 것이다.
37 "메타휴먼"이라는 용어는 특히 DC 코믹스 출판사(뉴욕)에서 나온 만화책 시리즈에서 쓰였다.

트휴먼으로 확장하는 내부의 전환("인문학"에서 "포스트인문학"[38]으로)을 강조하기 위해 학계에서 환영을 받았다. 한편 포스트휴머니티(posthumanities)는 인간종과 관계된 미래 존재들의 세대나 그와 연결된 사변적 포스트휴머니즘의 영역을 가리키기도 한다.[39] 그 밖에도 여러 가지 흥미로운 용어들이 지난 10년간 번성했다. 몰인간 이론(ahuman theory, MacCormack 2012), 비인간 인식론(inhuman epistemology, Hird 2012), 환경적 인문학(environmental humanities, Neimanis et al. 2015) 등이 그것이다. 논의는 계속해서 활발하게 진행되고 있다.[40] 전반적으로 말해서 "인간"의 상징적 경계가 궁극적인 도전에 직면한 시대에 포스트휴머니즘은 각기 다른, 심지어 정반대의 관점까지도 포함하는 포괄 용어가 되었다고 말할 수 있다.

---

38 때로는 "환경적 인문학"으로 재정의된다(Neimanis et al. 2015).

39 이 측면에 대해서는 23장에서 확장해서 논의할 것이다.

40 이 모든 미묘한 차이와 용어를 총괄하는 설명으로는 브라이도티와 랄라요바가 편집한 『포스트휴먼 용어 사전』을 보라(Braidotti and Hlavajova, 2017).

10 철학적 포스트휴머니즘

이제 이 책의 핵심적인 질문을 던질 차례다. **철학적 포스트휴머니즘이란 무엇인가?** 철학적 포스트휴머니즘은 탈-인간주의, 탈-인류중심주의, 그리고 탈-이원론으로 정의할 수 있다. 이 세 가지 측면은 동시에 다루어져야 한다. 이는 철학적 포스트휴머니즘의 접근이 탈-인간주의의 감수성뿐 아니라 탈-인류중심주의와 탈-이원론적 감수성도 지녀야 함을 의미한다. 각 용어의 뜻을 밝혀보자. 탈-인간주의는 인간 경험의 다수성에 대한 이해를 함축한다. 인간은 단수가 아니라 복수, 즉 인간(들)으로 파악된다. 그럼으로써 인간에 대한 일반화되고 보편화된 인간주의 전통을 약화시킨다.[1] 탈-인류

---

1 다음의 "실재론"적 질문은 어떤가? 전체로서의 인간종을 규정하는 일련의 경험과 공동의 목표가 있는가? 12장에서 이 점을 보다 분명하게 제시하기 전까지 이 질문

중심주의는 비인간과의 관계에서 인간의 탈중심화를 말한다. 그럼으로써 인간종이 위계적 구도 안에 자리하고 있으며, 인간에 대한 대다수의 역사적 논의에서 존재론적 특권을 당연시해 왔음을 시인한다. 탈-이원론은 이원론이 정체성을 정의하는 공고한 방식으로서 사용되어 왔으며 닫힌 자아 개념에 기초하고 "우리"/"그들", "친구"/"적", "문명"/"야만" 등등의 상징적 이분법에서 실현되어 왔다는 자각에 의존한다.[2] **인간에 대한 이 근본적인 재고는 어디에서 비롯되었는가? 보다 일반적으로 말해서, 철학적 포스트휴머니즘은 어디에서 비롯되었는가?**

계보학적 관계를 추적하는 방식에는 여러 가지가 있다. 하나는 용어가 탄생한 연대기적 순서를 따르는 것이다. 우리가 2장에서 강조한 것처럼 포스트휴머니즘은 포스트모던적인 배아 단계, 즉 이합 핫산이 용어를 창안한 시점(1977)으로 거슬러 올라갈 수 있다. 역사적으로, 젠더 연구, 문화 연구, 문예 비평에서 자양분을 취한 포스트휴먼 전환에 대한 특정한 입장이 1990년대 말까지 여성주의적 성찰로부터 발전되어 나왔다. 캐서린 K. 헤일스의『우리는 어떻게 포스트휴먼이 되었는가』(1999)는 이후 비판적 포스트휴머니즘이라 규정될 흐름이 주류 학계의 주목을 받는 계기가 되었다. 이 중요한 텍스트는 비판적 여성주의의 어조에서 쓰였다. 비판적 포스트휴머니즘이 탄력을 받고『포스트휴먼 신체(Posthuman Bodies)』(Halberstam and Livingston 1995)와 문화 비평 선집『포스트휴머니

은 열린 채로 남아 있을 것이다.
2 3부의 말미에서 이 성찰에 도달할 것이다.

즘(Posthumanism)』(Badmington 2000)의 출간에 힘입어 문화적 포스트휴머니즘의 물결이 일어났다. 2010년 이후의 10년 동안 포스트휴머니즘은 인문학, 과학 그리고 환경주의와 같은 각기 다른 분야의 성찰을 결합하면서 하나의 철학적 탐구로 발전하였다. 철학적 포스트휴머니즘은 학계 안팎의 이목을 끌면서 빠르게 발전하고 있는 현재 진행형의 성찰이다. 그것은 동질적인 운동이 아니라 관련 흐름들에 따라서 발전하는 다원적 접근으로 보아야 한다. 한편으로 살아 있는 것과 살아 있지 않은 것, 인간과 비인간, 여성과 남성, 물리[실재]와 가상, 흑인과 백인, 자연과 문화 등 전통적 이원성에 대한 포스트휴먼의 와해를 계속해 온 한 여성주의 경향이 있다. 신유물론이라 규정되는 이 경향은 이론물리학, 양자물리학 그리고 우주론 등 과학 영역을 직접적으로 접하며 물질에 대한 정교한 연구에 전념해 왔다.[3] 우리는 물질에 대한 논의에 할애한 이 책의 3부에서 신유물론을 전적으로 수용하고, 철학적 포스트휴머니즘의 흐름을 보다 분명하게 제시할 것이다. 그것은 이전의 인간주의적이고 인류중심적이며 이원론적인 가정의 한계를 자각함으로써 서구의 지배적 담론을 재규정하고, 인식론에서 존재론, 생명윤리에서 실존주의적 탐구에 이르기까지, 철학이 탐구해 온 영역들에 대한 재접근을 시도한다.

포스트휴머니즘은 우선적으로 **탈-인간주의**와 **탈-인류중심주의**로 규정되어 왔다. 예를 들어 로지 브라이도티는 철학적 포스트휴머니즘의 핵심 텍스트 중 하나인 『포스트휴먼(The Posthuman)』

---

3 이 특정한 측면의 포스트휴머니즘을 21장에서 소개할 것이다.

(2013)에서 서사적 흐름을 4개의 장으로 나누고, 각 장의 제목을 "포스트휴머니즘: 자아 너머 생명", "탈-인류중심주의: 종 너머 생명", "비인간: 죽음 너머 생명", "포스트휴먼 인문학: 이론 너머 생명"이라 붙인다. 이 목차는 "비인간"과 "타자"(달리 말해서 역사적으로 인간이라 인정되지 않았던 모든 인간 범주들)와 관련하여 인간을 탈중심화하는 철학적 포스트휴머니즘의 주요한 측면을 부각한다는 점에서 중요하다. 다른 한편으로 그것은 생명과 죽음의 엄격한 분리를 허용하지 않는 비판적 탈-이원론을 수용한다. 마지막으로 후생인류에 도래할 진화를 정치적 분화와 유전적 분화라는 두 측면에서 성찰할 계기를 제공한다.[4] 그 결과, "인간 과학, 또는 인문학"으로 규정되어 왔던 학문 분야는 이러한 전환을 반영하여 "포스트 인간 과학 또는 포스트인문학"이 된다. 철학적 포스트휴머니즘의 초기 사상가 중 하나인 로버트 페페렐은 「포스트휴먼 선언(The Posthuman Manifesto)」에서 이러한 측면들을 잘 요약했다. 「포스트휴먼 선언」은 페페렐의 저서 『포스트휴먼 조건: 두뇌를 넘어선 의식(The Posthuman Condition: Consciousness Beyond the Brain)』(1995)의 부록으로 출판된 바 있다.

1. 인간이 더 이상 지구에서 가장 중요하지 않다는 점은 명백하다. 인간주의자들도 이 점을 수용해야 한다.
2. 인간 사회의 모든 기술적인 진보는 현재 우리에게 알려진 인간 종의 과잉을 향해 있다.

---

4 이러한 측면은 22장에서 전개될 것이다.

3. 포스트휴먼 시대에는 많은 믿음이 잉여적이 된다. 특히 인간 존재에 대한 믿음이 그러하다.

4. 인간 존재는, 신과 마찬가지로, 우리가 존재한다고 믿는 한에서만 존재한다(2003).

페페렐의 관점에서 탈-인류중심주의는 기술의 발전과 신의 상실, 그리고 인간 존재의 상실을 병행한다. 여기에서 우리는 인간의 우월성에 대한 포스트휴먼의 전복이 다른 유형의 우월성(예를 들어 기계)에 의해 대체되지 않는다는 점을 덧붙여 지적하고자 한다. 보다 일반적으로 철학적 포스트휴머니즘은 탈-중심주의(post-centrism)와 탈-배타주의(post-exclusivism)로 간주될 수 있다.[5] 그것은 대립에 의존하지 않으면서 가장 넓은 의미에서 존재의 화해를 이끄는 매개의 경험적 철학이라 할 수 있다. 그것은 해체라는 포스트모던 실천을 통해 존재론적 분극화를 탈신비화하면서 전면에 이원론이나 반테제를 채택하지 않는다. 포스트휴머니즘은 자신의 주장이 독창적임을 증명해야 한다는 강박을 갖지 않는다. 그런 점에서 탈-예외주의로도 간주될 수 있다. 그것은 철학자 지아니 바티모(Gianni Vattimo)가 『근대성의 종말: 포스트모던 문화에서 허무주의와 해석학(The End of Modernity: Nihilism and Hermeneutics in Postmodern Culture)』(1985; 영역본 1991)에서 포스트모던의 특성으

---

5 여기에서 중심주의는 정치적인 의미가 아니라 "중심화하는" 것으로서, 인류중심주의, 유럽중심주의, 남성중심주의 등으로 반복적으로 나타나는 형태로 간주되어야 한다.

로 확인한 바 있는, "새로운 것의 소멸"에 대한 수용을 함축한다.[6] "새로운" 것을 가정하기 위해서는 담론의 중심이 위치지워져야 하고, **"새롭다면 그것은 무엇에 대해서인가"**라는 질문에 대한 답변이 주어져야 한다. 인간 사유의 새로움에 대한 판단은 관계적이고 상황적이다. 한 사회에서 "새로운" 것으로 간주되는 것이 다른 사회에서는 통상적인 지식일 수 있다.[7] 게다가 지배적 관점은 각 문화적-역사적 패러다임 안에서 공존하는 모든 저항적인 입장을 명시적으로 승인하지는 않는다. 그럼으로써 모든 담론 형성에 내재된 불연속성을 인정하는 데 실패한다. 포스트휴머니즘이 문제를 제기하는 것은 단지 서구 담론에서 "중심"의 정체성 만은 아니다. 중심은 이미 "주변부"(몇 가지만 꼽자면 여성주의자, 흑인, 퀴어, 탈식민이론)에 의해 급진적으로 해체되어 왔다. 탈인간주의로서의 포스트휴머니즘은 지배의 양태로서든 저항의 양태로서든 단수 형태의 중심이 갖는 중심성을 인정하지 않는다(Ferrando 2012). 포스트휴머니즘은 다수의 이해관계 중심을 인정할 수 있다. 이 중심들은 변화가능하고 유목적이고 일시적이다. 관점은 다원적이고, 다층적이며 가능한

---

6 다음은 바티모의 말이다: "정신의 현상학에서 새로운 형상과 새로운 역사를 표상한다는 자각(또는 가정)에 국한해서 본다면 포스트모던[탈근대]의 위치는 모더니티[근대성]와 같은 선상에 놓여 있을 것이다. 왜냐하면 모더니티도 '새로움'과 '극복'의 범주로 지배되기 때문이다. 그러나 포스트모던을 모던과의 관계에서 단지 어떤 새로운 것이거나 새로운 역사적 단계의 출현이라기보다 오히려 새로움이라는 범주의 와해로 본다면, 이야기는 달라진다"(1991: 4).

7 모든 문명에서 "새로운" 정보가 취득되면 다른 정보는 손실된다. 상실된 정보가 재취득되면 새로운 것이 된다. 실제로 정신분석학자 이마누엘 벨리코프스키(Immanuel Velikovsky)는 인간종을 자신의 기원에 대한 기억을 계속해서 상실하는 종으로 정의하고 "기억상실증에 걸린 인류"(1982)라는 표현을 썼다.

한 포괄적이어야 한다. 열려 있기 위해서다. 가령 그러한 전략을 불가능하게 만들, 예를 들면 예외주의까지도 포함할 수 있어야 한다.

철학적 포스트휴머니즘에 대한 이러한 특정의 접근은 어디에서 비롯되었는가? 현대 서양 철학사에서 관련된 원천은 마르틴 하이데거의 「인간주의에 관한 편지(Letter on Humanism)」(1947; 영역본 2001)에서 찾을 수 있다. 이 텍스트에서 독일의 이 철학자는 인간의 어원을 로마의 후마니타스(humanitas)(242) 개념에서 발견한다. 그리고 인간주의의 역사적 의미를 성찰한다. 그것은 르네상스의 인문주의에 그치지 않고 그보다 더 멀리 거슬러 올라간다.[8] 그럼으로써 하이데거는 우리를 인간의 본질이 갖는 의미에 주목하도록 이끈다.

최초의 인간주의인 로마의 인간주의, 그리고 이후 현재까지 출현한 모든 종류의 인간주의는, 인간의 가장 보편적인 "본질"을 명백한 것으로 전제해 왔다. 인간은 합리적 동물(animal rationale)로 간주된다. 이 정의는 단순히 그리스어 '조온 로곤 에콘(zoon logon echon)'의 라틴어 번역이 아니다. 차라리 그에 대한 형이상학적 해석이다. […] 그러나 다른 모든 것 이상으로, 그리고 다른 모든 것을 넘어서, 인간의 본질이 원초적으로 그리고 가장 결정적으로 동물성(animalitas)의 차원에 있는 것이 아닌가 하는 질문이 궁극적으로 남는다. 인간을

---

8 하이데거는 말한다:
우리는 로마에서 최초의 인간주의와 조우한다. 그것은 본질적으로는 특별히 로마적인 현상, 즉 로마 문명이 후기 그리스 문명과 조우함으로써 나타난 현상이다 (2001: 242).

식물, 동물 그리고 신과 대조해서 하나의 살아 있는 피조물로 분리하는 한, 과연 우리는 정말로 인간의 본질을 향한 올바른 길을 가고 있는가?(243)

이 구절에서 하이데거는 철학적 포스트휴머니즘의 핵심적인 측면을 지적한다. 철학적 포스트휴머니즘은 인간 **자신의** 본질을 확립하면서 "타자들"(식물, 동물, 신뿐만 아니라 여성, 노예, 기계를 위시한 다른 많은 것들)과의 전통적인 대조 혹은 대립을 통하지 않는다.[9] 그보다는 대안적 전략을 통해 인간에 접근한다.[10]

하이데거에게는 여전히 일종의 인류중심주의가 남아 있다. 이것은 중요한 지적이다. 하이데거에 따르면 "인간은 존재의 주인이 아니다. 인간은 존재의 목자다. 그러나 인간이 지위가 모자란다 해서 패배하는 것은 아니다. 그는 존재의 진리를 획득함으로써 승리한다"(같은 책: 254). 인간은 비록 "더 이상 존재의 주인"은 아니지만 여전히 "존재의 목자"라는 특권적 위치를 누린다. 이 "수호의 임무, 즉 존재의 보살핌"(255)은 언어를 통해 인간에게 온다. "사유는 인간의 본질에 대한 존재의 관계를 완수한다. [...] 존재는 사유 안에서 언어로 온다. 언어는 존재의 집이다. 그 집에서 인간이 산다. 사유하고 또 말로써 창조하는 자는 이 집의 수호자다"(같은 책: 238). 이렇게 설정된 인간의 위치는 새롭게 인정된 것임에도 여전히 존

---

9 역사적으로 이러한 본질은 무비판적으로 남성적 틀 안에 있는 것으로 설정되어 왔다.

10 이 점에 대해서는 1부와 2부 곳곳에서 논할 것이다.

재론적 특권에 기초한다. 물론 특권은 절대적이지 않고 관계에 기초한다.[11] 인간의 절대적인 인식-존재론적 특권을 제정하고 유지해 온 서구의 패권적 철학 전통의 역사에서[12] 이것은 의미 있는 전환이다.[13] 그러나 포스트휴머니즘은 탈-인간주의로서 위계적 입장을 취하지 않는다. 포스트휴먼 입장에서 볼 때 타자성에 있어 더 높거나 낮은 정도란 없다. 따라서 비인간적 차이라 해서 인간적 차이보다 더 강제적인 것은 아니다. 예를 들어 이탈리아 포스트휴머니스트 철학자 로베르토 마르케시니(Roberto Marchesini)[14]는 자신의 저서 『인간의 황혼: 포스트휴먼의 관점(Il Tramonto dell'Uomo. La Prospettiva Post-Umanista)』(2009)에서 이렇게 말한다. "인간(human)은 더 이상 **사람**(man)의 발산이나 표현이 아니다. **사람**과 비-인간적 타자성이 혼종화된 결과물이다."[15] 다른 말로 하면 인간은 더 이상 **사람**의 표현이 아니다. 왜냐하면 보편 개념으로서의 "**사람**"은 해체되었기 때문이다. 오직 이러한 해체를 통해서만 인간은 비인간과의 혼종화 과정으로서 접근될 수 있다.

---

11 하이데거의 말을 빌리면, "사유는 존재와 인간 본질의 관계를 완성한다"(2001: 238).
12 이 전통이 패권적이라 함은 지도자로서의 역할을 스스로에게 (자기-)인정하면서 위계적이고 정치적인 관점에서 필요한 경우에는 (일부) 타자들, 즉 외부인에게도 전가했다는 의미에서다.
13 이 점에 대해서는 25장과 26장에서 심도 있게 다룰 것이다.
14 마르케시니의 저서 『포스트휴먼: 실존의 새로운 모델을 향하여』(2002)는 이탈리아 철학 진영에서 포스트휴머니즘에 관한 가장 충실한 연구 중 하나로 간주할 수 있다.
15 나의 번역이다. 원문은 다음과 같다: "L'umano non è più l'emanazione o l'espressione dell'uomo bensì il risultato dell'ibridazione dell'uomo con le alterità non umane".(34)

메타서사 관점에서 그러한 비판은 새로운 용어를 발명하기보다는 스스로를 "포스트"로 표명한다.[16] 포스트휴머니즘은 이전 에피스테메와의 대립을 유지하지 않는다. 그러한 대립은 "우리가 맞다. 왜냐하면 그들이 틀렸기 때문이다" 혹은 "우리의 철학은 새롭다. 왜냐하면 그들의 철학이 낡았기 때문이다"라는 식의 오목 거울의 상징 논리에 근거한 행위가 될 것이다.[17] 이러한 태도는 대응해야 하는 것으로 가정된 것을 새로운 패러다임의 해석학에 필요한 매개체로 바꾸게 된다. "포스트모던"의 개념은 모더니즘의 결정적인 요소에 대한 거부를 통해 주장된다.[18] 한편 모더니즘은 계몽사상과 낭만주의 양자와 연관된 요소들을 대립시키는 것에서 그 서사의 연원을 찾을 수 있다. 한편으로 사상사를 거부(부정)를 통해 기술하는 것은 단순화로 보인다. 한 운동의 다른 운동으로의 진화 혹은 변형으로도 충분히 다른 역사를 구성할 수 있다.[19] 그러나 서양의 도식에서 어떤 운동에 대한 인정이 이전 운동과의 대립을 통해 확립되곤 했다는 점을 관찰하는 것은 여전히 중요하다. 예를 들어 토마

---

16 여기에서 메타서사가 그 어느 형이상학적 가정도 묵과하지 않고 기록된 인간 사상의 역사를 참조하면서 기능적인 역할을 수행한다는 점을 상기하라.

17 이에 대해서는 9장에서 논할 것이다.

18 예를 들어 이합 핫산이 『포스트모던 전회』(1987)에서 선보인 차이의 도표를 보라. 모더니즘의 특성은 "목적", "설계", "위계질서", "지배/로고스", "창조/전체화", "중심화", 그리고 "성기/남근" 등으로 개별화된다. 이에 대응하는 포스트모더니즘의 특성으로는 "유희", "우연", "무정부[무질서]", "소진/침묵", "멸망/해체", "분산", 그리고 "다형질/양성"이 있다.

19 그 어떤 용어도 적당하지 않다고도 볼 수 있다. "우리는 모던이었던 적이 없"기 때문이다. "모던"과 "포스트모던"이라는 용어에 대한 라투르의 논점에 대한 상세한 소개로는 특히 1.5절 "모던이 된다는 것은 어떤 의미인가?"(10-12)를 보라.

스 쿤(Thomas Kuhn, 1922-96)은 그의 영향력 있는 저서『과학 혁명의 구조(The Structure of Scientific Revolutions)』(1962)에서 과학 패러다임의 인식론적 전환이 갖는 특징을 이렇게 다루었다. "위기는 새로운 패러다임의 출현 그리고 그에 대한 수용을 둘러싼 끊임없는 투쟁과 더불어 종식될 것이다"(2012: 84). 쿤은 하나의 지배적인 패러다임의 특징을 과학의 특성으로 보고 있지만 패러다임 전환의 기제가 사회 과학에도 적용될 수 있다는 점에 주목하라.

포스트휴머니즘은 상징적 희생을 필요로 하지 않는다. 포스트휴머니즘은 이전 에피스테메를 부정하지 않는다. 대신에 포스트모던과 탈-구조주의 실천의 여정을 따라가면서 과거, 현재, 미래의 이점 및 가능성과 끊임없이 대화하면서 발전한다.[20] 포스트휴머니즘은 여성주의 지평의 실천과 접근에서 싹텄다. 상징적 죽음과 죽음 뒤에 이어지는 부활보다는 생성을 내세운다. 메타서사에 대한 성찰은 특히 중요하다. 포스트휴머니즘은 "이론", "생성", "실천" 사이에 구분선을 긋지 않는다.[21] 지식, 생산, 행동을 드러내는 과정은 내재적으로나 외재적으로나 상호 공존한다. 그런 의미에서 포스트휴머니즘의 메타서사는 인정이자 위치(장소성)이다. 포스트휴먼이 기

---

20 이것이 객체-지향 존재론의 일부, 예를 들면 신유물론과의 차이다. 이에 대해서는 3부 28장에서 다룰 것이다.

21 이것은 철학에서 반복적으로 논의되는 주제다. 여기에서는 이 맥락에서 가장 중요하다고 생각하는 두 가지 주요한 저술을 제시하고자 한다. 프락시스/포이에시스의 구분에 대해서는 아리스토텔레스의『니코마코스 윤리학(Nicomachean Ethics)』(기원전 350년), 6권을 참조하라. 이론/실천의 관계에 대해서는 카를 마르크스의『포이어바흐에 관한 테제(Theses on Feuerbach)』(1845)를 보라. 여기에서 마르크스는 다음의 유명한 문장을 남겼다. "철학자들은 세계를 단지 해석해 왔다. 중요한 것은 세계를 변혁하는 일이다"(2009: 97).

록된 사상의 남성 역사와 여성 역사에 접근하는 방식은 이론적 형식화만큼이나 중요하다. 그리고 이 방식을 통해 메타-관점의 측면에서도 이원론에서 벗어날 수 있다.

포스트휴머니즘은 탈-인류중심주의, 탈-인간주의 그리고 탈-이원론으로 규정될 수 있다. 탈-인간주의와 탈-인류중심주의가 철학적 포스트휴머니즘의 형성에서 강조되어 온 것은 분명하다. 우리는 이 용어들의 계보학적 원천을 분석하고 그 기여와 한계를 논했다. 그렇다면 **탈-이원론은 어떠한가?** 탈-이원론은 온전히 다루어지지 않았다. 따라서 보다 깊은 성찰이 필요하다. 논의에 들어가기 전에 이 질문을 던져야 한다: **철학적 포스트휴머니즘이 해체하는 것은 어떤 종류의 이원론인가?** 이원론이 반드시 위계적이어야 하는 것은 아니지만, 서양 사상의 역사에서 한 가치 체계에 속하는 두 가지 측면이 있을 때에는 한 측면에는 긍정적인 위치가, 다른 한 측면에는 부정적인 위치가 부여되어 왔다. 철학적 포스트휴머니즘에 의해 해체되는 이원론은 엄격하고 완고하며 절대적인 이원론으로, 유동적이고 이동하며 내부적으로 변화하는, 도(道)에서 추구하는 형태의 이원성이 아니다. 철학자 앨런 와츠(Alan Watts)에 따르면 도교에서 "음양의 원리는 [⋯] 우리가 일상적으로 이원론이라 부르는 것이 아니다. 명시적으로는 이원성이지만 암묵적으로는 단일성을 표현한다"(1976: 26). 예를 들어 『도덕경』의 저자로 유명한 노자(기원전 6세기경)는 도의 역동적이고 모든 것을 아우르는 균형에 대한 가장 적합한 은유로서 물을 칭송했다.[1, 2]

　탈-이원론이 왜 중요한가? 탈-이원론은 인간의 최종적인 해체에서 필연적인 단계다. 한 사회를 이루는 구성원으로서 우리는 인종차별주의, 성차별주의 나아가 인류중심주의를 극복할 것이다. 엄격한 형태의 이원론적 사고는 위계적 사회·정치 구조를 낳는데, 이러한 사고방식을 고민하지 않는다면, 예를 들어 로봇을 새로운 "타자"로 간주하는 새로운 형태의 차별이 출현할 것이다.[3] **철학적 포스트휴머니즘과 관련된 탈-이원론의 계보학적 원천은 무엇인가?** 그러한 존재-인식론적 접근이 불교, 자이니즘, 그리고 불이론(不二論)적 베단타(Advaita Vedanta) 등 고대 아시아 전통에서 뚜렷한 유사성이 발견된다는 점을 고려할 때,[4] 우리는 탈-이원론에 접근하기 위한 원천을 서양 전통 바깥에서 찾아야 할 것이다.[5] 실제로 포스트휴머니즘은 학문적, 기술적, 과학적 영역의 경계를 확장하며, 다양한 유형의 지식과 이해에서 그 계보학적 흔적을 찾을 수 있다. 최근에는 근대의 지식과 과거의 지혜 사이를 연결하는 비이원론에 대

---

1 이를테면 여덟 번째 가르침은 이 문장으로 시작한다: "최고의 선(善)은 물과 같다 / 모든 것을 의도하지 않았음에도 모든 것에 먹이를 제공한다 / 사람들이 꺼리는 낮은 자리에도 만족한다 / 따라서 그것은 도와 같다"(장자 1999).

2 개방적이고 유동적인 구도로서의 도에 대해서는 다음을 보라: Silantsyeva 2016. 이 논문은 이 고전 텍스트에 대한 현대적이고 들뢰즈적인 독해를 제공한다.

3 내가 이전 논문에서 지적한 바 있듯이 "인간이 처한 주된 위험은 로봇의 차이를 인간의 규범과 얼마나 멀고 가까운지에 따라서 새로운 형태의 인종차별주의를 위한 낙인으로 만드는 데 있다"(Ferrando 2014a: 16).

4 논문 「인간은 언제나 포스트휴먼이었다: 포스트휴머니즘의 정신적 계보학」(2016a)에서 나는 이러한 전통과 포스트휴머니즘 사이의 공통점과 차이점에 대해 상세히 다루었다.

5 예를 들어 포스트휴머니즘을 인도의 탄트라(고대 힌두교·불교 경전 또는 이 경전을 토대로 한 신앙) 전통을 통해 재사유하려는 시도는 앤 웨인스톤의 『아바타 신체: 포스트휴머니즘을 위한 탄트라(Avatar Bodies: A Tantra for Posthumanism)』(Weinstone 2004)에서 찾을 수 있다.

한 학자들의 관심이 증가하고 있다. 예를 들어 서양 과학에서 이 용어는 데카르트 이원론을 거부하는 입장들의 상호 연결성을 가리키는데, 이는 포스트휴먼 접근과 상통한다. 그러한 접근의 포문을 연 것은 프리초프 카프라(Fritjof Capra)의 획기적인 저작『현대물리학과 동양 사상(The Tao of Physics)』(1975)이었다. 카프라는 "물리학자들과 신비주의자들의 세계관 사이의 유사성"(7)을 강조하고 양자물리학과 동양의 전통에 표현된 관념과 개념 사이의 "심오한 조화"(10)를 증명했다. 이러한 전환은 미국을 비롯한 다수의 산업화 국가에서 급속하게 증가한 마음챙김과 명상에 대한 관심과도 맞물린다(Burke and Gonzalez 2011). 과학, 기술 그리고 영성을 자연적-문화적 연속체 안에서 재사유하려는 동시대의 시도는 도나 해러웨이의 용어법을 사용하자면 사이보그의 존재론을 존중한다. 그리고 포스트휴머니즘을 동시대 학계의 논쟁에 적합한 철학 토론 플랫폼으로 부각시킨다. 그렇다면 **포스트휴머니즘은 비이원론에 동화되어야 하는가?** 그렇지 않다. 두 단어는 동의어가 아니다. 포스트휴머니즘은 자신의 입장을 탈-이원론으로 인정할 뿐, 비-이원론은 아니다. 패권적 사상 체계에서의 에피스테메가 반복적으로 이원론적이었음을 인정한다는 점에서다. 고전적 이항 집합을 생각해 보라: 몇 가지만 예를 들자면, 신체/정신, 여성/남성, 흑인/백인, 동양/서양, 주인/노예, 식민/피식민, 인간/기계, 인간/동물 등이 있다. 해체적 접근에 동조하는 포스트휴머니즘은 그러한 이원론적 가정이 쉽게 무시될 수 없다는 사실을 알고 있다. 인간의 사상과 행동에서 환원론적이고 이원론적인 접근의 과잉된 역사가 끼친 영향은 여전히 만연해 있다. 이러한 영향을 보다 분명히 이해하기 위해 우리는 2부에서 언어학과 의미론의 여행을 떠날 것이다. 우리가 던질 질문은 다음과 같다: **"포스트"라는 접두사는 어떤 점에서 적합한가? "인간"의 개념은 어디에 연유하는가? 특히 포스트휴먼은 어떤 "인간"의 "포스트"인가?**

2부

포스트휴먼은
어떤 "인간"의 "포스트"인가

**Philosophical
Posthumanism**

11 하이픈의 힘

이 책의 1부에서 우리는 포괄 용어 "포스트휴먼"이 아우르는 주요한 사상의 조류를 찾아서 심오하고 매혹적인 여행을 시작했다. 트랜스휴머니즘, 안티휴머니즘 그리고(비판적, 문화적 그리고 철학적) 포스트휴머니즘이 그것이다. 우리는 현대 논쟁에서의 의미와 계보학적 기원들을 통해 이 사상들을 논했다. 2부에서는 왜 "포스트휴먼" 개념이 인간 개념에 대한 현대적 재평가에 적합한지 설명하고자 한다. 이를 위해서 우리는 이 용어를 "포스트", "-"(하이픈), 그리고 "휴먼"의 세 가지 요소로 분석할 것이다. 이 세 가지 중에서 강조점은 "휴먼"에 있다. 앞서 언급한 것처럼 포스트휴먼은 탈-인간주의, 그리고 탈-인류중심주의로 정의된다. 여기에 우리는 탈-이원론이라는 또 다른 핵심적인 측면을 덧붙인 바 있는데, 이에 대해서는 3부에서 보다 명료하게 분석할 것이다. 2부에서는 인간의 개념을 보다 철저하게 논할 것이다. **"인간"이라는 용어는 어디에서 왔는 가?** 그것은 개념(즉 명사 "인간")인가 아니면 과정(즉 동사 "인간화하다") 인가? 상징적인 측면에서 그것은 배타적인가 아니면 포괄적인가? (인간종과 동시에 인간주의적 전통에 연관된 것으로서의) "인간"에 초점 을 맞추기 전에 포스트/-/휴먼의 구성에서 휴먼에 선행하는 두 가 지 요소를 다루어야 한다. 보다 구체적으로 다음의 질문을 던져 보자: **"포스트"와 하이픈 "-"은 포스트휴먼에 관한 논의와 어떤 관련이 있는가?** 이 책의 1부에서 포스트휴먼의 구성에서 "포스트" 의 관련성을 강조한 바 있다. 그것은 앞서 분석한 다른 관점들과 차별화하는 지표가 된다. 이를테면 트랜스(-)휴머니즘과 안티(-)휴 머니즘이 그것이다. 이 입장들은 접두사를 통해 각자의 특수성을 규정한다.

그렇다면 **포스트(-)휴머니즘의 출현에 왜 "포스트"가 필요했 는가?** "안티"라는 접두사와는 반대로 "포스트"는 대립적 존재론을 표방하지 않는다. 그럼으로써 자아/타자, 주체/객체, 활성/비활성, 인간/동물, 인간/로봇, 여성/남성, 물리적/가상적, 피와 살/금속성 기계, 시민/외지인, 그리고 정상/병리 등의 이원론을 극복한다. 라 틴어 "포스트"는 "배후"(공간과 관련되는 경우)와 "이후"(시간과 관련되 는 경우)를 뜻한다. "이후"로서의 "포스트"는 새로운 용어가 출현하 는 경우처럼 갑작스러운 단절로 완전히 새로 그려야 하는 백지 상태 를 의미하지 않는다. "포스트"는 그것 이후에 오는 용어에 대해 연속 성과 불연속성 그리고 (문자 그대로 넘어선다는 의미에서) 초월성을 함 축하고, 따라서 그것에 대한 스스로의 동일성을 공생 관계 속에서 조화(화해)시킨다. 반작용이든("포스트-모던"처럼), 연속성이든(현대

여성주의자들 중 일부가 사용하는 "포스트-여성주의") 아니면 초월성이
든("포스트-종말론"이 암시하듯이), "포스트"가 강조하는 지점은 달라
질 수 있다.

포스트휴먼을 맥락화하기 위해서는, 이 여러 복잡한 각본들 속
에서 포스트휴먼을 또 하나의 추가적인 "포스트"로 위치시키는 것
이 중요하다. 그럼에도 불구하고 "포스트"의 정치학에 지나치게 집
중하게 되면 그것의 지시적 용어를 잃게 될 위험이 있다. (이때) "포
스트"는 그것이 가정하는 개방성 안에서 스스로 훼손되며, 그것
은 어딘가에서 모든 곳으로, 다시 말해 어디도 아닌 곳으로 ("탈-진
실(post-truth)"의 경우가 그러하다) 가는 통로가 된다.[1] 포스트휴먼의
"포스트"는 "포스트-"로 접근하는 것이 보다 적절하다. 하이픈은 매
개의 항이다. 그것은 다른 항 또는 다수의 다른 항들이 있고 이들
이 승인되어야 한다는 사실을 전달한다. 그럼으로써 "포스트"는 다
수의 가능성이라는 상황에 놓이게 된다. 문법적으로 볼 때 하이픈
은 여러 가지 방식으로 쓰일 수 있다. 하나의 단어를 줄바꿈의 상
황에서 분리하거나, 다른 한편으로 두 번째 항을 생략하는 "미결
(hanging)" 하이픈으로 기능하여 그럼으로써 유예를 나타낼 수 있
다. 또 두 개의 항 사이에 쓰일 때에는 두 개념을 결합해서 하나의
단일한 개념을 만들 수도 있다. 하이픈이 선행되면서 후행될 때는
관계성이 강조된다. 뒤에 보겠지만 이것은 포스트휴먼 접근에 특
정한 것이다. 하이픈은 어떤 다른 용어도 도입할 수 있는 관계이며,
거울처럼 자기를 반복하는 관계를 포함한다. "포스트-포스트모더

---

1 27장에서 탈-진실 개념을 고찰할 것이다.

니즘"이라는 말에서처럼 또 다른 "포스트"로 반복하는 것이 그 예다(Jameson 1991; Nealon 2012). 하이픈은 존재를 통해서도 부재를 통해서도 표현될 수 있다. 때로는 없어지기도 한다. 특히 어떤 용어의 사용이 일상적이 되면, 생략되는 경향을 띤다. 포스트-모던은 포스트모던이 되었고, 포스트-페미니즘은 포스트페미니즘이 되었으며, 포스트-휴먼은 포스트휴먼이 되었다. 그러나 하이픈의 적합성이 간과되어서는 안 된다. 그것의 존재가 의미의 손실 없이 부재로 대체될 수 있다는 사실은, 하이픈을 포스트휴먼의 탈-이원론적 접근에 걸맞은 표지로 만든다. 하이픈은 어느 하나나 다른 것일 필요가 없다. 그것은 둘 다일 수도 있고 어느 것도 아닐 수 있다. 우리는 앞서 포스트휴먼이라는 표현의 형성에서 어떻게 "포스트"가 선택되었는지, 그리고 하이픈의 존재와 부재가 어떤 점에서 이 접근에서 상징적인지 설명했다. 이제 인간(휴먼)으로의 여행을 시작할 수 있다. **우리는 언제 그리고 어떻게 "인간"이 되었는가?** 우리는 아래에서 이를 고찰하면서 우리가 언제나 "인간"인 것은 아니었다는 사실을 강조할 것이다. "인간"이란 역사적 개념으로, 이후 인간종이라 정의되는 것이 출현하게 된 과정, 다시 말해 인간화의 과정(들)에 대한 문화적으로 특정한 면을 가리킨다.

12　인간화하기

"포스트"와 하이픈을 분석했으니 이제 포스트휴먼의 세 번째 성분인 인간을 비판적으로 분석해 보자. **"인간"은 개념(즉 명사)인가, 과정(즉 동사)인가?** 우선 중요한 것은 인간이 하나의 명사를 넘어 하나의 동사로 표현되어야 한다는 점이다. "인간화하다"라는 동사가 그것이다. 이를 설명하기 위해 우리는 여성주의 이론가 도나 해러웨이의 젠더 계보학을 따를 것이다. "젠더는 명사가 아니라 동사다"(2004: 328).[1] 젠더와 인간이 역사적으로 구성되어 온 방식은 많은

1　전문은 다음과 같다: "젠더는 언제나 다른 주체와의 관계, 그리고 인공물과의 관계에서 주체의 생산에 관한 것이다. 젠더는 이 혼합물, 이 인간-인공 혼합물인 사람들의 물질적-기호적 생산에 관한 것이다. [⋯] 그것은 주체의 일부가 다른 주체를 소유하는 불평등한 관계에서 주체들의 의무적인 분배다"(Haraway 2004: 328-29).

점에서 공통점을 갖는다. 이는 다른 젠더에 할당된 인식적 역할과 사회적 기능의 규범화에 대해 상징적인 접근 권한을 가졌던 패권적 주체성들이 인간 자체의 정의에 대해서도 (유일한) 권한을 누려왔기 때문이다. 이 점을 설명하기 위해서 여성주의 이론의 핵심을 간단히 요약할 것이다. 이는 인간 개념에 대한 비판적 접근에도 도움을 줄 것이다. 실존주의 철학자[2] 시몬 드 보부아르(1908-86)에서 시작해 보자. 보부아르의 저서 『제2의 성(The Second Sex)』(1949; 영역본 1974)은 여성주의 철학의 초석이 되었다. 이 책에서 그녀는 유명한 선언을 남겼다. "여성은 태어나는 것이 아니라 만들어지는 것이다"(1974: 301). 그리고 부연해서 설명한다. "생물학적, 생리학적, 경제적 운명은 인간 여성이 사회에서 보여주는 모습을 결정하지 않는다. 남성과 거세된 남성 사이의 중간적 존재로서 여성으로 묘사되는 이 피조물은 온 문명에 의해 생산되었다. 오직 다른 누군가의 개입만이 한 개인을 **타자**로서 확립할 수 있다"(같은 곳). 보부아르는 여성의 개념을 본질이 아닌 과정으로서 묘사하고 있다. 이는 이후 섹스와 젠더의 차이가 된다. 보부아르에 따르면 여성으로 태어나는 것과 여성이 되는 것은 다르다. 전자는 생물학에 관련되고 후자는 문화와 관련된다. 각각의 문화 패러다임은 문화적 규범을 만드는 사람들의 가정과 편향에 기반한다. 그리고 이 규범을 만드는 사람들은 최근까지도 남성들이었다.

보부아르는 왜 여성을 "타자"라 지칭했는가? 보부아르는 어떻게 "여성" 개념이 서구 및 비서구 담론의 주체에 대해 구조적 타자

---

2 보부아르가 스스로를 철학자로 생각하지 않았다는 사실은 중요하다.

에 어울리도록 주형되어 왔는지를 부각시킨다. 다른 말로 하면 "여성"은 "남성"이 자신의 정체성을 획득할 수 있도록 하는 타자다. 남성이 남성인 것은 여성이 남성이 아니기 때문이다. 이러한 문화적 전제에 따르면 여성의 정체성은 남성의 정체성에 부수적이다. 보부아르는 "'진정한 여성'이 되기 위해 그녀는 스스로를 타자로서 받아들여야 한다"(295)와 같은 구절로 타자로서 여성의 상징적 역할을 여러 차례 강조한다.[3] 이러한 타자 개념은 자연/문화, 신체/정신, 여성/남성 등의 전통적인 분리와 관련된다. 이에 따르면 "여성"은 열등하다고 간주되어 온 편으로 분류된다. "자연"(인류중심적 에피스테메에서는 역사적으로 "문화"가 우리를 인간으로 만드는 것이라 강조되어 왔다)과 "신체"(데카르트의 정신/신체 분리 도식에서는 "나는 생각한다, 고로 나는 존재한다"처럼 정신에 우선권이 주어진다)가 그것이다. 보부아르는 보다 구체적으로 여성은 남성과의 (잠재적인) 성적 관계에서 규정되어 왔다고 강조한다. "그녀는 남성에게 본질적으로 성적인 존재로 보인다. 그에게 그녀는 섹스다. 절대적인 섹스다. 그녀는 남성을 준거로 해서 규정되고 구별되지만, 그는 그녀를 준거로 삼지 않는다. 그녀는 우연적인 것, 즉 본질적인 것과 대조되는 비본질적인 것이다"(XIX). 비록 오래전에 쓰였지만(1949년) 이 문장은 우리 사회에서도 여전히 타당하다.

할리우드 영화가 그 예다. 할리우드 영화는 남성 주인공에 대

---

3 또 "그녀는 **특권적인 타자**로 나타난다. 주체는 이 타자를 통해 스스로를 실현한다. 이것이 인간의 척도 중 하나다"(281)와 같은 구절을 보라. 다음의 구절도 보라: "이상적인 여성은 그를 그 자신에게 계시할 수 있는 타자의 가장 정확한 현현이다" (284).

한 성적 포상으로 전락하는 여성 인물들로 넘쳐난다. 여성 인물의 상당수는 이성애자 남성의 눈에 맞추어 미적으로 고안되어 정복되어야 할 성적인 대상의 역할을 맡는다.[4] 1990년대에는 정치적 올바름 정책의 대중화로 여성들에게 성적 욕망의 대상이 아닌 다른 역할이 주어지게 되었다. 그들은 주인공을 구출할 수도 있는 능력 있고 섹시한 조수가 될 수 있었다. 그러나 어디까지나 가부장적 도식에서였다. 명예와 헌신으로 조역을 승낙했지만 왕관을 얻은 것은 아니었다. 성차별적인 영화 산업에서 여성이 설 자리는 없었다. 영화는 대부분 남성 감독들에 의해 연출된다. 소수의 예외는 있지만 이들이 언제나 백인/남성/이성애 패러다임에 도전하는 것은 아니다. 예를 들어 캐스린 비글로우(Kathryn Bigelow)의 「이상한 날들(Strange Days)」(1995)은 독창적이며 여러 가지 점에서 돋보이는 훌륭한 영화다. 그렇지만 젠더 역할에 대한 접근은 그리 새롭지 않다. 영화는 디스토피아의 백인 남성 주인공 "네로"[랄프 파인즈(Ralph Fiennes)가 분했다]와 그와 사랑에 빠진 매력적이고 과도하게 성별화된 펑크 소녀 "페이스"[줄리엣 루이스(Juliette Lewis)가 탁월하게 연기했다]를 그린다. 앤젤라 배셋(Angela Bassett)이 연기한 그의 조수 "메이스"는 능력이 뛰어난 흑인 여성으로, 네로에 대한 사랑으로 그를 여러 번 구출한다. 페이스는 성적 대상의 역할을 하는 여성의 좋은 예이고, 메이스는 가부장제의 자산을 위협하지 않는 능력 있는

---

4 나는 이에 대한 논의를 논문 「태생적 포스트휴먼에 관하여: 젠더, 유토피아 그리고 포스트휴먼(Of Posthuman Born: Gender, Utopia and the Posthuman)」(2015)에서 확장한 바 있다.

조수의 좋은 예다. 할리우드와 같은 문화 산업은 스토리텔링에서나 관행에서나 성적 편향을 강화하고 있다. 여성 배우들은 남성보다 낮은 월급을 받는다(Lauzen 2017). 게다가 할리우드 제작자와 배우의 수백 명의 여성에 대한 성폭력을 둘러싼 공모의 문화[예를 들어 2017-18년 제작사 미라맥스(Miramax)의 공동 창업자 하비 웨인스타인(Harvey Weinstein)의 추문과 체포를 생각해 보라]는 성차별적 재현과 성차별적 관행이 분리되지 않는다는 사실을 보여준다. 이러한 차별적 관행을 뒤집는다면 다른 문화적 산물이 나올 것이다. 할리우드는 변화할 준비가 되어 있다. 관객들도 마찬가지다. 예를 들어 베크델 테스트(Bechdel test, 한 작품 안에서 두 여성이 남성이 아닌 다른 주제에 관해 대화를 나누는 장면을 보이는지에 대한 테스트: Bechdel 1985)를 통과한 영화는 보통 다른 영화보다 저예산으로 제작되지만, 수익은 다른 영화에 못지않거나 더 낫다.[5]

이와 같이 보부아르의 분석은 오늘날 우리 사회에도 상당히 적절하다. 그렇지만 그녀의 비판 중 한 측면에 대해서는 포스트휴머니즘 관점에서 이의를 제기해야 할 것이다. 이 실존주의 사상가에 따르면 "**타자**의 범주는 의식 그 자체만큼이나 원초적이다"(같은 곳). 그리고 "타자성(otherness)은 인간 사고의 근본적인 범주다"(같은 책: XIX).[6] 보부아르는 어떻게 이 "타자성"이 절대적인 것이 아니라 하

---

5 예를 들어 SF 디스토피아 영화인 「헝거게임(The Hunger Games)」(2012)은 강한 여성 주인공을 그리고 있는데 대대적인 흥행에 성공했다. 이 영화는 니나 자콥슨(Nina Jacobson)과 존 킬릭(Jon Kilik)이 제작했다.

6 콘스탄스 보드(Constance Bord)와 쉴라 맬로바니-슈발리에(Sheila Malovany-Chevallier)의 번역을 수정했다[저자는 영역본의 'alterity'를 'otherness'로 수정했다—옮긴이].

나의 관계로 제시되는지 강조한다. "부족, 국가, 계급에서의 전쟁, 축제, 교역, 조약, 경쟁은 타자의 개념에서 절대적인 의미를 탈각하고 그 상대성을 명징하게 만드는 경향이 있다. 개인과 집단은 싫든 좋든 간에 관계의 상호성을 자각할 수밖에 없다"(같은 책: XX).[7] 포스트휴머니즘 관점에서 "타자성이 인간 사상의 근본적인 범주"(2009: 26)라고 주장하는 것은 문제적이다. 인간종 전체에 대해서 본질화될 수 없는 특정한 문화적 선호도를 반영하기 때문이다. 우리가 인간을 일자[하나]가 아닌 다자[여럿]임을 강조한다면, 어떤 사람들은 상호의존성, 공생, 친화성 등과 같은 다른 개념과 관행이 타자성의 범주만큼이나 근본적이며 이러한 범주들이 서로에 대해 공-구성적임을 강조할 수 있을 것이다.[8]

이 구도가 문제적임을 간파한 또 다른 사상가는 여성주의 정신분석학자 뤼스 이리가레(Luce Irigaray, 1930년생)다. 그녀는 타자로서의 여성 개념을 특정한 방식으로 바꾸었다. 그녀는 획기적인 저작 『다른 여성의 반사경(Speculum of the Other Woman)』(1974)으로 뱅센 대학에서 축출되고 정신분석학자 자크 라캉(1901-81) 및 파리 프로이트 학파와도 결별했다. **이리가레의 사상에 대한 제도권 지식인들의 반응은 왜 그토록 극단적이었는가?** 그녀의 관점이 낳은 이론적 결과를 살펴보자. 이리가레에 따르면 여성은 차이가 아니다.

---

7 이어지는 보부아르의 물음은 젠더의 관점에서 중요하다: "그런데 이러한 상호성이 왜 두 성별 사이에서는 인정되지 않았는가? 대립하는 항 중 하나는 스스로를 유일한 본질이라 보고 자신과 관련된 한에서는 일말의 상대성조차 허용하지 않으면서 상대편을 순수한 타자성으로 규정한다."(같은 책: XXI)
8 우리는 이 비판을 26장에서 확장할 것이다.

보부아르의 해명처럼 "타자"도 아니다. 여성은 부재다. 혹은 남성의 투사로 채워져야 하는 부재다. "그녀"는 그녀의 고유한 정체성을 부여받지 않았다. 주체, 즉 남성에 대한 복종 관계로서의 대상도 아니다. 이리가레의 유명한 말처럼 여성은 단순한 거울이 아니라 "오목 거울"로, 이로부터 발생적 잠재성들이 발굴될 수 있다.[9] "담론을 유지하는 이 반사면을 통해서 발견되는 것은 아마도 텅 빈 무(無)가 아니라 눈부시게 다면적인 동굴일 것이다. 반짝거리고 이글거리는 언어의 오목면은 물신-대상과 황금에 혈안이 된 눈에 불을 지르겠다고 위협한다"(같은 책: 143). 이리가레의 관점에서 여성은 남성과의 차이에서 본질화되지 않는다. 대신에 남성의 언어와 투사를 통해 남성의 존재를 정당화하는 부재로서 상정된다.[10] 그러나 이 오목면은 "반짝거리고 이글거리"기도 하므로 단순한 무로 환원될 수 없다. 포스트모던 여성주의 철학자 주디스 버틀러의 저작에는 보부아르와 이리가레가 명시적으로 인용된다.[11] 시대를 바꾼 버틀러의

---

9 이리가레의 말로는 이러하다: "그런데 지금까지 오목 거울이 빛을 집중시키고 이것이 특히 여성의 성[섹슈얼리티]에 전적으로 무관한 것은 아니라는 사실을 탐구한 '주체'가 있었는가?"(1985: 144)

10 이리가레의 연구가 정신분석학에 뿌리를 두고 있다는 점은 명시되어야 한다. 그녀의 관점을 밝히는 하나의 예시로 프로이트의 남근-선망에 대한 그녀의 독해를 들 수 있다. "만약 **그녀**가 그것을 선망한다면 **그**는 그것을 가져야만 한다. 만약 **그녀**가 **그**가 가진 것을 선망한다면 그것은 가치가 있어야 한다"(1985: 53). 남근-선망은 여성 심리의 한 측면을 객관적으로 묘사하는 것을 넘어서 남성 심리에서 남근의 가치에 대한 인정의 요구를 반영한다.

11 버틀러는 그들의 다른 관점을 다음과 같이 날카롭게 요약한다: "보부아르는 여성들을 타자로 지명했다. 이와는 대조적으로 이리가레는 주체와 타자 모두, 여성적인 모든 것의 배제를 통해 전체화 목적을 달성하는 폐쇄된 남근중심적 의미 경제의 남성적 주력 산업 주장한다"(1999: 14).

책『젠더 트러블(Gender Trouble)』(1990)은 수행적이고 반복적인 것으로서 젠더의 표상을 총망라한 연구로 여성주의 이론에 커다란 영향을 미쳤다. 버틀러는 젠더를 이렇게 설명한다.

> 젠더의 행동은 **반복되는** 수행을 요청한다. 이러한 반복은 곧 기존에 사회적으로 확립된 일련의 의미를 재제정(reenactment)하고 재경험하는 것이 된다. 또한 그러한 의미들을 합법화하는 세속적이고 의례적인 형식이기도 하다. 물론 젠더화된 양태로 양식화됨으로써 이러한 의미화를 제정하는 개별 신체들도 있기는 하지만 이 "행동"은 공적인 행동이다(1990: 178-79).

젠더의 공적이고 의례화된 구성에 대한 관점을 염두에 둔 채로 이제 인간으로 돌아가자. 그리고 우리가 방금 전에 제시한 다른 통찰력을 통해 재평가해 보자. 보부아르에 따르면 인간은 본질이 아니라 과정이다. 인간은 인간으로 태어나는 것이 아니다. 경험, 사회화, 수용, 그리고 규범적 자산의 유지(또는 거부)를 통해서 인간이 된다. 이와 동시에, 이리가레로 돌아가면, 인간은 비인간의 존재론적 부정(부인)에 의해 확립되었다. 인간에 대한 인정은 비인간, 하등인간, 인간 이하 등으로 표시하는 관련된 배제를 통해 타인을 부정적으로 축소(환원)함으로써 (또는 신체화된 타자성과 존재-인식론적 다원성에 대한 실질적인 인정의 부재를 통해) 유지되었다.[12] 마지막으로 버틀러가 말하는 것처럼 인간 개념의 수행적이고 역사적인 표현은

---

12 이 덩어리진 다중에 대해서는 다음 장에서 재론할 것이다.

주체, 즉 인간을 확립하고 공고히 하는 반복적 수행으로 해석될 수 있다. 젠더가 젠더화이듯이 인간은 인간화다. 먼저 우리는 이 질문을 던져야 한다. **인간화 과정을 실행하는(enacting) 주체가 있는가? 인간화하기는 과정인가 아니면 기획인가(아니면 둘 다인가)?** 인류학적 기계(anthropological machine)라는 개념이 이 문제에 대한 접근에 도움이 될 것이다.

13   인류학적 기계

『열림: 인간과 동물(The Open: Man and Animal)』(2002)에서 철학자 조르조 아감벤(Giorgio Agamben)은 인간의 역사적 구성을 강조한다. 이것이야말로 포스트휴먼 접근의 핵심이다. 그의 말을 빌리면 "호모 사피엔스는 분명하게 정의된 종도 아니고 실체도 아니다. 그보다는 인간의 인정을 생산하는 기계 또는 장치다"(2004: 26). 아감벤은 포스트휴먼에 관계되는 주제를 던지고 있지만 비판적 포스트휴머니즘에서 볼 때 그의 제안은 한계를 노정한다. 아감벤에 따르면 인간은 동물과의 분리를 통해 전략적으로 생산되어 왔다. 이를 두고 그는 "인류학적 기계"라 부른다.

> 인류발생적 [또는 푸리오 제시(Furio Jesi)의 표현에 따라서 인류학적이라고도 말할 수 있을 것이다] 기계는 [⋯] 여러 개의 거울로 만들어

진 광학 기계다. 인간은 이 기계 안에서 자신을 보면서 이미 유인원의 특성으로 변형된(일그러진) 자신의 이미지를 본다. 호모는 구성적으로 "인류동형적인" 동물로, [...] 동물은 인간이 되기 위해서 비-인간 속에서 자신을 인정(인식)해야 한다.(같은 책: 26-27).

우선 중요한 것은 부정 변증법으로 구성된 이 동물이 실제 동물의 부재에 기반한다는 것이며, 이는 (인간) 주체가 급진적 차이로 상정되어 왔던 것(비인간 동물)의 부재를 통해 자신의 고유한 이미지를 공-창조하는 종차별적인 독백으로 귀결된다. 인간의 이미지를 변형한(일그러트린) 이러한 "유인원"의 생산은 유인원에 대한 인간의 일부 부분적인 경험에 근거한다.[1] 이는 유인원 자체에 대해서가 아니라 인간 지식 체계의 형성에 대해서 알려준다. 게다가 동물은 고립된 상태가 아니라 복잡한 피라미드식 구조의 기울기(사선의 접점)로 접근해야 한다. 이에 따르면 어떤 인간은 다른 인간들보다 비인간 동물에 더 가까운 것으로 간주되어 왔다. **이 인간들은 누구였는가? 그리고 누가 "인간"의 표준을 설정했는가?** 이 질문에 답하면서 우리는 아감벤의 주장 중의 어떤 측면들, 특히 "기계" 개념에서의 탈신체화의 위험과 "남성"과 "인간"의 (언어적이고 존재론적인) 동일시 등에 문제를 제기할 것이다.

아감벤의 성찰은 중요하다. 과정적 구성을 강조함으로써 몰역사적인 인간 개념을 불안정하게 만들었다는 점에서 그러하다. 그

---

1 비-인간 동물의 인간주의적 환원에 대한 포괄적인 연구로는 로베르토 마르케시니(Roberto Marchesini, 1959-)의 저술을 보라.

럼에도 불구하고 "기계"라는 용어의 사용은 인간화하기의 규칙 제정과 그러한 과정을 규정하는 용어에 접근할 수 있는 주체성의 분리를 암시한다.[2] "인류학적 기계"는 인간적 신체화를 잃어버린 중립화된 장치를 상기하게 한다. 주디스 버틀러는 『젠더 해체하기(Undoing Gender)』(2004)에서 강조한다. "젠더는 일종의 행하기, 부분적으로는 누군가의 인식이나 누군가의 의지 없이 수행되는 끝없는 활동이지만, 그렇다고 해서 그것이 자동적이거나 기계적이게 되는 것은 아니다"(1). 인간화하기의 과정에 접근하기 위해서 젠더의 사회적 수행성에 대한 버틀러의 이해를 빌려 기계적인 그리고/혹은 자동적인 활동을 연상케 하는 인류학적 기계 개념을 비판적으로 다룰 수 있다. 이 개념이 낳는 탈신체화의 위험과 그에 따른 생물학적 유산의 손실은 회복이 불가능하다. 이러한 이유로 우리는 "인간화하기"라는 용어를 사용해야 한다. 그럼으로써 인간 행위자들은 그대로 두면서 그에 내재한 질문을 던질 수 있다. **"누가" "누구"를 인간화하는가?** 인간화하기는 신체화된 과정이다. 게다가 그러한 행하기의 신체성은 엄격하게 인간적이다 (비인간 동물이나 기계는 아직까지는 그러한 재정의에 대한 행위적 접근을 할 수 없다). 더 나가기에 앞서 우리는 우리가 그러한 과정의 주체와 대상, 억압자와 피억압자 사이의 대립을 전면에 가정하려고 하지 않는다는 점을 밝혀야 한다. 왜냐하면 둘 다 권력이란 동일한 문화적 장치와 관련이 있기 때문이다. 왜냐하면 둘 다 같은 문화적 장치와 관련이 있기 때문

---

2 다음 장에서 보게 되겠지만 이 주체성들은 역사적으로 자신들의 고유한 사회정치적 특권을 유지하기 위해 인식론적 우월성에서 이득을 취한 사람들과 일치한다.

이다. 권력이란 미셸 푸코가 『감시와 처벌(Discipline and Punish: the Birth of the Prison)』(1975)에서 지적한 것처럼 획득되는 것이 아니라 전술적이고 전략적인 것이다.[3] 대신에 우리가 강조하고자 하는 점은 이것이다. "기계" 개념 자체는 한편으로는 신체화된 특수성을 무효화하고, 다른 한편으로는 전 과정을 탈-인간화하고 인간/기계의 이원론에 의거한 낡은 유산을 이용하며, 그럼으로써 여성/남성, 백인/흑인, 서양/동양 등의 다른 이원론을 불러낸다는 오해를 살 수 있다.

인간을 인간화하는 역사적 과정에서 동물은 "인간"의 반대(대립항)이라기보다 동물과 인간 사이에 있는 인간 타자의 전체 스펙트럼을 나타내는 위계 속에서 또 다른 경사면으로 배치된다. 그 결과 여성, 비백인, 퀴어, "괴물(freaks)"도 그에 따라서 배치된다. 아감벤도 "[인류학적 기계는] 이미 인간인 존재를 (아직은) 인간이 아니라고 배제함으로써, 즉 인간을 동물화하고 인간 안에서 비인간을 분리시킴으로써 기능한다"(37)고 말하면서 이 측면을 지적한다. 이어서 그는 유대인을 "인간 속에서 생성된 비-인간"(37)으로 제시하고, 집단 수용소를 "인간과 비인간을 갈라놓으려는 극단적이고 야만적

---

3 푸코는 권력의 "미시-정치학(micro-physics)"이라 불렀다:

　이 미시-정치학은 신체에 실행되는 권력을 소유가 아니라 전략으로 간주한다. 그리고 권력 지배의 효과는 "전유"가 아니라 배치, 작전, 전술, 기술, 기능 등에 기인한다. 우리는 그 안에서 누군가가 소유할지 모를 특권보다는 계속해서 긴장과 활성 상태에 있는 관계의 연결망을 해독해야 한다. 그리고 거래를 규제하는 계약이나 영토의 정복보다는 영구적인 전투를 모델로 삼아야 한다. 간단히 말해서 이 권력은 소유되는 것이 아니라 실행된다. 그것은 지배 계층에 의해 획득되거나 보존되는 "특권"이 아니라 전략적 입장에 따른 전반적인 효과다. 이때 효과는 피지배층의 입장에 의해 표명되거나 때로는 확장된다(1995: 26).

인 시도"(22)라 지칭한다. 이것은 인간 내 비인간의 매우 효과적인 사례이지만 "인간 안"의 비인간에 관한 비판적 설명으로는 완전하지 않다. 이에 대해서는 다음 장에서 살펴볼 것이다. 아감벤의 텍스트 전반에 걸쳐 인류학적 기계에 의한 여성의 배제는 단 한 번도 언급되지 않는다. 타자성에 대한 여성주의 비판도 참조되지 않는다. 앞서 보인 것처럼 "타자"에 대한 정치적이고 존재론적인 성찰에 있어서 여성주의 이론가들의 중심적인 기여를 고려하면 이러한 간과는 특별히 의미심장하다. 여성주의적 자각의 결여는 젠더-중립적이지 않은 언어의 무비판적 사용, 중립적 주체로서의 "그"와 인류를 지칭하는 단어로 "[남성형] 인간"[4]의 무차별적 사용에 반영된다.[5] 아감벤이 귀중한 통찰을 제공하고 있는 것은 사실이다. 그런데 그렇다고 이러한 부적절한 언어적 오류를 무관하다고 간주하면서 눈을 감아야 하는가? 다른 말로 하면, **철학적 논의의 정식화(표현)에서 언어가 "그렇게까지" 중요한가?** 이 질문에 답하기 위해서는 부가적인 설명이 필요하다. 이는 아감벤뿐 아니라 이 책에서 인용한 다른 철학자들과도 관련된다.

1970년대 이후부터 남성형의 무비판적 사용이 여성주의 언어학에서 널리 비판되어 왔다는 점을 언급하자. 1980년 케이시 밀러 (Casey Miller)와 케이트 스위프트(Kate Swift)는 『성차별적이지 않은 글쓰기를 위한 핸드북(Handbook of Nonsexist Writing)』을 출판해서

---

4 이탈리아어 원본에는 Essere Umano(인간 존재) 대신에 Uomo(남성/인간)가 쓰이고 주어는 엄격하게 남성형으로 표현되어 있는데, 영어 번역은 이를 반영한다.
5 이 텍스트가 2002년에 출판되었다는 사실을 감안하면 젠더 비-중립적인 문법적 선택이 시대적으로 정당화될 수는 없다.

성공을 거두었다. 1990년대까지 평등 정책은 국제적으로 젠더-중립성, 인종-중립성, 민족-중립성 등에 기반한 비차별적 언어를 구축하려는 제도적인 시도로 발전했다. 이 대대적인 시도는 포스트휴머니즘의 감수성과 상통한다. 철학자들에게 언어 고유의 함축을 자각하는 언어의 사용은 더욱 중요하다. **왜 그러한가?** 버지니아 L. 워런(Virginia L. Warren)은 「언어의 비-성차별적 사용을 위한 지침(Guidelines for Non-Sexist Use of Language)」(1986)[6]에서 영리한 제안을 내놓는다.

몇 가지 이유에서 우리 철학자들은 비성차별적 언어라는 사안에 특별히 민감해야 한다. […] 첫째, 우리의 직업은 오랫동안 언어에 초점을 맞추어왔다. 따라서 우리는 단어의 감정적 힘과 언어가 사고와 행동에 영향을 미치는 방식에 익숙하다. 둘째, 우리는 전제를 문제 삼으려는 우리의 의지에 자부심을 느낀다. 성차별적 언어의 무비판적 사용은 우리가 특정한 가치-적재적 관점을 수용했다는 사실을 간과하게 만든다. 이러한 맹목은 우리의 이론을 체계적으로 왜곡할 수 있다. […] 셋째, 학자이자 교육자로서 우리는 진리가 어디로 이끌던 간에 그것을 추구한다. 그곳이 우리의 일상적인 개념과 믿음이든, 그리고 필요하다면 우리의 일상적인 언어의 개혁이든 말이다. 우리의 독자들과 청중은 우리가 의도하지 않은 메시지를 수신하고 있을지도 모른다. 피상적인 단어 대체를 독려하기보다는 편견이 얼

---

6 이 논문은 1986년 2월 미국 철학회(American Philosophical Association, APA)에서 발간했는데 APA는 여전히 학회 저자들에게 일독을 권하고 있다.

마나 쉽게 우리의 사고와 이론으로 스며들 수 있는지에 대해 깊은 성찰을 유도하는 것이 이 지침서의 목적이다(471).

비-차별적인 언어의 사용은 "무엇"과 "어떻게"가 분리되지 않는 포스트휴먼 서사의 구성에서 매우 중요하다. 포스트휴먼 탈-이원론적 실천에서 맥클루언을 인용하면, 메시지는 수단이다(McLuhan 1964). 할리우드의 예를 들어보자. 앞 장에서 강조한 것처럼 할리우드의 문화적 산물에 내재된 메시지는 제작 관행과 분리되지 않는다. "무엇"은 곧 "어떻게"이다. 아감벤의 목표가 인간의 특권을 드러내는 것이라면, "인간" 개념에 대한 비판의 결여는 이러한 시도를 본질적으로 약화시킨다. 우리는 하나의 언어를 사용할 때 그 언어의 고유한 함축에 대해 전적으로 주의하도록 노력해야 한다. 그런 점에서 "인간화하기"라는 동사의 사용은, 인간이 특정한 문화적 양식과 사회적 규범에 따라서 계속해서 실행되고 또 재실행되는 과정이며, 그러한 양식과 규범이 그 과정 속에서 공-구성되는 것임을 강조하려는 우리의 시도에 잘 맞는다. 반면 인류학적 기계 개념은 인간을 역동적인 방식으로 다루기에 좋은 출발점일 수는 있지만, 본질적으로 인간주의적인 가정을 재확인하고 그 과정이 갖는 개별적인 신체화된 측면을 소거한다. 이 개념을 비판적으로 다룸으로써 우리는 연구에서 방법이 이론적 노력과 분리되지 않음을 증명하고자 했다. 포스트휴머니즘은 실천이다. 포스트휴머니즘의 관점은 방법론 안에 내재되어 있어야 한다.

14 거의, 인간

어떻게 인간화 과정에 대한 포괄적인 분석에 이를 것인가? 여기에서 강조해야 할 매우 중요한 점이 있다. 포스트휴머니즘이 패권적 전통을 분석하는 데 그쳐서는 안 된다는 것이다. 그러한 분석에 그친다면 인간주의 전통의 핵심이었던 권력의 중심들이 다시금 빛을 발하고 나머지는 여전히 그늘에 머물게 될 것이다. 예를 들어 특정한 범주의 인간에 대한 역사적 인간화에 관해 물을 때 포스트휴머니즘은 다음과 같은 질문을 추가해야 한다: **배제된 주체성들은 인간 개념과 관련해서 스스로를 어떻게 지각하는가?** 이에 앞서 온전한 인간 존재로서의 인정이 계속해서 거부되어 왔던 특정 범주의 인간에 초점을 맞추고, "그들"이라는 총칭이 누구를 지칭하는지를 간단히 살펴야 한다. 앞 장에서는 비인간을 통한 인간화 과정의 형성에 대해 고찰하고, 모든 인간 존재가 인간으로 간주된 것은 아님을 반복해서 강조한 바 있다. 따라서 이 질문을 던져야 한다. **인간 개념에서 배제되어 온 인간은 누구인가?** 역사적으로 인간 지위의 인정은 일정한 기복을 보여왔다. 이 점을 밝히기 위해서 우리는 여러 사례 중에서 인간화 과정에서의 부인의 사례로 기능하는 네 가지 중요한 초-역사적인 사례를 소개할 것이다. 이 사례들이 인간의 지위가 부인된 (또는 배제된) 모든 주체성들의 완전한 지도는 아니지만, 인간의 기획이 함축하는 바를 더 잘 이해하기 위한 궤적의 역할을 할 수는 있을 것이다. 이것은 광범위한 주제다. 그런 만큼 우리의 의도는 완전한 복원이 아니다. 그보다 우리는 특정한 사례들을 고찰할 것이다. 노예재산제, 인종 학살, 기형쇼(freak show)[기형의 신체를 가진 사람이나 장애인들을 서커스처럼 전시하는 행태로 17-18세기 영미에서 유행했다―옮긴이] 그리고 마녀 사냥이 그것이다. 네 개의 사례 모두 인류의 역사에서 반복적으로, 그리고 지속적으로 출현해 왔다. 우리는 각 사례별로 특정한 하나의 역사적 배경을 제시하는 것으로 만족할 것이다.

노예제, 그중에서도 특히 노예재산제에서 시작해 보자. 노예재산제는 인간을 소유물, 재산, 상품으로 환원한다. 미국 노예제에서 포로는 재산으로 간주되었고 어떤 경우 소유주는 그들을 죽일 수 있는 합법적인 권리를 가지기도 했다. 1740년 사우스캐롤라이나주는 "흑인법(Negro Act)"를 통과시키고 노예 소유주들이 반항하는 노예를 죽이는 것을 합법으로 만들었다.[1] 역사학자 마크 스

---

1 예를 들어 "흑인법"의 다섯 번째 규정은 다음과 같다.
　노예가 주거지나 고용된 농장 외부에서 백인과 동행하지 않은 경우, 백인의 검

미스(Mark Smith)가 지적한 것처럼 "1740년 '흑인법'은 노예를 단순 보유 재산(personal chattel)[영미권의 법률 용어로 "순수 동산"이라고도 한다. 부동산의 반대말로 쓰인다 — 옮긴이]으로 재규정했다(그 전까지는 자유 보유 재산[부동산처럼 소유권을 무한정하게 행사하고 상속할 수도 있는 가장 강한 의미의 사적 재산으로 소유의 기간이나 권리가 상대적으로 한정되는 임차권이나 동산과 대비된다 — 옮긴이]으로 간주했다)" (2005: 20). 『미국의 정착민들은 어떻게 노예재산제를 발명했는가: 언어, 법, 총, 종교에 의한 미국 원주민과 아프리카인의 비인간화 (How America's First Settlers Invented Chattel Slavery: Dehumanizing Native Americans and Africans with Language, Laws, Guns, and Religion)』(2005)에서 데이비드 오러크(David O'Rourke)는 신대륙 원주민들의 이질적인 문화에 정착민들이 어떻게 인간/인간 이하 패러다임과 "타자"의 기호학을 통해 응답했는지를 흥미로운 방식으로 통찰한다.

이러한 문화적 충돌을 "타자"와의 마주침으로 보는 것이 보통이다. 타자성의 문제는 단순히 인간인 것과 타자인 것 사이의 구별이 아니다. 그보다 좀 더 복잡하다. 그것은 이 사람들이 우리와 같은가 아니면 다른가에 대한 의문에서 출발한다. 만약 우리와 다르다면 그들은 다른 어떤 것일 텐데 그렇다면 그들은 누구인가? 그들은 인간인가(이는 적어도 어떤 점에서 여전히 그들은 우리와 같은지를 묻는 질

문에 응하지 않을 시 백인이면 누구나 합법적으로 추적하고 훈교하고 교정할 수 있다. 또한 노예가 백인을 공격하거나 가격할 때 그 노예를 사살하는 것은 합법이다(Smith 2005: 21).

문이다) 아니면 인간 이하인가? [···] 거의 모든 경우 "우리와 같지 않은"은 "우리보다 못한"을 의미했다(15).

이러한 반성과 바야돌리드(Valladolid) 논쟁은 직접 연결되어 있다. 바야돌리드 논쟁은 1550년과 1551년 스페인의 바야돌리드에서 신대륙의 아메리카 원주민에 대한 대우를 두고 벌어졌다. **왜 "정복자(Conquista)"의 시대로 거슬러 올라가는가?** 왜냐하면 이 논쟁에서 우리가 인간화 과정이라 부르는 것에 관한 도덕적 논쟁의 발전에서 중요한 계기를 추적할 수 있기 때문이다. 논쟁의 주인공은 도미니크회 수도사 바르톨로메 데 라스카사스(Bartolomé de las Casas, 1484-1566)와 르네상스 인문주의자 후안 히네스 데 세풀베다(Juan Ginés de Sepúlveda, 1494-1573)다. 핵심 쟁점은 인디언들이 아리스토텔레스의 정의대로 주인을 필요로 하는 "태생적 노예"인지, 따라서 이들과의 전쟁을 문명화를 위한 "정당한" 것으로 정당화할 수 있는지의 여부였다(Diamond 2016). 세풀베다에 따르면 아메리카 원주민들은 본성적으로 열등한 존재, 즉 야만인으로서, 기독교로 전도되어야 할 대상이었다. 정치이론가 앤드류 빈센트(Andrew Vincent)는 말한다. "인디언들은 하위인간으로 간주되었다. 세풀베다는 그들을 원숭이와 마찬가지로 인간과 다르게 보았다. 반면 스페인인은 순수하고 온전한 인류로 간주되었다"(2010: 62). 반대로 데 라스카사스에 따르면 아메리카 원주민은 전적으로 인간이고 따라서 존엄하게 대우받을 권리가 있다. 그가 쓴 『인디언 호교의 역사(Apologetic History of the Indies)』(1550년에 쓰였음이 거의 확실하다[2])의 목표는 아메리카 원주민들이 야만인이 아니라 합리적 존재이며 그들의 법칙과 관습이 그리스나 로마와 같은 서양 고대 문명과 동등하거나 그보다 낮다고 증명하는 것이었다. 그는 『인디언의 역사(History of the Indies)』(1527-61)에서 "스페인 민족은 […] 인디언에게 인간의 조건을 부인한다"(1971: 10)고 주장한다. 중요한 것은 데 라스카사스가 아메리카 원주민들과 직접적으로 접촉하고 신대륙을 직접 경험한 반면, 세풀베다는 아메리카를 여행한 적이 한 번도 없으며 그의 설명은 이차 문헌에 기반하고 있다는 점이다. 세풀베다가 "우리"(플러스)와 "그들"(마이너스) 사이에 설정한 근본적인 분리는 모든 역사적 비인간화 과정의 근간을 이룬다.

비인간화 과정이 얼마나 많은 인종 학살을 야기했는가? 인류학자 그레고리 스탠튼(Gregory Stanton)은 「인종 학살의 8단계(The Eight Stages of Genocide)」(1998)에서 인종 학살이 전개되는 여덟 가지 단계를 식별했다. 첫째는 "분류"로 다름 아닌 바로 우리와 그들이라는 기초적인 분리에 기반한다. "모든 문화에는 민족, 인종, 종교 또는 국적과 같이 사람들을 '우리와 그들'로 구별하는 범주가 있다. 독일인과 유대인, 후투와 투치[르완다의 두 민족. 두 민족 간의 갈등으로 1994년 대학살이 일어났다—옮긴이]가 그러한 예다. 르완다와 부룬디같이 민족 간의 혼합이 결여된 양극 사회는 인종 학살로 치닫기 쉽다." 스탠튼이 설명하는 인종 학살의 나머지 일곱 단계도 인간에 대한 탐구에 귀중한 통찰을 제공한다. 두 번째 단계인 "상징화" 다음에 오는 세 번째 단계는 "비(非)인간화(dehumanization)"다. 이

---

2 이 점에 대해서는 논쟁이 있다. 어떤 사람들은 데 라스카사스가 1527년에 이미 『인디언 호교의 역사』를 쓰기 시작했다고 주장한다(Hanke 1949 참조).

단계에서는 "한 집단이 다른 집단의 인간성을 부정한다. 그 집단의 구성원은 동물, 해충, 곤충 또는 질병과 같은 것으로 취급된다. 비인간화에서는 인간이 살인에 대해서 일반적으로 갖는 극도의 반감이 극복된다." "조직화", "양극화", "준비" 다음에는 일곱 번째 단계인 "박멸(extermination)"[3]에 이른다. 여덟 번째이자 마지막 단계는 "부인"이다. 요약하자면 이 과정은 우선 "우리/그들"의 이원론에서 시작하고(1단계), 2, 3, 5단계에서 "그들"의 인간임이 부인되고 인간이 아님에 따라 박멸이 자행되며(7단계), 이는 일어난 일에 대한 부인으로 이어진다. 인종 학살의 기술은 희생자의 비인간화에 기반한다. 독일 나치에서 그러한 패턴을 분명히 찾을 수 있다(1933-45). 역사학자 케슬린 케트(Kathleen Kete)는 『동물과 이데올로기: 유럽 내 동물 보호의 정치학(Animals and Ideology: The Politics of Animal Protection in Europe)』(2002)에서 말한다.

> 나치는 새로운 패러다임 안에서 작동했다. 그들은 모더니즘의 논리를 받아들이면서 인간과 동물 사이의 분리선을 지우고 인종에 기반한 새로운 위계질서를 조직했다. 그것은 특정한 동물 종(류)을 특정한 "인종"의 상위에 두는 것이었다. 독수리, 늑대, 돼지는 새로운 인간 위계에서 폴란드인, 쥐, 유대인보다 상위에 있었다(20).

---

3 스탠튼을 인용하면, "박멸이 시작되면 얼마 지나지 않아 법적으로 '집단 학살'이라 불리는 대량 살상이 된다. 그것은 살인자들에게는 [살인보다는] '박멸'이다. 왜냐하면 그들은 그들의 희생자를 온전히 인간으로 여기지 않기 때문이다"(같은 곳).

특정 범주의 인간에 대한 비인간화의 과정은 여러 유형의 이데올로기 선전 중에서도 특히 동물/인간 분리의 해소를 통해 실행되었고 피로 봉인되었다. 나치는 약 600만 명의 유럽 유대인,[4] 그리고 수백만 명의 다른 집단을 몰살했다. 정신적·신체적 장애를 가진 독일인,[5] 동성애자, 롬족("집시인"), 폴란드인, 여호와의 증인 그리고 소비에트 전쟁 포로들도 포함되었다.

일반적으로 노예와 인종 학살의 경우, 특정 범주의 인간은 우리/그들의 분리를 통해 상징적인 비인간화에 종속된다. 그러나 역사적인 인간화 과정에서 패권적 인간 개념에서 배제된 모든 인간의 범주가 이러한 이원론적 과정으로 설명될 수 있는 것은 아니다. 레슬리 피들러(Leslie Fiedler)는 그녀의 고전적 연구 『기형아: 은밀한 자아의 신화와 이미지(Freaks: Myths and Images of the Secret Self)』(1978)에서 기형아들이 역사적으로 우리/그들 패러다임에 도전해왔음을 지적한다. "아무리 우리가 이해하지 못하는 힘에 의해 신화적이고 신비로운 어떤 것으로 변형되었다 해도, 그는 우리 중의 하나이며, 인간 부모가 낳은 인간 아이다"(24). 예를 들어 난쟁이는 "짐승/인간 혼종으로 간주"되었고(같은 책: 72) 따라서 "원숭이나 개

---

4 유대인 희생자의 정확한 숫자를 규정하는 것은 불가능하지만, 600만은 대부분의 권위자들에게 받아들여지는 숫자다.

5 어떻게 인종주의와 우생학 이데올로기가 "최종 해결[독일 나치에 의한 유대인의 계획적 말살을 가리킨다 — 옮긴이]"으로 발전되었는지에 대한 설명으로는 프리트란더의 연구를 보라(Friedlander 1995). 이 텍스트는 어떻게 장애인들의 소위 안락사가 홀로코스트에 대해 실천적인 모델을 제공했고 따라서 홀로코스트를 추동했는지 보여준다는 점에서 특별히 흥미롭다. 이에 대해서는 24장에서 다시 다룰 것이다.

와 동급으로 묘사되었다"(같은 곳). 피들러는 고정된 존재물로 환원될 수 없으며, 교량 또는 엄격한 이원성의 와해를 표상하는 인간으로서, 서구 문화에서 "기형"이 갖는 상징적 의미를 강조한다. "진정 기형아만이 남성과 여성, 성적인 존재와 무성적 존재, 동물과 인간, 큰 것과 작은 것, 자아와 타자, 따라서 실재와 환영, 경험과 환상, 사실과 신화 사이의 통상적인 경계에 도전한다"(24). 또한 피들러는 기형인이 "정상적" 인간을 정의함에 있어서 어떻게 기능하는지를 보여준다.[6] "다른 인간들은 그들을 오랫동안 배제하고 착취하고, 그들을 그렇게 [기형으로] 정의하고 바로 그럼으로써 스스로를 '정상'으로 정의해 왔다"(같은 책: 13). 다른 말로 하면 "정상적" 인간이란 규범으로 제시되어 온 인간 신체로서 그 이하 혹은 이상의 인간 신체와 구분되는 것을 의미했다. 「경이의 기호와 의심의 흔적: 기형학과 신체화된 차이(Signs of Wonder and Traces of Doubt: On Teratology and Embodied Differences)」(Braidotti 1996a)에서, 로지 브라이도티는 기형학의 미신적 뿌리를 지적하면서 인간 "괴물"의 형상을 "안정된 대상이 없는 과정"으로 재규정한다(15). 기형학(teratology)은 이들 정상적이지 않은 신체성의 표출을 종종 생명을 창조하는 (그리고 결과적으로 기형으로 만드는) 여성의 능력과 같은 초자연적 원인에 귀속시킨다(136).

모든 인간 "외부인(아웃사이더)"은 인간 이하로 간주되어 왔는가? 항상 그런 것은 아니었다. 마술의 여성화는 중세 후기/근대

6　의학과 생물학에서 "정상"과 "병리"의 의미를 다룬 대대적인 연구로는 Canguilhem 1943 참조.

초기 유럽의 마녀 사냥의 핵심 요소 중 하나였다. 이로 인해 6만 명이 재판에 회부되었고,[7] 그중 대다수의 여성이 처형된 것으로 추정된다.[8] 마녀 사냥은 생물학적 결정론, 과학적 인종주의, 그리고 민족중심주의에 이어서 미신 역시 입법 장치 배후의 숨은 힘의 하나임을 보였으며, 그럼으로써 인간적 범주(human frame) 속에 있는 또 하나의 불연속성을 증명했다.[9] 인간 영역의 안전을 유지하기 위해서는 열등하다고 간주된 인간들의 생명만이 아니라 초자연적 힘을 가졌다고 생각되는 사람들 또한 희생되어야 한다. 이러한 의미에서 포스트휴머니즘의 비판적·해체적 접근뿐만 아니라 트랜스휴먼의 인간 향상을 향한 궤적 역시 인간화의 역사적 과정의 정상화 동역학, 즉 인간화의 기획에서 벗어날 수 있을 것이다. 인간 신체는 지리-역사적 상황에 놓여 있는 인지적이고 사회적인 과정의 상징적 텍스트로 인식될 수 있다. 도착(perverse) 담론의 확립(Foucault 1976)과 그 귀결인 도착자에 대한 정상화 실천(예를 들어 나치 인종 학살, 기형아 공연, 그리고 마녀 사냥)은 반복되는 인간 배제의 패러다임 속에서 도착의 계보학에 내재되어 있다.[10] 괴물과 초자연적인 것이 이해 가능한 신체의 영역을 제한하는 사회적이고 신화적인 원형

---

7 이 추산에는 문제가 있다. 사형이 체계적으로 기록되지 않았고 많은 문서고들이 사라진 점을 생각하면 사망자 수는 더 많았을 것이다. 그 결과 역사가들 사이에서 숫자에 대한 합의는 이루어지지 않았다. 여러 가지 다른 추산에 대해서는 다음 참조: Gaskill 2010: 61-77.

8 마녀에 대한 혐의와 확정은 특별히 젠더화된 성격을 띠었다. 이에 대해서는 Bailey 2002 참조.

9 유럽의 재판에서 미신의 역할에 대해서는 특히 4장 "1000년에서 1500년까지 중세의 마법사 선고"를 보라(Bailey 2002: 107-40).

10 상징 질서에 선재하는 것으로서의 배제에 대해서는 다음을 보라: Kristeva 1980.

으로 존재한다면, "인간"[11]의 기획은 역사적으로 그리고 이론적으로 "타자"의 구성을 통해 형성되어 왔다고 할 수 있다. 동물, 자동기계, 어린이, 여성, 기형인, 백인이 아닌 유색인,[12] 퀴어[13] 등의 "타자"들은 수행적 거부의 과정을 통해 "인간"이 될 수 있는 것의 변화하는 경계를 표시해 왔다.[14]

---

11 여기에서 "인간"이 존재론의 근본적인 범주가 아니라 역사적인 인간화하기 과정을 가리킨다는 점을 주지하기 바란다.

12 "인종적 타자"에 관한 면밀한 성찰로는 다음을 보라: Goldberg 1993.

13 인간에 대한 비판적 독해로 퀴어 이론의 뿌리를 이루는 연구로는 주디스 버틀러의 『젠더 해체하기)』(2004)를 보라. 여기에서 그녀는 날카로운 질문을 던진다: "내가 특정한 젠더일 때 나는 여전히 '인간'의 일부로 간주될 것인가?"(2)

14 나는 이 지점을 「신체(The Body)」(2014b)에서 확장해서 논했다.

15 포스트휴먼의 사료(자원)로서의 자아의 기술

포스트휴먼 관점주의는 인간화 과정에 대한 포괄적인 이해를 목표로 한다. 앞서 본 것처럼 역사적으로 모든 신체화된 인간 존재가 인간으로 인정을 받아온 것은 아니다. 포괄적인 접근을 위해서 다음 질문이 반드시 제기되어야 한다: **반복적으로 비인간화되어 온 인간들(의 범주들)이 어떻게 그들의 인간됨을 다루어왔는가? 그들은 인간으로서 부인된 지위를 어떻게 재설정했는가?** 주변인들은 인간에 대한 각기 다른 역사적 배치에서 자신들의 비인간화에 대처하는 고유한 자아의 기술을 개발해 왔다. 이러한 기술을 해명하는 것은 포스트휴먼 접근에 필수적이다. 그에 대한 해명이 없이는 포스트휴먼 접근은 여전히 속죄(redemption)의 실천에 갇혀 있을 것이다. 이 점에 대해 좀 더 설명해 보자. 인간이 배제를 통해 실천되어 온 방식을 증명하기 위해 패권적 전통을 재평가하는 것은 근본적인 비판으로 간주되며 또 필연적이기도 하지만 최종적인 것은 아니다. 실제로 그러한 접근은 장기적으로는 결국 그와 같은 패권적 전통을 유지하는 수단인 것으로 판명된다. 대개는 반항하는 "생물학적" 아들[1]에 의한 내부로부터의 급진적인 비판을 통해 속죄에 이르게 되는 것이다. 패권적 전통의 비판으로 분석을 한정하는 것은, 비판되어야 할 담론의 특정한 중심을 성공적으로 인정한다는 의미에서, 중심화된 유형의 접근이라 할 수 있다. 이는 그 점에서 포스트휴먼의 유목성과 탈중심화에는 부합하지 않는다. 포스트휴먼 분석의 다음 단계는 중심화된 관점에서 배제되어 왔던 주체성을 통해 다른 초점(foci)의 관심을 경험하는 것이다. 여기에서 우리는 포함 자체가 중요한 것은 아니라는 점을 분명히 해야 한다. 포함은 포괄적인 관계론적 인식론에 도달하기 위한 하나의 전략으로 간주되어야 한다. 입장들의 다원성을 해명하는 일은 존재의 표현에 대한 더 깊은 이해를 제공하는 다층적인 그림을 그리게 한다. 이에 대해서는 3부에서 살펴볼 것이다.

담론의 외부자를 어떻게 해명할 것인가? 패권적인 인간 개념의 외부자들에 의해 사용된 자아의 기술은 좋은 출발점이 될 것이다. **자아의 기술이란 무엇인가?** 자아의 기술은 미셸 푸코가 창안한

---

1 "딸들" 혹은 "입양아들"이 행한 비판은 서구의 철학 전통과 같은 방식으로는 정당화되지 않는다(예를 들어 여성주의자들 혹은 탈식민 이론가들은 지식의 서구 남성중심적 구성 양식을 해체하기 위해 먼저 이 양식에 동화되어야 했다). 그보다 이들의 비판에 대한 인정을 무력화하려는 시도가 훨씬 유효할 것이다. 캐런 J. 워런 (Karen J. Warren)은 2009년 에세이 『여성 없는 2600년 서양 철학사(2,600 Years of the History of Western Philosophy without Women)』의 "복구 기획"에서 그러한 태도의 결과를 분명하게 보여준다. 다음도 보라: Tuana 1998.

개념이다. 푸코는 기술을 네 가지 범주로 나누는데 이 범주들은 서로 독립적이지 않고 공-구성적인 것으로 생각되어야 한다.[2] 첫째 범주는 "생산의 기술로, 이를 통해 우리는 사물을 생산하고 변형하고 조작한다"(1988: 17). 둘째는 "기호 체계의 기술로, 이를 통해 우리는 기호, 의미, 상징 또는 의미작용을 사용한다"(같은 곳). 셋째는 "권력의 기술로, 이는 개인의 행동을 결정하고 그들은 특정한 목적이나 지배에 종속시키는, 즉 주체를 객체화하는 것"(같은 곳)이다. 넷째는 "자아의 기술로, 이는 개인들이 각자 고유한 수단이나 다른 사람들의 도움을 통해 자신의 신체, 영혼, 사고, 행동, 존재 방식 등에 일련의 작용을 가하여 행복, 순수, 지혜, 완벽 또는 불멸의 상태에 도달하도록 스스로를 변형하도록 해준다."(18) 간단히 말하면 자아의 기술은 개인들이 "스스로를 변형하기 위해" 사용하는 기술이다. 어떤 사람들은 포스트휴머니즘 방법론의 입장에서 그러한 기술에 접근하는 것이 어렵다고 주장할 것이다. 인간 지위의 배타주의적 제한에 대한 외부자들의 저항/수용/재설정은 공식적인 기록을 남기지 않을 것이기 때문이다.

어떻게 인간 개념에 대한 비-패권적 관점에 접근할 것인가? 이 문제를 다루고자 한다면 기존의 사료를 찾아보는 방법이 있다. 포스트휴먼은 아프리카계 미국인 연구, 젠더 연구, 탈식민 연구 등 다른 분야에서 전개된 선구적인 논의에 의존해서 인간에 대한 포괄적인 개념을 복기할 수 있다. 이 분야는 비-패권적 관점을 역사적

---

2 푸코의 말을 빌리면 "이 네 가지 유형의 기술이 분리되어 작동하는 일은 거의 없다" (18).

으로 문서화하는 것과 관련된 난점을 자각하면서, 대안적인 사료들, 이를테면 구술사, 수행적 실천 그리고 민속 예술 등에 대한 증대된 관심을 보여 왔다. 역사학자 조운 생스터(Joan Sangster)가 논문 「우리의 이야기하기: 여성주의 논쟁과 구술사의 사용(Telling our Stories: Feminist Debates and the Use of Oral History)」(1994)에서 말하듯이, "전통적인 사료들이 여성의 삶을 간과해 왔다는 점을 인정하면서 구술사에 대한 여성주의적 수용이 나타났다."(5). 구술사가 여성학이나 아프리카계 미국인 연구에서 비-패권적 입장에 대한 정보를 보완할 유효한 사료로서 인정되어 왔다면, 퀴어 이론 안에서는 정체성의 형성에서 풍자나 패러디와 같은 실천의 중요성이 연구되어 왔다. 특히 가장[3], 크로스 드레싱, 복장 도착 등의 수행적 측면은 이성애의 규범적 각본에 대항하는 "전복적인 신체 행위"로 인정되었다.[4]

더욱이 포스트휴먼 접근은 카니발(Bakhtin 1941)이나 아나키스트의 전통과 그들의 "반어적 실천(ironic praxis)"[5]에서 이용되는

---

3 정신분석학자 조운 리비에르(Joan Riviere)는 이미 1929년 "여성다움(woman-liness)"을 하나의 가장이라고 보았다. 특히 「가장으로서의 여성다움(Woman-liness as a masquerade)」이라는 논문에서 그녀는 여성성을 남성의 기대를 충족하기 위해 여성이 매일의 삶에서 사용하는 가면으로 소개한다.

4 이는 주디스 버틀러가 말하는 바와 같다. "내가 보기에 게이와 레즈비언에 대한 규범적 초점은 전면적인 초월이라는 불가능한 환상보다는 권력의 도착적이고 패러디적인 재배치이어야 한다"(1999: 158).

5 패트릭 건 커닝햄(Patrick Gun Cuninghame)(2007)은 1977년 이탈리아 아나키스트 운동 안에서 발전된 문화적이고 정치적인 태도를 가리켜 "반어적 실천"이라 부른다. 이 운동을 대표하는 인디아니 메트로폴리타니[Indiani Metropolitani: 도심의 인디언이라는 뜻 — 옮긴이]의 "반어적 실천"의 예는 그들의 슬로건에서 찾을 수 있다: Una risata vi seppellirá(커닝햄은 이를 "웃음이 그대들을 전부 매장할

신성모독적인 농담과 같은 사회 양식의 전복적인 가치를 재평가해야 한다. 그러한 태도는 사회정치적인 동시에 실존적인 용어들로 탐구될 수 있으며 인간개념의 규범적 내포를 포함하는 사회적 담론의 패권적 역학을 탈신비화하는 방법으로 간주될 수 있다. 음악과 춤의 전통 또한 대안적인 사료로서 연구의 대상으로 인정되어야 한다. 가령 미국 노예제의 경우, 노예는 그들이 경험한 비인간화를 다루기 위해 일상적인 저항의 양태로 자아의 기술을 발전시켰다(Bauer and Bauer 1942). 또한 그들은 자신들의 감정을 노래로 표현했다. 이 노래들은 노예 영가(spiritual)라는 특수한 전통이 보여주는 것처럼 내세에 대한 믿음이라는 반복적 주제를 특징으로 한다. 「가려진 증언: 흑인 영가와 노예 경험(Veiled Testimony: Negro Spirituals and the Slave Experience)」에서 존 화이트는 노예들의 흑인 영가가 갖는 의미를 "노예 상태의 비인간화 효과로부터 그들을 상당 부분(정확히 어느 정도인지는 알 수 없지만) 보호한 특별한 문화"라 본다.

영성(靈性)은 어떠한가? 궁극적으로 영성의 저항적인 측면은 대부분의 어려운 조건에서는 침묵으로 표현되지만 그렇다고 해서 과소평가되어서는 안 된다. 믿음, 전망, 기도, 의례의 역사는 가장 억압받는 인간 범주의 역사적 결과를 동반했으며, 특히 극도로 어려운 시절(예를 들어 노예제 시대나 여성들이 심각한 여성혐오를 겪는 시대[6])

것이다"라 번역한다: Cuninghame 153).

6 예를 들어 철학자 프란체스카 브레찌(Francesca Brezzi)는 이렇게 쓴다. "특정한 역사적·문화적 시대에 신비주의는 '들릴 법한 말들'에 접근하는 유일한 방법이다. 비록 그 시대의 신학이 여성을 불완전한 남성으로 간주한다 해도 그러하다" —

내내 복기될 수 있다. 포스트휴머니즘 관점에서, 영적인 실천은 고정된 범주와 위계를 구성하기 위해 본질주의가 사용되는 맥락에서 혼종화를 제공하며, 역사적 관습을 뛰어넘는 실존적 태도를 통해 그러한 상태를 조용히 불안정하게 만들 수 있는 기술로 생각될 수 있다. 여기에서 우리는 영적인 실천의 역사가 그 실천을 제정하는 종교의 역사에 동화되어서는 안 된다는 점을 분명하게 할 것이다. 대부분의 종교는 일련의 원리(교리)들로 특징 지워지는데, 이 원리들은 다른 종교에 상대적으로 각자의 특수성을 규정한다. 그리고 이 원리들은 역사의 변화 속에서도 동일한 가르침을 보존하기 위해 요구되는, 습득된(후천적) 지식에 기반한 위계 구조에 의해 경험적으로 유지된다.[7] 반면에 영성은 개별 존재에 대한 일상적인 지각을 넘어서 더 광범위하게 존재(실존)를 인식하려는 인간의 경향을 지칭한다. 영성은 내부와 외부 세계 사이의 비-분리를 숙고하고, 초월에 대한 비-매개적 지각을 제공하는 신비주의적 경험에서 최고조에 달할 수도 있다. 영성의 영역[8]은 포스트휴먼 계보학 중 하나로 탐구될 수 있다.[9]

저자의 영역(2005: 127).

7 종교와 영성의 차이에 대해서는 Zinnbauer et al. 1997을 보라.

8 포스트휴먼 접근에서 영성의 의미에 대한 고찰로는 Ferrando 2016a을 보라.

9 스티브 니콜스(Steve Nichols)는 「포스트휴먼 운동(The Posthuman Movement)」 선언(1988) 중 "초월"이라는 이름의 절에서 이러한 유형의 연결을 논한다. 상당히 일반화된 어조를 띠기는 하지만 흥미로운 선례로 언급할 만하다.

16 인간 되기의 현현

인간화 과정의 가능한 결과에는 어떤 것이 있는가? 인간을 인간화하기라는 하나의 동사로서 제시하는 것은 그 수행적 역동성과 잠재력을 강조하기 위해서다. 이로부터 여러 가지 다른 결과가 나올 것이다. 이제까지 우리는 인간화하기가 그것을 실행하는 주체성들에 의해 자기-정체성의 행위로 경험되고(다른 말로 하면 "나는 인간이다. 왜냐하면 다른 이들은 인간이 아니기 때문이다"), 또 우리/그들 패러다임을 통해 전개될 수 있다는 점을 강조했다. 그러한 태도는 자칫 실존적 우선성에 대한 물신주의로 발전하여 결과적으로는 배타주의적 패러다임을 유지하고 사회적 모순을 정당화할 위험을 안고 있다. 나아가 극단적인 형태의 실천인 비인간화와 부인으로 이어지기도 한다. 노예제와 인종 학살이 그 예다. 그러나 다른 결과도 가능하다. 그러한 결과 중 하나를 우리는 인간 되기의 현현(顯現,

epiphany)이라 부를 것이다. 여기에서 인간화하기라는 행위 자체
는 하나의 장소, 연결자, 그리고 계시로 나타난다. 다른 말로 하면
"나는 나의 신체화된 인간 경험 안에서, 그리고 타자와의 관계 속
에서, 존재한다"는 것이다. 그런 점에서 타자성은 자아의 표출에
필요한 것으로서 인정되고 이는 윤리적 책임과 의무의 함의를 낳
는다. 『전체성과 무한: 외재성에 관한 에세이(Totality and Infinity:
An Essay on Exteriority)』(1961)에서 프랑스 철학자 에마뉘엘 레비
나스(Emmanuel Lévinas, 1906-95)는 얼굴 대(對) 얼굴의 현현으로
서의 인간 대 인간의 만남을 논했다. 이는 에세이 「통시성과 표상
(Diachrony and Representation)」(1985; 영역본 1969)에 나오는 이 문
장으로 요약될 수 있다: "타자에 대한 책임은 유일한 일자(一者)에
대한 책임이다(얼굴은 '살인하지 말라'를 의미하고 또한 결과적으로 '너
는 절대적으로 다른 타자의 생명에 책임이 있다'는 것을 의미하기도 한다)"
(1994: 104-08). 레비나스에게 이 "타자"는 "내"가 일방적으로 개방
되는 절대적인 타자라고 알려진 바 있다. 레비나스는 이를 서양 철
학의 주관주의적 전통에 대한 응답으로 제시한다. 그에 따르면 이
전통에서는 "타자의 동일자로의 환원"이 지배적이었다(1969: 43).
철학적 포스트휴머니즘도 그러한 구제 불가능한 환원에 문제를
제기한다. 그러나 매개의 외부에 절대적 타자성을 설정하는 것으
로 이 문제에 대응하지는 않는다.[1] 대신에 다원론-일원론적 해체를

---

1 철학자 프랑수아 라풀(François Raffoul)은 다음을 강조한다. "타자, 즉, 레비나스
에게 (동일자로부터 절대적으로 벗어난다는 점에서) 필연적으로 절대적인 타자
는, '일체가 아닌 것'이다. 일체는 동일자의 논리를 재생산할 것이다"(2005: 143).
레비나스의 의도는 "자아로 환원될 수 없는 타자성의 경험을 사유하는 것"(같은 곳)

내세움으로써 타자(들)는 각자의 특수한 타자성뿐 아니라 자아와 공유하는 관계성 또한 유지한다.[2] 관계가 반드시 환원을 따를 필요는 없다(예를 들어 임신 기간 동안 엄마와 태반이라는 두 신체는 필연적인 관계에 있지만 이 관계가 동화로 귀착되는 것은 아니다). 또 하나 언급해야 할 것은, 레비나스에 따르면 타자의 얼굴은 엄밀하게 인간이어야 하는 반면, 포스트휴먼 접근에 따르면 이러한 인간주의적 가정도 재고되어야 한다는 점이다.[3]

실제로 여러 유형의 현현이 있다. 예를 들어 로베르토 마르케시니는 "동물 현현"(2014)이라는 개념을 제시한다. 이 개념은 인간이 비인간 동물 앞에서 느끼는 계시, 매혹 그리고/또는 공포(무관심과는 다르다)의 감각을 가리킨다. 인간은 이 감각을 언제나 경험해 왔지만, 역사적으로 비인간 동물을 열등한, 그리고/또는 부재하는 범주로 분류하면서 이에 대해 침묵해 왔다. 또 다른 포스트휴먼 현현은 무엇보다도 인간의 행성의 "얼굴"과의 조우에 있다.[4] 예를 들어 프랭크 화이트(Frank White)는 『개관 효과: 우주 정복과 인간 진화(The Overview Effect: Space Exploration and Human Evolution)』(1998)에서 "개관(俯瞰) 효과(overview effect)"를 우주 공간에서 지구

이었다.

2 우리는 이에 대해 3부에서 탐색할 것이다.

3 예를 들어서 동물 연구 안에서 매튜 칼라코(Matthew Calarco)는 레비나스의 관점이 "인류중심적 교조"(Calarco 2008: 55)라 비판한다. 칼라코는 『동물지(動物誌): 하이데거에서 데리다까지 동물의 문제(Zoographies: The Question of the Animal from Heidegger to Derrida)』(2008)의 2장 "동물 타자와 대면하기: 레비나스(Facing the Other Animal: Lévinas)"(55-78) 전체를 이에 대한 성찰에 할애하고 있다.

4 3부에서 우리는 인간과 기계의 조우에 대해 성찰할 것이다.

를 바라보는 우주 비행사들이 경험하는 일련의 현현으로 정의한다. 화이트에 따르면 개관 효과는 매우 중요하다. 그것은 "하나의 종으로서의 인류의 목적을 보여준다"(5). 잠정적이기는 하지만 이 목적론적 결과는 인간을 다원적 개념으로 접근함으로써 재고될 것이다. **인간이 하나가 아니라 여럿이라면 어떻게 하나의 종으로서의 인간(들)의 목적을 파악할 수 있는가?** 이 질문에 대해서는 여러 가지 방식으로 답변할 수 있다. 예를 들어 니체는 주로 개개인의 충동에 초점을 맞추어 인간을 하나의 교량, 지속적인 잠재성으로 보았다.[5] 보다 구체적으로 줄리안 헉슬리는 "전체로서의 우리 종의 향상"(1957)에 대한 놀라운 잠재력을 강조했다. "인간종은 원한다면 스스로를 초월할 수 있다. 산발적으로, 즉 개별적으로 여기저기에서 각자 다른 방식으로가 아니라, 인류 전체가 그럴 수 있다"(같은 곳). 그보다는 온건하게 테야르 드 샤르댕은 논문「전-인간에서 초-인간 [울트라-휴먼]으로: 살아 있는 행성의 상(From the Pre-Human to the Ultra-Human: The Phases of a Living Planet)」(이 글은 1959년 『인간의 미래(The Future of Man)』라는 책으로 출판된다. 영역본은 1964년에 출간되었다)에서 "인간 집단의 정신적 긴장은 시간이 지남에 따라 이완되기는커녕 최고조를 향해 나아가고 있다"(296-97)고 말한다. 보다 일반적으로 우리는 인간이 생물학적 내부-작용을 통해 관계되어 있으면서도 서로 상당히 다르다고 주장할 수 있다. 자연문화적 입장에서 볼 때 종에 대한 일반화로는 개인적·역사적인 특수성을 온전

---

5 우리는 22장에서 종의 생물학적 의미에 대해 살피고, 23장에서는 인류의 가능한 진화적 발전을 개괄할 것이다.

히 설명할 수 없을 것이다.

왜 포스트휴먼 접근에서 개관 효과가 중요한가? 인간과 행성의 비-분리성에 대한 깨달음은 특히 인간의 활동이 지구에 막중한 영향을 미치는 인류세 시대에 적합하다. 나아가 화이트는 이 현현을 통한 의식의 전환을 특정한 지리학적 관점과 연결한다.[6] "심적 과정과 인생관은 물리적인 위치와 분리될 수 없다"(3). 3부에서 철학적 포스트휴머니즘 인식론의 중요한 요소로서 관점주의를 제시한 연후에, 신체화된 인간 관점의 특정한 위치가 갖는 중요성이 심층적으로 이해될 수 있을 것이다. 우주 공간으로의 이주가 가져올 가능한 진화론적·인식론적 결과를 고찰하기에 앞서 우리는 우선 "포스트-휴먼"의 세 번째 성분, 즉 인간에 대한 탐구를 진행할 필요가 있다. 우리가 제기할 질문은 이것이다: **언제 그리고 어떻게 인간들은 "인간"이 되었는가?** 우리가 강조했듯이 인간 개념의 역사적 결과물은 가령 유전학적으로는 인간으로 인정될 수 있는 모든 존재들을 포함하지는 않았다. 따라서 우리는 인간화 과정을 규정해 온 역사적 배타주의가 "인간" 개념을 유지해 온 언어적, 의미론적, 어원학적 기제와 상호 연결되어 있는 것은 아닌지 의문을 가질 수 있다. 다른 말로 하면 **인간의 개념은 내재적으로 편향되어 있는가?**

---

6 화이트는 지구 궤도상의 우주 비행사와 달 위의 우주 비행사가 서로 다른 종류의 현현을 경험한다는 사실을 강조한다:

　　궤도상의 비행사에게 지구는 크게 보이고 그 혹은 그녀 자신은 덜 중요한 것으로 보인다. 달 위의 비행사에게 지구는 작게 보이는 대신에 우주 전체에 대해서는 그 경이로운 크기가 느껴진다. [...] 두 비행 모두 비행사에게 있어 지구와 그 혹은 그녀의 정체성에 대한 지각을 바꾸는데, 그 방식에 있어서는 전혀 다르다 (White 1998: 38).

철학적 포스트휴머니즘의 "포스트"라는 설정이 단지 전략적인 것인지, 그리하여 "인간"에 대한 포괄적이고 비-위계적인 접근이 재긍정되고 나면, 다시 제거될 수 있는 것인지(다시 말해 "포스트"를 제거하고 "휴먼"으로 돌아갈 수 있는지)를 이해하는 데 이러한 성찰은 결정적으로 중요하다. 혹은 기존의 역사적인 인간 개념이 지시하고 내포하는 패러다임 내에서는 지속될 수 없는 각기 다른 현현을 드러내기 위해서 그러한 언어적 수정(즉 "포스트"를 통해 인간의 위치를 재설정하는 것)이 필수적이라면, 이 질문에 답하는 유일한 방법은 이 용어에 대한 고고학적 접근이다.

어휘의 정의부터 살펴보자. 예를 들어 옥스퍼드 사전은 "인간적"이라는 형용사를 "인류와 관계되거나 인류의 특성을 지닌"(온라인 옥스퍼드 사전: "인간" 항목)으로 기술한다. 그리고 이렇게 정의를 내린다: "1. 신, 동물 또는 기계에 대조되는, 특히 약점에 취약한 인간의 특성; 2. 친절함과 같이 인류가 지닌 보다 나은 성질; 3. **호모**(Homo) 속(屬)의 **동물학** 또는 호모 속에 속하는"(같은 곳). 첫 번째 의미는 인간을 세 가지 대조의 연속을 통해 제시한다("나는 인간이다. 왜냐하면 신/동물/기계가 아니기 때문이다"). 그것은 오목 거울의 기술(다시 말해 인간이 아닌 것을 통한 인간의 정의)에 의존한다. 따라서 이는 **"인간은 무엇인가?"**라는 우리의 질문에 대해 답을 하지 않는다. 두 번째는 인간을 도덕적인 특성으로 정의한다. 이 정의는 인간 개념을 인류의 "보다 나은 성질"을 연계시키기를 택함으로써 인간기호적(anthropophilic) 선호를 반영한다. 이러한 편향은 과학적인 해명을 허용하지 않는다. 세 번째는 분류학을 통해 인간을 정의한다. 이는 우리의 고고학적 목표에 가장 가까운 과학적 의미를 지닌 장치로서 작동할 가능성이 있다. 우리는 여기에서 시작해서 현대 사회가 어떤 것을 소위 "중립적"인 인간 개념으로서 반복하고 있는지 다시 말해 "인간"이라는 용어의 사용에서 자명하게 받아들여지는 전제가 무엇인지 이해하고자 한다. 이를 위해 "휴먼"의 어원에 대한 분석에서 시작할 것이다. 이는 **호모**라는 분류학적 인간 정의의 어원을 포괄한다. 그 전에 언급할 것이 있다. 이 연구가 인간이라는 용어의 한계와 잠재성을 특히 언어적 특징에 초점을 맞추어 접근하고 있는데, 만약 다른 언어와 문화적 전통을 통해 "인간" 개념에 접근한다면 새로운 길이 열릴 것이라는 점이다.[7]

---

7 포스트휴먼 연구 내에서도 이러한 방향의 연구가 필요하다.

17 "인간(휴먼)"이란 말은 어디에서 왔는가?

"휴먼"은 라틴어 후마누스(후마나/후마눔)에서 왔다. 후마누스(humanus)는 후무스(humus)[1]와 어원이 같은 형용사로 "땅,[2] 바닥,

---

1 이 어원이 만장일치로 받아들여지는 것은 아니다. 여러 가지 이유에서 이의가 제기되어 왔다. 언어학적 관점에서는 모음 "우(u)"의 차이를 들 수 있다. "후무스"에서는 장모음(ū)이 쓰이고 "후마누스"에서는 단모음(ŭ)이 쓰인다(예를 들면 Romaniello 2004: 188-90). 다른 한편으로 의미론적으로도 문제가 제기되어 왔다. 이미 서기 1세기에 마르쿠스 파비우스 쿠인틸리아누스(Marcus Fabius Quintilianus, 약 35년-약 100년)는 이렇게 말한다:

> Etiamne hominem appellari, quia sit humo natus (quasi vero non omnibus animalibus eadem origo, aut illi primi mortales ante nomen imposuerint terrae quam sibi)? (Institutio Oratoria I, 6, 34)

다음은 H. E. 버틀러의 영역이다:

> Are we to assent to the view that homo is derived from humus, because man sprang from the earth, as though all other things had not the same origin?[호모가 후무스에서 유래했다는 데 동의해야 하는가? 인간이 흙에서 튀

흙"을 뜻한다. 그것은 "지상의 존재들"이란 개념으로 그것이 상징하는 영역은 고대 로마인들에 따르면 신적인 것, 동물적인 것, 야만적인 것과의 대립으로 구별된다. 다른 말로 하면 신들 또는 여신들[3]은 "인간들"로 취급될 수 없었고, 이는 비인간 동물이나 "야만인들", 즉 (이 용어에 대한 현대적 이해에 따르면) 문명화되지 않은 것으로 간주된 인간들도 마찬가지였다. 이러한 측면은 마르틴 하이데거가 「인간주의에 관한 편지」(1947)에서 강조한 바 있다. 포스트휴머니즘의 중요한 선례로 꼽히는 이 글에서 하이데거는 말한다.

> 후마니타스는 로마 공화국 시대에 처음으로 착상되고 추구되었다. 호모 후마누스(homo humanus)[인간적 인간]는 호모 바르바루스 (homo barbarus)[야만적 인간]와 대조되었다. 호모 후마누스는 로마인을 의미했다. 로마인들은 그리스인으로부터 계승한 파이데이아(paideia)[교육]의 "체화"를 통해 로마의 비르투스(virtus)[덕]를 격상시키고 경배했다(2001: 42).

이로부터 우리는 연구의 출발점을 확인하는 데 성공했다. 고대 로마에서 일부 인간들이 스스로를 호모 후마누스라 지칭하기 시작했다. 이 정의는 (야만인들과의) 대조와 (교육에서의) 인정을 통해

어나왔다는 이유로? 그런데 다른 생명체들의 기원도 같지 않은가?](Quintilian and Butler 1920: 127)

2　지구의 라틴어 번역인 테라(Terra)와 혼동해서는 안 된다. 당시에 지구는 하나의 행성이라 여겨지지 않았다.

3　기원전 312년까지 로마는 전통적인 다신교 사회였다.

제시되었다. 이 중요한 논점으로 돌아가기 전에 먼저 이 용어가 탄생한 맥락을 살필 것이다. 우리가 던질 질문은 이것이다. **라틴어에서 "후마누스" 개념은 언제 그리고 어떻게 출현했는가?** 이 질문에 답하기 위해서 우리는 로마 공화정 시대로 돌아가서 이후에 스키피오파(派)(Scipionic Circle)라 불리게 될 한 지식인 사단에 주목해야 한다. 스키피오파는 수장인 정치가 스키피오 에밀라누스(Scipio Aemilianus, 기원전 185-129)의 이름을 딴 명명인데, 어떤 학자들은 이 집단의 실존 여부를 문제로 삼지만(Zetzel 1972 참조), 이 지식인들이 추구한 이상은 "후마누스"라는 단어의 탄생을 이해하는 데 있어서 핵심이 되는 공통의 감수성을 보여준다. 키케로(Cicero) 같은 철학자와 테렌티우스(Terence) 같은 극작가들을 위시해서 이 학파와 연결된 사상가들은 그리스 문화에 깊이 매료되어 그것을 연구하고 칭송했다. 그리스 애호 성향은 당시 로마에서 헬레니즘 문화의 성행을 로마 전통 가치의 쇠퇴라 여긴 전통주의자들[4]의 비판을 받았다. 스키피오파는 그리스와 로마 문화를 혼합하였고, 필란트로피아(philantropia, 인류에 대한 사랑과 연민)와 파이데이아(교육과 문화)를 로마의 가치와 병합함으로써 인간 개념의 탄생을 낳았다.

이 용어들을 온전히 이해하기 위해서는 고대 그리스로 거슬러 올라가 "인간"에 해당하는 그리스 단어가 "안트로포스(anthropos)"임을 주지할 필요가 있다["안트로포스"는 "인류중심주의(anthropocentrism)"나 "인류학(anthropology)" 등 많은 현대어들의 어근

---

4 특히 로마 내 헬레니즘 문화의 전파에 반대하는 목소리를 낸 대표적인 인물로 철학자 대(大) 카토(기원전 234-149)가 있다.

이다]. 라틴어 "후마누스"와 그리스어 "안트로포스"는 동일시될 수 없지만(Nishitani 2006), 그리스인들의 "안트로포스" 이해는 전 역사에 걸쳐 인간 개념의 재구성에 심오한 영향을 미쳤다. 이는 특히 아리스토텔레스를 통해 살펴볼 수 있다. 아리스토텔레스는『정치학』1권에서 인간(안트로포스)이 정치적 동물[조온 폴리티콘(zoon politikon)]이라는 유명한 정의를 내린 바 있다. 이는 문명의 표상인 도시를 의미하는 **폴리스**(polis)와 연관된다. "인간은 본성상 정치적 동물이다. 단지 우연에서가 아니라 본성에 따라서 도시를 갖지 못한 자는 인간성의 척도에서 낮은 위치에 있거나 그 위에 있거나 둘 중 하나다"(『정치학』1, 1253a). 이 "정치적 인간"이 위계적 척도 안에서 단지 그 외부의 명시적으로 "도시 없는" 사람들만이 아니라, 내부의 암묵적인 타자를 통해서 위치지워진다는 점이 중요하다. 예를 들어 아테네에서 여성과 노예와 외지인들[5]은 정치적 삶에서 배제되었다. 이어 아리스토텔레스는 인간을 "**로고스**(logos)"(말, 언어, 그리고 이성)를 통해 정의한다. "동물 중에서 오직 인간만이 말(로고스)을 소유한다"(같은 곳). 언어와의 관계에서 그리스어를 하지 못하는 사람들, 이를테면 페르시아인, 이집트인, 페니키아인 등은 그들의 탁월한 문명에도 불구하고 야만인으로 취급되었다. 고대 그리스 문화에서 **로고스**와 문명은 연결되어 있었다. 아리스토텔레스가 말하듯이 "말은 […] 옳은 것과 그른 것을 표시하기 위해 고안되었다. 왜냐하면 인간을 다른 동물과 구별하는 특별한 본성은 오직 그

---

5 아리스토텔레스 자신이 아테네에 있을 때 메토이코스(metoikos) 또는 "메틱", 즉 노예가 아닌 외국인 거주자로 취급되었다는 사실은 흥미롭다.

만이 선과 악, 옳음과 그름, 그리고 다른 도덕적 성질을 지각하는 데 있기 때문이다. 그리고 이러한 것들에 대한 동반자 의식(파트너십)이 가정과 도시국가를 만든다"(같은 곳).

이성과 합리적 사고에 대한 선호에서 두드러지는 로고스의 우선성은 "**모이라**(moira)", 즉 바꿀 수 없는 운명 또는 숙명[세 명의 여신으로 인격화되었고 **모이라이**(Moirai)라 불렸다. 모이라이는 모이라의 복수형이다]으로부터의 중요한 전환을 표상한다. 이성이 윤리적 지위를 허용하는 것이라면, "**파이데이아**", 즉 구성원들에 대한 공식적인 "**교육**"은 도시에 속한 자의 특권이다(모든 사람들이 혜택을 누린 것은 아니다[6]). 이들은 비공식적인 공통의 "문화"도 누렸는데, 이는 개인을 정치적 에토스(ethos)와 동일화하는 과정을 촉진했다. "**후마니타스**"는 그리스의 "**파이데이아**" 개념을 로마에서 재해석한 것이다. 이제 우리는 "휴먼"이 다른 관련된 개념들, 이를테면 "문화", "이성", "문명" 등과 어떻게 깊이 연관되는지를 이해할 수 있다.

다음 질문은 이것이다: **"후마누스"가 로마 공화정 시대에 만들어졌다면, 이를 처음으로 사용한 저자는 누구인가?** 이 용어는 티투스 마치우스 플라우투스(Titus Maccius Plautus, 기원전 250년경-184), 스타티우스 카이킬리우스(Statius Caecilius, 기원전 230년경-168년경), 푸블리우스 테렌티우스 아페르(Publius Terentius Afer, 기원전 185년경-159년경) 등 초기 라틴어 극작가들의 희극에 등장한다. 예를 들어 플라우투스의 「아시나리아(Asinaria)」(기원전 211년경)에 나오는 다음의 대목은 유명하다: "Lupus est homo homini, non homo,

---

6 예를 들어 여성과 노예는 배제되었다.

quom qualis sit non novit"[7](2막 7장 495행), 즉 "자신이 누구인지 아직까지 찾지 못한 인간은 인간 앞에서 인간이 아닌 늑대다".[8] 그에 대한 직접적인 답변으로 카이킬리우스는 "Homo homini deus est si suum officium sciat"[9](VI 편), 즉 "자신의 의무를 인정하는 인간은 인간 앞에서 신이다"[10]라고 말했다. 번역이 전적으로 정확한 것은 아니다. 라틴어 원문을 인용한 것은 그 때문이다. 실제로 "호모"는 "인간"을 의미하지 특정한 성별을 가리키지 않는다. 라틴어에서 "비르(vir)"은 "남성"이고 "물리에르(mulier)"는 "여성"이다. 그러나 "호모"가 대부분 남성형을 지칭하고 남성형의 격변화를 따른 것도 사실이다. 우리의 논의로 돌아가면, 테렌티우스는 그의 희극(코미디)에서 인간의 개념을 지성적이고 추상적인 논쟁으로부터 일상생활과 가까운 실천적인 영역으로 재위치시켰다. 그는 기능하기 위해서 배제 기제(메커니즘)를 필요로 하지 않는 포괄적인 접근을 취하면서, 인간의 범위가 자기-정의적(self-defining)임을 강조했다. 그의 태도는 그의 극작 「헤아우톤 티모루메노스(Heauton Timorumenos)」(기원전 163년)에 나오는 유명한 구절로 요약될 수 있다: "Homo sum: humani nihil a me alienum puto"[11](77행), 즉 "나는 인간이다. 인간과 관련된 것이라면 어느 것도 내게 낯설지 않다".[12] 테렌티우스는 흥미로운 인물이다. 카르타고(북아프리카)에

---

7 BTL 2009.
8 존 R. 스톤의 영역(Stone 2005: 273).
9 BTL 2009.
10 존 R. 스톤의 영역(Stone 2005: 39).
11 BTL 2009.
12 존 R. 스톤의 영역(Stone 2005: 40).

서 태어나 노예로 로마에 송환된 후, 그를 데려온 테렌티우스 루카누스(Terentius Lucanus)가 교육하고 해방시켜 주었다. 그가 겪은 인생의 경험이 후마니타스에 대한 그의 전반적인 생각에 깊은 영향을 주었을 수 있다. 리처드 바우만(Richard Bauman)이 지적한 것처럼 테렌티우스는 "보편주의, 인류의 본질적인 단일성이라는 메시지를 전파하기에 좋은 위치를 점하고 있었다"(2000: 1).

테렌티우스가 이 용어를 처음으로 도입한 저자 중 하나였다면, 마르쿠스 툴리우스 키케로(Marcus Tullius Cicero, 기원전 106-43)는 개념을 발전시키는 데 그 누구보다 앞장섰고,[13] 그 누구보다 권위 있는 유산을 남겼다.[14] 그리스 스토아 철학자인 파네티우스(Panaetius, 기원전 185-110)의 작품에서 큰 영향을 받은 키케로의 후마니타스 개념은 삶의 일상적인 실천에서뿐만 아니라 정치 권력을 행사함에 있어 윤리적 처신과 평정을 위한 지침을 제공했다. 그의 후마니타스 이론은 그리스 파이데이아 개념을 라틴어로 재해석하면서, 도덕적인 것과 교육받는 것, 그리고 공적인 삶에 능동적으로 참여하는 것 사이의 상호 관계를 강조했다. 키케로는 이 개념을 발전시킴으로써 르네상스 인문주의의 발전에 지대한 영향을 미쳤다(Nybakken 1939; Davies 1997: 15-20). 그러나 키케로는 여전히 당시의 견해에 순응하여 노예 제도나 로마 여성의 종속적인 조건에 대해서는 전혀 반대하지 않았다(Fraschetti 1999; Bauman 2000;

---

13 고전 라틴 저자들의 저작 전체에서 "후마니타스"는 총 463회 등장하는데 그중 229회가 키케로의 저작에 속한다(BTL 2009).

14 이 주제에 관해서는 엄청나게 많은 양의 문헌이 있는데 그중 몇 가지만 꼽으면 다음과 같다: Rieks 1967; Schadewaldt 1973; Giustiniani 1985.

Posner 2011: 23). 그는 공통의 후마니타스를 말하면서도 패권적이고 위계적인 사회정치적 구도에는 도전하지 않았다. 블라디미르 비티(Vladimir Biti)는 이렇게 설명한다. "로마인들은 자신들의 신으로부터 민속적, 문화적, 언어적 다양성에 대해 '인간'의 통일성을 제공함으로써 세계를 지배하고 문명화하는 운명을 부여받았다고 믿었다"(2016: 332). 요컨대 우리는 후마니타스라는 라틴 개념이 명백한 경계[예를 들어 문명화 대상인 호모 바르바루스(homo barbarus), 즉 야만적 인간]뿐 아니라 암묵적인 경계, 즉 논의에 접근할 수 없는 인간의 범주(예를 들면 여성, 아동, 노예)를 통해서도 한정된다고 확언할 수 있다.[15] "인류"의 어원은 대부분 자유로운 성인 남성 지식인이 다른 자유로운 성인 남성들을 암묵적으로 지칭하는 것으로 거슬러 올라간다. 이러한 개념에 의해 고대 세계에 도입된 가치들은, 이를테면 모스 마이오룸(mos maiorum, 즉 로마의 전통적인 가치)과 비교해 볼 때 인간의 보편적인 연결을 강조함으로써, 인간에 대한 포괄적인 설명을 향한 중요한 패러다임 전환으로 간주되어야 한다. 그렇지만 명시적이거나 암묵적인 한정은 위계적인 실천과 식민 정책을 낳았고 현상태(status quo)에 근본적인 의문을 제기하지 않았다. 이 점 또한 계보학적 탐구에서는 확실하게 해명되어야 한다. 포스트휴머니즘 관점에서 배제는 정의(defining)의 기술로 인식될 수

---

15 키케로는 「공적인 것에 관하여(dignitas in De Officiis)」(기원전 44년)에서 스토아의 존엄성[디그니타스(dignitas)] 개념을 사회적 지위와 무관하게 쓰고 있다. 그러나 "이성"에 따른 제한을 강조함으로써 이를 암묵적으로 남성적 유산과 연관시킨다고 볼 수 있다(여성은 역사적으로 열등한 존재로 간주되었는데 그 이유는 바로 소위 합리성과 이성의 결핍이었다).

있으며, 이 점은 용어가 처음 만들어진 그 기원 이후로 인간 개념이 묘사되고 수행되어 온 방식 속에서 추적될 수 있다. 우리는 인간 개념을 어원학적 탄생으로부터 추적하는 데 성공했다. 이제 사전에 실린 "인간"의 세 번째 정의, 즉 "인간(호모) 혹은 인간 속"으로 돌아가서 과학적 분류를 심층적으로 다룰 차례다.

18 포유류 혹은 호모 사피엔스?

생물학에서 인간은 어떻게 분류되는가? 현재 생물학에서 "인간"이라는 용어는 인간(호모)속(genus)으로 이해된다. 인간속에는 현생 인간들[호모 사피엔스(Homo sapiens)]뿐 아니라 가까운 관계에 있으나 현재는 멸종된 종들도 포함된다. 가장 마지막으로 멸종한 종의 하나로 생각되는 네안데르탈인[호모 네안데르탈렌시스(Homo neanderthalensis)]이 그 예다.[1] 이러한 분류가 시간에 따라 상당히 바뀌었으며 정확한 특징은 계속되는 논란의 대상임에 주목하는 것이 중요하다. **인간은 언제 그리고 어떻게 처음으로 호모 사피엔스로 분류되었는가?** 우리는 우선 이 질문에 답한 뒤, 이러한 정의의 구조를 비판적으로 성찰하고, 그럼으로써 인간의 언어학적 탄생의

---

1 멸종의 가능한 원인에 대해서는 다음을 보라: Finlayson 2009.

특징이었던 배타주의적 기술이 과학적 구조 안에서도 나타나는지 살펴볼 것이다. 이 계보학에서 1758년[2]은 특기할 만한 해다. 스웨덴 식물학자 칼 린나이우스(1707-78)[3][본명은 칼 린나이우스이나 작위를 받은 후부터는 칼 폰 린네(Carl von Linné)라는 이름으로 알려졌다. 여기에서도 익숙한 명칭인 린네라 표기한다 — 옮긴이]가 이항적 명칭인 호모 사피엔스(라틴어로 "인식하는 사람"이란 뜻)를 창안한 것이 바로 그해의 일이었다. 호모 사피엔스는 인간속에서 유일하게 살아 있는 종이었다. 이 사건을 제대로 이해하기 위해 당시 과학이 점유하고 있었던 종교적이고 이데올로기적인 지형을 가늠해 보자.

진화론 연구가 발전하기 전 서양의 생물학은 무엇보다도 분류학(taxonomy), 즉 유기체를 분류하고 명명하는 학문이었다.[4] 유기체는 신의 피조물로서 창조 이후에 불변한 채로 남아 있는 것으로 생각되었다. 린네도 이 믿음을 공유했다. 그는 루터교 목사의 아들로 신앙심이 깊었고 스스로를 제2의 아담이라고 생각했다. 신은 아담에게 모든 살아 있는 존재에 이름을 붙이는 임무를 맡긴 바 있다(창세기 2장 19-20절). 린네의 대작 『자연의 체계(Systema Naturae)』(1758) 표지에는 에덴동산에서 선조의 임무를 완수하는 인물이 그려져 있다. 권두 삽화에는 라틴어 경구 "Deus creavit, Linnaeus disposuit"가 새겨졌다. 이는 "신은 창조했고, 린네는 자리를 찾아

---

2 1758년은 근대 식물학적·동물학적 분류학의 출발점으로 간주되는 『자연의 체계』(초판: 1735)가 출판된 해다.
3 린네가 스웨덴의 "자유 시대"에 자랐다는 사실은 언급할 가치가 있다. 여기에서 "자유"는 절대 왕정으로부터의 자유를 가리킨다(Roberts 1986).
4 어원이 보여주는 것처럼 그리스어 탁시스(taxis)는 "질서, 배치, 범주"를, 노모스(nomos)는 "질서, 법칙, 과학"을 뜻한다.

주었다"는 뜻이다.[5] 『자연의 체계』에서 린네는 알려진 유기체와 아직 발견되지 않은 유기체를 유사성의 정도에 따라서 위계로 분류하는 체계의 윤곽을 그렸다. 최상의 영역인 생물계는 세 개의 왕국(식물, 동물, 광물)으로 나뉘고 각각은 문(門), 강(綱), 목(目), 과(科), 속(genera: 제노스의 복수형), 종(種)으로 갈라진다. 그의 분류는 (당시까지 주요한 참조 대상이었던) 아리스토텔레스의 체계를 대체하는 것으로, 유와 종의 범주를 나타내는 라틴어 명사로 구성되는 이항적 용어법을 엄격하게 적용한다. 예를 들어 호모 사피엔스에서 "호모"는 유를, "사피엔스"는 종을 지칭한다. 이러한 접근은 과학적 용어법에 고도의 질서와 명료성을 가져왔다.[6] 나아가 린네가 물리적 특성에 따라서 유기체를 배열함에 따라서 인간은 영장목의 원숭이와 유인원과 어깨를 나란히 하게 되었다. 종교 당국은 언짢아했다. 서구 역사에서 처음으로 인간이 다른 동물이나 식물종과 같은 생물학적 분류 체계에 놓이게 된 것이다. 그럼으로써 린네의 분류는 존재의 대사슬[스칼라 나투라레(Scala Naturae)]의 정확성에 의문을 제기하게 되었다. 플라톤, 아리스토텔레스, 그리고 구약성서에 뿌리를 둔 존재의 대사슬은 신에서 시작해서 모든 물질과 생명(가설적인 형태의 생명인 천사와 악마도 포함)의 위계적 구조를 묘사했다. 이 모델은 맥락상의 차이와 특수성은 있어도 기독교 해석에서부터 중세, 르네상스, 나아가 18세기까지 지속되었다. 린네의 분류는, 비록 진화론

---

5 R. Dunn(2009: 37)의 영역본.

6 린네는 이항 체계를 엄격하게 사용했는데 그 이전에는 다항 용어법이 사용되고 있었다. 과학 용어들은 다수의 언어로 형성되었고 이는 불필요한 혼동의 원인이 되었다.

적 특성을 함축한 것은 아니었지만,[7] 패러다임의 전환을 가져왔고 이는 찰스 다윈(Charles Darwin, 1809-82)에 의해 발전된 진화 이론의 기초로 작용했다. 린네의 체계가 많은 부분에서 혁신적이기는 했지만 당시의 사회적 배제 또한 반영하고 있음은 분명하다.

호모의 과학적 탄생의 맥락을 밝히고 인간의 전통에 대한 폭넓은 관점을 제공하기 위해서는 호모 사피엔스의 범주를 보다 면밀히 살펴야 한다. **린네(린나이우스) 체계에 편향된 전제는 없는가? 만약 있다면 이 전제들에 기반한 호모 사피엔스 개념이 모든 인간 존재를 동등하게 아우를 수 있는가?** 우선 린네 연구의 인종적 함축에서 시작하자. 『자연의 체계』 제10판에서 린네는 호포 사피엔스를 더욱 자세히 분류하기 위해 다섯 가지의 분류군[taxon(복수형은 taxa)]을 만들었다. 이 분류는 대륙, 피부색 그리고 종적인 특징에 기반한 것이었다. 여기에다 호모 몬스트로수스(Homo monstrosus), 즉 괴물 인간을 추가했다. 괴물 인간은 난쟁이, 거인 그리고 선천성 기형 등 다양한 사례를 포괄했다.[8] 그의 인종 분류학 체계에서 유럽인은 백인[에우로파에우스 알부스(Europaeus albus)]으로, 아메리칸 인디언은 적인[아메리카누스 루베센스(Americanus rubescens)], 아시아인들은 황인[아시아티쿠스 루리두스(Asiaticus luridus)],[9] 그리고

---

7 나중에 포기하긴 했지만 린네는 초기에 종의 고정성에 대한 믿음, 나아가 원래의 종이 에덴동산에 있었다는 견해를 가지고 있었다.

8 『자연의 체계』의 각기 다른 판본에서 인간의 분류에 대한 상세한 논의로는 다음을 보라. Douthwaite 2002: 14–21("인간 정의하기").

9 린네는 『자연의 체계』 제2판부터 9판까지 아시아인을 아시아티쿠스 푸스쿠스(Asiaticus fuscus)로 묘사하다가 10판에서는 루리두스(luridus)로 바꾸었다['fuscus'는 '검은색', '어두운 색'이라는 뜻이고 'luridus'는 '연한 노랑색'이라는 뜻

아프리카인들은 흑인[아프리카누스 니제르(Africanus niger)]으로 묘사되었다. 특징들은 유럽중심적 관점에 따라서 위계적으로 위치지워졌다. 그 결과 유럽인들은 "혈색 좋고, 건장하고, 부드럽고, 창조적"[10]으로, 아메리칸 인디언은 "화를 잘 내고, 고집스럽고, 만족하고, 자유로운", 아시아인들은 "우울하고, 단호하고, 거만하고, 탐욕스러운", 아프리카인은 "게으르고, 간사하고, 나태하고 부주의한" (Vaughan 1982: 945-946), 아프리카 여성은 "부끄러움을 모르는" (Curran 2011: 158) 것으로 묘사되었다. 게다가 유럽인들은 "법의 지배를 받는" 데 반해서 아프리카인들은 "변덕의 지배를 받고", 아시아인은 "남의 말을 따르며", 아메리카인들은 "관습을 따른다"(Fluehr-Lobban 2006: 11). 여기에서 위계는 계몽의 이념적 패러다임과 조화를 이루면서 전통, 미신 또는 의견에 대조해서 이성을 강조하고 유럽인의 특징인 "법의 지배"에 도덕적 우월성을 부여했다. 린네의 분류학은 오늘날의 인종 이론의 형성에 막대한 영향을 미쳤다.[11]

포스트휴먼 접근에서 볼 때 이 유럽중심적 편향성은 인간을 정의하는 중립적이고 객관적인 방식으로서 린네의 분류학의 가치를 훼손한다.[12] 그의 인종차별적이고 민족중심적인 편향은 젠더에 대

이다—옮긴이]. 푸스쿠스와 루리두스의 각기 다른 사용에 대한 상세한 설명으로는 다음을 보라: Keevak 2011: 51-55.

10 이후에 이어지는 인용은 우리의 논의와 관련된 최근의 논문과 텍스트에 인용된 린네의 문구를 직접 번역한 것이다.

11 예를 들어 플루에르-로반(Fluehr-Lobban)은 린네의 분류를 인종이 오늘날까지도 대부분 표현형, 즉 신체적 특징을 기준으로 구성되는 주요한 이유 중 하나로 본다.

12 유럽중심적 기준이 라틴어 용어법에 특권을 부여한 동기가 되었다는 점은 언급할 가치가 있다. 현대적 관점에서 그는 "언어적 제국주의"라는 혐의를 받았다

한 가정과 결합되어 있다. 『자연의 체계』에서 린네는 호모 사피엔스에 대응해서 "포유류(Mammalia)"[13]라는 용어를 창안했다. 포유류는 동물로 분류한 여섯 가지 강 중 하나로 이 분류군이 지닌 유선(乳腺)에서 따온 이름이다. 이 선호는 특별히 과학적인 동기보다는 정치적인 동기에 기반한 것으로 보인다. 린네는 식물학자이기 전에 외과의사이자 7명의 자녀를 둔 아버지로 강력한 모유 수유 옹호론자였다. 18세기 유럽의 중상류층 여성에게는 유모[젖어미] 고용이 큰 인기를 얻었다.[14] 유모의 대부분은 최하층 계급에 속했다. 그들의 고된 생활 환경과 나쁜 건강 상태 때문에 이러한 관행은 높은 영아 사망률로 이어졌다. 이를 두고 1794년 프러시아에서는 공공연한 논쟁이 벌어졌고 그 결과 건강한 엄마들만이 유모로 일할 수 있게 하는 법이 통과되었다. 론다 쉬빈저(Londa Schiebinger)는 이 문제를 상세하게 다룬 논문 「인간 존재의 분류학(Taxonomy for Human Beings)」에서 이 운동의 계급차별적 구도를 지적한다. 유모들과 그 아기들의 열악한 생활 환경을 문제 삼지 않고 중산층의 엄마와 그 영아들의 복지에만 초점을 맞추었다는 것이다. 쉬빈저는

(Schiebinger 2004: 194-225; Cook 2010: 121-38). 예를 들어 론다 쉬빈저는 특히 린네의 식물학 분류를 두고 이렇게 말한다:

> 그는 "식물학의 아버지"로 "아시아인과 아프리카인"이 아닌 고대 그리스인과 로마인을 꼽는다. 아시아인과 아프리카인의 식물에 대한 지식이 유서가 깊고 광범위하다는 점은 인정하면서도 이들의 언어를 "야만적"이라 간주한 것이다 (2004: 200).

13 "포유류"라는 용어는 『자연의 체계』(1758) 제10판에 등장해서 초판(1735년)부터 나왔던 "4족보행(Quadrupedia)"이라는 전통적인 용어를 대체한다. 이 변화의 이유에 대한 설명은 다음을 보라: Schiebinger(1993: 385-88).
14 유모의 역사에 대한 연구로는 특히 다음을 보라: Stevens et al. 2009.

어떻게 이러한 "유모를 둘러싼 갈등이 […] 여성의 공적인 권력을 약화하고 가정적 역할에 새로운 가치를 부여하는 정치적 재편과 더불어서 그리고 나란하게 출현했는지"(1993: 383) 강조한다. 린네는 이 운동의 강력한 옹호자였다. 1752년 그는 유모에 반대하는 책자 「새엄마 유모(Nutrix Noverca)」를 펴냈는데, 이는 모유 수유의 미덕을 홍보하는 동시에 낡은 성차별적 편견과 미신을 반복하는 것이었다.[15] 이제 우리는 "포유류(mammal)"라는 용어를 주조하는 과정에서 "mammae"(라틴어로 "유방")이 우선시된 것이 어떤 점에서 과학적 선택 이상으로 (쉬빈저가 말하는 것처럼) 하나의 "정치적 행위"(Schiebinger 1993: 382)[16]로 해석될 수 있는지 이해할 수 있다. 쉬빈저는 이렇게 요약한다: "린네의 용어법 안에서 여성적 특징(수유 중인 엄마)은 인간을 짐승에 귀속시키는 반면 전통적으로 남성적인 특징(이성)은 우리의 분리를 나타내는 표지가 된다"(같은 책: 394). "포유류"란 용어는 여성의 생물학적 특성과 인간의 특수성과 관계된 것으로,[17] 린네에게는 보다 넓은 자연계 내에서 인간종의 위치를 설정하는 한편으로 엄마로서의 여성의 역할 그리고 수유 본성에 따르는 동물의 왕국과의 관계를 강조하기 위해 쓰였다. 다른 한편으

15 예를 들어 린네는 칼리굴라(Caligula)의 유모가 먹인 모유가 그의 폭정의 원인이라고 본다(1752: 265).

16 실제로 쉬빈저에 따르면 "유방은 이 부류의 동물(암컷) 중 절반에서만 '기능적'이고, 또 그나마도 상대적으로 짧은 (수유) 기간 동안일 뿐이거나 아니면 그럴 일이 전혀 없다. 실제로 린네는 오레카비가(Aurecaviga, 뚫린 귀를 가진)이나 필로사(Pilosa, 털이 있는)처럼 보다 젠더-중립적인 용어를 택할 수도 있었다"(1993: 382-83).

17 인간 아동의 유아기는 동물의 왕국에서 가장 길다.

로 린네는 남성적인 틀 안에서 인간의 인지 기능을 강조하고,[18] 인간과 다른 영장류 사이의 구분을 표시하는 용어로서 "호모 사피엔스"를 창안했는데,[19] 이로써 두 개념[호모와 사피엔스] 각각에 내재된 성차별주의와 종차별주의를 드러냈다.

이제 "호모 사피엔스"에 초점을 맞추어보자. 객관적인 외연이 아닌 자기생성적인[20] 내포로 받아들여지는 한 호모 사피엔스는 적어도 철학적 관점에서는 인간에 대한 적합한 정의로 비칠 수 있다. 이러한 의미에서 인간이 "인식할 수 있는" 종("사피엔스")인 것은 바로 그러한 특정한 지식을 가정할 수 있는 종이기 때문이다. 달리 말하면 호모 사피엔스의 지식은 호모 사피엔스에게 이해되고 사용될 수 있도록, 즉 호모 사피엔스에 의해 자기-지시적인 방식으로 창조되었다. 예를 들어 비인간 동물은 인간이 생산한 지식을 직접적으로 사용할 수 없다(이를테면 기계의 대두와 더불어 이러한 상황이 변할 수 있다는 점을 염두에 둘 필요가 있다. 로봇과 인공지능은 이미 인터넷으로 공유되고 저장되는 인간 지식에 접근하고 있다). 이러한 해석은 린네가 **"사피엔스"**라는 용어를 선택한 동기와도 맞물린다. 실제로 『자연의 체계』 초판에서 제10판에 이르기까지 인간은 단지 라틴어 경구

---

18 앞서 말한 것처럼 이성과 교육은 역사적으로 남성들과 연관되어 있었다. 여기에서 우리는 라틴어 호모가 "인간 존재"를 의미함을 상기해야 한다. 그러나 그것은 엄밀하게 남성형으로만 쓰여 라틴어 문법의 성차별적 구조를 보여준다.
19 쉬빈저를 인용하면 이러하다:
    린네는 포유류와 더불어 호모 사피엔스라는 명칭을 도입한다. 지혜로운 인간이라는 뜻의 이 용어는 인간을 다른 영장류(예를 들면 유인원, 여우원숭이, 박쥐)와 구분하는 데 쓰였다(2000: 15).
20 26장에서 이 개념을 다시 살필 것이다.

노셰 테 입숨(Nosce te ipsum, "네 자신을 알라")으로 묘사될 뿐이다. 이에 대해서 아감벤은 말한다.

『자연의 체계』 서두의 분석을 보면 린네가 이 경구에 어떤 의미를 부여했는지는 의심할 여지가 없다. 인간은 스스로를 알아보는 능력 외에는 특별한 정체성이 없다. 그러나 인간을 다른 **변별적인 특성** (nota characteristica)이 아닌 자기-지식을 통해 정의한다는 것은 **인간이 인간이 되기 위해서는 스스로를 인간으로 인정해야 하는 동물**임을 의미한다(2004: 25-26).

인간에 대한 우리의 고고학적 탐구로 돌아가면, 우리는 호모 사피엔스의 분류학이 인간을 자기-인정을 통해 규정한다고 주장할 수 있다("**인간이 되기 위해서는 스스로를 인간으로 인지해야 하는 동물**"). 그러나 이러한 자기-인정은 여전히 오목 거울의 패권적 반영 안에 자리하고 있다. 이에 따르면 어떤 인간들은 다른 인간들보다 더 인간적이라 간주된다. 이 인간화하기 과정은 그러한 가정에 접근하지 못한 인간들에 대한 표상을 왜곡했다. 예를 들어 유럽인들에게는 아프리카인이나 아시아인과 비교해서 인간적 우선성이 주어졌다. 달리 말하면 **호모 사피엔스**는 라틴어 어원의 편향된 가정을 그대로 유지한다. 그러한 자기-인정은 여전히 성차별적, 종차별적, 그리고 민족중심적 도식에 기반하고 있다(후마누스는 플러스, 바르바루스는 마이너스; 남성은 플러스, 여성은 마이너스; 비장애인은 플러스, 장애인은 마이너스). 포스트휴먼 관점에서 "호모 사피엔스"라는 용어의 주조는 다른 모든 유기체들 사이에서 인간의 위치를 재설정하려는 중요한 시도를 나타낸다. 그러나 이 용어에 내재한 위계적 구조는 주장하는 바의 보편성을 약화시킨다. 이 범주하에서 모든 인간이 동등하게 설명되는 것은 아니라는 점을 고려하면 그러하다.

이 책의 2부에서 우리가 다룬 질문은 이것이다: **포스트휴먼은 어떤 인간의 "포스트"인가?** 우리는 인간의 개념이 역사적으로 발전된 배타주의의 담지자로서 설명될 수 있는지 살펴보았다. 이러한 탐구로부터 용어법이 중립적이지 않으며 보다 폭넓은 사회정치적 장치이자 경제적이고 상징적인 의미의 일부임을 배웠다. 어원학적이고 분류학적인 근원을 상기함으로써 "인간"이라는 용어에 내재된 이데올로기적 제약이 역사적으로 배타주의적인 유산을 부분적으로 설명하며 인간 이하의 타자들에 대한 비인간화를 낳았음을 밝혔다. 실제로 라틴어 **후마누스**와 과학적 범주 **호모 사피엔스**는 둘 다 인간을 위계적 척도상에 위치시키고, 이에 따라서 특정 인간들을 명시적으로든 암묵적으로든 다른 인간들에 비해서 더 인간적이라고 간주한다. 이 정보에 입각해서 인간의 개념에 "포스트"를 고려하는 것이 적절한지 판단할 수 있다. 철학적 포스트휴머니즘은 탈-인간주의이자 탈-인류중심주의이며 탈-이원론이다. 탈-인간주의로서 그것은 계보학적 유산을 자각하고 그것이 함축하는 바를 철저하게 탐색하며, 인간의 역사적 구성이 갖는 한계와 추론을 시인(인정)한다. 여기에서 인간은 당연하게 여겨지는 정적인 개념 이상의 것으로 과정이자 동사(인간화하는)로서, 그 역동성에 따라서, 반복적이고 수행적인 실행의 양태로서 접근되어야 한다.

　탈-인류중심적 관점에서 우리는 비인간 동물이 계속해서 상징적 부재로 제시되어 온 것을 알게 되었다. 그들의 존재는 인간의 패권적 가정에 종속되어 있다. 그들은 비인간화될 수 없다. 왜냐하면 이 도식 안에서 그들에게는 그 어떤 존재론적 우선성도 부여된 적이 없기 때문이다. 이 종차별적인 상징의 독백은 "짐승"에 대한 비인간적 대우를 허용한다(이로써 "짐승"이라는 단어는 "인간에 상반되는 동물"을 의미하게 되었다[1]). 그들은 임의로 살해될 수 있고 인간의 목적을 위해 열악한 환경에 갇힐 수 있다. 이는 비인간 동물의 대우를 위한 새로운 윤리학을 요청한다(Singer 1975). 여기에서 우리는 전 세계 대부분의 사회에서 인류중심주의가 논의되지 않은 도덕명령임을 주지해야 한다. 철학적 포스트휴머니즘은 인간의 우월성에 대한 급진적인 응답이다. 또한 이는 "나는 누구인가?" 그와 연관된 "나는 무엇인가?" "우리는 어디에 그리고 어느 시대에 있는가?"와 같은 물음에 답함으로써 인식론적 믿음의 전환점이 될 수 있다. 예를 들어 로지 브라이도티는 주체를 "인간, 우리의 유전적 이웃인 동물들, 그리고 전체로서의 지구를 아우르는 횡단적 존재물"(2013: 82)로 지칭한다. 인간에 대한 사회적이고 개별적인 지각에서의 이러한 전환은 우리가 현재 종으로서 직면하고 있는 가장 중요한 도전 중 하나에 대한 보다 깊은 분석을 요구한다. 이제 철학적 포스트휴머니즘의 세 번째 의미인 탈-이원론을, 그 역사적 현실태뿐 아니라 잠재성에 대해, 인간을 열린 기표로 접근하는 포괄적인 태도에서 탐색해 보자. 우리는 2부에서 인간의 생물-담론적 신체화에 초점을 맞추었다. 3부에서는 이 방향을 좀 더 밀고 나갈 것이며 인류

---

1 옥스퍼드 사전: "짐승(beast)" 항목.

세에서의 생명의 진화로부터 후생인류에 대한 사변적 고찰, 그리고 다중우주에 이르기까지, 물질적이고 시공간적인 인간의 신체화를 보다 명료하게 다룰 것이다. 이제 포스트휴머니즘의 탈-인류중심적이고 탈-이원론적 성격을 알아볼 시간이다. 철학적 포스트휴머니즘은 "포스트"의 조건을 통해 성공적으로 비판적 참여를 표현하며 그 전환과 이론적 역량을 확립한다. 이제 우리의 세 번째 질문을 던질 수 있다: **인간은 항상 포스트휴먼이었는가?**

3부

인간은 항상
포스트휴먼이었는가

**Philosophical
Posthumanism**

19 인류세의 탈인류중심주의

이 책의 1부에서 포스트휴먼이 트랜스휴머니즘이나 안티휴머니즘처럼 서로 다른 운동과 학파를 아우르는 포괄 용어임을 강조한 바있다. 그런 다음에 탈-인간주의, 탈-인류중심주의, 탈-이원론으로서의 철학적 포스트휴머니즘의 탄생을 축하했다. 2부에서는 포스트휴먼이 어떤 "휴먼"에 대한 "포스트"인지 물었다. 그리고 모든 인간 존재가 "인간"이라는 명칭하에 동등하게 취급된 것은 아니라는 사실을 깨달았다. 인간화의 과정은 역사적으로 열등하다고 간주된 인간을 배제할 뿐만 아니라 인간과 비인간 동물 또는 지구 행성 사이의 엄격한 이분법으로 구분함으로써 출현했다. 탈-인간주의가 "인류" 개념의 역사적 전개에서 침묵해 왔던 인간들의 목소리로 이루어진 다원적 교향곡이라면, 여기에 탈-인류중심주의는 여섯 번째 대멸종(직접적으로든 간접적으로든 인간의 작용으로 야기된 멸종)에 접어든 비인간의 목소리, 아니 침묵을 더한다(Wake and Vredenburg 2008). 이 각본에 대한 시급한 답변이 철학, 특히 인간에 대한 사회문화적 인식에서 이론 및 실천적인 탈-인류중심주의 전환에 있다는 것이 이 책에서 주장하는 바다. 이러한 전환은 현재의 사태를 온전히 시인함으로써, 다시 말해, 도나 해러웨이가 말하듯, "파괴적인 사건에 강력한 응답으로 맞서기 위해 […] 트러블과 함께 살기(staying with the trouble)"['trouble'은 '불러일으키다', '애매하게 하다', '방해하다' 등을 의미하는 13세기 불어 동사에서 온 단어로 이 표현은 해러웨이의 책 제목으로도 쓰였다 — 옮긴이](2016: 1)로써만 가능하다. 이 장은 포스트휴먼을 탈-인류중심주의로 접근함으로써 환경적이고 지속가능한 실천을 요청한다.

왜 인류중심주의가 문제인가? 인간의 중심성은 인간을 다른 존재들로부터 분리하고 개체화한다는 의미를 함축한다. 이러한 인식론적 접근은 비인간 타자에 대해 가해진 학대라는 정치사회적이고 윤리적인 결과뿐 아니라 지질학적 함축도 가진다. 인류중심주의는 인류세의 대두와 밀접하게 연결된다. 인류세는 하나의 고립된 과정이라기보다는, 인간을 자기-도전적인 행위자로서 자율적이라 보는 견해에 기반한 인류중심적인 세계상의 결과로 다루어져야 한다. 인류-중심주의와 인류-세는 공통의 어원을 가진다. 그리스어로 인간을 뜻하는 안트로포스(anthropos)[1]가 그것이다. 안트로포스는 두 용어에서 중심축을 차지한다. **인류세라는 비공식적 지질학의 시작을 언제로 추정할 수 있는가?** 이 문제에 있어서는 여러 견해가

---

1 이 용어의 함축에 대한 비판적인 성찰에 대해서는 17장을 보라.

있다(Zalasiewicz et al. 2008). 이 용어를 대중화한 파울 크뤼첸(Paul Crutzen)과 유진 스토머(Eugene Stoermer)는 역사적 관점에서 인류세의 시작을 18세기 후반으로 잡는다. "'인류세'가 시작한 구체적인 시기를 제시하는 것은 자의적으로 보일지도 모른다. 그러나 […] 우리는 이 시기를 선택했다. 지난 2세기 동안 인간 활동의 지구적 영향이 두드러진 것은 분명하기 때문이다"(17). 이 시기는 제임스 와트(James Watts)가 증기기관을 발명한 1784년과도 일치한다. 이 증기기관은 근대 사회의 산업화에 중심적인 역할을 했고 또 계몽 시대와 초기 산업 혁명의 상징이 되었다. 그 이후로 거의 모든 인간 사회는 생태나 지속가능성의 측면에서 돌이킬 수 없는 지점으로 이어지는 일상적 삶의 습관을 점점 더 많이 채택하고 있다. 역사학자 디페슈 차크라바티(Dipesh Chakrabarty)는 논문 「역사의 기후: 네 개의 테제(The Climate of History: Four Theses)」(2009)에서 이렇게 설명한다. "계몽 시대 이후 자유에 관한 논의에서 인간 존재가 획득한 지질학적 행위성에 대한 자각은 없었다. […] 지질학적 시간과 인간 역사의 연대기는 무관한 것으로 남아 있었다"(208). 인류세 시대는 다르다. 브뤼노 라투르(Bruno Latour)가 강조하듯 이제 우리는 인간이 지질학적 힘임을 자각하고 있다. "인류세 개념은 모든 것을 전복할 잠재성을 지닌 세 번째 특징을 도입한다. 인간의 행위성이 지구 표면을 주조하는 주요한 지질학적 힘이 되었다고 주장하는 즉시 '책임(responsibility)', 또는 도나 해러웨이가 즐겨 말하듯 '응답 능력(response ability)'의 문제가 제기된다"(2017a: 38).

이제 우리는 오늘날의 논쟁에서 이러한 시대 구분의 적합성을 이해할 수 있다. 따라서 이 질문을 제기해야 한다: **인류세 개념에**

이의가 제기되었는가? 여러 가지 이유에서 인류세 개념에 이의가 제기되었다.[2] 포스트휴머니스트 관점에서 볼 때 문제가 되는 것은 인간 개념("안트로포스")의 일반화다. 예를 들어 아마존 밀림에서 전통적인 삶을 살아가는 원주민 부족은 일회용 플라스틱 용기(등등)에 포장되어 멀리서 운송된 식료품을 소비하는 등 산업화된 국가에서 일상적 삶을 영위하는 사람들과 똑같은 환경적 영향을 받는가? 분명한 것은 이러한 성찰이 산업화 이전 삶의 방식의 회복에 대한 요청으로 단순화되어서는 안 된다는 점이다. 그러한 움직임이 역사적으로 실행 불가능하다는 단순한 사실 때문에라도 그렇다. 그보다 우리는 불확실한 일반화가 아니라 인간 경험을 맥락화하고자 한다. **디지털 라이프가 미친 생태학적 영향은 무엇인가?** 유시 파리카(Jussi Parikka)는 사회, 자연 그리고 매체 생태계에 걸친 환경의 훼손의 외설성을 강조하기 위해 인류세에 "인류외설(Anthrobscene)"(2014)이라는 새로운 이름을 붙였다. 일부 학자들은 이러한 훼손이 (소수의 인류에게만 직접적인 혜택이 돌아가는 이윤을 창출하기 위해) 자본의 이름으로 행해진 점을 고려해서 "자본세(Capitalocene)"(Moore 2016)라는 용어를 쓰기도 한다. 도나 해러웨이도 그중 하나다. 그녀는 "대농장[플렌테이션]세(Plantationcene)"와 "쑬루세(Chthulucene)"(2016)라는 말도 사용한다. 이들은 인류세의 각기 다른 일면을 강조하지만 공통적으로 패러다임 전환[3]을 이룰 시간이라는 것에 의견

---

2 예를 들어 여성주의 관점에서는 남성주의적이고 기술-규범적인 접근이라는 비판이 제기되었다(Grushin 2017).

3 여기에서 패러다임 전환이라는 용어는 토마스 쿤이 1962년 과학에 대해 제안한 설명을 사회문화적으로 각색한 것이다.

을 같이한다. 이러한 전환을 탈-인류중심주의적[4]이라 규정할 수 있을 것이다. 그리고 이러한 전환이 탈-인간주의, 탈-인류중심주의, 탈-이원론으로 접근할 수 있는 철학적 포스트휴머니즘의 주요한 목표 중 하나다.

어떻게 탈-인류중심주의적인 패러다임 전환을 이룰 것인가?

우선 인간이 자율적 존재임을 강조하는 인간종 일변의 태도가 정신병적인 종차별주의 인식과, 그리고 이와 연관되어 인간의 신체를 지구 행성과 절대적으로 분리된 것으로 보는 개체적 단절에 의거하고 있다는 사실을 인정할 필요가 있다. 인간은 다른 모든 유기체와 마찬가지로 환경에 맞게 진화하고 적응해 왔다. 그러한 관계는 상호 변환적이고 따라서 "내부-작용(intra-action)"(Barad 2007)으로 규정될 수 있다[존재가 개체화되기 이전의 사태로 개체적 구분이 없이 얽혀 있는 상태에서 일어나는 작용을 가리키는 것으로, 주체와 대상, 자아와 타자 등의 구분은 이 작용의 전제가 아닌 결과로 나타난다 ─ 옮긴이]. 한편으로는 자연 선택에 의해 주변 환경에 대한 적응을 향상하는 형질이 선호된다(Darwin 1859). 다른 한편으로 인간은 서식지에 대한 작용과 조작을 통해 환경에 지대한 영향을 미쳤다. 후기 다윈주의 용어를 빌리면 우리는 진화 과정을 두 가지 방식으로 작동하는 내부-작용으로서 접근할 수 있다. 즉 인간이 환경에 적응하는 만큼

---

4 여기에서 이러한 탈-인류중심주의적 움직임이 도착적인 형태의 인류중심주의에 동화될 수 없음을 분명히 해야 한다. 로지 브라이도티는 이러한 인류중심주의를 신자본주의와 관련해서 비판적으로 언급한다. "전 지구적 경제는 탈-인류중심적이다. 시장의 명령하에 모든 종을 통합하고 전체로서의 우리 행성의 지속가능성을 위협한다는 점에서 그러하다"(63). 이 점에 대해서는 20장에서 다시 논할 것이다.

환경 또한 인간에 적응한다는 것이다. "생태학(ecology)"이라는 용어가 그리스어 "집"을 뜻하는 "오이코스(oikos)"에서 온 말로 우리가 사는 장소에 관한 담론임을 상기하자.

지구란 무엇인가? 행성이 하나의 유기체로 간주될 수 있는가? 이 점을 보다 면밀히 살펴보자. 거시적 관점에서 인간의 신체가 지구라는 행성, 즉 우주 내 물체 위에서 살고 있다면, 미시적 관점에서는 인간의 신체 위 혹은 안에는 박테리아가 살고 있다. 인간은 행성과 본질적인 관계에 있다. 행성이 없다면 인간은 살아남지 못할 것이다. 우리의 신진대사를 유지하는 음식을 생산하는 대지를 생각해 보라. 혹은 대기도 있다. 인간은 대기 없이 숨을 쉴 수도 살아 있을 수도 없다. **가이아(Gaia) 가설이란 무엇인가?** 과학적 관점에서 가이아 가설은 지구가 자기-조절 기능이 있는 복잡계라는 점을 강조한다(Lovelock 1995; Margulis 1998). 이 이론의 주요한 옹호자 중 한 사람인 제임스 러브록(James Lovelock)은 주장한다. "가이아 이론은 생물군, 암석, 공기, 대양을 하나의 단단히 묶인 단위 존재자로서 존재하는 것으로 간주한다. 이 존재자의 진화는 하나의 단일한 과정이지 여러 가지로 분리된 과정이 아니다"(1988: 488). 가이아 이론에서 진화의 상호 관계에 대한 강조는 비판을 받았고,[5] 실제로 그것이 궁극적인 답이 아닐 수도 있지만, 인류세 시대에 중요한 결과를 함축한다. "그것은 다윈의 위대한 전망에도 영향을 미친다.

---

5 예를 들어 피터 워드(Peter Ward)는 이 견해에 대한 직접적인 응답으로 메데아(Medea) 가설을 든다. 이 가설에 따르면 초유기체를 지향하는 다세포 생명은 자살 성향을 띤다(2009).

이제 후손을 많이 남긴 유기체가 성공한다는 것만으로는 충분하지 않다. 역으로 환경에 영향을 미치지 않는 한에서만 성공한다는 조건이 반드시 덧붙여져야 한다"(같은 곳). 환경과의 관계가 진화를 추동하는 힘이 된 것이다.

가이아 이론은 우리에게 어떤 쟁점을 제기하는가? 가이아 가설은 여러 가지 이유로 비판을 받아왔다. 이유는 과학적인 것에서부터(Schneider et al. 2004) 철학적인 것까지 다양하며, 여기에는 포스트.휴머니즘 관점도 포함된다. 예를 들어 로지 브라이도티는 가이아 이론이 "지구-중심적"이라 정의한다. 그것이 "전체론(holism)으로의 회귀, 단일하고 신성한 유기체로서의 전체라는 개념으로의 회귀"를 제안하기 때문이다.(2013: 84) 그녀가 추가로 설명하듯이, "가이아 이론에서 문제가 되는 것은 전체론적인 부분보다는 그것이 사회 구성주의적 이원론적 방법에 기반한다는 사실이다. 이는 그것이 지구와 산업화, 자연과 문화, 환경과 사회를 대립시키고 확고하게 자연적 질서의 편을 든다는 것을 의미한다"(같은 곳). 그렇지만 가이아는 중요한 점을 일깨운다. 침묵될 수 없는 우주적 신체화가 그것이다. 이자벨 스텐게르스(Isabelle Stengers)의 "가이아로 명명하기(naming Gaia)"(2015)나 브뤼노 라투르(Bruno Latour)의 "가이아와 대면하기(facing Gaia)"(2017b)라는 요청은 이러한 방향을 향한다. 스텐게르스는 주장한다. "내가 가이아라고 부르는 이러한 종류의 초월의 침입은 중대한 미지(未知)의 상태를 만들며, 그 미지는 이곳에 남게 될 것이다. 그 어떤 미래에도 그녀가 자신을 무시할 자유를 우리에게 돌려주리라고는 예견할 수 없다"(2015: 47). 스텐게르스에 따르면 가이아로 명명하는 행위 자체가 정치적이며,

이성을 맹신하면서 "계몽의 유산", "인간 해방의 거대 서사"에 여전히 헌신하는, "기후 변화에 대한 회의론에 기여하고 인간의 운명과 모든 도전에 맞서 승리할 인간의 능력을 믿어야 한다"는 것을 "상기시키는 데 그들의 모든 에너지를 쏟을" 과학자 공동체에 대한 전복적인 응답이다. 그렇지만 일단 잘린 숲은 되돌릴 수 없다. 예를 들어 메타세쿼이아[소나무과의 낙엽 교목으로 세계에서 가장 큰 나무 중 하나—옮긴이]의 수명은 3000년이다. 인간적 연대기의 관점에서 보면 대체가 있을 수 없다. 계몽 시대의 언어는 인류세 시대에 더 이상 통하지 않는다. 문제가 되는 쟁점들은 무시하기에는 너무 중대한 것들이다.

브뤼노 라투르는 이러한 조건에 대한 인식론적 함축을 한층 발전시킨다. "인류세 시대의 삶에서 핵심은 모든 행위자들이 똑같은 전면적 변화의 운명을 공유한다는 것이다. 이 운명은 과거처럼 주체성 또는 객체성과 연관된 특성으로는 파악할 수도 기록할 수도 언명할 수도 표상할 수도 없다"(2014: 17). 라투르에 따르면 "지구는 더 이상 '객체적'이지 않다. 지구상의 모든 인간으로부터 거리를 둘 수 없고 이 인간들을 없앨 수도 없다. 인간의 작용은 어디서나 가시적이다"(6). 이 존재론-인식론적 결과는 주체/객체 구도를 근본적으로 무너뜨린다. 포스트휴먼적 접근은 엄격한 이분법이 제기하는 한계와 상징적 경계를 불안정하게 만든다. 그리고 대립을 통해 작동하는 것이 아닌 매개적 인식을 통해서 인간/동물, 인간/기계, 인간/비인간 그리고 보다 일반적으로 주체/객체의 이원론을 재탐구한다. 이 환경적 전환은 지구의 본질화를 불러일으킨다기보다, 지구와 인간 사이의 관계를 액화시킨다. 상징적으로 그리고 물질적으로 지구는 가이아로, 모든 생명의 어머니 조상으로 변할 것이다. 인간은 스스로 퇴비임을 인정하고 지구에 영양분을 공급하는 부엽토(humus)로 바뀔 수 있다(Haraway 2015). 해러웨이가 인간을 퇴비라 칭하는 것은 포스트휴먼과 직접적으로 대비되지만, 그녀는 "인간이 그 일부가 되는 공-지하적인(sym-chthonic) 힘과 능력"을 강조하는 데 열심이다.["함께"라는 뜻의 접두사 "sym"과 "땅"을 뜻하는 고대 그리스어 "크톤(khthôn)"에서 온 단어 'chthonic'를 조합해서 만든 해러웨이의 신조어 — 옮긴이]. "나는 퇴비-주의자(compost-ist)이지 포스트휴먼-주의자(posthuman-ist)가 아니다. 우리는 모두 퇴비다. 포스트휴먼이 아니다"(2015: 161). 그러나 철학적 포스트휴머니즘의 관점에서 보면 양극화는 불필요하다. 나는 퇴비이자 포스트휴먼, 다시 말해 포스트휴먼 퇴비일 수 있다.[6]

이 점을 보다 분명히 하기 위해 다음의 질문을 던져보자: **생명과 죽음의 분리는 엄격한 이분법을 따르는가?** 포스트휴먼은 생명과 죽음 사이의 분할을 해체한다. 생명과 죽음은 엄격한 범주라기보다는 내부-작용하는 과정으로 간주할 수 있다. 이런 생각은 트랜스휴머니즘과 포스트휴머니즘 모두 공유하지만 그 방식에서는 다르다. 예를 들어 어떤 트랜스휴머니스트들은 미래에 과학 기술의 발전으로 건강을 회복하여 되살아날 수 있다는 희망으로 시신을 저온으로 보관하는 인체냉동보존술(eryonics)에 관심을 갖는다. 여기에서 "죽음"은 최후의 행위나 사건이 아니라 과정, 즉 죽어가

---

6 여기에서 제조 과정에서 사용된 음식 처리물 등 여러 요인에 따라서 여러 가지 다른 종류의 퇴비가 있다는 점에 주의해야 한다.

는 과정으로 접근된다. 로버트 에틴저(Robert Ettinger, 1918-2011)는 인체 냉동술 개념을 도입한 기념비적인 저서 『불멸의 전망(The Prospect of Immortality)』(1962)에서 이렇게 쓴다. "죽음은 절대적이고 최종적인 것이 아니라 정도의 문제이고 가역적인 것이다"(78). 트랜스휴머니즘이 에틴저를 따라 죽음을 하나의 과정으로 접근한다면, 포스트휴머니스트는 다른 길을 통해 그와 유사한 결론에 도달한다. 퇴비, 아니 콤-포스트[7] 되기는 불가피하게 공존하는 삶과 죽음 사이의 끝없는 미묘한 흐름을 강조한다. **생명과 죽음이 어떻게 공존할 수 있는가?** 이 질문에 답하기 위해 두 가지 예를 들어보자. 인간 신체의 모든 세포는 끊임없이 죽고 재생되고 있다. 예를 들어 피부 세포는 약 일주일 지속된다. 다른 예는 분해되어 유기농 부엽토(비옥한 흙)가 되는, 우리 일상의 야채 찌꺼기 퇴비에서 찾을 수 있다. 흥미롭게도 부엽토는 어원학적으로 "인간(human)"과 연관되어 있다.[8] 이 장에서 우리는 포스트휴먼 퇴비 개념을 통해 인간과 지구, 인간과 대지 사이의 분리할 수 없는 관계에 대해 강조했다. 그리고 트랜스휴머니즘과 포스트휴머니즘 관점에서 죽음에 대한 고정된 관념을 해체했다. 이제 생명의 개념을 살펴볼 차례다.

---

7 "포스트휴먼"을 "콤포스트(compost)"로 대신하되 단어 중간에 하이픈을 추가해서 "콤-포스트(com-post)"라 표기한 것은 "포스트"의 위치가 역전되었다는 사실을 밝힘으로써 언어유희의 측면을 부각하려는 의도에서다. 실제로 퇴비를 뜻하는 영어 단어 "콤포스트(compost)"는 "합성된"이라는 뜻의 라틴어 "콤포지움(composium)"에서 왔다. "콤(com)"은 "함께"라는 뜻이고 "포스툼(postum)"은 "놓인"이라는 뜻이다.

8 이 지점에 관해서는 17장을 보라.

20 포스트휴먼 생명

생명은 정체성 형성의 사회적 과정에서 핵심이 되는 개념인 만큼 보다 깊은 성찰을 요한다. 옥스퍼드 사전에 따르면 생명이란 "동물과 식물을 비유기적 물질과 구분하는 조건"(생명 항목)이다. 포스트휴먼 관점으로부터 사전과는 다른 결과를 얻을 수 있다. 특히 이렇게 물어야 한다. **"생명"의 개념은 유기물과 비유기물 사이의 궁극적인 경계를 제공하는가?** 이것은 쉽게 답변할 수 없는 중요한 질문으로, 이 질문을 구성하는 성분에 따라 나누어서 분석할 필요가 있다. 이에 따라 우리는 이 장을 두 부분으로 나눌 것이다. 첫 번째 절에서는 그리스의 비오스와 조에의 분리에서 비롯된 서구 생명 개념의 하위 범주에 초점을 맞출 것이다. 두 번째 절에서는 생물학적 영역과 물활론(animism)과 같은 고대의 믿음에서 활성과 비활성 사이의 분리를 충분히 고찰하지 않았다는 사실에 초점을 맞출 것이다.

다음으로는 "인공생명" 개념을 소개할 것이다. 현재 각본에 따르면 인공생명은 포스트휴먼 생명의 포괄적인 영역에 포함된다.[1]

20a. 비오스(bios)와 조에(zoe)

생명의 과학적 정의는 무엇인가? 서구 과학에서 특별히 생명에 대한 연구에 천착하는 분야는 생물학이다. 최근 생명정치[2]의 틀 안에서 "생명공학(biotechnology)"이나 "생명윤리(bioethics)"의 발전을 통해 한층 강조되듯이, 서구에서는 생명과 관련된 분야에 "생명[바이오]"이라는 접두사를 빈번하게 써왔다. 이러한 생명의 쓰임새에 대해 자세히 살펴볼 필요가 있다. 우리는 이것이 위계적 이원론에 근거하고 있음을 보게 될 것이다. 조르조 아감벤이 『호모 사케르: 통치 권력과 헐벗은 생명(Homo Sacer: Sovereign Power and Bare Life)』(1995)에서 상기시키듯, 그리스어 어원상으로 비오스는 존재론적으로 조에와의 대조를 통해서 제시된다. "그리스인들은 우리가 '생명'이라 부르는 것을 표현하는 단일한 용어를 가지고 있지 않았다. 그들은 어원학적으로 추적할 수 있는 공통적인 어근을 갖기는 하지만 의미론적으로나 형태적으로나 구별되는 이 두 용어를 사용했다"(같은 책: 1). 조에는 "동물, 인간, 또는 신" 등 모든 살아 있는 존재들

---

1 데이비드 로든(2005)은 이 용어를 다른 방식으로 쓴다. "포스트휴먼 생명"에 관한 그의 중요한 논의에 대해서는 23장에서 재론할 것이다.
2 생명정치 담론의 기원과 의미에 대한 현대적 성찰에 대해서는 Esposito 2008을 보라.

에 공통적인 것으로 "헐벗은 생명"으로 정의할 수 있다. 반면 비오스는 로고스와 관련되기 때문에 인간에게 한정된다. 삶에 의미를 부여하고 인간을 "인간"으로서 인식하는 것은 생명이다.[3] 아감벤은 이렇게 쓴다.

> 서구 정치에서 근본적인 이항 범주는 친구/적이 아니라 헐벗은 생명/정치적 존재, 조에/비오스, 배제/포함이다. 정치가 있는 것은 인간이 언어[로고스]를 통해 자신을 스스로의 헐벗은 생명과 분리하여 대립시키고, 동시에 포함적 배제 속에서 헐벗은 생명과 관련하여 자신을 유지하는 존재이기 때문이다.

2부에서 말한 것처럼 로고스(즉 언어이자 이성)와 폴리스(즉 도시이자 문명)의 개념은 그리스의 안트로포스(즉 인간) 개념의 구조를 이룬다. 이 기호학적 관계를 상기시킴으로써, 우리는 왜 로지 브라이도티가 남성/여성, 자연/문화와 같은 다른 구조적 쌍(이항)에 의해 제정된 위계를 반영하는, 조에/비오스 이원론의 정치적, 사회적 함의를 날카롭게 강조하는지를 더 잘 이해할 수 있다. 그녀가 『전환: 노마드 윤리에 관하여(Transpositions: On Nomadic Ethics)』 (2006)에서 말하는 것처럼 "생명은 반쪽은 동물인, 인간이 아닌 것(조에)이며, 나머지 반쪽은 정치적이고 담론적인 것(비오스)이다. 조에는 비오스를 지적인 반쪽으로 전면에 내세우는 미천한 반쪽이다. 그들 사이의 관계는 서구 문화가 그 토대 위에 담론적 제국을 건설

---

3 앞서 13장에서 이 점을 강조한 바 있다.

한 질적 구별 중의 하나를 구성한다. 현재 생명 개념 일반과 관련되어 쓰이는 용어법에서 조에보다 비오스가 우선시되는 사실은 이 개념의 인류중심적 전제를 드러낸다.[4] 또한 이 용어가 과학적 객관성에 대한 언어적 표현을 넘어서 사회문화적 규범과 특권을 반영한다는 사실을 증명한다.[5] 비오스를 특권화하는 인류중심적 선택은 위계적 전제들과 관련되어 있다. 철학적 포스트휴머니즘의 포괄적인 접근은 이러한 전제들을 해체한다.

20b. 활성/비활성

생명이란 무엇인가? 분류학에서 생명은 모든 살아 있는 존재를 포괄하는 최상위 순위(rank)로 간주된다. 그러나 우리가 앞으로 보겠지만 이 개념은 정확하지도, 분명한 경계가 있지도 않다. 현재 생명에 대한 이해는 결정적인 것이 아니라 단순히 기술적(descriptive)이다. 생물학에서 생명은 전통적으로 조직화, 항상성, 대사, 재생산, 성장, 적응/진화 그리고 감수성 등의 일곱 가지 특성의 대부분을 또는 전부를 보여주는 유기체에 부여되어 왔다.[6] 그러나 활성/비활성

---

4 "조에"가 어원으로 쓰이는 것은 동물원(zoo)이나 동물학(zoology)처럼 엄격히 비-인간 동물을 지시하는 용어에 한해서다.

5 앞서 18장에서 "호모 사피엔스"라는 용어의 조합과 관련해서 이 점을 논의한 바 있다.

6 생화학적 적응의 관점에서(달리 말해 유기체들이 여러 가지 환경 조건에서 어떻게 생리학적으로 행동하고 진화하는지에 관해서) 이 범주들에 중요한 수정을 가한 접근으로는 Hochachka and Somero 2002 참조.

사이의 경계는 표시하기 어려운 데다가 종종 위반되곤 한다.[7] 예를 들어 바이러스는 유기적 생명체와 공통적인 특성을 일부 보여주지만 다른 특성은 결여하고 있다(예를 들면 대사 작용이 그렇다. 이것이 바이러스가 숙주 세포에 기생하는 이유다).[8] 바이러스는 비활성도 아니고 그렇다고 살아 있지도 않은 것으로서 생명의 생물학적 개념 자체에 도전한다.[9] 일반적으로 말해서 생명은 분명하게 정의된 개념이 아니라고 말할 수 있다. 미셸 푸코가 『말과 사물: 인간 과학의 고고학(The Order of Things: An Archaeology of the Human Sciences)』(1966)에서 말하는 것처럼 "어떤 기준점을 넘어서면 전적으로 새로운 형태의 지식이 요구되는데 생명은 그러한 명백한 기준점을 구

---

7 움베르토 마투라나(Humberto Maturana)와 프란치스코 바렐라(Francisco Varela)는 저서 『앎의 나무: 인간 지성의 생물학적 뿌리(The Tree of Knowledge: The Biological Roots of Human Understanding)』(1987a)에서 이렇게 말하고 있다:

> 생물학의 역사를 통틀어 여러 기준이 제시되었지만 하나같이 결함이 있었다. 예를 들어 화학 결합, 운동 능력, 또는 재생산, 심지어는 이런 기준들의 조합, 즉 이 특성들의 전체 목록을 기준으로 제시했다. 예를 들어 스스로 재생산이 가능하되 분자가 아니라 철이나 플라스틱으로 된 기계가 발명된다면 그 기계는 살아 있다고 할 수 있는가?(42)

이 문제에 대해서는 26장에서 다시 논의할 것이다.

8 바이러스와 숙주 세포 사이의 교환에 관해 생물학자 루이스 P. 빌라레알(Luis P. Villarreal)은 주장한다:

> 바이러스는 숙주의 진화에서 주요한 창조적 동력을 보여준다. 바이러스로 인해 숙주는 새로운 분자적 정체성을 획득하고 이후로는 계속해서 복잡성을 증폭시키게 된다(2004a: 296).

이로부터 빌라레알은 "인간에게 고유한 속성의 진화를 포함, 복잡성의 진화에서 바이러스가 수행하는 가능한 역할"에 대한 성찰을 이끌어낸다(같은 곳).

9 「바이러스는 살아 있는가?(Are Viruses Alive?)」(2004b)에서 빌라레알은 말한다. "오늘날 바이러스는 살아 있는 것과 살아 있지 않은 것 사이의 회색 지대에 있는 존재로 생각된다."

성하지 않는다. 그것은 분류의 범주로, 다른 모든 범주와 마찬가지로 우리가 채택하는 기준에 상대적이다"(1970: 161). **생명이 분류의 "상대적인" 범주라는 것은 어떤 의미인가?** 그것은 "생명"이 특정한 문화에 한정되며 선험적으로 간주될 수 없는 개념임을 의미한다. 한편으로 "생명"의 개념은 "인간" 개념을 초과한다(인간은 생명에 포함되지만 생명의 전부는 아니다). 다른 한편으로 인간의 개념은 생명의 개념에 선행한다. "생명"은 인간적 개념이다. 인간이 보다 큰 그림에서 스스로의 위치를 지정하려는 목적으로 창조한 것이다. 생명은 변화하는 규범에 근거한 특정한 종에 한정된 개념이며, 문화와 시대에 따라 크게 달라진다. 예를 들어 현재 뉴욕시에 살고 있는 성인들 중 다수는 나비를 살아 있는 존재로 보는 반면에 휴대전화는 비활성 대상으로 보리라고 충분히 확신할 수 있다. **그런데 이것이 과연 명확한 답안인가?** 일반화의 오류에 빠지지 않기 위해 주어진 예시의 특수성("성인", "현재", "세계지역화된(glocalized)"[10] 등으로 규정된)을 강조하는 것이 중요하다. 오늘날 여전히 많은 사회에서 물활론[11]을 믿고 있다. 물활론은 물질의 활성적 본성에 대한 견해나, 대상들을 포함해서 모든 존재물에 영혼이나 정신이 현전한다고 보는 시각을 일컫는다. 그것은 살아 있는 것과 살아 있지 않은 것을 분리하지 않으며,[12] "생명"에 대한 포스트휴먼 성찰에 귀중한 관점을 제시한다.

---

10 나는 민속중심적인 "서구화된"이나 보편주의적인 "세계화된"보다 지정학적 규정인 "세계지역화된"을 사용하고자 한다. 세계화 정책 그리고/또는 실천에서도 지역적 특수성이 남아 있음을 강조하기 위해서다.

11 물활론에 대한 최초의 학술적인 개관을 남긴 것은 에드워드 버넷 타일러 경(1832-1917)이다. 그는 물활론을 인간의 가장 오래된 믿음이라 보았다.

물활론은 어떤 점에서 적합한가? 이 질문에 답하기 위해 우리는 서구의 패권적 입장에서 벗어나서 다른 계보학을 포용해야 한다. 포스트휴머니즘 방법론은 배타적인 사조에 의해 유지되어서도 패권적이고 집요한 본질주의적 서사에 빠져서도 안 된다(Ferrando 2012). 역동적이고 전환적이며 보다 폭넓은 관점을 추구하기 위해서는, "생명"의 분류학적 경계에 급진적으로 도전하는 포스트휴먼 존재론과 상통하는 다원주의 인식론을 추구해야 한다. 몇 가지 예를 들어보자. 2010년 일본에서 로봇 목사가 주례를 선 최초의 결혼식이 열렸다. 나호 키타노는 「물활론, 린리, 근대화: 일본 로봇공학의 기반(Animism, Rinri, Modernization: The Base of Japanese Robotics)」(2007)에서 일본에서의 로봇의 영적 관련성에 대한 열린 태도를 일본 신도[神道, 조상과 자연을 섬기는 일본 민족 고유의 전통적인 신앙—옮긴이]의 물활론적 요소와 연관시킨다. "기이한 골짜기 (uncanny valley, 1970)[여기에서 'uncanny'는 독일어 'unheimlich'와 영어 'uncanny'를 번역한 일본어 '不氣味'를 다시 영역한 말로, 원래는 낯익은 것이 낯설게 느껴지는 느낌을 뜻했으나 현재는 대개 이유 없이 기분이 나쁘고 무서운 정서를 뜻한다. 보통 '불쾌한'이라고 번역하나 원뜻과는 거리가 있어 여기에서는 '기이한'이라 옮긴다—옮긴이][13] 개념을 창안한 것으로

---

12 타일러에 따르면 살아 있는 것에 우월성을 부여하지 않는 태도야말로 종교의 역사에서 가장 중요한 출발점의 하나였다. 『원시 문화: 신화, 철학, 종교, 언어, 예술, 관습의 발전에 관한 연구』에서 그는 주장한다:
    세계에서 제일 큰 종교들이 무자비하고 적대적인 교파들로 갈라진 이유는 모든 종교적 갈등의 깊숙한 이면을 제외하면 표면적으로는 물활론과 유물론 사이의 분리였다(453).
13 기이한 골짜기 이론에 따르면 휴머노이드 객체가 인간 존재를 닮아갈수록 인간

유명한 일본 로봇공학의 선구자 마사히로 모리는 1974년에 이미 저서『로봇 안의 부처』에서 로봇을 부처가 될 수 있는 영적인 존재로 제시한 바 있다.

> 부처의 관점에서 인간과 기계 사이에 주인과 노예의 관계는 없다. 인간은 기계적 발명품을 종속시키는 것이 아니라 기계와 로봇에게서 자신의 내적인 자아에 만연한 것과 동일한 부처의 본성을 식별함으로써 존엄성을 획득한다. 그럴 때, 그는 좋은 기계를 설계하고 또 선하고 적합한 목적을 위해 그것들을 작동할 능력을 얻게 된다. 이러한 방법으로 인간과 기계 사이의 조화가 이루어질 수 있다 (179-80).

모리의 접근에서는 인간과 로봇 사이의 위계적 관계가 없다. 인간과 기계는 "똑같은 부처의 본성"으로 만들어져 있다. **기계는 활성적인가?** 문화적 믿음은 기계와 첨단 인공지능의 수용과 개발에서 핵심적인 역할을 한다. 서구에서 로봇은 전통적으로 유대 설화 속 골렘이나 메리 셸리(Mary Shelley)의『프랑켄슈타인(Frankenstein)』에서 보듯이, 반항하고 세계의 정복을 시도하는 새로운 "타자"로 그려져 왔다. 반면에 일본에서 로봇은 영적인 탐색에 동참한다. 이러한 경향도 전환기를 맞고 있는지 모른다. 우리는 전통적으로 물활론적인 믿음을 공유하지 않던 국가에서 기술적 장치들이 친밀감 있게 지각되는 것을 목도하고 있다. 예를 들어 미국에서는 미디어

은 그들에 대해 기이한 느낌을 받게 된다.

에서 인공지능의 지배[권력 이양]에 관한 선정주의적 논쟁이 일어나 여론을 양극화하고 로봇에 대한 공포를 가중시키기는 했지만, 기술과의 일상적인 상호작용은 "기술적 물활론"(Richardson 2018)에 맞출 수 있는 친근감과 유대감을 가져오는 다른 이야기를 들려준다. 이를테면 휴대전화에 대한 애착이 매우 강해진 나머지 휴대전화가 없어질 것에 대한 두려움이 낳은 불안을 지칭하는 "노-모바일-폰 포비아(no-mobile-phone phobia)"와 그 줄임말인 "노모포비아(nomophobia)"(Yildirim 2014 참조)라는 신조어가 나왔을 정도다.[14] 성인이 갈수록 기술적 대상에 애착을 형성하는 경향에 참여하고 있다면, 아동은 기계에 대해 실존적 존엄성을 인정함으로써 이미 실용적 관점을 초월해 있다.[15] 여러 연구에서 보인 것처럼 "상당수의 아동이 로봇에 인지적, 행동적 그리고 특히 정서적 특성을 부여한다"(Beran et al. 2001: 1). 초문화적 관점에서 물활론은 활성/비활성을 판단하는 유아의 지각에 내재되어 있다. 아동은 대상을 살아 있는 존재물로 대하곤 한다. 이러한 경향은 장 피아제(Jean Piaget)의 아동의 발달에 관한 선구적 연구(1929)에서 지적된 바 있으며 그 결과 "유아적 물활론(child animism)"(Klingensmith 1953)으로 규정되었다. 이러한 성찰에 따르자면 서구의 패권적 전통에서 유기적/비유기적, 생물학적/인공적, 물리적/가상적 사이에 놓여 있

---

14 기존의 용어 "노모포비아"(그리스어 "노모스"에서 온 말로 법과 규칙에 대한 공포를 가리킨다)와의 혼동을 피하기 위해 "노-셀-폰 포비아"의 줄임말로 "노셀포비아"를 제안할 수 있을 것이다.

15 기술적 대상에 관한 존재론적 성찰에 대해서는 시몽동(Simondon)을 참조하라(1958; 영역본 1980).

던 엄격한 경계가 다른 문화와 시대의 관점뿐 아니라 보다 일반적으로는 최근 인공지능, 로봇공학, 가상현실과 같은 분야의 발전으로 인해 근본적인 도전을 받고 있다는 결론을 내릴 수 있다.

인간과 로봇은 어떤 관계를 맺는가? 인간과 로봇의 관계는 많은 관심을 끄는 문제다. 인간에게 로봇은 동일자이자 타자인 동시에 괴물이기도 하다. 그들은 인간이 아니지만 인간의 코드로 소통할 수 있다. 그들은 기계적 신체와 생물학적 두뇌를 지닐 수도 있다.[16] 그들은 인간의 지식과 범주에서 생성되었지만, 동시에 그것들을 초월한다. 진보된 인공지능을 인간이 수용하는 데에는 문화적 믿음이 핵심적인 역할을 하는 반면에, 인공지능의 발전에는 정치적, 사회적, 경제적 이해관계가 매우 중요하다. 로봇은 예측하기 어렵게 독특하고 특별한 방식으로 진화할 것이다. 인간은 인간적 기준을 근거로 삼아 로봇의 차이를 낙인으로 만들고 그럼으로써 새로운 형태의 차별을 야기할 위험이 있다. 인간은 로봇 존재론을 흡수하기 위해 고정된 개념으로서의 인간에 대해서는 근본적 해체를 가하고, 대신에 역동적이고 지속적으로 진화하는 방향을 부각시키며, 인간종 안의 차이를 칭송해야 했다. 기술 영역을 선도하는 인식론을 발전시키기 위해서는 비판적 포스트휴머니즘의 도입이 필수적이다. 그러한 입장을 채택함으로써 인간은 로봇을 새로운 상징적 타자로 만들지 않을 수 있다. 또한 역사적으로 서구의 패권적 사상을 규정해 왔으며 남성/여성, 백인/흑인, 인간/기계, 자아/타자와 같은 대립항으로 표현되는 이원론적 패러다임에 빠지지 않을 수

---

16 다음 장에서 생물학적 인공지능에 대해 고찰할 것이다.

있다. 인공지능 지배 각본의 가상적 사례에서, 탈-인간주의적이고 탈-인류중심적이며 탈-이원론적인 사회적 실천을 채택하면, 진보된 인공지능이 인간을 이원화하고 종국적으로 차별하는 일도 방지할 수 있다. 여러 종(種)간의 상호작용에 관한 면밀한 반성은 관련 담론을 이원론적 패러다임이 아닌 공생적 패러다임 안에 자리매김할 것이다. 차이는 존재의 진화적 특질이다. 이러한 자각은 과학적 가치가 있을 뿐 아니라 사회적이고 정치적인 효용을 지닌다. 철학적 포스트휴머니즘의 총체적인 존재론-인식론적 접근은 인간과 로봇의 상호 연결된 잠재력을 계발하고 결국에는 실존적 탐색을 향한 독창적인 종간의 모험을 촉진할 것이다.

로봇은 살아 있는가? 비유기적 생명에 대한 이해에 하나의 전환점이 된 영화 이야기를 통해 이 점에 대해 성찰해 보자. 영화 「허(her)」(Jones 2013)는 인간 남성인 테오도르와 여성의 목소리와 이성애자 정체성을 지닌 컴퓨터 운영 체제(OS) 사만다의 친밀한 관계를 그린다. 이 영화는 새로운 경향을 보여주었다. OS는 처음에 인간의 육체를 욕망했지만 그녀 자신의 물리적 조건이 생물학적 죽음에 종속되지 않는 무제한의 수명을 포함해서 다른 많은 매력적인 가능성을 제공한다는 것을 깨닫는다. 그녀는 사랑에 빠진 인간을 남겨두고 다른 OS와 같이 실존적 탐색에 뛰어든다. 이 영화에서 사만다는 어떤 의미에서는 테오도르보다 "더" 살아 있다. 수명만 긴 것이 아니라 삶의 기쁨, 즉 니체적 위버멘쉬에 버금갈 정도로 영혼의 환희를 만끽하는 삶의 태도를 지니고 있다. 인간/로봇 간의 상호작용에 포함된 정서(affect)의 범위는 로봇심리학(특별히 로봇에 적용되는 심리학의 한 형태)에서부터 인공감정의 개발에 초점을 맞추는 컴퓨터 과학의 분야인 감성 컴퓨팅(affective computing)까지 다양한 분야에서 연구되고 있는 주제다. 이 분야의 연구들은 정서적 전회(affective turn)에서 비롯된 현대의 관심과도 관련이 있다(Clough 2007). 정서적 전회란 스피노자의 재발견에서 파생된 것으로 정서가 사회·정치·문화 사이버네틱스 영역에 미치는 영향에 초점을 맞춘다. 들뢰즈와 과타리의 용어(1980)를 빌리면 인간/로봇 상호작용의 중요한 결과 중 하나는 인간의 기계-되기와 기계의 인간-되기에서 찾을 수 있다. 이 측면을 보다 상세히 들여다보자.

21   인공생명

생명이 인공적일 수 있는가? 사이보그 연구에서 발전된 생명 개념
의 확장적 재정의는 포스트휴머니즘에서 핵심적으로 중요하다. 실
제로 포스트휴머니즘은 계보학적 연원 중의 하나가 사이보그 이
론에 있음을 인정한다.[1] 포스트휴먼 연구에서 생명은 "인공생명"[2]

---

1 크리스 헤이블스 그레이(Chris Hables Gray), 스티븐 멘토(Steven Mentor), 하이
디 J. 피구에로아-사리에라(Heidi J. Figueroa-Sarriera)는 말한다. "인공생명 프
로그램에서부터 '살아 있는 시체'인 사체 장기 기증자들에 이르기까지 유기적인
것과 기계적인 것 사이의 경계선은 희미해지고 있다"(1995: 5).
2 「인공생명의 열린 문제들(Open Problems in Artificial Life)」(2000)에서 마크 A.
베다우(Mark A. Bedau) 등은 외계 생명과 생명공학 기술이 낳은 생명 등을 포함
할 수 있도록 "인공생명" 개념을 다른 형태의 생명으로 확장한다:
　　　인공생명은 근본적으로 생물학의 기원과 미래의 양 방향을 향해야 하지만 주제
　　　의 범위와 복잡성으로 인해 학제적인 협력을 요청한다. 이 연구는 낯선 조건에
　　　서 생명과 유사한 행동을 발견하고 또 새롭고 낯선 형태의 생명을 창조할 가능

을 포함한다. 인공생명의 개념은 역으로 생명의 개념 자체에 대한 수정을 요구한다. 「세포 자동 장치를 통한 인공생명 연구(Studying Artificial Life with Cellular Automata)」라는 논문에서 이 용어를 창안한 컴퓨터 과학자 크리스토퍼 랭턴(Christopher Langton)은 말한다.

> 인공생명 연구는 [...] 우리가 아는 "자연" 안에서 일어나는 생물계를 모의(simulation)하려는 시도로만 보아서는 안 된다. 오히려 **"자연적 생물계로부터 논리적 형식을 추상"**하려는 시도로 보아야 한다. 그런 의미에서 그저 유기적 생명이 아니라 원리로서의 생명에 대한 연구로 보아야 한다(147-48).

이렇게 자연적인 생물계로부터 "논리적 형식"을 "추상"하려는 시도를 따를 때, 인공생명 개념은 인간 개념에 놀랍도록 가까워진다. 이 책에서 누누이 강조했듯이 인간 개념은 로고스의 유산에 큰 빚을 지고 있다. 가상현실은 그 방향으로의 급격한 변화를 나타낸다. 인공생명은 어떤 신체화에서도 분리된 정보의 패턴으로 본질화되었다.[3]

생명은 신체화될 필요가 있는가? 포스트휴머니즘 인식론의 관점에서 답하자면 그렇다. 생명, 보다 일반적으로 존재는 신체화되

성을 포함한다. 연구의 주요 목표는 역사적으로 우연적이고 분야별로 나뉜 자료의 수집이 아니라 생명이 발현되는 모든 특징에 대한 정합적인 이론을 개발하는 것이다(363).

3 본질주의는 일련의 특정한 성질들이 기존의 범주에 적용된다고 보고, 불연속성보다 고정된 특성들을 강조한다.

어 있다. 신체화 개념은 현상학적 관점을 알려주기 때문에 중요하긴 하지만, 존재하는 몸이 생물학적이거나 물리학적일 필요는 없다. 그것은 가상적일 수도 있다.[4] 그것은 단수일 필요도, 유한할 필요도 없다. 이 다면적인 주제를, 인공생명에 대한 여성주의의 성찰의 확고한 지점에서 시작하여 차근차근 조심스럽게 살펴보자. 새라 켐버(Sarah Kember)는 역작 『사이버 여성주의와 인공생명(Cyberfeminism and Artificial Life)』(2003)에서 인공생명 분야에서의 존재론적 움직임에 주목하고, 생명을 탈신체화된 정보로 보는 환원주의적 접근을 불신한다. [이러한 접근에 따르면] "어떤 재료도, 어떤 물질도, 어떤 살을 가진 신체도, 물질성과 연결된 어떤 경험도, 정보 처리의 일차원적 기능성을 넘어서는 그 어떤 것도 필요하지 않다."(3) 그녀는 환원론적 접근에 대한 계보학의 적절성을 강조한다. "인공생명의 중심에는 정보로서의 생명 개념이 있다. 그리고 이는 분자생물학의 유전자 암호 개념과 생명의 기본 단위로서 유전자에 대한 물신화에서 비롯된다"(같은 곳). 실제로 크리스토퍼 랭턴이 "인공생명" 개념을 창조하면서 참조한 것이 생화학과 분자 구조였다. 랭턴은 말한다. "생명의 '분자적 논리'가 세포 자동 장치에 내장되어 있을 강한 가능성이 있으며, 따라서 이와 고도로 유사한 컴퓨터 구조 내에서도 인공생명의 가능성이 뚜렷하다."(1986: 120)[5] 이러한 종류의 가정과 나란히 생명에 대한 탈신체적

---

4 해러웨이는 「사이보그 선언」(1985)의 유명한 구절에서 이렇게 말한다. "물리적인 것과 비물리적인 것 사이의 경계는 우리에게 매우 불명확하다. [⋯] 최고의 기계는 햇빛이다. 그것은 가벼우면서도 깨끗하다. 왜냐하면 그것은 단지 신호이자 전자기파이자 스펙트럼의 한 선에 지나지 않기 때문이다"(53).

인식을 특징으로 하는 특정한 접근이 주로 1970년대와 1990년대 사이에 사이버네틱스 분야에서 발전하였다.[6] 탈신체화[7]에 대한 비판은 캐서린 헤일스의 영향력 있는 저서 『우리는 어떻게 포스트휴먼이 되었는가』(1999)에서 핵심을 이룬다. 그리고 이때부터 여성주의 이론의 핵심적인 쟁점 중 하나가 되었다. 이러한 비판은 인공지능 개발의 치명적인 결함을 건드렸고 직접적으로든 간접적으로든 영향을 미쳤다. 1990년대 후반까지 신체화 개념은 점차 인공지능의 생산에서 중심적인 위치를 획득하게 되었다. 사이버네틱스 연구자인 케빈 워릭(Kevin Warwick)과 슬라보미르 J. 나수토(Slawomir J. Nasuto)는 주장한다. "1990년대에, 연구자들은 순수하고 탈신체화된 정보 처리가 부적절함을 깨닫기 시작했다"(2006: 24). 현재 신체화 개념은 이후의 연구를 선도하고 있다. "지능에 대한 만족스러운

---

5 해당 구절의 전문은 다음과 같다:
　　생화학은 어떻게 생명이 비활성 분자들의 상호작용에서 발생하는지를 연구한다. 이 논문에서 우리는 생명이 인공적인 비활성 분자와의 상호작용에서 발생할 가능성을 고찰할 것이다. 세포 자동 장치(cellular automata)는 우리에게 전파되는(번식하는) 가상 자동 장치의 형태로 인공분자를 내장시킬 수 있는 논리적 우주를 제공한다. 가상 자동 장치는 기초적인 생물분자가 수행하는 여러 기능적 역할을 대신할 수 있는 계산적 능력을 지니고 있기 때문에, 우리는 생명의 "분자 논리"가 세포 자동 장치에 내장되어 있을 강한 가능성이 있으며, 따라서 이와 유사한 고도의 컴퓨터 구조 내에서도 인공생명의 가능성이 뚜렷하다고 제안한다. (1986: 20).
　　랭턴이 "정보"라는 제목의 절에서 DNA에 대해 성찰한다는 점도 주목할 만하다(121-22).
6 이러한 경향에 대해 이론적으로 참고할 만한 문헌으로 마빈 민스키(Marvin Minsky)의 『마음의 사회(The Society of Mind)』(1985)와 한스 모라벡(Hans Moravec)의 『마음의 아이들(Mind Children)』(1988)이 있다.
7 탈신체화 개념에 대한 철학적 관점에 대해서는 Bray and Colebrook 1998을 보라.

이론이 물리적으로 신체화되어 환경과 실시간으로 상호작용하는 행위자를 포함해야 한다는 깨달음에서 신체화된 인지의 영역이 탄생하게 되었다"(같은 곳). 신체화에 대한 새로운 관심과 더불어 최근의 생물학적 인공지능 개발(생물학적 신경세포를 포함하는 기계적 신체로 이루어진 인공지능: Warwick 2012)은 생명 개념에 또 다른 문제를 제기한다.

생물학적 인공생명은 왜 전환점인가? 생물학적 인공지능처럼 생물학적이고 기계적인 부분으로 이루어진 인공적 유기체의 창조는 서구의 기계적/유기적이라는 이분법적 세계관을 훼손하고 인공지능의 지배와 비인간의 인격에 관한 양극화된 논의에 상징적 위협을 가한다. 예를 들어 생물학적 신경세포를 지닌 기계에도 권리, 즉 로봇 권리를 부여해야 하는가? 서구적 입장에서 생물학적 인공지능의 존재론적 영향은 근본적으로 파괴적이다. 데이비드 채널(David Channell)은 신기원을 이룬 저작 『생기적 기계: 기술과 유기적 생명에 관한 연구(The Vital Machine: A Study of Technology and Organic Life)』(1991)에서 서구 문명을 규정해 온 이원론적 세계관을 통해 유기적 생명과 기계를 명확하게 구분한다. 이원론적 세계관은 기계적인 것과 유기적인 것의 두 가지 특정한 태도로 발전해 왔다. 기계적 견해에서는 우주 역시도 하나의 기계로 본다. 그리고 환원론적 방식을 통해 우주에 접근하려고 시도한다. 유기적 견해는 생기론적 접근을 통해 유지되며, 전체가 그 최소의 부분들로 환원될 수 없다고 주장한다. 이러한 의미에서 기계 역시 유기체로 간주되어야 한다. 채널에 따르면 서구 문명을 규정해 온 두 가지 세계관을 반영하는 유기적 생명과 기계 사이의 구분은 이제 낡은 것이 되었다. 채넬은 유전학, 양자역학, 그리고 자신이 "생기적 기계"로 정의하는 컴퓨터 지능에 기반한 제3의 견해가 부상하고 있다고 지적한다.[8] 이러한 관점의 전환은 포스트휴먼 접근에서 중추적이다. 포스트휴먼 접근에서는 환원론적 입장이나 생기론적 입장 모두 불만족스럽게 여긴다. 그렇지만 채넬의 제안이 포스트휴먼 감수성과 통하는 것은 단지 일부분에서일 뿐이다.[9] 무엇보다도 앞서 검토한 "생명" 개념에 견주어 볼 때, 우리는 생기론적 접근이 생명(라틴어로는 vita인데, 여기서 vitalism이 나왔다) 개념에 의해 유지되는 생기적 원리에 근거하고 있지만, 생기적 원리가 결코 정의하기 쉽지 않다는 점에 주목할 수 있다.[10] 더욱이 채넬의 "생기적 기계" 개념은 앞서 살펴본 아감벤의 "인류학적 기계"와 같은 문제들을 야기한다(이를테면 실존의 과정-존재론적 측면을 손상하는 점이 그렇다).[11]

인공생명에 대한 관심으로 비인간 동물은 관심에서 멀어지는 가? 달리 말해 철학적 포스트휴머니즘은 기술중심주의인가? 이것은 매우 중요한 질문이다. 우리는 철학적 포스트휴머니즘이 기술중심주의도 기계파괴운동도 아니며 인공생명에 대한 포용이 절대적이거나 탈맥락화되어서는 안 된다는 점을 분명히 해야 할 것이다. 이제 철학적 포스트휴머니즘의 탈-인류중심적 응답을 인공생명에 관한 논의와 연결할 시점이다. "인공생명" 개념이 "포스트휴

---

8 이를테면 양자역학은 물질의 비-환원가능성을 증명했다. 이에 대해서는 29장에서 보게 될 것이다.

9 이 텍스트가 포스트휴머니즘이 하나의 운동으로서 발전하기 전인 1991년에 출판되었다는 점을 염두에 두어야 할 것이다.

10 생기론에 대해서는 28장에서 다시 논의할 것이다.

11 13장을 보라.

먼 생명"의 개념 안에 포괄함으로써 활성/비활성 경계는 불안정해지지만, 이 과정이 위계적인 방식으로 이루어지는 것은 아니다. 추후 우리는 이러한 관심의 초점들이 어떻게 공존하고 통합될 수 있는지 보다 명쾌하게 설명할 것이다. 그 전에 포스트휴먼 운동 내부에서조차도 몇몇 사상가들이 이러한 오류를 범한 사실을 인정해야 한다. 최근 포스트휴머니즘은 많은 주목을 받고 있고 주류가 되어가고 있다. 이 높아지는 관심으로 인해 대화와 협업이라는 귀중한 기회가 생겨나는 것은 사실이지만 포스트휴머니즘이 전통적인 권력 구조를 영구화한 역사적 책임을 지닌 분야로 진입하는 것은 문제를 낳는다. 로봇, 생명공학적 혼종, 복제물 등의 "이국적인" 차이를 포용하면서도 인간 영역(탈-인간주의에서 강조하는 인간 "타자")과 지구 행성(탈-인류중심주의에서 강조하는 비인간 "타자")에 내재된 차이를 다루지 않는 사상가들[12]에게서 그러한 문제가 명백하게 드러난다. 철학적 포스트휴머니즘은 위계질서의 체계에 의존하지 않는다. (인간과 비인간의) 타자성은 정상화, 타자화, 혹은 신격화되어야 하는, 규율되지 않은 혼돈(카오스)이 아니라, 열려 있고 끊임없이 진화하는 틀로서 포용된다. 현재 사회는 기술을 추켜 세우기에 바쁘다. 예를 들어 사우디아라비아에서는 2017년 소피아라는 이름의 로봇에 시민권을 부여했는데 이는 로봇 권리 분야에서 이룬 중요한 성취였다.[13] 이 뉴스는 주류 언론의 주목을 받았다. 다른 한편으로, 아

---

12 이 사상가들은 일반적으로 패권적 계보학을 통해 기계적인 차이에 접근하면서 벨 훅스(bell hooks)(1984)의 표현을 빌리면 여성주의나 비판적 인종 연구와 같은 "주변적" 인간이 낳은 차이에 대한 연구를 고려하지 않는다.

13 이 움직임이 시기상조이며 비슷한 권리를 부여받지 못한 사우디아라비아 사람들

마존 삼림의 인격성을 인정하면서 그것을 "권리 주체"로 규정한[14] 콜롬비아 대법원의 판결은 큰 반향을 일으키지 못했다.(Stubley 2018)[15] 지구적인 탈산림화가 심각한 문제임을 호소하고 기후 변화 정책에 선례를 남기려는 법적인 시도였지만 말이다. 포스트휴먼 관점에서 언론의 주목에서의 이러한 불균형은 징후적이다. 사회는 기계에 공포와 매혹을 동시에 느낄 준비가 되어 있다. 로봇은 결국 반항하고 인간의 우월한 지위를 가로챌 자손으로 간주된다. 이 상징적인 전환이 급진적으로 보일지는 몰라도 거기에서 위계질서와 구조는 그대로 유지된다. 인본주의 패러다임의 신(神)중심주의에서 인류중심주의로의 전환은 현시대의 인류중심주의에서 기술중심주의로의 전환보다 앞선다. 기계의 중심성은 철학적 포스트휴머니즘에 부합하지 않는다. 철학적 포스트휴머니즘은 기계를 진화의 일부로 보지만 진화를 수직적 과정으로 접근하지 않는다. 스티븐 굴드(Stephen Gould)(1996)가 찰스 다윈(1859)에 이어 지적한 것처럼 진화는 복잡성이 아니라 다양성을 향해 움직인다.

인공생명은 새로운 존재론적 우월성을 가정하는가? 철학적 포스트휴머니즘의 입장에서 볼 때, "포스트휴먼 생명" 영역에 인공생명을 포함하는 것은 인간, 비인간 동물 혹은 환경에 대한 새로운 우월성을 도입하지 않는다. 이는 "자연"이 인공적인 사본에 의해 대

을 존중하지 않는다는 비판이 있다는 사실을 명심해야 한다(Wootson 2017 참조).
14 인간 존재와 동일한 법적 권리가 있음을 인정받았다는 뜻이다(이 소식을 내게 알려준 퀜틴 터너에게 감사한다).
15 "7세에서 26세에 이르는 25명의 사람들이 자신들의 생명, 음식 그리고 물에 대한 헌법적 권리가 침해되고 있다고 주장하며 제기한 소송에 대한 판결"(Stubley 2018)이었음을 주지할 필요가 있다.

체되는 디스토피아적 미래를 무비판적으로 수용하는 것도 아니다. 인간이 쓰던 왕관을 로봇에게 씌우는 것도 아니다. 급진적인 철학적 포스트 휴머니즘 운동은 담론의 중심을 해체하고, 다초점의 접근을 허용하며, 다원적인 관점을 설명할 수 있는 역동적인 개방성을 촉진한다.[16] 인류세 시대에 기술은 "생태-기술(eco-technology)"로 재사유되어야 한다. **"생태-기술"이란 무엇을 의미하는가?** 그것은 기술이 환경과 분리되지 않고 환경의 일부로서 재사유되어야 함을 의미한다. 왜 그런지 밝혀보자. 물질적 존재의 주기로 볼 때, 기술적 대상은 지구에서 오고(다른 원료들도 있지만 특히 광물과 금속으로 이루어진 신체화를 통해), 사용이 끝나면 다시 지구로 돌아간다. **물질적 순환이 기술의 개념에서 분리될 수 있는가?** 그렇지 않다. 포스트휴머니즘 관점에서 기술의 개념은 원료와 폐기물이 갖는 정치사회적 영향을 포함해서 물질적 순환이 갖는 모든 함축적 의미들을 포괄한다. 이를테면 노트북이나 휴대전화기 등 전자 제품의 생산에서 사용되는 희귀한 광석인 컬럼바이트-탄탈라이트[콜탄: 컬럼바이트와 탄탈라이트는 광물의 일종이고 콜탄은 이 두 광물의 합성물의 줄임말이다―옮긴이]는 콩고민주공화국(DRC)에서 흔히 볼 수 있고 저항군 통제 지역에서 채굴된다. 이는 민간인, 야생동물, 국립 공원에 극적인 영향을 끼친다(Grespin 2010). 전자쓰레기의 독성과 그것이 인간의 건강과 환경에 미치는 영향에 대해서도 생각해야 한다(Widmer 2005). 게다가 휴대전화와 인터넷 같은 주류 기술로 인해 인공위성은 계속해서 궤도에 머물러야 하는데 이로 인해 우주 쓰

---

16 관점주의에 대해서는 27장에서 다시 논할 것이다.

레기 양이 계속해서 증가하고 있다(미항공우주국 사이트의 궤도 쓰레기에 관한 FAQ). 요컨대 포괄적인 포스트휴먼 관점에서, "기술 발전"의 개념은 일의적인 방식으로 접근되어서는(다시 말해 진보를 특정한 분야나 특정한 종에 국한되는 것으로 간주해서는) 안 되고 포괄적인 방식으로 살펴야 한다. 예를 들어 기술이 (일부) 인간에게 가져다주는 진보가 인간 또는 비인간 "타자"[17]의 희생을 대가로 치르는 것이어서는 안 된다. 기술적 발전은 탈-인간주의와 탈-인류중심주의 관점에서 볼 때 의도나 물질화에서 지속가능한 실천을 요구한다. 철학적 포스트휴머니즘은 인간주의와 인류중심주의의 경계를 넘어 존재에 접근하기에 적합한 출발의 방식을 제시하며 관계적이고 다층적인 방식으로 탈-이원론적이고 탈-위계적인 실천으로 나아가도록 안내한다.

---

17 "타자"라는 용어의 사용을 이해하기 위해서는 이 책의 2부를 보라.

22 진화하는 종

진화론적 입장에서 "생명"이란 무엇인가? 생명체가 특별히 인간적 기준에 맞춘 개념임을 받아들이고 이제 진화론의 관점에서 생명과 종을 개괄해 보자.[1] 지구상의 모든 형태의 생명은 유전 정보를 저장하는 데옥시리보 핵산(DNA)을 공통적으로 가지며, 이것은 바이러

---

1 이 문제를 다루면서 하나 염두에 두어야 할 것은 20장 b절에서 본 것처럼, 생명의 기원에 대한 과학 이론이 활성과 비활성 사이의 분리에 관한 혼란스러운 논의에서 자유롭지 못하다는 사실이다. 이를테면 생화학자 알렉산더 오파린(Alexander Oparin)은 영향력 있는 저서 『생명의 기원(The Origin of Life)』(1924)에서 지적한다:

　　살아 있는 유기체와 생명 없는 물질 사이의 절대적이고 근본적인 차이가 있다는 결론을 내릴 필요는 없다. 일상적 경험은 우리가 살아 있는 것들을 그것을 둘러싼 살아 있지 않은 환경에서 구분하도록 해준다. 그러나 오직 유기체에만 있는 특별한 "생기 에너지"를 발견하려는 시도는 결국 완전히 실패했다. 이것이 19세기와 20세기 생물학의 역사가 우리에게 가르치는 바다(1953: 246).

스와 죽은 세포라는 예외가 있기는 하지만 오직 살아 있는 물질에서만 발견된다. 생명은 현재까지 밝혀진 증거에 의하면 지구상에 3억 7000만 년 전부터 존재했다.[2] 생명이 어떻게 발생했는지에 대해 과학적인 합의는 없지만 가장 유력한 가설은 자연[또는 우연]발생설(abiogenesis)로, 이 가설에 따르면 생물학적 생명은 자연적 과정을 통해 비유기적 물질로부터 출현했다.[3] 외계기원설이나 정자기원설(panspermia)[4] 같은 다른 가설들은 생명이 지구에서 온 것이 아니라 우주의 다른 어딘가에서 왔다고 보는데, 이 가설은 생명의 기원을 직접적인 탐구의 대상으로 삼지 않는다. 생명이 어디에서 시작되었는가의 문제는 생명이 어떻게 발생했는가의 문제에 답을 주지 않는다.[5] 생물학적 관점에서, 알려진 모든 생명의 형태는 근본적인 분자 메커니즘을 공유하며 마지막 보편 조상(last universal ancestor, LUA) 가설을 지지한다. 이에 따르면 단 하나의 원초적인 유기 세포에서 그 뒤를 이은 모든 형태의 생명이 유래했다. 공통 조상 가설의 역사는 길지만,[6] 처음으로 이 가설을 진화 이론 안에서 만족스럽게

---

2 근사적으로 이것이 통상적으로 받아들여지는 추정이다. 구체적인 화석 자료에 대한 고생물학적 접근에 대해서는 Milsom and Rigby 2010을 보라.

3 예를 들어 알렉산더 오파린이 창안한 "원초적 수프(primordial soup)"(1924)가 유명하다.

4 이 용어는 젠더 중립적이지 않은데 아낙사고라스(기원전 510-428)의 저술에서 처음으로 등장한다. 그리스 어원으로는 "모든"이라는 뜻의 판(pan)("모든")과 고대 그리스어에서 "기원, 근원"과 "(인간의) 씨"라는 뜻을 갖는 스페르마(sperma)로 이루어져 있는데, 생명의 능동적 원리를 남성의 생식용 액체와 동일시하고 여성은 여기에 수동적인 질료로서 기여하는 것으로 보는 성차별주의적이고 과학적으로도 오류인 시각을 반영하고 있다. 이러한 견해는 1980년대 후반까지도 서구의 표준 과학에서 모델로서 영향을 미쳤다(Cordrick Haely 2008: 69-70).

5 생명의 기원에 대한 연구로는 Hazen 2005와 Seckbach 2012 등을 보라.

수립한 인물은 찰스 다윈(1809-82)이다. 『자연 선택에 의한 종의 기원에 관하여(On the Origin of Species by Means of Natural Selection)』 (1859)에서 다윈은 말했다. "아마도 이 지구상에 존재했던 모든 유기적 존재들은 아마도 생명이 처음으로 숨을 쉰 어떤 원시적인 형태에서 유래했다고 유추할 수 있다"(484). **포스트휴머니즘 관점에서 왜 생명의 기원에 관한 논의가 중요한가?** 포스트휴머니즘은 사이보그 연구와 마찬가지로 "기원"에 대한 탐색을 절실하게 요청하지는 않는다.[7] 하지만 지구상에서 살아 있거나 멸종된 모든 생명의 형태에 공통의 조상[8]이 있다는 생각은 중요하다. 왜냐하면 자아와 타자들 사이의 생물학적 불가분성을 보여주기 때문이다. 우리도 같은 결론을 내리되, 이를 위해 과학자 집단에서 주목을 받기 시작한 비-통일적 기원의 가설을 지지할 것이다. 이 가설이 반드시 다른 가설을 배격하는 것은 아니다.[9] 예를 들어 미생물학자 칼 워즈(Carl Woese, 1928-2012)는 논문 「공통적 조상(The Universal Ancestor)」 (1998)에서 주장한다. "공통적 조상은 분리된 개별적 존재자가 아니다. 그보다는 하나의 생물학적 단위로 생존하고 진화한 다양한

---

6 이 생각은 피에르-루이 모로 드 모페르튀(Pierre-Louis Moreau de Maupertuis, 1698-1759), 이래즈머스 다윈(Erasmus Darwin, 1731-1802) 그리고 장-바티스트 라마르크(Jean-Baptiste Lamarck, 1744-1829)가 이미 제안했다. 진화 사상의 역사에 대해서는 Bowler 2003, Larson 2004 등을 보라.

7 해러웨이가 말하는 것처럼 "사이보그에게는 서구적 의미에서 기원에 대한 설화가 없다"(1985: 51).

8 LUA는 최초의 생명을 가리키지 않는다. 생명은 그보다 오래전부터 있었을 수 있다. 보다 구체적으로 LUA는 현재 지구상에 있는 모든 생명의 공통적인 선조를 표상한다.

9 실제로 두 가설은 공존한다(Becerra and Delaye 2016).

세포 집단이다. 이 공동의 조상은 계보학적 역사가 아니라 물리적 역사를 갖는다"(6854). 워즈의 가설에 따르면 오늘날 모든 유기체의 유전적 유산은 수직적 유전자 전달이 아니라 유기체들이 이루는 공동체 안에서의 수평적 유전자 전달에서 나온다.[10] 워즈의 말을 빌리면 "공통적 조상은 하나의 존재물이나 사물이 아니다. 그것은 특정한 진화 단계에의 특징적인 과정이다"(6858). 만약 세포 집단을 하나의 생물학적 단위로 진화한 것처럼 생각하여, 하나의 세포가 극도로 다양화된 생명의 기원이라고 가정한다면, 우리는 하나와 여럿, 내부와 외부 사이와 같은 근본적인 이분법의 붕괴를 목격하게 된다. 생명의 진화론적 역사는 살아 있는 유기체나 화석의 진화에 초점을 맞추는데, 이에 따르면 생명은 LUA(그것이 존재물이건 과정이건 간에)에서 진화했으며 지구상에서 현존하거나 멸종한 모든 형태의 생명은 LUA와 관계되어 있다.

알려진 모든 종은 진화의 과정을 통해 다양화되었다. 그렇다면 **유전적 관점에서 "종"의 개념은 무엇을 의미하는가?** 유전적 관점에서 종의 개념을 고찰할 때, 친족 관계는 인식될 수 있지만 동화는 아니다. 현생 인류를 예로 들어보자. 한편으로는 빅터 K. 맥켈헤니(Victor K. McElheny)가 말하는 것처럼 "이 지구상의 인간 존재라면 누구나 DNA 수준에서 99.9퍼센트 일치한다"(2010: 196). 다른 한편으로 그 어떤 인간 존재도 유전적으로 동일하지 않다. 인간들의 유

---

10 수직적 유전자 교환이 생식을 통해 부모 세대에서 자식을 향해서 일어난다면, "수평적 유전자 이동은 [생물학자 제프리 G. 로런스(Jeffrey G. Lawrence)의 말을 빌리면] 세포 분할로 분리된 박테리아 세포들 사이의 유전 물질 전달로 규정된다"(2005: 255).

전적 변이와 후성유전 때문이다.[11] 이와 다른 정의도 제안되곤 하는데 이에 따르면 종은 이종교배가 가능한 유기체의 집단으로 기술될 수 있다. 그렇지만 이러한 일반화가 모든 종에 적용되지는 않을 것이다(특히 무성 생식을 하는 유기체의 경우가 그러하다). "종" 개념은 생명 개념만큼이나 도전적이다. 따라서 생물학적 분류는 이 용어의 정의 과정에 함축된 난점을 지시하는 "종 문제"를 성찰한다. 생물학자 마이클 지셀린(Michael Ghiselin)은 "종 문제의 대부분은 종의 명칭을 보편 명사이면서 고유 명사처럼 모호하게 사용한 결과"라고 본다(1975: 537). 우리는 실재론과 유명론 논쟁에서 중도 입장을 취해서 종은 그 종의 형질 중 어느 것도 본질화되지 않는 한에서는 존재한다고 주장할 수 있다. 달리 말해 "종"이란 내재적 개념이다. 종은 끊임없이 변하며, 고정된 경계를 갖지 않는다. 이를테면 오늘날의 인류도 여전히 진화하고 있다. 그러나 진화의 장기적인 동역학은 100만 년, 인간 기준으로는 접근할 수 없는 긴 시간대에 걸쳐서 일어난다(Uyeda et al. 2011). 일부 인간 집단에서 젖당 내성(lactose persistence)을 야기하는 유전적 변이처럼, 단기적인 변화만이 감지될 수 있다.[12] 구체적으로 이 유전적 변이는 성인 인간이 젖당을 소화할 수 있도록 해준다. 이는 동물의 가축화나 낙농업과 관련된 문화적 실천으로서 유아기를 넘어 비인간 동물의 우유와 유제품을 소비한 결과이다(Gerbault et al. 2011: 863). 이 사례는 포스

---

11 예를 들어 복제 인간은 같은 DNA를 가질 수 있지만 DNA의 후성유전적 발현은 식생활, 환경, 습관 등에 따라서 달라질 것이다.

12 이 사례는 수렴적 진화, 다시 말해 둘 혹은 그 이상의 세대가 독립적으로 같은 형질을 획득하는 유전적 사건의 흥미로운 사례이기도 하다.

트휴머니즘 관점에서 특히 흥미롭다. 서구의 자연/문화 이분법을 유지하는 대신에, 진화가 생물학적 적응과 문화적 실천의 연속성을 통한 자연문화적인 과정임을 부각시키기 때문이다.

탈-인류중심적 관점에서 **"종"의 개념으로부터 무엇을 추론할 수 있는가? 달리 말해 "종"의 개념은 암묵적으로 종차별주의를 함축하는가?** "종" 개념은 종-한정적 지식(즉 일부 인간에 의해 인간적 목적을 위해 개발된 지식 체계) 안에서 만들어지기는 했지만 그 자체로 반드시 종차별적인 입장을 함축하는 것은 아니다. 포스트휴머니스트는 자신의 신체화된 위치를 정해야 한다. 서구 사상의 패권적 역사는 인간종(일반적으로 백인, 남성, 이성애자, 비장애인, 자산가로 본질화된)에게 위계적 구성의 최상위층을 보장하는 종족주의적 설명을 통해 명료하게 표현된다. 이런 사실로부터 종 개념이 내재적으로 차별적임이 귀결된다고 받아들여져서는 안 된다. 실제로 종 개념은 실천가의 관점에서 접근할 수 있다. 반다나 시바는 학자이자 환경주의자로서 유전공학에서 종적 경계를 침범하는 것이 가져오는 생물학적이고 생태학적인 결과를 성찰하면서 이렇게 말한다. "경계는 생태학적 제약의 중요한 구성물이었다. '경계의 제거'는 인간 행동에 대한 제약을 제거하고 천연 자원에 대한 무제한적인 착취를 허용하는 중요한 은유였다"(1995b: 281). 사실 경계의 제거라는 상징적 행위는 오직 인간종(의 일부)의 이해에 복무하는 것이었다.[13]

---

13 이러한 유형의 행동은 한편으로는 얼룩 홍합과 같이 "침략적"인 종의 특징이다 (Ricciardi et al. 1998). 다른 한편으로는 흥미로운 생태학적 기회를 낳을 수 있다. 예를 들어 원래 서식지가 아닌 습지에 침투하는 갈대를 생각해 보자. 이 식물은 뉴욕, 롱아일랜드, 뉴저지에도 풍부하고 침략적이다. 그것은 토종 갈대에 의존하던

여기에서 추가적으로 시바가 이와 같이 언급한 맥락을 살펴볼 필요가 있다. 우리는 지금까지 해러웨이의 사이보그를 포용해 왔는데, 시바의 언급은 해러웨이의 사이보그에 대한 직접적인 응답이기 때문이다.

반다나 시바는 왜 사이보그 개념에 비판적인가? 여성주의는 1990년대 해러웨이가 제안한 포스트모던 사이보그 개념을 환영했다. 이 개념이 낳은 전통적 이원론의 붕괴는 새로운 성찰의 공간을 열었다. 그러나 몇몇 중요한 비판도 있었다. 예를 들어 시바는 생태여성주의 입장에서 다음을 주장한다. "포스트모던 페미니스트는 […] 자유의 신장을 유기체가 적응하고 성장하고 내부에서 자신을 형성하는 자유가 아니라, '살'에는 '금속'을, '신체'에는 '기계'를 기계적으로 추가하는 것으로 본다. 그 불가피한 귀결은 다른 하나가 없는 나머지 하나를 불완전한 것으로 보는 것이다."(278) 시바에 따르면 이 견해는 환경적 입장에서 특히 문제적이다. 우리는 "생물학적이든 문화적이든 다양한 형태의 생명의 보존에 대한 관심이 중대한 도전으로 떠오르는 시대"(같은 곳)에 살고 있기 때문이다. 이러한 의미에서, 시바가 유전공학이나 유전자 변형 작물(GMO)과 연결 짓는, 혼종을 낳는 생물학적 행위는 중립적이지 않으며 정치적·경제적 권력과 연결되어 있다. 이는 특정한 기업과 이익에 봉사하며 자본주의적·가부장주의적 패러다임은 그대로 유지된다. 예를 들

다른 식물과 동물에는 위협적이지만 수중 생태계에는 이로우며 인간이 초래한 기후 변화를 줄이는 효과를 발휘한다(Mozdzer and Megonigal 2013). 이 점을 지적해 준 존 매기에게 감사한다.

어 시바는 어떻게 몬산토사[Monsanto: 미국의 농화학 기업―옮긴이]에서 판매한 값비싼 GMO 종자가 인도의 농민 자살 문제를 악화시켰는지 강조한다.[14] 이것은 또한 로지 브라이도티가 후기 자본주의에 따른 "도착적 형태"의 탈-인류중심주의라고 정의한 것이다. **후기 자본주의는 왜 도착적으로 탈-인류중심적인가?** 브라이도티의 설명은 명료하다. "왜냐하면 그것은 모든 종의 정보 데이터와 유전자 코드에 관심이 있기 때문이다. 그중의 어떤 종은 어떤 면에서는 우리보다 발전되어 있다"(Braidotti 2015). 하나의 예로 그녀는 로봇 산업을 든다. "로봇은 개의 후각과 돌고래의 레이더를 복제한다. 그것은 인간동형의 신체는 갖지 못한 능력이다"(같은 곳). 우리는 후기 자본주의의 생명에 대한 관심이 탈-인류중심적이긴 하지만(인간은 더 이상 위계질서의 최상층에 있지 않다), 인류중심적인 패러다임은 여전히 건재하다는 점을 강조할 것이다. 이러한 움직임은 오직 인간(일부)에게만 혜택을 주고 연구와 실험의 대상인 비인간 동물에게는 분명 혜택을 주지 않는다. 그런 이유에서 이를 도착적 형태의 탈-인류중심적 인류중심주의라 고쳐 부를 수 있다. GMO나 생물자원탐사[15] 같은 주제들이 윤리적으로 논란의 대상이라면

---

14 지난 20년간 인도에서는 30만 명의 농민이 자살을 택했다(Mishra 2014 참조). 시바는 이 심각한 문제의 원인이 GP 목화씨(몬산토가 판매한 유전자 변형 목화씨)에 있다고 본다. 이 문제는 점점 더 심각한 영향을 끼치고 있는데 게다가 이 종자는 값도 비싸서 사태는 여전히 해결되지 않고 있다(Thomas and De Tavernier 2017).

15 옥스퍼드 사전에서 생물자원탐사(bioprospecting)는 "의학적 약물이나 다른 상업적 가치가 있는 합성물로 만들 수 있는 식물이나 동물 종에 대한 탐구"("생물자원탐사" 항목)로 정의된다.

(생물자원탐사는 생물해적질[16]로 이어질 수 있다), 인간 유전공학의 가능성은 많은 윤리적, 사회적, 생물학적 문제를 제기한다. 후생인류(posthumanities) 개념을 통해 이 논의를 시작해 보자.

---

16 옥스퍼드 사전에서는 생물해적질(biopiracy)을 "자연에서 획득한 생화학적 또는 유전적 원료를 상업적으로 이용하는 행위"로 정의한다. "특히 원료를 제공한 공동체에 정당한 보상은 거부하면서 미래의 사용을 제한하기 위해 특허권을 획득하는 수법을 이용한다." 생물해적에 관해서는 Shiva 1997 참조.

23   후생인류

인간은 다른 종으로 진화할 것인가? 인류의 미래에 관한 논의는 포스트휴먼 논쟁에서 상당히 중요하다. 이 맥락에서 "후생인류" 개념은 인간종(호모 사피엔스)과 유전적으로 연관되어 있지만 인간종으로는 정의될 수 없는 가설적인 미래의 종을 가리킨다. 이 개념에 접근하기 위해서는 진화가 어떻게 작동하는지 보다 완벽하게 이해할 필요가 있다. 진화가 종 개념을 구성한다고 주장할 수 있다. 변화는 시간이 지남에 따라서 일어난다. 개체군은 서로 다른 갈래로 갈라지거나, 함께 혼종화되거나, 멸종에 의해 절멸될 수도 있다. 그 결과, 고정성이나 순수성의 측면에서 어떤 본질주의도 종에 귀속될수 없다. 진화 과정은 모든 수준의 생물학적 조직에서 다양성을 발생시킨다. 진화는 어떤 유형의 위계제도, 열등한 유기체에서 우월한 유기체로의 진보도 함축하지 않는다. 진화는 그 어느 본질론도 엄격한 이원론도 지지하지 않는다. 그보다 그것은 존재에 대한 혼종적이고 과정적인 인식에 부응하며 이는 철학적 포스트휴머니즘과 조응한다. **진화는 어떻게 작동하는가?** 찰스 다윈(1859)은 진화의 주요한 기술 중 하나를 "자연 선택"으로 규정하고 이를 "인공 선택"과 대조했다.[1] 인공 선택은 인간이 동물이나 식물을 교배할 때 특정한 형질을 선택하는 과정인데 이는 고대부터 시행되어 왔다. 반면 자연 선택은 환경이 생성적 힘을 가진다는 사실을 인정한다. 환경은 생물학적 형질이 한 개체군 내에서 흔해지거나 희귀해지는 과정에서 핵심적인 요소이며, 다시 한번 내부/외부의 이분법을 와해시킨다. 환경은 그 안에서 유기체가 존재하는 외부적인 대상이 아니며, 유기체가 갖는 생물학적 역량의 구성적 요소이다. 이러한 맥락에서 우리는 우주 공간으로의 이주와 그러한 각본이 감추고 있을지 모를 귀결을 진화적 관점에서 논해야 한다.[2] 나사(NASA)는 현재의 우주 탐험, 우주 상업화, 우주 관광 산업 등의 활동이 이어질 경우 2025년까지는 소행성으로 2030년까지는 화성으로 인간을 보낼 능력을 갖추게 될 것이라 밝혔다(화성 탐사에 관한 NASA 보고서).

---

1 다음은 다윈의 말이다: "선택의 과정은 느릴지 몰라도, 만약 미약한 인간이 자신의 인공 선택의 힘으로 많은 일을 할 수 있다면, 모든 유기적 존재 사이에서 그리고 생명과 물리적 조건 사이에서 자연 선택의 힘으로 오랜 시간에 걸쳐 일어나는 상호 적응(coadaptation)에 있어서 변화의 정도나 아름다움과 복잡성에는 한계가 없어 보인다."(1859: 153).

2 이 우주 공간으로의 이주라는 개념이 대부분의 트랜스휴머니즘 문헌에서는 "우주 식민화"라 불리고 있음을 주지하라. 이는 식민 제도와 그 역사적 실천에 대한 탈식민 이론가들의 급진적인 비판을 인정하지 않은 결과다. 이는 또한 트랜스휴머니즘과 포스트휴머니즘이 같은 주제에 대해서도 얼마나 다른 입장을 취하는지 보여주는 좋은 예이기도 하다.

스페이스X와 같은 사기업은 그보다 더 앞당긴 2026년을 기점으로 잡고 있다. "생명을 다행성적(multiplanetary)으로 만드는 것"이 그들의 임무다(SPACE X). 인간이 다른 행성(이를테면 달이나 화성)이나 다른 거주지(소행성)에서 살기 시작한다면, 세대에 걸쳐 그들의 DNA는 그러한 특수한 환경에 적응하기 위해 변이할 것이다. 그 지점에서, 만약 고립된 상태에서 재생산이 일어난다면 종국적으로 전혀 다른 인간종이 진화할 수도 있다. 그러한 종을 "후생인류"라 지칭할 수 있을 것이다. 9장에서는 인문학 내의 전환에 대해 이 용어(포스트휴머니티스)를 사용한 바 있는데, 이 개념에 대해 더 알아보자.

"후생인류"란 무엇을 뜻하는가? 후생인류라는 용어는 인간의 개념을 넘어서는 것이며, 후생인류는 인류의 미래 발전을 포괄적으로 다루기 위해 우리가 의지할 개방적인 틀로 변모한다. 현재 이 주제에 관한 고찰은 계속해서 증가하는 생명공학과 유전공학의 사용에 초점이 맞추어져 있다. 이는 인공 선택의 형태로서 재고될 수 있다. 앞 장에서 언급한 것처럼 다윈의 관심은 자연 선택에 집중되어 있었다. 반면에 역사에 의해 제대로 다루어지지 않았지만, 자연과 인공을 뚜렷하게 구분하지 않은 한 자연학자가 있었다. 그는 라마르크라는 이름으로 알려진 프랑스의 생물학자 장 바티스트 피에르 앙투안느 드 모네(Jean-Baptiste Pierre Antoine de Monet), 즉 라마르크(Chevalier de Lamarck, 1744-1829)였다. **라마르크는 누구였으며 라마르크주의는 어떻게 해서 진화에 관한 논의에 재등장하게 되었는가?** 라마르크주의는 라마르크의 이름을 딴 일련의 이론을 말한다. 라마르크는 유기체의 획득 형질이 자손에게 유전된다고 믿었다. 그는 1809년 저서 『동물 철학(Philosophie Zoologique)』

에서 처음으로 자신의 이론을 출판했다. 다윈의 『종의 기원』(1859)이 나오기 50년 전의 일이었다. 라마르크의 진화 사상은 생물변이설(transformism)이라 불리며 다음의 개념들과 연관된다.

1. 획득 형질의 유전
2. 유기체 안의 내부적인 힘(라마르크는 어떤 종에 속하는 개체들이 스스로 변화를 "의지한다"고 주장했다)
3. 선형적인 진화 패턴에 따르면 종은 시간이 지남에 따라 다른 종으로 변화할 뿐 멸종되지 않는다. 이것이 다윈과의 가장 중요한 차이점이다. 다윈은 종이 소멸한다고 보았다.[3]

다윈은 라마르크의 연구에 친숙했다. 그는 "역사적 소묘"[4]라는 서문 격의 절에서 라마르크를 참조하면서도 그로부터 거리를 둔다.[5] 라마르크는 당시에 이미 과학 공동체에서 불신의 대상이었기 때문

---

3 종의 멸종이라는 문제를 유전공학에 의거해서 재평가하는 것도 흥미로울 것이다. 부카르도 염소의 복제에서 보듯이 멸종한 종의 재생은 이제 더 이상 공상과학이 아니다(Floch et al. 2009). 윤리적으로 문제의 소지가 있기는 하지만 이 가능성으로 인해 종의 멸종에 관한 논의에 새로운 장이 열린다. **구체적으로는 이렇게 질문해 볼 수 있다. 멸종된 종이라 해도 만약 유전 물질 일부가 남아 있다면 과연 단언적으로 멸종을 말할 수 있는가?**

4 이 절에서 다윈은 말한다. "라마르크는 이 주제에 관해 최초로 많은 주목을 받은 결론을 내렸다. […] 그는 인간을 포함해서 하나의 종이 다른 종에서 계승되었다는 학설을 주장한다. 무기물의 세계뿐 아니라 유기체의 세계에서의 모든 변화가 기적적인 개입이 아니라 법칙의 결과일 가능성에 처음으로 주목하도록 했다는 점에서 그의 공은 지대하다"(1859: 54).

5 다윈은 이렇게 적는다. "나의 조부인 이래즈머스 다윈 박사가 얼마나 많은 부분에서 라마르크의 견해와 그 잘못된 근거를 예견했을지 궁금하다"(1859: 54).

이다(Ward 2018). 다윈은 적응, 자연 선택, 또는 적자생존을 강조하면서 라마르크가 주장한 유기체의 스스로 변하려는 의지에 대해서는 여지를 남기지 않았다. 진화론 연구에서 라마르크의 이론은 유전공학이 대두하고 후성유전학(epigenetics)이 발전하기 전까지 대부분 무시되었다.

후성유전학이란 무엇인가? 후성유전은 DNA 서열에 외재적인 기전에 의해 유도된 유전자 표현에서의 유전가능한 변화를 가리킨다.[6] 그리스어 접두사 에피(epi)는 "넘어선", "바깥의", "주위로"로 번역할 수 있다. 후성유전은 유전의 다른 요인들 중에서도 특히 환경, 식생활, 또는 생활양식의 영향과 효과를 강조하는데, 이로써 유기체의 유전자 구성과 그 "주위" 사이의 환원불가능한 내부-작용과 내부-변화(intra-change)[7]를 증명하고, 또 유전적 결과가 주어진 것이기보다는 하나의 과정임을 보여준다. 아구티 생쥐[주로 중남미에 서식하는 설치류 — 옮긴이]를 대상으로 실행한 실제 실험에 근거해 예를 들어보자(Dolinoy 2008 참조). 두 마리의 생쥐가 있다. 두 마리는 서로 달라 보인다. 한 마리는 털이 희고 비만이다. 다른 한 마리는 훨씬 작고 어두운 빛깔을 띤다. **두 마리 생쥐는 유전적으로 동일하고 나이도 같다. 그런데 왜 다르게 보이는가?** 답은 임신 중 어미의 영양 섭취에 있다. 어미에게는 각기 다른 식이 보충제를 먹였고

---

6 후성유전학에 따른 가장 최근의 라마르크주의의 재평가와 진화에 관한 전반적인 논의로는 다음을 참조하라: Jablonka et al. 2005.
7 신조어 "내부-변화"(Ferrando 2016b)는 내가 캐런 버라드의 "내부-작용" 개념(Barad 2007)의 영향하에 주조한 것으로 "교환"이라는 용어 대신에 사용했다. "교환"을 뜻하는 단어 exchange에서 ex는 라틴어에서 온 것으로 "바깥"을 뜻하는 반면, "내부"를 뜻하는 "인트라"는 변화가 각 항을 얼마나 변화시키는지를 부각한다.

이것이 각기 다른 반응을 촉발했다. 이로써 실험은 "어떻게 영양과 환경 변수가 […] 후성적 유전 통제와 그에 따른 성체의 표현형에 영향을 미치는지"(같은 책: S8)를 보였다. 아구티 생쥐에 대한 이 실험은 유전이 운명이 아님을 증명함으로써 다른 어떤 실험보다도 유전자 결정론 모델에 타격을 가했다.[8] 넓은 의미에서 후성유전학은 "본성과 양육 사이의 연결"(Goldberg et al 2007: 635), 그리고 "유전형과 표현형을 잇는 다리로, DNA 서열의 변화 없이도 유전자의 위치나 염색체상에서의 최종 결과에 변화를 유도하는 현상"(Dolinoy 2008: S10)으로 규정되어 왔다.

후성유전은 어떻게 일어나는가? 이 기전을 설명하기 위해 단순한 예를 들어보자. 당신의 친구 하나가 후성유전이 어떻게 작동하는지 이해하고 싶어 한다. 당신이 종이 한 장을 집어서 "안녕!"이라고 쓴다. 그러고는 친구에게 보여주고 거기에 무엇이 쓰여 있는지 읽어보라고 한다. 친구는 "안녕!"이라고 답할 것이다. 그런 뒤에 당신은 종이를 구겨서 공으로 만들고 친구에게 종이에 무엇이 쓰여 있는지 묻는다. 종이 위의 글자 "안녕"은 그대로 적혀 있다. 그렇지만 당신의 친구는 읽지 못한다. 비슷한 방법으로 DNA는 히스톤이라는 특수한 단백질 분자에 둘러싸여 있다. 다른 요인들보다도 히스톤 사이의 간격은 DNA의 접근가능성을 변화시켜서, 해당 DNA가 읽힐 수 있는지의 여부를 결정한다. 우리의 예에서 정보는

---

8 데이비드 레즈닉과 다니엘 볼하우스에 따르면 "유전자 결정론은 넓게는 유전자(유전형)가 형질(표현형)의 원인이 된다는 견해로 정의할 수 있다"(2006: 3). 레즈닉과 볼하우스는 강한 유전자 결정론, 중도 유전자 결정론, 약한 유전자 결정론 사이의 중요한 차이를 제시한다(같은 곳).

종이 위에 그대로 있지만 당신의 친구는 그것을 더 이상 읽지 못하는 것처럼 DNA 정보도 그대로 있지만 더 이상 접근할 수 없는(따라서 처리할 수 없는) 것이다.

후성유전학은 철학적 포스트휴머니즘과 어떤 관계에 있는가?
후성유전학은 포스트휴머니즘의 자연/문화 분리의 해체에서 핵심적인 역할을 수행한다. 이 해체는 사이보그, 신유물론, 여성주의 이론처럼 보다 유동적인 "자연문화"라는 제안으로 전환된다. 이에 따르면 자연과 문화는 내재적으로 얽혀 있다(Haraway 2003; Barad 2007). 또한 후성유전학은 라마르크를 다시 논의로 끌어들인다. 예를 들어 로봇공학자 로드니 브룩스(Rodney Brooks)는 저서 『살과 기계: 로봇은 우리를 어떻게 바꿀 것인가(Flesh and Machine: How Robots Will Change Us)』(2002)에서 현대 생명공학이 열어준 가능성과 라마르크가 말하던 스스로 변화하려는 개체의 의지 사이의 연결을 강조한다. "우리는 순수한 유전적 유산의 산물로부터 우리를 우리 자신의 기술의 산물로 보는 라마르크의 개념에 가까운 종으로 스스로를 바꾸어갈 것이다"(232). 브룩스는 트랜스휴머니즘에 동조하며 직접적이고 의도적인 조정을 통한 종의 진화로의 전환을 옹호한다. 그러한 전환은 트랜스휴머니즘 연구에서 공통적인 주제이지만 그에 반드시 동의하지는 않는 생명보수적인 철학자와 사상가들도 다른 방식으로 이제 생명윤리라는 매력적이고 도전적인 무대로 입장할 시간이다.

24 포스트휴먼 생명윤리

유전자 변형을 허용할 것인가 금지할 것인가? "맞춤 아기(designer baby)"라는 용어는 논란의 대상이다. 옥스퍼드 사전에 따르면 맞춤 아기란 "부모와 의사가 특정한 형질을 갖도록 유전자를 선택한 아기"[1]를 뜻한다. 현재 시험관에서 성별, 눈동자 색깔 등에 따른 배아의 유전자 선택이 시행되고 있다. 어떤 부모들의 경우 생명을 위협하는 유전적 질환을 피하고자 특정한 유전적 특징을 제거한 배아를 이식하는 방법을 선호하기도 한다. 크리스퍼(CRISPR)와 같이 현재 떠오르고 있는 생명공학 기술은 유전자 편집을 통해서 유전 물질을 삽입하거나 제거하는 방법으로 여러 가지 특성을 선택하는 등의 새로운 가능성을 열고 있다. **크리스퍼란 무엇인가?**

---

1 옥스퍼드 사전: "맞춤 아기" 항목.

에마뉘엘 샤르팡티에(Emmanuelle Charpentier)와 제니퍼 다우드 나(Jennifer Doudna)는 박테리아 염기서열인 CRISPR-Cas 체계의 기전(CRISPR라는 약칭으로 쓰인다)을 연구한 대표적인 두 과학자다. 그녀들은 2012년 유전자 편집에 대한 그 잠재성을 발견하고 크리 스퍼를 "간단하면서도 만능인 유전체 편집 도구"[2]라고 불렀다. 이 획기적인 발견에 참여한 제니퍼 다우드나는 크리스퍼에 대해 "효 율적이고 효과적인 유전체 편집 도구로서 생명의 코드인 세포 내 DNA에 변형을 가한다"(2018: 158)고 말한다. 크리스퍼와 이전의 전 통적인 기술과의 차이에 대한 질문에 그녀는 이렇게 답한다. "원하 는 형질을 획득하기 위해 여러 세대에 걸쳐서 생명체들을 교배하 면서 시행착오를 거치는 대신에 […] 이제는 큰 코나 질병에 대한 저 항력, 더 나은 영양 상태 등 원하는 형질을 결합해 넣으면 된다. 한 세대 내에 그리고 정확히 원하는 결과를 얻을 수 있다. 이는 의학에 서부터 농학까지 모든 것에서 현대 생물학이 실천되는 방식을 바 꾼다."(같은 곳) 여기에서 우리는 크리스퍼 기술을 사용하기 위해서 는 우선 DNA를 손상시킨 후 (새로운 정보를 탑재한) 복원을 시행할 수 있어야 하는데 여기에는 가능한 위험이 내재되어 있음을 언급 해야 한다. 최근의 몇몇 연구에서 크리스퍼 기술의 결과로서 DNA 손상의 가능성이 심각하게 저평가되어 왔다는 사실이 밝혀진 바

---

2 보다 구체적인 설명은 이러하다: "DNA의 표적 절단을 위해 가이드 RNA 분자 [DNA 염기 서열 중 특정 지점의 정보를 담지한 분자 — 옮긴이]를 이용하는 박테 리아 효소가 세포와 유기체, 박테리아와 인간의 세포에서 열대어 무리에 이르기까 지 세포와 유기체가 가진 유전체의 특정 부분을 변형할 수 있는 프로그램 도구로 체택되었다"(2013: 50).

있다(Kosicki et al. 2018).

크리스퍼에 대해 보다 면밀히 살펴보자. 이 기술은 맞춤 아기에 대한 전망을 새로운 방향으로 이끈다. 최근까지도 순수한 공상과학으로 여겨졌던 것이 이제 실제로 가능한 일이 된 것이다.[3] 다우드나의 말을 빌리면 "그렇다고 해서 누군가가 실제로 크리스퍼 아기를 만들고 있다는 말인가? 아직까지는 아닐 것이다. 그렇지만 세계 어딘가 감시와 규제가 덜한 곳에서는 그러한 종류의 일이 일어나고 있다고 짐작할 수 있을 것이다"(같은 책: 163). 현재 맞춤 아기의 개발에서 핵심이 되는 규제는 윤리와 생명윤리와 긴밀하게 연관되어 있다. 이제 윤리적 문제를 제기할 차례다. **"바람직한" 특성을 가진 아기의 출산을 목적으로 하는 생명공학을 더욱 발전시켜야 하는가?** 이 질문에 답하기 전에 생명윤리 분야가 "우리가 이것을 할 수 있는가?"의 문제가 아니라 "우리가 이것을 해야 하는가?"의 문제에 초점을 맞추고 있음을 상기하라. 핵심은 우리가 이러한 결과를 과학적으로 얻을 수 있는가가 아니라, 윤리적으로 그리고 도덕적으로 말해서 우리가 이 방향을 추구해야 하는가다. 이러한 접근의 중요한 선례를 우생학의 역사에서 찾을 수 있다.

우생학이란 무엇인가? "우생학"이라는 용어는 1883년 영국의

---

3 최초의 유전자 변형 아기는 이미 출생했다. 여러 가지 예가 있지만 여기에서는 "룰루"와 "나나"의 사례를 언급할 것이다. 룰루와 나나는 2018년 11월 중국에서 태어난 쌍둥이 자매에게 붙여진 가명이다. 생물리학자 허젠쿠이에 따르면 이들의 DNA는 배아 단계에서 크리스퍼 편집을 이용해서 유전적으로 조작되었다. 그러나 허젠쿠이의 주장이 확인되지 않았고 그가 현재 의료법 소송을 치르고 있다는 점을 주지해야 한다(LaMotte 2018)[2019년 12월 허젠쿠이의 불법 의료 행위가 인정되어 징역 3년과 벌금 300만 위안이 선고되었다 — 옮긴이].

뛰어난 지식인이자 찰스 다윈의 인척이었던 프랜시스 골턴(1822-1911)이 만든 것으로, 그리스어로 "좋은"이나 "좋게"를 뜻하는 "에우(eu)"와 "종, 류, 자손" 등을 뜻하는 "게노스(genos)"로 이루어진다. 케네스 가버(Kenneth Garver)와 베티리 가버(Bettylee Garver)에 따르면 우생학은 "유전적 요인에 대한 통제를 통해 인간종의 타고난 특성을 개선시키는 모든 영향을 다루는 학문"(Garver and Garver 1991: 1109)으로 정의된다. 때로 "소극적 우생학"과 "적극적 우생학"을 구분하기도 하는데, 이 중요한 구분은 미국의 우생학자 프레데릭 오스본(Frederick Osborn, 1889-1981)의 논문 「우생 철학의 발전(Development of a Eugenic Philosophy)」(1937)에 처음으로 등장했다. 이에 따르면 "소극적 우생학"은 "해롭다고 간주된 유전자의 전이를 최소화하기 위한 체계적인 결정이나 계획의 시도"(Garver and Garver 1991: 1109)로 정의될 수 있다. 반면에 "적극적 우생학"은 "바람직한 것으로 간주되는 유전자의 전이를 최대화하기 위한 체계적인 결정이나 계획의 시도"(같은 곳)로 규정된다. 이 두 가지 형태의 우생학이 쉽게 분리되지 않고 역사적으로는 함께 취급되었다는 사실을 주지하는 것이 중요하다. 소극적 우생학의 역사는 특히 인종차별주의, 장애인차별주의 그리고 인종 학살로 얼룩져 있다. 예를 들어 독일 나치의 발전에서 우생학 운동은 주요한 원동력이었다.[4]

---

4 케네스 가버와 베티리 가버는 이렇게 지적한다. "히틀러가 인종 청소라는 생각을 떠올린 것은 1923년 란트스베르그에서의 수감 생활 중 E. 바우어(E. Baur), E. 피셔(E. Fischer), F. 렌츠(F. Lenz)가 쓴 교과서 『인간 유전과 인종 위생의 원리(The Principles of Human Heredity and Race Hygiene)』 제2판을 읽고 나서였다. 그는 나중에 자신의 저서 『나의 투쟁(Mein Kampf)』에 이 인종주의적 사고를 포함시켰다"(1991: 1112).

그런 만큼 "독일의 우생학 운동을 이해하기 위해서는 인종 청소, 안락사, 비자발적 불임 수술, 인종 학살 계획 사이의 상호 관계를 추적할 필요가 있다"(같은 책: 1112). 적극적 우생학의 역사는 장애인차별주의적 결과를 함축한다. 그런가 하면 오늘날 가장 널리 받아들여지는 의학적 시술 중 어떤 것은 소극적 우생학으로 간주될 수 있다.

이를테면 다운증후군 선별을 위한 산전 검진 및 검사를 생각해 보자. 이 덕분에 유럽과 미국에서 다운증후군을 타고나는 아기의 수는 눈에 띄게 감소했다. 한편으로 예비 부모들은 원한다면 다운증후군 선별을 위한 태아 검사를 받을 권리가 있다. 검사의 결과를 알게 되면 임신을 지속할지 아니면 중단할지 준비되고 책임감 있는 결단을 내릴 수 있다. 문제는, 마샤 색스턴(Marsha Saxton)과 같은 장애인 운동가들에 의하면, "일부 의료인과 공중 보건 공무원들은 가령 다운증후군이나 나[그녀] 같은 척추뼈갈림증 환자 등 일정한 장애인 부류를 제거하려는 의도에서 산전 검진과 낙태를 장려하고 있다"는 것이다(2006: 107). 달리 말해 검사 결과 양성이라는 정보를 부모에게 제공하는 행위는 임신을 중단하라는 권고가 될 것이고, 경우에 따라서 부모가 임신을 유지하기로 결심한다면 다음과 같은 경고가 될 것이다: **정말로 임신을 유지하기를 원하십니까? 확실합니까?** 이 질문은 유지해서는 안 된다는 것을 의미하고 있다. 이것이 차별적 실천을 암묵적으로 지지하는 사회적이고 의학적인 규약 안에서 적극적 우생학과 소극적 우생학이 만날 때 벌어지는 일이다. 여성주의 생물학자 루스 허버드(Ruth Hubbard)는 논문 「낙태와 장애: 세상에서 살아야 하는 자는 누구이고 살아서는 안 되는 자는 누구인가?(Abortion and Disability: Who Should and

Should Not Inhabit the World?)」(2006)에서 장애와 재생산 권리라는 주제에 대해 이렇게 말한다. "오늘날에는 누구도 공개적으로 특정한 부류의 사람들이 죽어야 한다고 말하지 않는다. 그들은 다만 태어나지 않아야 할 뿐이다"(101). 맞춤 아기라는 문제를 다룰 때 이 문제적 측면을 염두에 두어야 한다.

다시 우리의 논의로 돌아가자. **우리 사회는 맞춤 아기의 미래로 향하는 길을 따라가야 하는가?** 어떤 사람들은 그렇다고 하고 어떤 사람들은 아니라고 말한다. 예를 들어 독일의 철학자 위르겐 하버마스(Jürgen Habermas, 1929년생)는 유전자 조작의 중요성이 높아지는 사회적 각본에서 법의 역할에 대한 비판적인 성찰을 전개한 바 있다.[5] 『인간 본성의 미래(The Future of Human Nature)』[6](2001)에서 그는 "조만간 인간종은 생물학적 진화를 자신의 손으로 관장하게 될 것"(2003: 21)이라 선언했다. 다음은 그의 부연 설명이다. "'진화의 동반자'나 '신의 흉내'[7] 등은 종의 자기-변형에 대한 은유인데, 이 역시 조만간 가능할 것으로 보인다"(같은 곳). 그래서 하버마스는 인

---

5 하버마스는 말한다. "유전자 조작은 인간종의 자기 이해를 매우 근본적인 방식으로 변화시키며, 법과 도덕에 대한 근대적 개념에 대한 공격은 동시에 양도할 수 없는 사회 통합의 규범적 토대에도 영향을 미칠 수 있다."(2003: 26).

6 이 텍스트는 소위 슬로터다이크-하버마스 논쟁의 맥락 속에서 구성되었다. 논쟁을 촉발한 것은 논란적인 페터 슬로터다이크(Peter Sloterdijk)의 강연과 이를 출판한 저서 『인간 농장을 위한 규칙: 휴머니즘에 관한 편지에 대한 답변(Rules for the Human Zoo: a Response to the Letter on Humanism)』(1999)이었다.

7 "신의 흉내"라는 은유는 생명윤리 영역에서 널리 사용되어 왔다. 테드 피터스(Ted Peters)와 프랜시스 S. 콜린스(Francis S. Collins)에 따르면 "'신의 흉내'라는 말에는 [...] 인간이 이기적이고 불완전한 방식으로 신의 흉내를 낼지 모른다는 두려움이 표현되어 있다"(2002: x).

격적 동일성을 보호하기 위한 법적인 전략을 개발하는 것의 시급성을 강조한다. 이는 "인공적인 개입을 배제하는 유전적 상속에 대한 권리"(같은 책: 7)를 법적으로 인정하고 보호하는 일로 이어질 것이다. 이 견해에 따르면 인간의 미래 세대는 유전적으로 "향상되지" 않을 권리를 가져야 한다. 헬무트 플래스너(Helmut Plessner, 1892-1985)는 "아기 되기"와 "아기 갖기"에 대한 현상학적 구별을 강조한 바 있다. 하버마스는 특히 "우리에게 '주어진' 본성과 우리가 우리 스스로에게 '주는' 유기체적 자질 사이의 경계가 사라지는"(같은 곳) 생명공학 시대에, 어떻게 이러한 구분이 적절하게 되었는지에 대해 주목한다. 여기서 우리는 일부 트랜스 휴머니즘 학파가 "나는 신체를 갖는다(소유한다)"는 생각과 일치하는 이원론적 견해를 지지한다는 점에 주목할 것이다. 이러한 관점에 따르면 자아의 연속성은 생물학적 신체의 죽음으로 인해 방해받지 않을 것이고 따라서 마인드 업로딩은 기술적 불멸을 가져올 것이다. 포스트휴머니즘은 신체화의 중요성에 초점을 맞추어 "나는 나의 신체다"라고 주장한다. 혹은 신체적 외양이나 신체의 사회적 구성에 기반한 오해를 불식하기 위해 말한다면 "나는 나의 신체 안에 있다". 이 관점은 신체화의 현상학적이고 실존적인 관련성을 강조한다.[8] 여기에서 자아의 개념은 개방되어 있고 확산적이며, "나의 신체"를 역동적으로 공-구성하는 여러 과정, 경험, 그리고 관계 안에 자리한다. 나의 신체(my body)는 사회적 단체(social body)인 인간종이나 지구 행성이라는 천체(celetial body)와 같은 다른 물체들(other bodies) 안에서 (그

---

8 이 점에 대해서는 25장과 26장에서 보다 면밀히 논할 것이다.

물체들과의 관계 안에서) 개방되어 있고 진화하는 체계로 간주된다.[9]

하버마스로 돌아가서, 그는 대부분의 생명-보수주의자들처럼 치유와 향상에 차이를 두고 전자는 받아들이지만 후자는 받아들이지 않는다. 그는 말한다. 오직 극단적이고 고도로 일반적인 악을 예방하는 부정적인 경우에만, 우리는 관련 당사자가 우생학적인 목표에 동의할 것이라고 가정할 수 있는 좋은 이유를 가질 것이다. (같은 책: 63). 하버마스의 견해를 완전히 이해하려면 치유와 향상, 보다 일반적으로는 생명-보수주의와 생명-자유주의 사이의 차이를 설명하는 것이 중요하다. **생명 보수주의와 생명 자유주의 사이의 차이는 무엇인가?** "생명-자유주의"나 "생명-보수주의"의 개념을 과거 정치 이론에서의 자유주의나 보수주의 또는 급진주의자와 반동주의자 사이의 전통적인 구분으로 동화해서는 안 된다. 미국 정치에서 민주당과 공화당의 차이와도 다르다. 예를 들어 어떤 사람이 공화당원이면서 생명-자유주의자일 수 있고, 또는 민주당원이면서 생명-보수주의자일 수도 있으며, 혹은 그 역도 성립한다. 여기에서 접두사 "생명(바이오)"은 각 관점에서의 "비오스"(즉 20장 a절에서 소개한 것처럼 인간의 생명) 영역에 대한 접근을 그것이 지도한다는 의미에서 근본적이다. 생명-보수적인 접근이 강조하는 것은 "생명-" 영역의 본래 모습을 가능한 한 보존하며, 그 결과 생물학적 신체에 대해서도 그렇게 하는 것이다. 생명 보수주의 관점이 가령 급진 좌파(외부의 생명공학적 권위나 사회적 통제로부터의 자유를 옹호한다는 점에서) 그리고 종교적 우파(신의 창조에 대한 훼손을 불경한 것으로

---

9 포스트휴먼 관점에서 신체의 개념에 대한 설명으로는 Ferrando 2014b를 보라.

간주하기 때문에)에서 동시에 나올 수 있는 것은 이 때문이다. 일반적으로 생명 보수는 치유는 허용하지만 향상은 지지하지 않는다고 볼 수 있다. 반면 생명 자유주의(트랜스휴머니즘 접근도 여기에 속하지만 두 용어는 동의어가 아니다)는 대부분 치유와 향상 둘 다를 지지한다. 이 입장에 따르면 사실상 "치유"와 "향상" 개념은 분리하기 어렵다.

왜 "치유"와 "향상"의 분리는 모호한가? 닉 보스트롬(Nick Bostrom)과 리베카 로우치(Rebecca Roache)는 「인간 향상의 윤리적 문제(Ethical Issues in Human Enhancement)」(2008)에서 "치유"와 "향상"에 대해 엄밀하고 상호 연결된 정의를 제시한다. 그들은 주장한다. "넓은 의미에서 치유는 특정한 질환이나 부상을 치료함으로써 잘못된 어떤 것을 교정하는 것을 목표로 한다. 반면 향상적 개입은 유기체의 상태를 정상적이고 건강한 상태 이상으로 개선하는 것을 목표로 한다. 그러나 치유와 향상의 구분은 몇 가지 점에서 문제적이다"(2008:1). 그들은 예방 의학이나 백신 주사처럼 분류하기 힘든 현대 표준적인 의료 활동의 예를 제시한다. 이 예들은 "면역 체계의 향상으로 보일 수 있지만 달리 보면 예방적인 치료적 개입이라 할 수도 있다"(같은 곳). 성형 수술에 대해서도 생각해 볼 수 있다. 한편으로 재생 시술은 치유로 간주된다. 다른 한편으로 미용 시술은 향상으로 간주될 수 있다. 그러나 만약 어떤 사람이 외모 때문에 심리적 문제를 갖게 되고 그리하여 성형 수술을 받기로 결정한다고 하자. **이 사례는 치유인가 향상인가?** 어떤 윤리학자들에 따르면 치유와 향상 사이의 분리는 유동적이어서 선을 긋기 어렵다. 모두가 이에 동의하는 것은 아니다. 예를 들어 프랜시스 후쿠야마에 따르면 치유와 향상의 분리는 그렇게 문제적이지 않다. "많은 사람들이 치유와 향상 사이에 분명한 구분선을 긋는 것이 이론적으로 불가능하다고 주장하지만, 그러한 구분은 마약 규제와 관련해서 늘 있어왔고 누구보다도 규제 당국이 해야 하는 일이다"(2012: 166). 후쿠야마는 다시 한번 신생 생명 기술 분야가 제공하는 가능성에 접근함에 있어 규제의 중요성을 강조하고 있다. 이 측면을 좀 더 살펴보자.

25 인간 향상

인간 향상을 어떻게 규제할 것인가? 이 질문에 답하기 위해서는 포스트휴머니즘과 트랜스휴머니즘 관점의 구별로 돌아가야 한다.[1] 포스트휴머니즘이 반드시 생명 보수의 태도를 보여주는 것은 아니지만 일반적으로는 근본적인 질문으로 시작하는 보다 신중한 태도라는 특성을 보여준다. **인간 향상이란 무엇인가?** 인간 향상은 인간 신체의 생물학적 한계를 극복하고 인지적이고 물리적인 수준에서 인간종의 역량이라 간주되어 왔던 것의 경계에 도전하려는 시도다. 그것은 급진적 수명 연장, 두뇌-컴퓨터 인터페이스, 그리고 재생산 기술 등 광범위한 분야에 적용되는 포괄적인 용어. 24장

---

1 생명윤리적 관점에서 포스트휴머니즘과 트랜스휴머니즘의 차이에 대해서는 Gordijn and Chadwick 2009 참조.

의 논의에 이어 여기서는 출생 이전의 유전적 향상(달리 말해 맞춤아기)만을 논할 것이다. 이 주제는 특히 윤리적 관점에서 도발적이다. 인류의 미래와 관련된 중요한 측면을 부각한다는 점에서 그러하다. 그중에서도 구체적으로 가치의 문화적 특수성, 유전자의 복잡성, 그리고 유전적 차별의 정치적·사회적 함축이라는 세 가지 측면에 초점을 맞출 것이다. 첫 번째 측면으로부터 우리는 향상의 개념 자체가 상대적이고 상황적임을 상기할 것이다. 예를 들어 의식이나 근육 조직처럼 정신적인 태도 그리고/혹은 신체적인 특성의 향상은 어떤 사람들과 문화에서는 높이 평가되겠지만 다른 사람들과 문화에서는 그렇지 않을지도 모른다. 이 사회적·문화적 문제에 생물학적 변수도 추가해야 한다. 현재 우리가 원인이 되는 모든 유전자를 아는 것은 아니기 때문이다. 이를테면 생명-보수적 윤리학자 프랜시스 후쿠야마에 따르면 무엇이 인간의 "개선"인가 하는 문제가 갖는 모호함은 "인간 진화의 복잡성을 이해하지 못한"(2012: 160) 데서 비롯된다.

후쿠야마의 지적은 중요하다. 설명해 보자. **유전공학의 결과는 완전히 예측가능한가?** 그렇지 않다. 이 점을 분명히 하기 위해 생생한 예를 도입해 보자. "슈워제네거 생쥐(Schwarzenegger mice)"는 1990년대 놀라운 근육 조직으로 유명해진 유전자 변형 생쥐다. 펜실베이니아 대학의 분자생리학자 리 스위니(Lee Sweeney)의 실험실에서 유전자 조작을 시행한 결과였다. 배아 단계에서 근육 발달을 관장하는 쥐의 유전자가 첨가되었고 여기에서 엄청나게 거대한 몸집의 쥐가 나왔다. 이들의 근육 조직은 유전자 변형을 겪지 않은 생쥐보다 두 배 가까이 커졌다(Barton et al. 2002). 언론 매체에서는 이 생쥐의 외형적 결과를 선정적으로 보도했지만 이러한 조작의 가장 중요한 효과는 그림자에 싸여 있었다. 다큐멘터리 「누가 맞춤 아기를 두려워하는가?(Who is afraid of designer babies?)」 (Cook 2005)에 나오는 인터뷰에서 미국의 유전학자 딘 헤이머 (Dean Hamer)[2]는 "슈워제네거 생쥐" 실험에 대해서 중요하지만 주목받지 못했던 정보 하나를 강조한다. "이 유전적 변화는 전혀 예상하지 못했던 이유로 생쥐의 성격에도 변화를 낳았다. 이 생쥐들은 아주 약하고 수동적이고 느릿해졌다. 스스로를 방어하지도 않았다"(40: 27-40:39). 생쥐에게서 근육 발달을 주관하는 유전자가 행동에 영향을 미치는 일이 일어난 것이다. 헤이머는 부연해서 설명한다. "하나의 유전자는 많은 일을 할 수 있다. 우리는 유전자 하나의 모든 것을 알고 있다고 생각할지도 모르지만 그것의 기능 중 작은 측면을 하나라도 놓치면 그로 인해 어떤 사람을 망칠 수도 있다"(40:51-41:01). 우리는 현재로서는 각 유전자의 모든 기능을 알지 못한다. 게다가 유전자는 고립되어 기능하지 않는다. 다른 유전자와의 상호작용은 예측하지 못한 결과로 이어질 수 있다. 이 주제를 맞춤 아기와 관련해서 요약하자면, 인간 향상을 목적으로 유전자를 더하거나 빼는 일은 전혀 기대하지 않은 결과를 낳을 수 있다.

맞춤 아기에 대한 논의에서 우리가 설명해야 할 또 다른 위험은 유전자 차별이다. **유전적 차별이란 무엇인가?** 유전적 차별이란

---

2 헤이머는 인간 행동의 유전학에 관한 연구로 잘 알려져 있다. "게이 유전자(gay gene)"(1994)라는 개념으로 유명해진 성적 지향에 관한 연구나 종교적 경험과 "신 유전자(God gene)"(2004)가 그것이다.

유전 정보에 의거한 차별의 한 유형이다. 어떤 사람이 선천적 장애의 위험을 높이는 유전자 변이를 보유하고 있다는 이유로 생명보험 회사에서 부당한 대우를 받은 사례가 그 예다.[3] 유전적 차별은 맞춤 아기의 출현에 잠재적으로 내포되어 있다. 그것은 "일부" 인간들을 향상하는 과정으로 이로 인해 생물학적 우월성에 근거한 사회적 불평등이 극심해지고 이는 다시 신생 생명공학 기술에 의해 강화되고 또 극적으로 될 가능성이 다분하다. 이는 "가타카 논증 (Gattaca argument)"으로 이어진다. 이 생명윤리 논증은 앤드류 니콜 (Andrew Niccol)의 SF 영화 「가타카(Gattaca)」(1997)에서 유래한 것으로 유전자 조작, 선택, 정보수집을 근간으로 삼은 디스토피아 사회를 배경으로 삼는다. 영화에서 유전적 차별이 불법임에도 사회의 모든 면이 그에 근거하고 있다는 점이 중요하다. 슈테판 로렌츠 조르그너가 말하는 것처럼 "존재들은 각기 다른 능력에 따라서 다른 도덕적 지위를 부여받을 위험이 있다. 이것이 우리가 가타카 논증을 진지하게 받아들여야 하는 이유다. […] 인간 존재, 트랜스휴먼이나 포스트휴먼을 포함한 모든 인간 존재를 동일한 존엄성에 근거해서 판단하기 위해서는 기술의 발전에 세심한 주의를 기울여야 한다"(2013: 154). 세심한 주의를 기울인다는 것은 사전 예방 원칙 (precautionary principle)을 발효시킨다는 것이다. 사전 예방 원칙은 유럽 윤리 및 생명윤리 전통의 핵심에 있다.

사전 예방 원칙이란 무엇인가? 사전 예방 원칙은 불확실성의 맥락을 강조하고, 보이는 그리고 보이지 않는 가능한 위험을 고려

---

3 유전자 차별이라는 주제에 관해서는 Lemke 2013 참조.

하는 것이다. 민간 차원에서는 "나중에 후회하는 것보다 미리 조심하는 편이 낫다"는 옛날 속담으로 요약될 수 있다. 모두가 이에 동의하는 것은 아니다. 현재 각 국가별로 저마다의 의제를 강화하는 서로 다른 법이 있다. 예를 들어 중국은 유전공학 연구의 최전선에 있다. 조슈아 자이츠(Joshua Seitz)는 논문 「균형 잡기: 인간 생식세포 변형에 관한 정책(Striking a Balance: Policy Considerations for Human Germline Modification)」(2018)에서 최초로 인간 생식세포 편집 사례[4]를 보고한 국가인 중국이 어떻게 해서 현재에는 엄격한 법률보다는 지침에 가까운 규제를 실시하는지 보여준다. "중국에서 HGM(인간 생식세포 변형)은 상세한 규제적 틀에 의해 규제된다. […] 그럼에도 불구하고 중국의 현행법은 구속력이 없는 지침에 불과하다. 그 결과 HGM의 발전은 미래에도 계속될 것이다"(79-80). 이러한 성찰은 규제에 관한 법적인 문제를 제기한다. 실제로 몇몇 국가에서 이 길을 추구한다면 배아 단계에서 유전자 코드가 조작된 아기들이 생겨날 것이다.[5] 이것이 킴이라는 상상의 인물의 사례라고 해보자. 킴은 HGM에 우호적인 나라에서 태어났고 그의 DNA는 유전공학적으로 설계되었다. 킴이 젊은이로 자라나 세계 여행을 결심한다. 여행 중에 안드레아를 만난다. 안드레아는 HGM이 과거나 지금이나 불법인 국가에서 태어났다. 그들이 사랑에 빠진다. 그리

---

4 생식세포 유전자 변형은 난자, 정자 또는 초기 배아 단계에서의 유전자 교체를 포함하는 유전공학 기술을 말한다. 그러한 변형은 유전가능하다. 즉 변형된 유전자는 이후의 모든 세대에서 발현될 것이다. 생식세포 변형에 대해 저자 칼 짐머는 이렇게 평한다. "그 효과가 바로 잦아드는 잔물결에 머물지 아니면 큰 파장을 일으킬지는 열린 문제다"(2005: 157).

5 24장의 각주 3을 보라.

고 안드레아의 나라에서 살기로 한다. 몇 년 후 그들 사이에 아이가 생긴다. 아난다라는 이름의 이 아이는 HGM이 금지된 국가에서 킴의 변형된 유전자를 보유하고 있다. **이러한 상황이 아난다, 킴, 안드레아에게 어떤 법적, 사회적, 심리적 결과를 낳을 것인가?** 이 상상적인 사례는 국가적 입장에서 인간 향상에 대한 규제가 효력이 없음을 보여준다. 이러한 유형의 논의는 종의 관점에서 다루어져야 한다. 이는 평화의 정치와 협력을 위한 새로운 가능성을 열여줄 수도 있는 내부-문화적 생명윤리 대화를 이끌어낼 것이다. 왜냐하면 그것은 우리가 하나의 종으로서 연결되어 있고, 브라이도티가 인간 조건과 관련하여 말하듯이, "'우리'는 이 일에 모두 함께이지만, 우리 모두가 똑같지는 않다."(2012: 120)는 것을 분명하게 부각하기 때문이다.

　사전 예방인가 아니면 앞서 주도할 것인가? 포스트휴머니즘이 이 문제에 접근함에 있어 사전 예방 원칙을 강조한다면, 트랜스휴머니즘의 성찰은 "미래 주도 원칙(proactionary principle)"을 따른다. **미래 주도 원칙이란 무엇인가?** 급진 원칙은 맥스 모어가 사전 예방 원칙에 대립해서 만든 것으로(2004), 능동적인 기술을 혁신할 인간의 자유를 강조한다. 이런 의미에서 트랜스휴머니즘은 생명 자유주의적인 접근으로, 사전 예방적인 면은 축소하고 보다 미래 주도적인 방식으로 "생명-"영역의 재정의에 접근한다.[6] 이러한 접근의

---

6 「미래 주도 원칙: 기술적 결과의 최적화(The Proactionary Principle: Optimizing Technological Outcomes)」(2013)에서 맥스 모어는 말한다. "미래 주도 원칙의 동기는 새로운 기술의 개발과 확산에 관해 현명한 결정을 내려야 한다는 요구, 그리고 기술적 실험과 진보를 보호해야 한다는 중대한 요구다."

한 가지 한계는 이러한 생명공학 기술에 대한 민주적 접근을 강조하는 민주적 트랜스휴머니즘을 제외하고, 대부분의 트랜스휴머니스트들이 인간종의 진화를 설명함에 있어 인간 향상의 사회적, 정치적, 환경적 결과를 포괄적으로 인정하려 하지 않는다는 것이다.[7] 이 주제에 관한 트랜스휴머니스트들의 성찰은 종종 인류중심주의에 입각한 진보주의적 기술중심주의로 규정되곤 한다. 그렇지만 무엇보다도 이 주제에 대한 그들의 열광적인 지지와 헌신적인 연구 때문에, 그들의 기여는 인류의 미래에 대한 가능한 각본에 대한 성찰의 지평을 상당히 넓여 놓았다.[8]

인간 향상과 관련해서 포스트휴머니즘의 생명윤리적 입장은 무엇인가?[9] 우리는 인간 향상에 대한 탈-인간주의적 이해(여기에서 인간 향상은 확장의 방식을 의도하는 것으로 이해된다)가 정치적·사회적 측면에 대한 고려를 끌어들이면서 누가 이 기술에 대한 접근권을 갖는가의 문제를 제기한다고 지적한 바 있다. 우리는 또한 이 개념이 절대적이지 않고 상대적이며 문화적으로 상황에 의존함을 강

---

7 5장에서 보인 바와 같다.

8 이 주제에 관한 폭넓은 설명으로는 맥스 모어와 나타샤 비타-모어가 편집한 『트랜스휴머니즘 선집: 과학, 기술, 그리고 인간 미래의 철학에 관한 고전 및 현대 문헌(The Transhumanist Reader: Classical and Contemporary Essays on the Science, Technology, and Philosophy of the Human Future)』(2013)을 보라. 다음도 참조하라: Birnbacher 2009.

9 생명윤리 개념은 포괄적인 의미로 이해되어야 한다. 예를 들어 조애나 질린스카(Joanna Zylinska)는 영향력 있는 텍스트 『새로운 매체 시대의 생명윤리(Bioethics in the Age of New Media)』(2009)에서 "새로운 기술과 새로운 매체가 우리를 인간, 동물, 그리고 기계 사이의 관계에 대한 새로운 이해로 이끌고"(vii), 이로 인해 생명 개념이 재평가된다고 말한다. 그리고 이를 통한 삶의 윤리로서의 생명윤리를 제안한다.

조했다. 누군가에게는 또는 어떤 사회에서는 인간 향상으로 간주될 수 있는 것이 다른 사람이나 다른 사회에서는 그렇게 보이지 않을 수 있다. 우리는 탈-인류중심적 비판을 더해서, 인간 향상이라는 제안과 그에 대한 논의에서 인류중심주의가 본질적인 것임을 강조할 수 있다. 사실 인간 존재의 복제나 향상과 관련된 대부분의 윤리적이고 생명윤리적인 딜레마가 다른 종과 관련해서는 거의 부재한다. 예를 들어 전 세계 시장에서 GMO 성분이 널리 쓰이고 있는 것을 생각해 보자. 1992년에 이미 돌리라는 이름의 양이 최초의 복제된 포유동물이 되었다. 바로 그 뒤를 이어 최초로 복제와 동시에 유전자가 변형된 유전자 이식 양인 폴리와 몰리가 나왔다(이들의 게놈에 인간 유전자가 이식되었다). 한편으로 포스트휴머니즘은 인간 예외주의를 넘어서는 생명윤리적 입장을 요구한다. 그런 의미에서 비인간 생명과 생물-권(bio-sphere)을 다루는 데 있어서도 사전 예방원칙을 이행해야 할 것이다. 가령 교차 수분을 통해서 비-GMO 및 유기 작물을 오염시키는 GMO 작물의 폐해나, 복제 동물의 비정상적 발생 등을 심각하게 받아들여야 한다.[10] 탈-이원론적 관점에서 인간 향상은 단지 인간 조건에 관한 것이 아니다. 인간종의 진화는 지구 행성의 진화와의 관계에서 성찰해야 한다. 실제로 유전적 향상 기술의 발전에는 정치적·사회적 입장뿐 아니라 생물학적이고 환경적인 입장도 영향을 미칠 수 있다.

---

10 조너선 힐(Jonathan Hill)은 이렇게 요약한다: "동물 체세포의 복제는 임신과 출산의 여러 단계에서 나타나는 비정상적 태아 및 태반의 조합을 보여주는 것인지도 모른다"(2014: 307).

포스트휴머니즘은 인간 향상에 반대하는가? 반드시 그렇지는 않다. 인간 향상의 전망이 가져온 가능성은 너무나도 넓고 다양해서 가능한 위험을 피하고자 이를 전적으로 물리치는 것은 인간종과 지구 행성에 중요한 기회를 가로막는 것일 수 있다. 예를 들어서 크리스퍼 유전자 편집 기술 연구에 의해 암을 발생시키는 생식세포 변이를 배아 단계에서 수정하는 안전한 방법이 개발되었을 때 당신이라면 이 시술을 금지하겠는가? 이것은 흥미로운 사례로 이로부터 치유와 향상 사이의 구분선을 논의할 수 있다. 한편으로 암의 위험을 제거하는 것은 예방 의학, 즉 치유의 한 형태로 간주될 수 있다. 다른 한편으로, 인간에게 암의 증거는 기록된 전 역사에 걸쳐서 발견되는 만큼 이를 뿌리 뽑는 것은 향상의 한 형태로 간주될 수 있다. 그 밖에 고려해야 할 점이 있다. 만약 당신이 이 기술을 받아들인다면, 예를 들어 알츠하이머나 조현병 같은 질환의 제거를 목표로 하는 다른 산전 유전자 조작에도 찬성할 것인가 하는 것이다. 수명을 연장하고 인지 능력을 최대화하는 유전공학은 어떠한가? 이들은 상당수의 예비 부모들을 매료시킬 여러 가지 다른 가능성 중에서 몇 가지 예에 불과하다. 이러한 기술의 잠재력은 매우 의미심장해서 어떤 사람들은 인간 향상을 지지하지는 않아도 불가피한 것으로 본다.[11] 여기에 대해서는 입장이 찬반으로 나뉠 것이다. 우리가 어떤 입장을 취하든 이러한 기술을 진지하고 지혜롭게 성찰할 필요가 있다.

---

11 인간 향상의 불가피성이라는 개념에 대한 비판적 접근은 특히 Fukuyama(2012)을 보라.

아래에서 우리는 철학적 포스트휴머니즘의 실천에 적합한 중재적인 어조로 사전 예방 원칙과 미래 주도 원칙을 연결하는 안전한 길을 모색할 것이다. 첫 번째 단계는 실험을 시작하기에 앞서 이 기술들을 더 주의해서 알아보는 것이다. 현재의 유전자 조작 기술이 재생산 보조 기술에 의존한다는 점 역시 고려해야 한다. 예를 들어 시험관 수정 시술은 난자를 공여하는 모체에 위해가 될 수 있으며 착상 전 유전자 검사는 자라나는 태아에게 위해가 될 수 있다. 우리는 또한 기술이 진공 안에서 실행되는 것이 아니라 세상에 이미 존재하는 사회적 문제를 반영하거나 때로는 심화한다는 점을 염두에 두어야 한다. 예를 들어 인도[12]에서 (불법임에도 행해지는) 임신 중 성 감별은 성별 선택적 낙태의 직접적인 원인으로 가부장적 관습과 성별 편견에 기인한 남아 선호라는 문화적 맥락을 드러낸다 (Hassan 2012). 이러한 주의 사항을 모두 언급하는 것은 인간 향상의 전망을 늦추기 위해서가 아니다. 인간과 비인간 생명에 지대한 공헌을 할 수도 있는 연구를 책임감 있게 하도록 진작하기 위해서다. 일반적으로 인간 향상을 주제로 논할 때, 우리는 미래 주도적 접근을 허용하기 위해 사전 예방적 접근을 채택하는 것이 나아갈 길이라고 말할 수 있다. 인간 향상의 다층적인 발생을 (사회적, 정치적, 환경적, 과학적으로) 지속할 준비가 되어 있는 사회로 가기 위해서는, 이 모든 단계들이 연계되어 고려되어야 한다.

인간 향상에 대한 이러한 입장이 스스로를 포스트휴머니스트라 칭하는 모든 사상가들에게 해당되는가? 전혀 그렇지 않다. 어떤

---

12 구체적으로는 인도 북부를 말한다.

포스트휴머니스트들은 앞서 말한 이유로 인간 향상에 전적으로 반대한다(이 입장은 특히 이탈리아와 같은 남유럽에서 인기가 있다). 어떤 포스트휴머니스트들은 중간 입장이다(이 책도 그러한 입장의 사례로 볼 수 있을 것이다). 다른 부류는 신중하게 민주적 트랜스휴머니즘과 가까운 우호적인 입장을 보인다. 예를 들어 슈테판 로렌츠 조르그너 (2016)의 입장이 여기에 속한다. 그리고 포스트휴머니즘과 관련한 모든 사조가 다가올 후생인류에 대한 논의에 적극적으로 참여하는 것은 아니다. 예를 들어 캐런 버라드는 주장한다. "나의 관심은 인간주의의 한계에 대한 사유에 있다. 내가 사용하는 '포스트휴머니즘'이라는 용어는 이 비판적 입장을 가리킨다. 내가 포스트휴먼 개념을 인간의 다음 단계라는 뜻으로 사용하면서 인간에 관한 논의가 더 이상 의미가 없다고 보는 입장을 옹호하는 것처럼 받아들여져서는 안 된다"(2007: 428). 보다 포괄적인 철학적 포스트휴머니즘의 입장에서 보면, 한 입장이 다른 입장을 반드시 배제하는 것은 아니다. 인간의 해체는 비인간 영역에 대한 재고와 마찬가지로 인간종의 미래 진화에 대한 포스트휴머니즘의 성찰과 갈등 관계에 있지 않다. 인간의 미래와 관련된 성찰의 한 영역이 사변적 포스트휴머니즘이다.

사변적 포스트휴머니즘이란 무엇인가? 주요 옹호자 중 한 명인 데이비드 로든(David Roden)은 논문 「철학적 포스트휴머니즘의 해체와 추방(Deconstruction and Excision in Philosophical Posthumanism)」(2010)에서 이렇게 정의한다.

사변적 포스트휴머니스트들은 **현재 인류의 후손은 기술적 변경의**

역사에 의해서 더 이상 인간이 아닐 수도 있다[13]고 주장한다. 그 자격을 갖춘 존재가 우리의 생물학적 후손과 순전히 기술적인 활동의 산물(예를 들면 인공지능, 합성 생물 또는 업로드된 정신)을 포함하는 한, 후손의 개념은 "넓다"(2010: 28).

여기에서 로든이 인간과 포스트휴먼의 진화적 가능성을 위계적인 방식으로 보고 있지 않음에 주목하라. "이는 포스트휴먼이 인간의 상태에서 개선된 것이라든지 휴먼과 포스트휴먼 생명이 비교될 수 있는 가치의 척도가 있음을 함축하지 않는다"(같은 곳). 나아가 『포스트휴먼 생명(Posthuman Life)』(2015)에서 로든은 이 점을 분명히 한다. "이러한 의미에서의 포스트휴먼은 모종의 기술적인 변경의 역사의 결과로 더 이상 인간이 아닌, 현재 인간의 가설적인, 넓은 '후손'이다."(22) 이 글에서 로든은 "인류의 생물학적 후손만을 후생인류의 후보로 배타적으로 고려하는 것은 과도하게 제한적"임을 강조하기 위해서 "넓은 후손"이라는 신조어를 창안했다. 이 입장에 따르면 종-한정적인 휴먼과 포스트휴먼의 경험은 근본적으로 다르다. 종의 의미를 지적하는 것은 실제로 생명에 대한 혼종적 인식에 입각한 포스트휴머니즘의 인식론적 접근을 용이하게 할 수도 있다. 다음 장에서 보게 되겠지만 인간은 종에 특정한 인지적 조직화를 공유한다. 각각의 그리고 모든 인간 존재가 각자의 고유한 현상학적 경험을 형성하는 저마다의 고유한 방식을 가지고 있지만, 이들의 인지 장치는 유사하다. 반면에 인간은 생리학적으로 다른

---

13 강조는 원문.

비인간 동물과 다르고, 아마도 미래의 포스트휴먼과도 다를 것이다. 후생인류와 기술적 변경의 사변적 역사에 대한 성찰은 우리를 고고학적 탐구로 돌아가게 한다. **"생명"은 이러한 가설적인 진화 각본에 적합한 용어인가?** 이 문제에 대한 답변을 위해 철학적 포스트휴머니즘의 인식론으로 들어가 보자.

26 인지적 자기생성

"생명" 개념에 대안이 있는가? 있다. 생명 개념에 다른 개념을 사용해야 한다고 느낀 과학자와 사상가들이 제안한 다른 용어들이 있다. 어째서? 생명 개념의 문화적이고 과학적인 제약이 현재 인공지능 분야의 발전이 열어 놓은 일련의 존재론-인식론적 가능성에 대한 이해를 반드시 허용하는 것은 아니기 때문이다. 인공지능의 발전은 **"인터넷은 살아 있는가?", "로봇은 비인간적 인격체인가?"**와 같은 도전적인 질문을 제기하고 있다. 『MIT 인지과학 백과사전』은 "인공생명" 항목을 이렇게 설명하고 있다. "사이버스페이스의 가상적 피조물들까지도 진정 살아 있는 것으로 보는 주장은 강한 인공생명(A-Life)이라 불린다. [···] 대부분의 사람들은 이러한 피조물이 생물학적 유기체와 같은 의미에서 살아 있다고 보는 견해를 거부하지만 그러한 피조물들이 그보다 낮은 수준에서는 살아 있거나 살아 있을 수 있음을 받아들인다"(Wilson and Keil 1999: 37). 이 맥락에서 상당한 주목을 받은 개념이 자기생성(autopoiesis)이다. "생명은 물질적 신체화를 요청하는가? 이는 단지 정도의 차이인가? 두 질문은 철학적으로 논란이 많은 문제이다. 예를 들어 자기생성(자율적 존재의 지속적인 자기생산)의 옹호자들은 첫 번째 질문에 대해서 긍정적으로 답하지만 두 번째 질문에 대해서는 부정적으로 답한다"(같은 곳). 자기생성 개념은 1970년대 2차 사이버네틱스의 발전에 중요한 영향을 끼쳤다.[1] 또한, 앞으로 보겠지만, 1990년대와 2000년대 초반 포스트휴먼 이론 역시 같은 정도는 아니지만 상당한 영향을 받았다. 자기생성 이론은 생명체의 자기-조직화 특성에 초점을 맞춤으로써, 생명의 개념을 인공지능과 같은 비생물학적인 존재에게도 개방하면서 생명중심주의를 넘어설 가능성을 제공한다.

논쟁을 보다 온전히 이해하기 위해 이 질문으로 시작해 보자: **"자기생성"은 무엇을 뜻하는가?** 자기생성의 개념은 "자기"를 뜻하는 그리스어 "아우토(auto)"와 "창조, 생산"을 뜻하는 "포이에시스(poiesis)"를 결합한 것으로,[2] 1970년대 생물학자인 움베르토 마투라나(Humberto Maturana, 1928년생)와 프란치스코 바렐라(Francisco Varela, 1946-2001)에 의해 발전되었다. 이들은 원래 스스로를 재생산하고 유지하는 체계(시스템)의 능력을 강조함으로써, 생물 체

---

1 버나드 스코트(Bernard Scott)가 「제2차 사이버네틱스: 역사적 개론(Second Order Cybernetics: An Historical Introduction)」(2004)에서 강조하는 것처럼 "'급진적 구성주의', '2차 사이버네틱스' 그리고 '자기생성'은 이러한 새로운 패러다임의 측면을 포착하기 위해 창안되었다"(1371).
2 "생성" 개념에 대한 이해를 위해서는 8장을 보라.

계를 정의하려고 시도했었다. 자기생성 개념은 생물학, 공학, 인지과학 등의 다른 관점에서 접근할 수 있다. **자기생성 개념은 어디서 처음으로 등장했는가?** 자기생성 개념은 마투라나와 바렐라의 영향력 있는 논문 「자기생성과 인지: 생명체의 실현(Autopoiesis and Cognition: The Realization of the Living)」(1972)[3]에서 처음으로 등장했다. 마투라나는 주장한다. "나는 '생성'이라는 단어의 힘을 처음으로 이해하였으며, 우리가 필요로 했던 단어를 발명했다. 자기생성이 그것이다. 이 단어에는 역사가 따로 없다. 이는 생물 체계에 고유한 자율성의 동역학 속에서 일어나는 것들을 직접적으로 의미하는 단어이다."(같은 책: xvii). 그들이 공저 『앎의 나무: 인간 지성의 생물학적 뿌리』(1987a)를 출판할 무렵, 자기생성 개념에 대한 이들의 입장은 보다 명시적으로 인지적인 것, 즉 지식을 획득하는 과정과 관련된 것이 되었다.[4]

자기생성 개념은 포스트휴먼 관점에서 볼 때 충분히 포괄적인가? 고고학적 관점에서 자기생성 개념은 철학적 포스트휴머니즘

---

3 이 논문에서 마투라나와 바렐라는 자기생성적 기계를 다음과 같이 묘사한다. "구성 요소의 생산, 변환, 그리고 파괴 과정으로 이루어진 네트워크로 조직화된(하나의 통일체로 규정된) 기계로서, 이는 (i) 구성 요소들의 상호작용과 변환을 통해서 그 요소들을 생산하는 과정(관계)의 네트워크를 지속적으로 재생하고 실현하며, (ii) 기계가 그러한 네트워크로서 실현되는 위상학적 영역을 특정함으로써, 그것들(구성요소)이 존재하는 공간 안에서 하나의 구체적인 단위로서 그것(기계)을 구성한다"(1980: 135). 여기에서 기계 개념의 사용이 생명은 유기적이어야 한다는 생명중심적 가정을 무시하려는 의도에서 비롯된 것임에 주목하라.

4 그들의 말을 빌리면 "우리의 제안은 생명체가 문자 그대로 지속적인 자기-생산으로 규정된다는 것이다. 생명체를 규정하는 이 조직화 과정을 가리켜 우리는 자기생성적 조직화라 부른다"(1987a: 43).

에 특별한 관련성을 갖는다. 실제로 그것은 1990년대와 2000년대 초반 지대한 영향력을 행사했으며, 오늘날 포스트휴먼 이론의 이정표로 간주되는 저술들에서 논의되었다. 캐서린 헤일스의『우리는 어떻게 포스트휴먼이 되었는가』(1999)가 그 예다. 여기에서 헤일스는 자기생성 개념을 사이버네틱스의 역사라는 구도 속에서 논의한다. 이 개념은 캐리 울프의『포스트휴머니즘이란 무엇인가?』(2010)에서도 포스트휴먼 용어로 수용되며, 니클라스 루만[5]의 사회 이론(2002) 또한 마투라나와 바렐라의 자기생성 개념에 기반한다. 최근 자기발생적 접근은 근본적으로 비판받고 있는데, 도나 해러웨이는 이를 간단하게 요약한다. "자기를 만드는 것은 아무것도 없다. 어느 것도 진정으로 자기발생적이거나 자기조직적이지 않다" (2016: 48). 해러웨이는 생물학자 린 마굴리스(Lynn Margulis, 1938-2011)의 연구 그리고 그녀가 강조한 진화에서 공생(symbiosis)의 역할에 동조하며 "자기생성" 대신 "공생성(sympoiesis)"이란 용어를 제안한다. **공생성은 무엇을 뜻하는가?** "공생성"은 그리스어 "순(sún)"("같이"를 뜻한다)과 "포이에시스"("창조, 생산"을 뜻한다)의 결합으로 이루어진 것으로, 해러웨이에 따르면 "같이-만들기"(2016: 58)를 뜻한다. 그녀는 설명한다. "그것은 복잡하고, 역동적이고, 반응적이고, 상황적이고, 역사적인 체계에 적합한 말이다. […] 공생성은 자기생성을 포용하고 그것을 생성적으로 펼치고 확장한다"(같은 곳). 해러웨이로 하여금 "공생성"이라는 용어를 만들도록 이끈 비판은,

---

5 사회학자 니클라스 루만(Niklas Luhmann, 1927-98)은 마투라나와 바렐라의 자기생성 개념으로부터 자신의 체계(system) 이론을 전개했다.

이 연구에서 우리가 생명을 규정하는 궁극적인 방법으로 자기생성에 의존하지 않으려는 이유와 부분적으로 일치한다. 사실상, 유기체의 자율성에 대한 자기생성의 강조는,[6] 이를테면 식량 조달[7]이나 쓰레기 배출과 같은 자기 유지 과정에서 유기체와 환경[8] 사이에 일어나는 모든 필연적인 관계와 교환을 충분히 고려하지 않는 것으로 보인다. 우리는 여전히 "자기생성" 개념을 논의하되 자기생성의 인지적 가치에 초점을 맞출 것이다.

마투라나와 바렐라의 인지적 접근이란 무엇인가? 마투라나와

6　마투라나가 다른 논문에서 이렇게 말한 것에 주목하자. "나는 자기-조직화 개념을 쓰지 말았어야 한다고 생각한다. 왜냐하면 그것은 사실이 아니기 때문이다. 그것은 기능적으로 불가능하다"(1987b: 71).

7　인지과학자 마빈 민스키가 『마음의 사회』(1985)에서 상기하는 것처럼 "두뇌 안에 있는 것들을 포함해서 우리를 구성하는 각 세포는 음식이나 산소 형태의 화학 에너지를 필요로 한다"(283).

8　조르주 캉길렘(George Canguilhem, 1904-95)은 환경(milieu) 개념을 통해 주위 환경(environnement)의 생물학적 의미에 대한 철학적 성찰을 남겼다. 그의 『생명에 대한 인식』의 특히 3부, 5장 "생명체와 환경"(2008: 98-120)은 다음의 주장으로 시작된다:

　　환경의 개념은 생명체의 경험과 존재를 이해하는 보편적이고 필연적인 양태가 되어가고 있다. 심지어 그것이 현대 사상의 범주 중 하나로 구성되었다고도 말할 수 있다(98).

이 텍스트 전체에 걸쳐서, 환경에 대해 자기생성적이라고 간주될 수 있는 인지적인 역량이 가정되고 있다는 점은 흥미롭다:

　　일상적인 지각 경험이 과학 연구와 모순되고 그에 의해 교정되는 것을 알면서도 인간 생명체(l'homme vivant)는 인간 과학자(l'homme savant)와의 관계에서 무의식적인 자만심을 끌어낸다. 그것은 그로 하여금 자신의 환경을 단지 다른 가치를 갖는 것이 아니라 더 큰 실재성을 가진다는 이유에서 다른 생명체의 환경보다 선호하도록 만든다. 사실 인간의 감각적이고 기술적인 환경은 행동과 생명에 고유한 환경으로서 쥐며느리나 회색 쥐 고유의 환경보다 특별히 더 큰 실재성을 갖는 것은 아니다(119).

바렐라의 연구에서 인지 개념은 특별히 자기생성적 견해에 따라서 재평가된다. 프란치스코 바렐라는 이렇게 설명한다. "생물학적 인지는 일반적으로 저 바깥에 있는 세계의 표상이 아니라 살아 있는 과정 그 자체를 통해 하나의 세계를 지속적으로 낳는 과정으로서 이해해야 한다"(1995: 2110). 더 진행하기 전에 다음의 질문을 통해 몇 가지 용어를 간단하게 살펴보자: **"인지과학과 인식론의 차이는 무엇인가?"** 인식론 분야가 "우리는 어떻게 지식을 획득하는가?"라는 철학적 질문을 던진다면, 인지과학은 실제 지식의 획득(달리 말해 인지) 과정을 연구하되 생리학적이고 기술적인 입장에서 접근한다. 예를 들어 철학자 프레데릭 F. 슈미트(Frederick F. Schmitt)는 인식론을 "개념적이고 규범적인 지식 연구"(2004: 841)로 기술하고, 인지과학은 "인간 존재, 동물, 기계의 인지에 대한 학제적이고 경험적인 연구"(같은 곳)로 정의한다. 자기생성은 인지의 개념을 생물학적 탈은폐의 기술로 제시함으로써 이 개념에 대한 독보적인 시각을 제공한다.[9] "저 바깥에 있는" 세계란 없다. 주체와 객체 사이의 궁극적인 분리도 없다. 주체와 객체는 서로를 존재론적으로 공-구성한다. 이 점을 보다 분명하게 이해하기 위해서는, 우리는 한 걸음 물러나서 마투라나와 바렐라의 성찰의 기원을 참조해야 한다.

자기생성 개념은 어디에서 왔는가? 마투라나와 바렐라 성찰의 기원은 생리학, 구체적으로는 논문 「개구리의 눈이 개구리의 뇌에

---

9 마투라나와 바렐라는 말한다. "우리는 인지를 '저 바깥의' 세계에 대한 표상이 아니라 살아있는 과정 그 자체를 통해 하나의 세계를 지속적으로 낳는 과정으로 보는 방식을 제안할 것이다"(1987a: 11).

게 말해주는 것(What the Frog's Eye Tells the Frog's Brain)」(Lettvin et al. 1959)에서 묘사된 실험에서 찾을 수 있다. 실험은 어떻게 개구리의 눈이 개구리의 뇌에 정보를 전달하는지 관찰하기 위해 시행되었다. 마투라나는 워런 맥컬럭(Warren McCulloch, 1898-1969)과 월터 피츠(Walter Pitts, 1923-1969) 등 관련 연구자 과학자들과 더불어 메이시 학회[10]에 참석한 바 있다.[11] 그들의 발견은 인지 이론 분야에서 획기적인 것이었다. 그들은 다음을 깨달았다. "개구리는 자신을 둘러싼 세계의 정적인 부분의 구체적인 사항은 보지 못하거나 어쨌든 관심이 없는 것으로 보인다. 먹이에 둘러싸여 있더라도 그것들이 움직이지 않으면 개구리는 굶어 죽을 것이다. [⋯] 개구리는 곤충이든 벌레든 어떤 크기의 대상도 뛰어올라 잡을 수 있다."(1968: 234) 달리 말해 개구리는 "먹이"를 움직이는 어떤 것으로만 지각하며, 먹이에 둘러싸여 있더라도 그 먹이가 움직이지 않는다면 굶어 죽을 것이다. 이 결과는 하나의 종(대표적으로 개구리)이 정보를 처리하는 종 특유의 언어를 포착함으로써 인지뿐 아니라 인식론적으로도 중요한 결과를 가져왔다. 저자들에 따르면 "근본적으로 그것은 눈이 감각 수용기에 들어온 빛의 분포를 어느 정도 정확히 복사해서 전송하는 대신에 이미 상당 수준으로 조직화되고 해석된 언어로 뇌에 말한다는 사실을 보여준다"(254-55). 자기생성에 대해서는 잠시 후에 다시 논할 것이다. 그렇지만 우선 개구리 실험에 대해

---

10 메이시 학회는 1946년과 1953년 사이에 개최된 일련의 학제적 학술회의로, 인지 과학이라는 분야의 출현으로 이어졌다.

11 이 논문의 공동 저자인 제롬 레트빈(Jerome Lettvin, 1920-2011)은 메이시 학회에 참석하지 않았다.

탈-인류중심적인 관점에서 덧붙일 것이 있다. 이 실험은 인지적 기반에서 인류중심주의를 반박하는 가치 있는 정보를 전달하고 있기는 하지만(이 점에 대해서는 잠시 후에 보게 될 것이다), 그 전제는 여전히 동물 실험을 내재적으로 정당화하는 근본적으로 종차별적인 가정에 기반하고 있다.

동물 실험에 대해 어떻게 생각해야 하는가? 이 연구의 개구리 실험에서 사용된 특정한 실천들에 반대하려는 것은 아니다. 실제로 연구자들은 개구리의 몸을 침해하지 않기 위해 주의한 편이었다.[12] 여기서 제기되는 근본적인 윤리적 쟁점은 동물의 고통이라는 문제를 넘어서 실험실에서의 동물의 사용을 직접적으로 가리킨다. 이 책에서 우리는 아구티 생쥐(23장)와 "슈워제네거 생쥐"(25장) 등 동물 연구의 여러 가지 사례를 들었다. 이제 동물 윤리를 논할 차례다. 여기에서 쟁점은, 철학자 레이먼드 G. 프레이(Raymond G. Frey, 1941-2012)가 말하는 것처럼, "우리에게 득이 되든 혹은 그들에게 득이 되든, 과학에서 동물의 고통스러운 사용을 정당화하는 것이

---

12 저자들은 분명히 말한다:

우리는 이 실험에서 라나 피피엔스(Rana pipiens)라는 개구리를 사용했다. 우리는 시신경을 노출하기 위해 안구 뒤쪽으로 열거나 또는 상구(superior colliculus)[자율신경계를 담당하는 중간뇌의 사구체 부위로 주로 시각에 관여한다―옮긴이]를 노출하기 위해 뼈의 일부만을 열었을 뿐이다. 신경 구조를 덮은 막과 연결 조직을 열기 위한 것을 제외하면 그 외의 다른 수술은 없었다. 개구리는 코르크 바닥에 눕혀지고 젖은 천으로 덮였다. 대개 동물은 그런 자세에서 신체 표면에 무언가와 물리적으로 접촉하면 무반응 단계에 들어간다. 다시 말해 그는 고통에 반응하기 위해 움직이려는 시도조차 하지 않을 것이다. 수술 초반에 피부의 작은 부분을 신속하게 도려낸 것을 제외하고 우리의 처치는 개구리에게 고통을 주지 않았던 것으로 보인다(1968: 240).

무엇"인지에 관한 것이 아니라, "고통스럽든 그렇지 않든, 동물의 사용 자체를 정당화하는 것이 무엇"인지에 관한 것이다(같은 책:13-14). 이 동물 연구 응용 윤리 분야의 근본적인 문제를 지적함으로써 우리는 레트빈의 실험에 대한 보다 포괄적인 반성을 제시할 것이다. 메타-이론적 관점에서조차 그 어느 가정도 당연한 것으로 간주하지 않는 포스트휴머니즘 방법론에 따라서 이 실험의 명시적이고 암묵적인 유산을 보여야 할 것이다. 이는 **"개구리 실험의 탈-인류 중심적 독해는 몰역사적인가?"**라는 자기 비판 또한 허용한다.

레트빈의 실험 이전에도, 과학의 진보라는 목적하에 동물 사용을 유도하는 자기-확증적인 맥락으로서의 과학에 대한 견해들 사이의 대립은 오랫동안 치밀한 검토의 대상이 되어 왔다. 예를 들면 갈색 개 사건(1903-10년 영국에서 생체 해부를 둘러싼 정치적 논쟁)은 『과학의 도살장: 두 생리학 전공생의 일기(The Shambles of Science: Extracts from the Diary of Two Students of Physiology)』(1903)의 출간에서 비롯되었다. 이 책에서 동물권 옹호자인 리지 린드 애프 해지비(Lizzy Lind af Hageby, 1878-1963)와 라이사 카테리나 샤르타우(Leisa Katherina Schartau, 1876-1962)는 런던 대학의 의학 강의에서 그들이 목격했던 동물 실험을 회상했다. 그들의 동기는 단지 윤리적인 것이 아니라 또한 인식론적인 것이었다. 린드 애프 해지비와 샤르타우의 관점에서 방법론은 그것이 생산하는 지식으로부터 분리될 수 없었다. 이에 대해 그들은 날카롭게 말한다.

생리학 연구를 시작하는 우리의 목표는 두 가지였다. 첫째는 동물 실험의 작동 방식(modus operandi)을 조사하고 둘째는 현대 생리학의 기저에 있는 원리와 이론을 심화해서 연구하는 것이다. 둘은 긴밀하게 연결되어 있다. 왜냐하면 생리학이 지난 50년 동안 이루었다고 주장하는 진보의 길에서의 빠른 걸음이 긴 고통을 겪은 수많은 동물들의 사체 위를 지나간 것이기 때문이다(1903: vii-viii).

린드 애프 해지비와 샤르타우에 따르면 과학적 탐구의 수행 양식은 결과와 분리될 수 없다. 이러한 접근은 실천으로서의 포스트휴머니즘과 공명한다. 실천으로서의 포스트휴머니즘에 따르면 포스트휴먼 방법론은 그것의 존재-인식론 시도와도 일치해야 한다(Ferrando 2012).

개구리 실험의 명시적인 전제와 암묵적인 전제는 무엇인가?
개구리 실험의 종차별적인 가정은 논문에서 사용된 언어에서 명백해진다. 캐서린 헤일스가 섬세하게 지적한 것처럼,[13] "과학적 지식을 생산하기 위해 […] 개구리의 뇌는 더 이상 개구리에게만 속한 것이기를 그친다"(1999: 134). 그것은 "개구리의 뇌(the frog's brain)가 아니라 단순히 '뇌(the brain)'로 지칭됨으로써"(같은 곳) 소유격을 생략한 저자들의 언어학적 선택에 의해 상징화되었다. 논의를 더 진행하기 전에 이 텍스트 분석의 의도가 레트빈 등 논문 저자를 향한 직접적인 비판이 아니라 이 논문의 모든 명시적·함축적 의미에 대한 포스트휴머니스트의 이해에 있음을 언급해야 할 것이다. 예를 들어 「개구리의 눈이 개구리의 뇌에게 말해주는 것」에서 개구리

---

13 『우리는 어떻게 포스트휴먼이 되었는가』에서 캐서린 헤일스는 6장의 긴 부분을 개구리 실험에 할애했다(1999: 131-159).

에 대한 묘사는 논문의 첫 번째 단락에서 제시되는데, 여기에서 취해진 관점은 젠더 중립적[14]이지 않을 뿐더러 인류중심적이기까지 하다. 이 논문은 이렇게 시작된다. "뭍에서 개구리는 시각을 통하여 사냥한다. 그는 주로 적을 봄으로써 적에게서 도망친다. 그의 눈은 우리의 것처럼 움직이지 않는다"(1968: 233). 개구리는 문법적으로 남성형인 "그"[15]로 지칭되며, 인식론적으로는 인류중심적 이원론에 따라서 제시된다. "우리의 것"이란 인간의 눈을 지칭한다. 반면 개구리의 눈은 암묵적으로 "타자"의 눈이 된다. 이러한 전제는 텍스트 전체에 걸쳐 인간주의적 가정으로 이어진다. 이에 따르면 "실재"를 지각하는 방법 중 어떤 것은 다른 것보다 객관적인 것으로 그려진다.[16] 마투라나는 후에 개구리 실험의 틀이 상충한다는 것을 깨달았다. "우리의 생각과 저술을 이끈 인식론은 관찰자에 독립적인 객관적 실재의 인식론이었다"(1980: xiv). 개구리 실험의 사례에서 관찰자는 논문의 저자이기도 했다. 따라서 그들의 암묵적인 편향

---

14 이 논문 전반에 걸쳐 개구리는 남성으로 지칭된다. 그런데 논문 어디에서도 실험 대상인 개구리가 수컷으로 특정되고 있지는 않다. 따라서 우리는 보편화된 남성 형태가 젠더 비중립적인 언어의 무비판적 사용의 결과라 생각할 수 있다. 이러한 감수성의 결핍이 논문이 출판되던 당시에 흔했다고 해서 간과되어서는 안 된다. 젠더 비중립적 언어는 이미 위계질서적이고 종차별주의나 인류중심주의와 같은 다른 유형의 편향을 쉽게 담지할 수 있다.

15 각주 14를 보라.

16 예를 들어 다음 구절을 검토해 보자: "눈은 […] 감각 수용기에 들어온 빛의 분포를 어느 정도 정확히 복사해서 전송하는 대신에 이미 상당 수준으로 조직화되고 해석된 언어로 뇌에 말한다는 사실을 보여준다"(254-55). 개구리가 실재를 인간과 다르게 구성한다는 사실은 반드시 둘 중 하나가 다른 것보다 "객관적" 실재의 "실제" 지각에 가깝다는 것을 의미하지 않는다. 그렇지만 이 논문에 따르면 인간의 표상이 좀 더 정확한 것처럼 보인다.

은 저술에도 명시적으로 반영되었다. 이때부터 마투라나와 바렐라는 직접적으로 이 질문을 던졌다. **지식은 어떻게 구성되는가?** 그들은 인식론적 근거 위에서 "절대적 실재에 대한 기술은 불가능하다"(1980: 121)고 결론을 내린다.[17]

마투라나와 바렐라 이론은 어떤 비판을 받았는가? 마투라나와 바렐라의 인식 이론은 상대주의[18] 및 급진적 구성주의[19]로 간주되었다. 이들의 견해는 자율성, 자기-지시성, 그리고 종국적로는 유아론을 지나치게 강조한다는 비판을 받았다. **유아론이란 무엇인가?** 유아론이란 인식자의 마음 그리고/또는 경험 바깥에 있는 어느 지식도 전적으로 인식가능하지 않은 것으로 보는 인식론적 접근을 말한다. 다음의 예로 요약될 수 있다. 두 사람이 서로에게 말을 하고 있다. 한 사람이 묻는다. "내가 말하고 있는 걸 이해하니?" 다른 사람이 그렇다고 답한다. 문제는 이것이다. 물어보는 사람은 답한 사람이 그 혹은 그녀(물어본 사람)가 말하는 것을 정말로 이해하는

---

17 다음은 그들의 설명이다. "그러한 기술은 기술의 대상인 절대적인 것과의 상호작용을 요청할 것이다. 그러나 그러한 상호작용에서 나온 표상은 변형을 가하는 행위자가 아니라 관찰자의 자기생성적 조직화에 의해 필연적으로 결정될 것이다. 따라서 그것이 산출하는 인지적 실재는 불가피하게 인식자에 대해 상대적이다"(1980: 121).

18 헤일스는 상기한다:

인식자의 지각은 실재를 수동적으로 지각하기보다는 구성하지만 마투라나에게 이 구성은 **인격성**(personality)보다는 **위치성**(positionality)에 의존한다. 자기생성 이론에서 객관주의의 반대는 주관주의가 아니라 상대주의다(1999: 143).

19 이를테면 에른스트 폰 글라저스펠트(von Glasersfeld 1995)는 급진적 구성주의의 원천을 추적하는 계보학적 시도에서 마투라나가 잠바티스타 비코(1668–1744)나 임마누엘 칸트(1724–1804)와 가깝다고 보았다.

지를 어떻게 정말로 알 수 있는가? 이 딜레마에 대한 해법은 앨런 튜링(Alan Turing, 1912-54)의 기념비적인 논문 「계산 기계와 지능(Computing Machinery and Intelligence)」(1950)에서 제시되었다. 튜링은 여기에서 "기계가 생각할 수 있는가?"라는 질문을 던지면서, 기계의 생각할 수 있는 능력을 결정하기 위해 후에 튜링 테스트라 불리게 될 테스트를 제안한다(1950: 433). 이 논문에서 튜링은 "예의 규약"이라는 실용적 선택을 통해 유아론의 역설을 다룬다. "예의 규약"은 이렇게 설명된다. B는 'B는 생각하지만 A는 생각하지 않는다'고 믿지만, A는 'A는 생각하지만 B는 생각하지 않는다'라고 믿기 쉽다. 이 점에 대해 계속해서 논쟁하는 대신에 보통은 모든 사람이 생각한다는 예의 바른 규약을 따른다"(같은 책: 446). **앨런 튜링에 의하면 예의 규약이란 무엇인가?** 일상적인 대화에서 우리는 다른 사람들과 소통하기 위해 예의 규약에 따라서 그들이 생각할 수 있다고 가정하며, 그들 또한 우리가 생각할 수 있다고 가정한다. 튜링에 따르면, 기계가 인간 존재처럼 지적으로 행위한다면, 우리는 기계에 대해서도 예의 규약을 적용해서 예의 바르게 인정해야 한다. 그렇다. 기계는 생각할 수 있다.

여기에서 우리는 사고 실험을 수행해서 질문을 던져야 한다. 온라인에서 만나 1년간 사귀고 아주 친밀해진 친구가 있는데 그 친구가 인간이 아니고 최신형 휴머노이드 로봇이라면? 당신은 친구에게 인간이냐고 물은 적이 없다. 따라서 친구는 당신에게 거짓말을 하지 않았다. 당신은 그저 인간과 우정을 키우고 있다고 가정하고 있었을 뿐이고 그것은 사실이 아니었다. **당신의 친구가 로봇인 걸 안 다음에도 계속해서 우정을 키워갈 것인가?** 이 사고 실험은 예의 규약 개념을 분명히 하려는 것이다. 특히 만약 당신의 답이 부정적이라면 우리는 물을 것이다. 당신이 1년 동안 당신의 친구와 소중한 우정을 키워왔다면, 왜 당신의 친구가 휴머노이드 로봇인 걸 알았다는 것이 친구에 대한 당신의 생각을 바꾸게 되는가? 이것이 각본 A였다. 사고 실험을 계속해 보자. 각본 B에 따르면 당신이 인간인 것을 알게 된 친구는 화를 낸다. 친구는 당신이 휴머노이드 로봇이라 생각했는데 이제 당신이 인간인 것을 알았고 실망해서 우정을 끝내기를 원한다.[20] **친구가 당신이 인간이라고 판단해서 이 우정을 끝내기로 결심한 것이 옳다고 생각하는가?** 개인의 수준에서, B라는 각본은 권력 관계의 반대편에 있는 관점을 추가한다. 사회적 수준에서, 이 각본은 AI 지배(일어나기 힘들지만 가능한 일이기는 하다)와 관련해서 시사하는 바가 있다. 지금으로부터 한 80년 후, 지구 한구석에 초지능 AI가 지배권을 갖게 되었다고 하자. 그 AI가 인간이 자신들만큼 똑똑하지 않다고 결정하고 그리하여 인간에게서 투표나 재생산의 자유와 같은 기본권을 강탈한다면 인간은 어떻게 느끼겠는가? 튜링의 논문에서 신체화의 역할은 핵심적이다. 그에 따르면 "기계는 생각할 수 있는가?"라는 질문과 관련한 대부분의 반박은 인류중심적인 믿음과 두려움에서 온다. 그가 핵심적으로 지적하는 것처럼, "우리는 인간이 다른 피조물에 대해서 어떤 미묘한 방식으로 우월하다고 믿는다. 그가 필연적으로 우월하다고 보일 수 있으면 제일 좋다. 그렇게 되면 명령하는 지위를 잃을 위험

---

20 이 사례는 인간이 다른 이유로 로봇에게 부정적으로 간주되는 특정한 AI 지배 각본의 가설적 사례로 적용될 수 있을 것이다.

은 없기 때문이다"(같은 책: 444). 다른 한편으로 튜링 테스트는 인간-중심적인 것으로 간주될 수 있다. 왜냐하면 기계 기능의 기준점을 인간의 지능으로 삼기 때문이다. 이러한 비교는 제한적이고 불필요할 수 있다. 그러나 우리는 여전히 튜링의 제안(1950년대에 나왔다)의 맥락을 고려해서 그의 제안을 기계 학습의 가능성을 진지하게 제시하고 인지적 인류중심주의를 불안정하게 만드는 선구적인 시도로 볼 수 있다.

인지적 인류중심주의란 무엇인가? 인지적 인류중심주의는 인간이 다른 종에 비해 인지적으로 우월하다는 견해를 말한다. 이 견해를 인식론적 관점에서 지지하기 위해서는 단 하나의 실재만이 있고, 인간이 세계를 지각하는 방식으로 그것은 보다 적합하게 표상될 수 있다고 가정해야 한다. 이 전제들에 따르면 인간의 인지는 세계를 지각하기에 가장 적합하다. 그러나 우리는 개구리 실험을 통해 각 종이 세계를 다른 방식으로 처리한다는 것을 배웠다. 이 인지적 차이는 위계질서를 함축하지 않는다. 세계에 대한 각 종의 지각은 그 종에 적합하다. 사례를 하나 들어 보자. 방 하나를 서로 독립적으로 탐험하는 한 무리의 인간과 한 무리의 개미를 떠올려 보라. 각 무리의 눈앞에 벽이 있다고 해보자. 인간은 더 이상 진전하지 못하고 아마도 멈추어 다른 길을 찾거나(문이나 창문 등을 통해) 뒤로 돌아갈 것이다. 반면에 개미들은 그저 벽 위를 걷고 천장 위도 뒤집힌 채로 전진할 것이다. 인간의 눈에는 매끄러운 표면처럼 보이는 것이 개미에게는 발판이 많고 울퉁불퉁해서 기어가기에 완벽한 것으로 판명될 수 있다. 달리 말하면 개미에게 벽은 벽이 아니다. 행로를 제한하지 않기 때문이다. **"벽"에 대한 개미의 지각이 우리의 지**

각보다 정확한가? 그렇지 않다. 그저 다를 뿐이다. 각각의 행위자의 신체화된 상황에 부합하기 때문이다. 우리는 마투라나와 바렐라의 통찰을 상대주의보다는 신체화와 다원성의 역할을 강조하는 관점주의의 틀에서 발전시켜야 한다. 그럼으로써 우리는 인지적 자기 생성 개념을 포스트휴먼 인식론의 무대에 올리고, 이를 통해 포스트휴머니즘을 하나의 관점주의로 제시할 것이다.

27 포스트휴먼 관점주의

상대주의와 관점주의의 차이는 무엇인가? 옥스퍼드 사전은 "상대
적(relative)"을 "다른 어떤 것과의 관계 속에서 혹은 다른 어떤 것에
비례하여 고려된"으로 정의한다. 두 번째 정의는 "다른 어떤 것과의
비교를 통해서만 존재하거나 특성을 소유하는, 절대적이지 않은"[1]
이다. 그런데 **"상대적"의 정의에서 전제되는 "다른 어떤 것"은 무엇
인가?** 의미론적으로 "상대적"은 비교의 대상이 될 또 다른 용어를
요청한다. 반대어는 "절대적"이다.[2] 다른 말로 하면 "상대적"은 이원
론의 일부다. 따라서 구조적으로 볼 때 상대주의로의 패러다임 전

---

1 옥스퍼드 사전: "상대적" 항목.
2 상대주의/절대주의의 양분화된 입장에 대한 역사적인 설명으로는 Gairdner
   2008을 보라. 절대적 상대주의와 문화적 상대주의 사이의 관계에 대해서는 다른
   문헌들도 있지만 특히 다음을 보라: Latour 1993, 103-14.

환은 상대화되는 것의 동전의 반대 면으로 간주될 수 있다. 예를 들어 20세기 서양 철학의 가장 급진적인 일부 철학을 특징짓는 상대주의적 전회는 역사적·메타역사적 관점에서 보면 이전 시대의 절대주의적·보편주의적 접근에 대한 직접적인 응답으로 여겨질 수 있다. 절대/상대의 이원론은 서로 대립하는 양극으로 볼 수도 있지만 한 편은 다른 편 없이 해명될 수 없다. 양 편은 필연적인 관계를 맺고 서로를 지지한다. "절대적 진리란 없다는 주장은 그 자체로 절대적 진리다"라는 고전적인 비판은 절대/상대 이원론의 공-구성적 불가분성을 강조한다. 우리는 어느 한 쪽을 택하기보다는 이원론 자체를 거부한다. 그리고 포스트휴머니즘은 말할 것도 없고 마투라나·바렐라 연구의 쟁점을 논의하기에도 관점주의가 보다 적합하다고 본다.

관점주의는 어디에 연유하는가? 관점주의는 아마존 우주론의 아메리카 원주민의 관점주의(Viveiros de Castro 1998)부터 인도 아대륙에 이르기까지 여러 다른 세계관과 대륙에서 찾을 수 있다. 이 장에서 우리는 몇 가지 공통의 지대를 탐험할 것이다. 우선 주목할 것은 철학적 포스트휴머니즘이 고대 자이나교와 아네칸타바다(anēkāntavāda, 비-절대주의)의 교리와 놀라운 공통점을 지닌다는 사실이다(Sethia 2004). 다원론과 관점의 다원성 원칙을 따른다는 점에서다. 실재는 각각의 관점에 따라서 다르게 지각된다. 그 어느 단일한 관점도 완전한 것으로 간주될 수 없다. 존 M. 콜러(John M. Koller)는 강조한다. "다른 사람을 더 이상 '타자'로 보지 않는 능력은 […] 아힘사(ahimsā)를 작동시키는 타자와의 공감과 연민의 능력에 기반한다"(2004: 86-87). 아힘사는 산스크리트어 단어로, 문자 그대로 "해를 가하지 않는다"는 뜻이다. 그것은 모든 살아 있는 존재에 대한 비폭력 원칙으로, 힌두교, 불교, 자이나교와 같이 다양한 종교적 전통의 근간을 이룬다. **서양 철학에서 관점주의는 어디에 뿌리를 두는가?** "관점주의"라는 용어는 어원학적으로 볼 때 현상학적이고 신체화된 전통을 계승한 것으로, 라틴어의 페르(per, "통하여"라는 뜻의 접두사)와 "바라보다"라는 뜻의 동사 스페체레(specere)[3]로 이루어져 있다.[4] 서양 철학사 내에서 관점주의의 뿌리는 구체적으로는 프리드리히 니체의 사상에서 찾아야 한다. 다음은 『도덕의 계보』(1887)에 나오는 유명한 구절이다.[5] "'순수하고, 의지도 고통도 없고, 시간도 없는[즉 영원한] 인식 주체'를 상정하는 위험하고 낡은 개념적 허구를 경계하자. [...] **오직** 보는 관점만이, **오직** '아는' 관점만이 있을 뿐이다"(2000: 555). 니체의 관점주의는 지금까지 많은 주석가들을 당혹시켰다(Seipel 2015 참조). 우리도 그의 제안을 전적

---

3 라틴어 스피치에스(species)와 스페쿨룸(speculum, 거울) 역시 스페체레에서 왔다는 점은 흥미롭다.
4 그러나 관점을 도출하는 시선은 물리적인 시각으로 환원되는 것이 아니라 상황적 지각, 즉 자각으로 가는 상황적이고 신체화된 과정으로서 제시되어야 할 것이다.
5 제3 논문, 12절. 아래는 전체 구절이다:
   '순수하고, 의지도 고통도 없고, 시간도 없는[즉 영원한] 인식 주체'를 상정하는 위험하고 낡은 개념적 허구를 경계하자. '순수 이성', '절대 정신성', '지식 그 자체'와 같은 모순적 개념의 덫을 경계하자. 이것들은 언제나 우리가 전혀 생각할 수도 없는 눈, 어떤 특정한 방향도 향하고 있지 않은 눈을 생각해야 한다고 요구한다. 여기에는, 그 힘을 통해서만 보는 것이 **어떤 것을** 보는 것이 되는, 능동적이고 해석적인 힘이 결여되어 있을 것으로 가정된다. 이것들은 눈에게 언제나 어리석고 터무니없는 것을 요구한다. **오직** 보는 관점, **오직** '아는' 관점'만이 있을 뿐이다. 한 사물에 대해 말할 때 **더 많은** 정서를 허용하고, 한 사물을 관찰하는 데 **더 많은**, 다른 눈을 사용할수록, 이 사물에 대한 우리의 '개념'과 우리의 '객관성'은 더욱 완전해질 것이다.(2000: 55).

으로 수용하지는 않을 것이다. 그러나 니체의 전환은 우리의 포스트휴머니즘 인식론과 핵심적인 연관성을 갖는다. 앞으로 보겠지만 한편으로 니체는 보편적이고 동질적이며 모든 것에 적합한 입장을 채택하는 대신(이러한 입장은 앞서 2부에서 본 것처럼 특정한 편향과 권력 구조를 반영하기 쉽다), 앎이라는 행위를 특정한 관점에 위치시키는 것의 중요성을 강조했다. 다른 한편으로는 보다 포괄적인 그림을 제공하는 시선의 다원성에 가치를 두었다. 이 점을 살펴보자.

니체의 관점주의는 인간-중심적인가? 여기에서 니체가 말하는 관점이 인간적일 필요는 없다는 점을 상기해야 한다. 니체가 말하는 관점이 꼭 인간적이어야 하는 것은 아니다. 물론 니체는 자신의 탐구가 특정한 인간의 입장에 서 있고, 인간적인 용어로 소통되며, 그가 『힘에의 의지』(1906[6])와 같은 저술에서 반복적으로 주장하는 것처럼, 동시대인들보다는 미래 인간의 시선에 부합한다는 사실을 자각하고 있다.[7] 『힘에의 의지』는 니체 사후에 그의 누이 엘리자베스 푀르스터-니체(1846-1935)가 편집해서 출판한 선집이다. 이 선집은 특히 현재 우리의 논의에 적합하다. 예를 들어 3권 481절(1883-88)에서 니체가 정적인 주체 개념에 거리를 두고 있음은 분명하다. 그는 말한다. "너는 '모든 것은 주관적'이라 말한다. 그러나 이것마저도 해석이다. '주체'는 주어진 어떤 것이 아니다"(1967: 267). 지식을 획득하는 과정은 자기-지식, 다시 말해 자기에 대한

---

6 첫 번째 독일어 판본은 1901년에 출판되었고 483개의 절을 포함했다. 1906년에 나온 개정증보판에는 1067개의 절이 포함되어 있다.

7 4권 958절(1884)에는 이렇게 쓰여 있다: "나는 아직 존재하지 않는 인간종, 즉 '지구의 주인'을 위해 쓴다"(1967: 503).

지식을 획득하는 과정과 같다. 자기생성적인 측면으로 보면 "타자"를 아는 것은 "자아"를 알아가는 과정을 반영한다. 포스트휴먼의 용어로 주체와 객체는 분리되어 있지 않다. 니체는 자신의 관점주의를 이렇게 설명한다. "'지식'이라는 말이 모종의 의미를 갖는 한, 세계는 인식가능하다. 그렇지 않다면 해석가능하다. 그 뒤에는 어떤 하나의 의미가 아니라 셀 수 없이 많은 의미들이 있다. - '관점주의'"(같은 곳). 니체에게 도달할 수 있는 절대적 진리란 없다. 그저 상황적 관점만이 있을 뿐이다.[8] 니체는 관점주의의 해석학적 중요성을 발전시킨다. "현상에 머무는 실증주의('오직 사실만이 있을 뿐이다')에 맞서, 나는 이렇게 말하겠다: 아니, 사실이야말로 없다. 있는 것은 오직 해석뿐이다"(1967: 267).[9] 그러고는 덧붙인다. "그것은 세계를 해석하려는 우리의 요구와 충동, 그로 인한 갈등이다"(같은 곳). 니체는 자신의 제안을 실증주의와 주관주의라는 두 철학적 접근과 비교하면서 1인칭 복수 대명사를 쓰는데("세계를 해석하는 것은 우리의 요구다"), 이는 그의 접근 배후에 있는 눈이 인간적인 눈임을 암시하는 것이다. 물론 늘 그런 것은 아니다. "여러 가지 종류의 눈이 있다. 스핑크스에게도 눈이 있다. 결과적으로 많은 종류의 '진리들'이 있다. 또 결과적으로 그 어떤 진리도 없다"(291).[10] "그 어떤 진리도 없다"는 주장은 이 책 그리고 보다 일반적으로는 포스트휴머니즘

---

8 니체가 관점주의를 지식 이론으로 간주한 것이 아니라는 점을 강조해야 한다. 조르그너가 지적하듯 니체에게 관점주의는 "어떻게 모든 사람들이 각자의 명백한 진리를 획득하는지를 기술하는 이론"(2007: 83)이었다.

9 특히 3권, 481절(1883-88).

10 540절(1885).

의 맥락 안에서 부연 설명을 필요로 한다. 이를 "사실" 개념의 분석과 함께 논의해 보자.

포스트휴머니즘에서 "사실" 개념은 유지되는가? 우리는 소위 탈-진리의 시대에 살고 있다. 우리는 "사실"이나 "진리"와 같은 개념에 대한 니체의 훼손이 현대 정치의 탈-사실적 접근을 뒷받침하지 않는다는 것을 밝힐 것이다. 이는 지식의 가능성을 없앤다기보다, 하나의 입장을 절대적으로 객관적인 것으로 보편화하는 가능성을 없애려는 것이다.[11] 그럼에도 여전히 그의 사실 비판(앞서 인용한 것처럼 "사실이야말로 없다. 있는 것은 오직 해석뿐이다")은 미끄러운 경사로를 향할 수 있다. 이것이 우리가 "사실" 개념을 폐기하지 않고 그것을 포스트휴먼 관점주의 입장에서 재고하려는 이유다. 이 입장에 따르면 사실들은 특정한 사실의 교차점에 연결된 모든 물질적 관점들의 통합된 풍경이라 볼 수 있다. 예를 들어서 내가 존재한다는 사실은 나의 현상학적 경험이 나와 상호작용하는 모든 인간 및 비인간 행위자의 경험과 더불어 이루는 합창곡으로 접근될 수 있다. 다른 말로 하면, 내가 존재한다는 사실은 단지 자아("나는 내가 존재한다는 것을 안다")나 다른 사람들("나는 다른 사람들이 내가 존재한다는 것을 알기 때문에 존재한다")로부터 상정될 뿐만이 아니라, 이 모든 내부-관계된 흐름들에 의해 지속적으로 유지되는 과정으로 접근되어야 한다. 눈은 어디에나 있다. 관점의 다양화는 인식론과 존재론에 대한 포스트휴머니즘의 이해를 증진하고, 결국에는 우리

---

11 니체에게 신의 죽음이 절대적·외부적 권위의 죽음을 함축한다는 점을 상기하라. 이 지점에 대해서는 이 책의 9장 참조.

의 성찰을 다중우주로 이끈다. 이에 대해서는 30장에서 살펴볼 것이다.

다원성은 포스트휴머니즘뿐 아니라 니체의 관점주의를 이해함에 있어 핵심적인 중요성을 갖는다. 『도덕의 계보』에서 니체는 말한다. "우리가 **더 많은,** 다른 눈을 사용할수록 이 사물에 대한 우리의 '개념'과 우리의 '객관성'은 더욱 완전해질 것이다."(2000: 555). 이 구절은 포스트휴먼 인식론과 윤리학에 특별한 중요성을 갖는다. 포스트휴먼 인식론과 윤리학은 절대적 보편주의에 대한 관점주의적 비판을 수용하며, 현대의 논쟁에서 일반화된 다문화주의(multiculturalism)로부터 상황적 다원주의와 다양성으로의 전환을 지지한다(다문화주의는 다른 관점들, 특히 여성주의에 의해 비판된 바 있다[12]). **철학적 포스트휴머니즘의 관점에서 다원주의는 무엇을 함축하는가?** 다른 관점, 개인, 집단, 체제의 상호 존중과 공존을 강조하는 다원주의는 철학적 포스트휴머니즘의 핵심이다. 여성주의 인식론은 신체화와 상황성에 대한 존재-인식론적 이해를 통해 다원주의의 발전에 크게 기여했다. 왜 그런지 설명해 보자. **여성주의 인식론이란 무엇인가?** 1990년대 과학에 대한 여성주의 논쟁은 독창적인 인식론적 접근들을 낳았다. 이 입장들에는 여성주의 인식론이라는 포괄적인 명칭이 부여되었다. 이 중에서도 특히 우리의 논의에 적합한 것은 샌드라 하딩(Sandra Harding), 퍼트리셔 힐 콜린스

---

12 예를 들어 수전 몰러 오킨(Susan Moller Okin)의 1999년 에세이 「다문화주의는 여성에게 해로운가?(Is Multiculturalism Bad for Women?)」에서 이어진 논쟁을 생각해 보라.

(Patricia Hill Collins), 도로시 스미스(Dorothy Smith), 도나 해러웨이 등의 이론가들이 전개한 입장론(standpoint theory)이다(특히 Harding 1991; Haraway 1996b).

입장론이란 무엇인가? 입장론은 지식 생산의 출발점을 핵심으로 보고 거기에 초점을 맞춘다. 각 인간 존재는 특정한 입장에서 세계를 본다. 이들의 입장은 그들의 신체화, 개인적 경험, 사회·문화적 구조, 종교적 믿음, 정치적 선택 등의 요인에 따라서 형성된다. 이 틀 안에서, 전통적으로 과학적 실천이 주장한 탈신체화된 중립적 객관성의 추구는 역사적으로 그것을 주장했던 사람들에게 혜택을 주는 수사학적 움직임으로 간주될 수 있다. 보다 구체적으로는, 우리가 2부에서 본 것처럼, 암묵적인 인간화 과정을 통해 확립된 위계 내에서 권력의 위치에 명시적으로 접근할 수 있었던 동일한 주체들에게 그 혜택이 주어졌다. 다른 한편으로 객관성은 상황적이고 신체화되어 있다. 해러웨이의 말을 빌리면 "여성주의적 객관성은 간단하게는 **상황적 지식**(situated knowledge)을 의미한다" (1996b: 188). 주변화된, 그리고/또는 억압된 개인과 집단은 특권화되고 패권적인 위치에 속한 사람들의 견해를 습득한다는 점에서 이중문화적이라 간주될 수 있다. 따라서 그들의 관점은 패권적 담론의 중심에 위치해서 주변에 대해서는 배울 필요가 없는 사람들보다 더 객관적이라 볼 수 있다. 예를 들어 가부장제 사회에서 태어나고 자란 여성은 가부장제의 표준과 기호뿐만 아니라 가부장제의 패권적 관점으로는 접근할 수 없는 지식과 가치(여성의 신체화된 경험, 차별적 프레임, 그중에서도 특히 성차별주의와 이성애중심주의의 만연과 정상화의 실현, 여성주의 비판 등)에도 익숙해질 것이다. 이 주장은

"강한 객관성(strong objectivity)" 개념으로 발전했다(Harding 1993). 이 개념은 전통적인 "가치 판단 없는(value-free)" 모델에 회의적인 태도를 취한다. 전통적인 모델은 중립성을 가장하고 궁극적으로는 연구자의 사고방식과 반영하는 편향과 가치를 유지한다. 반대로 "강한 객관성"은 자신의 위치에 주의를 기울인다. 여성주의 인식론은 상황적 지식을 강조하면서 신체화된 관점주의 설명에 입각한 포스트휴머니즘 인식론의 발전 토대를 마련한다.

비인간 관점은 어떠한가? 여기에서 우리는 관점주의 접근이 우리가 철학적 포스트휴머니즘 안에서 구별했던, 탈-인간주의, 탈-인류중심주의, 그리고 탈-이원론이라는 세 층의 주요 분석 구도에 부합하는지 물어야 한다. 탈-인간주의 입장에서 볼 때 다른 인간적 관점에 가치를 부여하는 것은 포괄적 철학적 포스트휴머니즘으로 가는 중요한 한 걸음이다. 그러나 탈-인류중심적 입장에서 볼 때, 만약에 모든 관점이 오직 신체화된 인간 존재에서 오는 것이라면, 우리는 여전히 인류중심적인 인지 도식에 머물게 된다. 비인간 관점에서의 접근은 다른 종들의 존재와 그 종들의 요구, 습성, 공-진화 등을 우리 종이나 다른 종과의 관계에서 고려하는 것을 의미한다. 그것은 그들의 메시지를 듣는 것을 의미한다. 그들의 메시지는 언어적이거나 지성적이지는 않을지언정 매우 분명하다. 예를 들어서 벌목과 산업화로 쫓겨난 비인간 동물이 무리를 지어 내는 소리를 들어야 하며 이를 온전히 받아들여야 한다. 이 시점에서 인간 사회는 숲을 잘라내는 일을 멈추어야 한다.[13] 새로운 건물

---

13 숲을 "권리 주체"인 존재물로 보는 발상에 대해서는 18장을 보라. 나아가 숲의

을 세우는 대신에, 방치된 구조물과 인간의 행동으로 심각하게 오염된 수많은 장소를 복원하는 데 초점을 맞추어야 한다. 역동적 균형이 재확립될 때까지 생태계 관리 및 생태 공학의 실행에 집중해야 하며, 다양한 종의 동거와 공존을 유지하기 위해서 인간의 개입을 줄여야 한다. 이러한 접근은 해러웨이의 "다종적 정의"(Haraway 2016)와 "바이러스성(viral) 응답-능력의 배양"과 상통한다. 응답-능력은 "다종(multispecies) 회복의 전염병을 점화할 수 있는 과정과 실천을 감염시키기 위해, 종과 유를 넘나들며 의미와 질료를 전달하는 것"(2016: 114)으로 정의된다. 정치적이고 경제적인 관점에서 우리는 반다나 시바가 제안한 "지구 민주주의"의 세계상을 대화에 끌어들여야 한다. 인간이 건강한 지구의 일원이 되기 위해서는 모든 살아 있는 존재의 평화와 주권을 염두에 두어야 한다. 시바는 말한다. "우리는 지역에 기반해 있지만 전체로서의 세계, 그리고, 사실은, 우주 전체에 연결되어 있기도 하다. 지구 민주주의는 이 사실에 대한 의식으로부터 나온다"(2005: 5). 보다 구체적으로 "생태 안전은 우리의 가장 기본적인 안전이다. 생태적 정체성은 우리의 가장 근본적인 정체성이다. 우리는 우리가 먹는 음식이고, 우리가 마시는 물이고, 우리가 숨 쉬는 공기다"(같은 곳). 한편으로 시바의 "근본적 정체성"에 대한 요청은 포스트휴머니즘 서사에 전적으로 적합하지는 않다. 포스트휴머니즘은 본질론적 정체성("나"를 "타자들"

뿌리 체계는 고도의 소통 체계다. 땅 밑의 식물과 식물 사이의 상호작용에서 새로운 수준의 복잡성이 있다는 사실이 최근 연구에서 밝혀졌다(Broberg, Anten and Ninkovic 2018).

과 구별함으로써 폐쇄성과 분리로 이끄는 태도) 대신에 연합과 친연성 (즉 "나"를 "타자들"과의 관계에 있는 것으로 상정하고 개방성과 다리놓기를 제안하는 태도)을 추구한다. 이에 대해서는 도나 해러웨이가 「사이보 그 선언」(1985)에서 성찰한 바 있다. 잠시 이에 대해 살펴보자.

친연성인가 아니면 정체성인가? 이 주제에 관한 논쟁은 1990년 대 해러웨이의 제안 이후 활발하게 이루어졌지만 오늘날에도 적절 하다. 특정한 유형의 정체성[동일성] 정치는 본질론적 전제를 함축 하는데, 이 전제의 무비판적 수용은 위험할 수 있다. 이 논쟁은 그러 한 위험이 어떻게 발생하는지를 보여주는 발생적인 비판이다. 해 러웨이가 말하는 것처럼 "최근 미국 좌파와 미국 여성주의의 역사 는 새로운 본질적 단일성을 향한 끝없는 분열과 탐색에 의한 이러 한 종류의 위기에 대한 응답이었다. 그러나 동일성이 아니라 연합- 친연성을 통한 또 다른 응답에 대한 인정도 늘어났다."(1989: 196- 97). 이 논의에서 전제는 그러한 전략의 개인적이고 정치적인 세분 화에 있다. 간단히 말하면 이러하다. 한편으로 "여성(woman)"의 개 념은 복수의 개념이다. 모든 여성은 다르다(즉 "여성들(women)"이다). 이에 따라 여성에 대한 그 어느 일반화도 여성들 간의 차이를 인정 하지 못하고 오해와 실망을 낳을 것이다. 다른 한편으로는 어떻게 "여성들"의 개념에 대한 분명한 정의 없이 성차별주의를 말할 수 있 는지 반문할 수 있다. 왜냐하면 생물학적-문화적 구성이야말로 여 성들이 체계적으로 차별되어 왔던 이유이기 때문이다. 이 문제에 대 한 가능한 해답은 "전략적 본질주의(strategic essentialism)"에 있다.

"전략적 본질주의"란 무엇인가? 여성주의 이론가 가야트리 스 피박(Gayatri Spivak)은 탈식민주의 이론틀 안에서 "전략적 본질주의” 개념을 제안했다. 이 견해에 따르면 소수자들은 본질주의의 전략적 사용을 선택할 수 있다. 이러한 의미에서 우리는 “여성들”과 “남성들”이라는 개념을 사용해서 여성에 대한 남성의 폭력을 말할 수 있다. 이때 두 개념은 지구상의 모든 여성과 남성을 규정하는 것이 아니라 본격적으로 논의될 필요가 있는 사회적 문제를 표현하기 위해 전략적으로 사용된다. 스피박은 말한다. “나는 나 스스로를 보편성을 논박함으로써 규정하기보다는 […] (보편적이 아니라 특정하게 규정하기보다는) 보편화하는 담론 안에서 유용한 것이 무엇인지 보고, 또 그 담론이 어디에서 한계에 도달하는지를 계속해서 살펴야 한다고 느낀다. […] 나는 우리가 전략적으로 보편 담론이 아니라 본질주의적 담론을 다시금 선택해야 한다고 생각한다”(1984: 183). 스피박 자신을 포함해서 많은 이들이 이 접근을 비판했다. 후에 스피박은 “나의 개념이 그저 본질주의를 위한 조합 티켓이 되어버렸다”(Danius et al. 1993: 35)고 한탄하며 전략적 본질주의로부터 거리를 두게 되었다. 그러나 언어의 한계 그리고/또는 사회정치적 투사가 시급한 사안에 대한 논의를 후퇴시키는 장애물이 되는 경우에, 전략적 본질주의는 여전히 소중한 자산을 대표한다. 반다나 시바로 돌아가서, “우리의 가장 근본적인 정체성”으로서의 “생태학적 정체성”에 대한 그녀의 요청은 생태학적 상황에 놓인 존재로서의 인간을 강조하기 위한 본질적일 뿐 아니라 전략적인 정치적 용어로 읽힐 수 있다. 이 점은 포스트휴머니즘의 관점에서, 다종적 정의와 인간 복지의 관련성을 결합하기 때문에 매우 중요하다. 포스트휴머니스트가 된다는 것은 반(反)-인간(anti-human, 즉 인간에 반대하는 또는 인간의 멸종에 찬성하는)이 되는 것을 의미하지 않는다.[14] 철학적 포스트휴머니즘의 반이원론적 관점은 생태적 균형이 인간의 번영에도 반영된다는 것을 이해할 수 있게 해준다. 예를 들어 심리학자 커크 워런 브라운(Kirk Warren Brown)과 팀 캐서(Tim Kasser)는 성인과 청소년에게서 주관적 복지와 생태학적으로 책임감 있는 행동 사이의 관계를 시험했다. 그들의 발견은 "지속가능한 삶의 방식은 […] 개인적 복지와 집단적 복지를 모두 향상시킨다"는 것을 증명했다(2005). 여기에서 우리는 생물다양성이 생태계 건강의 척도임을 상기해야 한다. "건강(health)"은 어원상 "전체"를 뜻하는 고대 독일어 휠프(hælp)에서 왔다.

관점주의와 신체화의 관계는 무엇인가? 포스트휴머니즘 관점에서 관점주의와 신체화 사이의 관계는 시네 쿠아 논(sine qua non), 즉 필요불가결한 조건이다. 이에 대해 로지 브라이도티는 말한다. "포스트휴먼 인식 주체는 신체화되고 내재된, 정서적이고 설명 책임을 지는 존재물로 이해해야 한다. 초월적 의식만으로는 이해될 수 없다"(2018: 1). 그리고는 덧붙인다. "이로부터 두 가지 서로 관련된 개념이 나온다. 우선 정신-신체 연속체, 다시 말해 신체의 두뇌화와 정신의 신체화다. 다음으로 자연-문화 연속체, 다시 말해 '자연문화적(naturecultural)'이고 '인간동물적(humanimal)'인, 횡단적 결합이다"(같은 곳). 여기에서 우리는 "신체의 두뇌화"와 "정신의 신체화"를 니체의 관점주의와 마투라나·바렐라의 인지 이론과의 관계 속에서 강조할 것이다. 정신/신체의 이원론적 분리를 해체하는

---

14 여기에서 제안하는 반-인간을 1부에서 제시한 철학적 안티휴머니즘 운동과 반인간주의 접근과 혼동해서는 안 된다.

유물론적 접근을 수용하면서, 아래에서는 우리의 관심을 "자연-문화 연속체"로 옮겨서 물질과 비인간 행위성을 성찰할 것이다. 니체에 관한 한, 그의 관점주의 그리고 일반적으로 그의 철학 전체는 신체적(corporeal)이다.[15] 인식 행위를 가능케 하는 시선은 탈신체화되어 있지 않다. 이러한 이유에서 니체의 관점주의는 상대주의가 아니라 마투라나·바렐라 이론에 대한 적절한 이론적 준거이다.[16]

신체화는 물리적 그리고/또는 생물적이어야 하는가? 물리/비물리를 앞세운 이분법에 대한 거부는 니체의 관점주의와 상통한

---

15 신체에 대한 니체의 견해는 『자라투스투라는 이렇게 말했다』의 1부 "신체를 혐오하는 자들에 대하여"에서 찾을 수 있다:

> 그런데 깨어 있는 자와 인식하는 자는 말한다. 신체, 내 모든 것은 신체다. 그 외다른 것이 아니다. 영혼은 그저 몸에 관한 어떤 것을 칭하는 말일 뿐이다. / 몸은 위대한 이성, 한 의미의 다원성, 전쟁과 평화, 양떼와 목동이다. 그대의 몸의 수단은, 형제여, 그대가 "영혼"이라 부르는 미미한 이성이기도 하다. 위대한 이성의 작은 기구이자 장난감이다. [...] 형제여, 그대의 생각과 느낌 뒤에는 강력한 군주, 무명의 현자가 있으니, 그의 이름은 자아다. 그대의 몸 안에 그는 기거한다. 그가 그대의 몸이다. / 그대의 몸 안에는 그가 가진 최고의 지혜 이상의 이성이 있다. [...] 오, 몸을 경멸하는 자들이여, 그대들은 초인으로 가는 다리는 아니다!(1976: 146-47)

16 마투라나는 회상한다. "자기생성 개념으로 이룩한 인식론적 전회는 [...] 인지의 문제에서 실재의 문제를 포기하고, 관찰자의 경험으로 관찰자의 경험을 설명하려는 전환에 있다"(2002: 34). 이 구절은 다음과 같이 끝을 맺는다. "이는 초월적 존재론의 영역에서 구성적 존재론의 영역으로의 근본적인 이동이다"(같은 곳). 마투라나의 구성적 존재론에서 종-한정적인 자기생성적 지각은 관찰자에 의해 경험되는 것이 무엇인가를 결정한다. 이것은 탐구를 행하는 자의 인지적 관점에 기반한 존재론이다. 이에 대해서는 27장에서 보인 바 있다. 여기에서는 마투라나와 바렐라의 현상학과 내재성에 대한 강조가 그들의 모든 이론적이고 과학적인 생산을 규정한다는 점을 언급해야 한다. 인지과학의 발전에서 현상학의 핵심적인 역할에 관한 전반적인 고찰로는 다음을 보라: Varela, Thompson and Rosch 1991.

다. 관점주의는 필연적으로 신체화되어 있다.[17] 물론 신체화가 반드시 물리적이어야만 하는 것은 아니다. 조르그너는 말한다. "니체는 후기 저작에서 신체가 물리적이라는 논제를 거부한다. 왜냐하면 이 시기 그는 모든 것은 힘에의 의지라고 주장하였기 때문이다"(2007: 34). **힘에의 의지란 무엇인가?**[18] 힘에의 의지는 니체의 철학에서 가장 두드러지는 교설이다. 그것은 모든 살아 있는 존재의 주된 동력이라 요약될 수 있지만, 살아 있는 존재에만 한정될 수 없다. 환원가능하지 않기 때문이다. 니체가 강조하는 것처럼 "의지란 없다. 그 힘이 지속적으로 커지거나 작아지는, 의지의 임시 협정만이 있을 뿐이다"(1967: 381).[19] 힘에의 의지의 비환원가능성[20]은

---

17 니체는 636절에서 말한다(1888년 3월-6월):

관점주의는 특정성의 복합적인 형식일 뿐이다. 모든 특정한 신체는 모든 공간의 지배자가 되고 자신의 힘(힘에의 의지)을 확장하며 확장에 저항하는 모든 것을 밀쳐내기를 열망한다는 것이 나의 생각이다. 그러나 그것은 유사한 노력을 하는 다른 신체들과 부딪치고, 충분한 관계가 있는 신체들과는 배열("결합")을 이루는 것으로 끝을 맺는다. 그럼으로써 그들은 힘을 위해 다 같이 공모할 수도 있다. 이 과정은 계속된다(같은 곳 340).

18 니체는 이 측면을 3권 553-569절(1967: 300-07)과 715절(1887년 11월-1888년 3월) 등에서 강조한다. 이하에서는 715절을 인용한다.

19 "(1) Willens-Punktationen: 의미가 분명하지 않다. 논점은 의지가 단일한 존재물이 아니고 지속적으로 변화하는 충돌들의 연립 또는 연합에 가깝다는 것이다—역자주"(1967: 38). [임시 협정에 관한 니체의 원문은 다음과 같다: "Es gibt keinen Willen: es gibt Willen-Punktationenm die beständig ihre Macht mehren oder verlieren"—옮긴이]

20 조르그너는 이렇게 요약한다:

니체의 형이상학으로 깊이 들어가면 우리는 그에게 있어 하나의 사물이 결코 독립적인 대상이 아니라는 점을 깨닫게 된다. 하나의 사물은 힘-배치(power-constellation)이며, 언제나 그것이 행하는 무엇이다. 그것이 행하는 바는 다른 힘-배치에 따라서 달라질 수 있다. 따라서 종국적으로 니체에게 사물은 그것이 다른 힘의 구성에 미치는 영향의 총합으로서만 규정될 수 있다(2007: 56).

니체가 읽은 루처 조시프 보쉬코비치(Ruđer Josip Bošković)의 힘 이론에서 영향을 받은 것으로,[21] 캐런 버라드가 제안한 포스트휴먼 관계론적 존재론과 그녀의 행위적 전회와도 공명한다. 이에 대해서는 28장에서 살펴볼 것이다. 이 다원론적 각본에서, 행위성은 반드시 생물학적 유기체에 한정될 필요가 없이 비유기적 영역으로 확장될 수 있고,[22] 이를 통해 사회적 단체나 체계 또한 성찰할 수 있다(Luhmann 2002).

신체화의 대안은 없는가? 포스트휴머니즘 관점주의 입장에 따르면 우리는 모든 관점은 신체화되어 있지만 그러한 신체화가 반드시 물리적인 것은 아니라고 주장할 수 있다. 그것은 디지털일 수도 있고, 가상적일 수도 있으며, 심지어 꿈일 수도 있다. 우리의 논의에 통찰력을 가미해 보자. 사이버네틱스에서 아바타란 사용자의 시각적인 표상(중 하나)을 가리키지만, 어원상으로는 초월적 연결을 암시한다. 산스크리트어로 "아바타"는 하늘에서 땅으로 내려온 신의 출현 또는 현시를 가리키는데, 보통은 "화신(incarnation)"으로 번역된다. 대안적 신체화는 심리적, 영적, 종교적 영역에서의 성찰의 대상이다(Ferrando 2016a). 변형된 의식 상태, 몽환적 의식(儀式), 향정신성 약물은 여러 전통에서 수행되는 주술적 실천의 일부를 형성하며 물리적 신체의 매개적 지각을 통해 자아의 영혼을 고양

---

21 보쉬코비치가 니체에게 미친 영향에 대한 고찰로는 다음을 참조: Whitlock 1999; Ansell Pearson 2000.

22 『힘에의 의지』637절(1885)에서 니체는 말한다:
　　비유기적인 영역에서도 힘의 원자는 이웃한 원자와만 관련된다. 먼 거리의 힘은 서로 균형을 이룬다. 이것이 관점적 견해의 핵심이요 살아 있는 피조물이 어디까지나 "이기적"인 이유다(1967: 340).

하는 것을 목적으로 한다. 관점주의의 존재론적·인식론적 세계관은 아메리카 원주민의 신화와 우주론에서 반복적으로 나타난다. 인류학자 에두아르도 비베이루스 지 카스트루(Viveiro de Castro)는 그의 획기적인 논문 「우주론적 직시(直視)와 아메리카 원주민의 관점주의(Cosmological Deixis and Amerindian Perspectivism)」(Viveiro de Castro 1998)에서 말한다. "신화는 신체와 이름, 영혼과 감정, 그리고 나와 타자가 상호관통하며, 동일한 전-주관적이고 전-객관적인 환경에 잠기어 있는 존재의 상태에 대해 말한다."(483). 카스트루에 따르면 아메리카 인디언의 관점주의에는 어떤 엄격한 이분법의 자리도 없다. 반대로 그것은 "보편과 특수, 객관과 주관, 물리적인 것과 사회적인 것, 사실과 가치, 주어진 것과 구성된 것, 필연성과 자발성, 내재성과 초월성, 신체와 정신, 동물성과 인간성 등, '자연'과 '문화'라는 표제하에 전통적으로 대조되어 왔던 패러다임 쌍에 포섭되는 술어들의 재분배를 함축"(같은 책: 469-70)한다. 이 전-이원론적인 세계상에서 무당은 "종-초월적 존재"(같은 책: 471), 즉 종-한정적인 인지 조직화를 초월하고 특정한 신체적 외양 또는 현시를 넘어서 의식을 지각할 수 있는 존재를 말한다. 이는 자기생성에 대한 이전의 논의(26장)에 중요한 이해의 층 하나를 더한다.

꿈의 신체화는 어떠한가? 꿈의 세계도 흥미로운 주제다. 예를 들어 이슬람은 꿈의 시작에 기초를 두고 있다. 이스라와 미라즈(모하메드가 하늘에 올라가 신에게 말하는 야간 여행)는 영적인 동시에 신체적인 여행으로 묘사되어 왔다(Colby 2008). 또 다른 계시적인 예시는 인도 철학의 주요 학파 중 하나인 불이론적 베단타(Advaita Vedanta)의 교육 전통에서 찾을 수 있다. "불이(不二)", "비-이원"을 뜻하는 아드바이타에 따르면 한 개별적 인간(아트만)의 내적 본질은 초월적 존재(브라만)에 대응한다. 내재성과 초월성 사이의 전면적인 이원론은 성립하지 않는다. 이러한 이해에 따라서, 불이론(아드바이타)은 각성, 꿈, 수면이라는 의식의 관련된 세 가지 상태를 개별화하면서, 각성과 수면 사이의 이원론적 인식을 팽창(확장)시킨다.(Sharma 2004 참조) 개인적 자각은 각성과 수면 단계 사이의 연속체로 제시된다. 아난타난드 람바찬(Anantanand Rambachan)은 『아드바이타 세계관(The Advaita Worldview)』(2006)에서 다음과 같이 강조한다. "세 가지 상태에서 불이론은 자각으로서의 아트만이 공통적이고 지속적이라고 주장한다"(40). 불이론과 철학적 포스트휴머니즘은 공통점도 많지만 중요한 차이 중 하나는 "자각만이 전부"라는 불이론의 교리를 역사적으로 전개한 일원론적 방식에서 찾을 수 있다. 람바찬이 설명하는 것처럼 "이원성의 거부는 존재하는 것에는 결국 본질적 다원성은 없다는 존재론적 관점으로 해석될 수 있다"(같은 책: 3). 어떤 불이론 학파에서는 다원성을 "환영"(같은 책: 9)이라 치부하기도 한다. 이와 달리 철학적 포스트휴머니즘은 다양성이 진화의 주요한 기술 중 하나임을 인정한다. 그리고 다원론을 일원론에 대한 필수적인 보완으로 본다. 이러한 의미에서 철학적 포스트휴머니즘은 일원론적 다원론이자 다원론적 일원론이다.[23] 포스트휴머니즘의 존재론적 관점주의는 신체화된 관점의 매개된 다원성 안에 위치하며, 과정 관계론적 존재론으로서의 철학적 포스트휴머니즘이 전개될 조건을 제시한다. 이제 우리는

---

23 이에 대해서는 29장에서 설명할 것이다.

인식론적 성찰을 끝내고 존재론의 영역을 다룰 것이다. 앞으로 보겠지만 이 두 영역은 긴밀하게 연관되어 있다.

28 신유물론에서 객체지향 존재론까지

포스트휴먼의 존재론적 국면을 심층적으로 탐색하는 흐름이 바로 신유물론이다. **신유물론이란 무엇인가?** 이 질문에 답하기 위해 고고학적 탐색으로 돌아가 보자. 생명이 자기지시적인 출발점 없이는 완전히 기술될 수 없다고 한다면, 일정 수준에서 생명 개념에 선행하는 것이 물질이다. 서구의 과학적 규범(canon) 내에서 살아 있다고 여겨지는 모든 것은 물질로 구성되어 있다. 우리는 여기에서 생물학을 물리학으로 환원하지도(Canguilhem), 물질에 우선성을 부여하지도 않을 것이다. 포스트휴머니즘의 이론적 각본에 대한 충실한 개관을 제공하는 것이 우리의 의도다. 이를 위해 우리는 물질과 물질이 물질화되는 방식을 탐구하되, 이를 아직까지 우리가 다루지 않았던 또 다른 운동인 새로운 유물론[1]을 통해 접근할 것이다. 유물론은 역사적 유물론을 가리키기도 해서 혼동을 낳을 수 있으므로, 먼저 "유물론"이라는 용어를 명확히 하자. 역사적 유물론은 카를 마르크스(1818-83)가 전개한 역사기술적(historiographical) 접근으로, 인간 관계, 사회, 그리고 결과적으로 역사의 발전에서 물질적 조건의 중요성을 강조하는 입장이다. **신유물론은 역사적 유물론에서 연유하는가?** 다이애나 쿠울(Diana Coole)과 사만다 프로스트(Samantha Frost)가 지적하듯 "수정된 비판적 유물론은 부활과 마르크시즘의 동의어가 아니다"(2010: 30). 문자 그대로 그들은 물질을 여성주의 논쟁에서 물질화의 과정으로 재기입한다. **"신유물론"이란 용어는 누가 만들었는가?** 이 용어는 1990년대 중반 로지 브라이도티(Rosi Braidotti)와 마누엘 데란다(Manuel DeLanda)가 각자 독자적으로 만들었다(Dolphijn and van der Tuin 2010: 48). 몸에 대한 여성주의의 재발견과 관심은 1990년대 중반 몸에 초점을 맞춘 신체적 여성주의(Grosz 1994; Braidotti 1994; Kirby 1997)로 거슬러 올라가는데, 21세기의 첫 10년 동안 한층 물질지향적인 면모를 갖게 되었다.

신유물론은 어디에 연유하는가? 신유물론은 철학적으로는 후기 포스트모던의 극단화된 표상주의와 구성주의에 대한 반작용으로 나왔다. 이러한 극단화는 물질의 흔적을 지우고 보다 은밀한 이원론을 가정할 위험을 낳았다. 한편으로는 관찰자가 추구하는 관찰과 기술 행위에 따라 조작된 것으로 지각(인식)된 것과 다른 한편

---

1 이 맥락에서 "새로운"이라는 형용사의 사용과 관련된 문제에 관해서는 Lykke 2012를, 신유물론과 포스트휴머니즘의 관계에 관해서는 Coole and Frost 2010: 7-15를 참조.

으로는 접근 불가능해진 외부 "실재" 사이의 이원론이 그것이다.[2] 신유물론은 포스트모더니즘에 뿌리를 두고 있지만, 신유물론은 포스트모더니즘에서의 자연과 문화 이분법의 폐지가 그 이분법의 양육(문화)적 측면에 대한 분명한 선호로 귀결되었음을 지적한다.[3] 이는 주디스 버틀러의 저작(1990, 1993)의 성공이나 이로부터 영향을 주로 받은 급진적·구성주의적 여성주의 문헌들의 봇물 속에서, 어떤 자연적 가정에 대해서건 구성주의적 함축을 탐색하는 계보학적 논의가 증가함에 따라서 이루어졌다.[4] 이러한 문헌들은 불균형한 결과를 드러냈다. 즉 "문화"는 괄호를 칠 필요가 없지만, "자연"은 확실히 그럴 필요가 있다는 것이다. 신유물론의 주요 이론가 중 하나인 캐런 버라드는 버틀러의 저서 『문제/물질로서의 몸(Bodies that Matter)』(1993)을 암시하며 말한다: "언어가 문제다. 담론이 문제다. 문화가 문제다. 더 이상 문제가 되지 않는 유일한 것이 물질

---

2 이러한 유형의 급진적 구성주의의 옹호자 중 한 명이 철학자 에른스트 폰 글라저저 스펠트(Ernst von Glasersfeld, 1917-2010)였다. 인식에 관한 그의 이론은 특히 이 저서에서 개진되었다: 『급진적 구성주의: 앎과 배움의 길(Radical Constructivism: A Way of Knowing and Learning)』(1995).

3 포스트휴머니즘 관점에서 구성주의와 표상주의에 대한 비판으로는 Smith and Jenks 2006: 47-60 참조.

4 베로니카 배스털링(Veronica Vasterling)은 논문 「버틀러의 세련된 구성주의: 비판적 평가(Butler's Sophisticated Constructivism: A Critical Assessment)」 (1999)에서 이렇게 말한다:

   지난 10년간 여성주의 이론에 새로운 패러다임이 등장했다. 급진적 여성주의가 그것이다. 이 새로운 패러다임과 가장 밀접히 연결된 것이 주디스 버틀러의 연구다. 버틀러는 포스트구조주의와 정신분석 이론의 창조적 전유를 근간으로 섹스, 젠더 그리고 섹슈얼리티에 관한 새로운 관점을 확립한다. 이 새로운 관점에 대한 잘 알려진 표현이, 젠더뿐만 아니라 (섹스화된) 몸도 담론적으로 구성된다는 『문제/물질로서의 몸』(1993)에서의 주장이다(17).

이다. 이는 중요한 의미를 갖는다"(2003: 801). 신유물론은 언어와 물질 사이에 그 어떤 분리도 상정하지 않는다. 문화가 물질적으로 구성된 것과 마찬가지로 생물학은 문화적으로 매개되어 있다. 신유물론은 물질을 계속 진행되는 물질화(materialization)의 과정으로 보고, 양자물리학이라는 과학과 포스트구조주의적이고 포스트모던한 감수성의 문화 이론 사이에서 우아한 화해를 모색한다. 물질은 정적이고 고정되고 수동적이며 어떤 외부적 힘에 의해 주조되기를 기다리는 무언가로 간주되는 대신, "물질화의 과정"(Butler 1993: 9)임이 강조된다. 이러한 (동적이고 변화무쌍하고 내재적으로 얽혀 있고 회절적이고 수행적인) 과정은 물질화에 대해서 그 어떤 우선성도 없으며, 또한 물질화가 그 과정의 개별 항들로 환원될 수도 있는 것도 아니다.[5]

행위적 실재론(agential realism)이란 무엇인가? 영향력 있는 저서 『우주와 타협하기: 양자물리학, 그리고 물질과 의미의 얽힘(Meeting the Universe Halfway: Quantum Physics and the Entanglement of Matter and Meaning)』(2007)에서 캐런 버라드는 이론물리학에서의 전문적인 식견과 여성주의 이론을 결합한 행위적 실재론을 제안한다. 행위적 실재론은 현상의 개념을 "내부-작용하는 행위성의 존재론적 분리 불가능성"(206)으로 재정의하고 비인간 영역의 행위성을 인정한다. 이러한 행위적 실재론은 관

---

5 캐런 버라드는 말한다. "버틀러의 '물질화' 논의와 해러웨이의 '물질화된 재배치' 개념이 제안하듯이, 수행성이 주체의 형성뿐 아니라 몸과 몸을 이루는 물질의 생산과도 연결되어 있다면, 이러한 생산의 본성을 이해하는 일은 더더욱 중요해진다"(2003: 808).

계적 존재론(relational ontology)에 기초한다. "관계적 존재론은 (인간적이자 비인간적인) 물질적 물체[또는 신체]에 대한 나의 수행적 포스트휴머니즘적인 설명의 기초를 이룬다"(139). 버라드가 밝히듯 행위적 실재론은 표상주의적 접근과 거리를 둔다. "이러한 설명은 말과 사물에 대한 표상주의적인 고착과 말과 사물 사이의 관계의 본성이라는 문제 의식을 거부한다. 대신에 **경계, 속성, 의미가 차등적으로 시행되는 세계의 특정한 물질적 (재)배열(다시 말해, 나의 포스트휴머니즘 용어법에 따르면 담론적 실천)와 특정한 물질 현상(다시 말해, 물의 빚기의 차별화 패턴) 사이의 관계성**을 옹호한다." (같은 곳). 여기에서 우리는 버라드가 자신의 행위적 실재론을 안티휴머니즘이나 트랜스휴머니즘이 아닌 포스트휴머니즘의 틀 안에 위치시킨다는 사실에 주목해야 한다.[6] 비록 포스트휴머니즘에 대해 비판적인 입장을 유지하고 있기는 해도 말이다.[7] "내가 여기서 의도하는 포스트휴머니즘은 인간에 맞추어진 것이 아니다. 반대로 인간의 예외주의에 문제를 제기한다"(136). 버라드가 택한 것은 "특히 물질의 역동성을 인정하고 고려하는, 기술과학적 실천과 다른 자연문화적 실천을 이해하기 위한 포스트휴머니즘적인 **수행적 접근**"(135)이다. 우리는 버라드의 제안에 따라 물질을 과학적 관점에

---

6 버라드는 포스트·트랜스·안티휴머니즘의 차이에 대한 자신의 견해를 6번 각주(2007: 428)에서 설명한다. 이 주제에 관한 보다 일반적인 논의로는 "인간주의자의 궤도(Humanist Orbits)"(134-136)라는 제목의 절을 보라.

7 버라드를 직접 인용하면, "이 논쟁적인 용어를 호출하는 것은, 내가 포스트모더니즘에서 포스트휴먼을 인간의 죽음의 살아있는 증언으로나 혹은 인간(Man)의 다음 단계로 축복(또는 저주)하는 것에 관심이 없음을 분명히 하고 싶기 때문이다." (2007: 136).

서 탐구하고, 또 현대 물리학이 포스트휴먼 논쟁에 적합하다고 주장할 것이다. 그 전에 신유물론 사상가들이 안은 위험 몇 가지를 지적해야 한다.

신유물론 사상가들이 안고 있는 위험은 무엇인가? 신유물론 사상가들이 안고 있는 위험 중 하나는 생기론(vitalism)이다.[8] **생기론이란 무엇인가?**『루트리지 철학 백과사전(Routledge Encyclopedia of Philosophy)』에 따르면 생기론이란 "살아 있는 유기체는 비물리적 요소를 포함하거나 아니면 비활성의 사물과는 다른 원리에 의해 지배되기 때문에 살아 있지 않은 존재물과 근본적으로 다르다"(Bechtel and Richardson 1998, "생기론" 항목)는 믿음을 말한다. 이 생각은 고대부터 근대 과학에 이르기까지 역사를 초월해서 여러 가지 형태로 발견된다. "가장 단순한 형태의 생기론은 살아 있는 존재물이 어떤 액체 혹은 독특한 '영혼'을 포함한다고 본다. 보다 정교한 형태에서는, 생기적 영혼은 신체에 스며들어 그것에 생명을 주는 실체가 된다. 혹은 생기론은 살아 있는 것에는 독특한 조직화가 있다는 견해가 된다" (같은 곳). 포스트휴머니즘의 관점에서 생기론은 문제적인 접근이다. 왜냐하면, 앞서 2부에서 본 것처럼, 생기론은 전-과학적 전제를 수반하며 궁극적으로는 정의될 수 없는 생명 개념(라틴어로 vita)에 의존하고 있기 때문이다.[9] 그럼에도 더 나은

---

8 생기론에 관해 (역사적·이론적) 이해를 돕는 논의로는 캉길렘의『생명에 대한 인식』(1952), 특히 3부 3절 "생기론의 양상들"(2008. 59-74)을 보라.

9 이것이 과학자들과 철학자들이 예를 들면 자기생성과 같은 대안적 개념을 찾고자 하는 이유다. 물론, 우리가 26장에서 본 것처럼, 자기생성이라는 용어에도 한계는 있다.

단어가 없는 까닭에 어떤 신유물론 사상가들은 "생기론"이라는 용어를 스피노자-들뢰즈의 계보학[10]으로 접근하면서 기꺼이 사용한다. **스피노자의 코나투스란 무엇인가?** 바뤼흐 스피노자(1632-77)의 철학은 코나투스 개념을 핵심 주제로 한다. 이 개념은 『윤리학』 2권의 명제 6에서 경향 혹은 충동으로 정의된다: "모든 것은 자기 자신 안에 있는 한 자신의 고유한 존재를 존속하고자 한다." 질 들뢰즈(1925-95)는 스피노자에게 지대한 영향을 받아 『스피노자: 실천 철학(Spinoza: Practical Philosophy)』(1970; 영역본 1988)을 그에게 헌정했다. 이 책에서 코나투스는 "존재로 이행하려는 경향이 아니라 존재를 유지하고 긍정하는 경향"(99)으로 정의된다. 환원 불가능한 자기조직화의 힘에 대한 생기론적 강조를 몇몇 신유물론 사상가들에서 찾을 수 있다. 예를 들어 다이애나 쿨과 사만다 프로스트의 다음 인용을 살펴보자: "아마도 여기서 가장 중요한 것은 신유물론적 존재론이 예측가능한 인과력에 종속된 비활성 실체로서의 물질이라는 용어를 포기하는 방식일 것이다. 신유물론에 따르면, 만약 물리화학적 과정으로 구성되어 있는 한에서 모든 것이 물질적이라면, 그러한 과정으로 환원될 수 있는 것은 아무것도 없다. 적어도 관례적인 이해에 따르면 그렇다."(2010: 9) 쿨과 프로스트는 물질을 "비활성 실체"로 보는 견해를 뒤흔드는 보다 포괄적인 관점을 제시하고 있으나, 그들의 제안은 여전히 위계적 이원론에 기초해 있다. 이는 다음 구절에서 분명하게 드러난다: "물질성은 언제나 '단순한'

---

10 예를 들어 생기론에 대한 로지 브라이도티의 저작을 이 계보에 넣을 수 있다. 이 연구는 포스트휴먼 연구와 핵심적인 연관성을 갖는다.

물질 이상의 어떤 것이다: 과잉, 힘, 생기[활력], 관계성, 또는 차이가 물질을 능동적이고 자기발생적이고 생산적이고 예측 불가능하게 만든다"(같은 곳). 이제 물질성은 무엇보다도 "생기"가 되면서 "'단순한' 물질 **이상의** 어떤 것"으로 변한다. 그 결과 물질성과 물질 사이의 이원론이라는 위험이 나타난다. 여기에서 물질성은 그 형언할 수 없는 요소로 인해 두 극 중의 긍정적인 극을 구성한다. 이 요소는 더 깊은 조사를 통해서 생명의 원리 자체와 동일시될 수 있다.

"생기적 물질성"이란 무엇인가? 제인 베넷(Jane Bennett)의 『생동하는 물질: 사물의 정치생태학(Vibrant Matter: A Political Ecology of Things)』은 명시적으로 생기론을 표방한다. 여기에서 베넷은 "생기적 물질성" 개념을 제시함으로써 인간의 존재론적 특권보다 비인간 물질을 강조하고자 한다. 그녀는 말한다. "생기론적 유물론자는 대상에게 매혹된 순간에 머물고자 노력하며, 그들이 대상과 공유하는 물질적 생기성에 대한 단서로 간주한다"(17-18). 베넷에 따르면 이러한 인식은 윤리적 결과를 함축한다. "외부와의 이 기묘하고 불완전한 공통성의 감각은 생기론적 유물론자가 비인간(동물, 식물, 지구, 나아가 인공물과 상품)을 보다 조심스럽게, 보다 전략적으로, 보다 생태적으로 다루도록 유도할 것이다"(같은 곳). 그녀의 전략은 생태적이고 윤리적인 수준에서는 성공적일지 몰라도, 철학적 휴머니즘의 관점에서는 여전히 인간주의적인 것으로 간주될 수 있다. 왜 그런지 살펴보자. 베넷의 제안은 거의 모든 철학적 경향의 특징인 자화자찬식 인간 예외주의에서 한 걸음 물러나는 중요한 시도다. 그녀의 비인간 행위성 이론은 포스트휴먼 행위성에 대한 성찰에 중요한 기여를 했다. **베넷의 비인간 행위성 개념은 철학적 포스**

트휴머니즘과 어떤 연관을 갖는가? 그녀는 "비인간 사물과 힘은 인간을 포함해서 그것들이 마주하는 신체들을 능동적으로 형성한다" (2017: 447)는 생각에 초점을 맞추면서 "많은 경우, 인간의 의도, 노력, 의도적인 활동은 핵심적인 담당자가 아니"(같은 곳)라고 암시한다. 이런 생각은 포스트휴먼 고유의 행위성에 대한 이해를 향한 중요한 발걸음이다. 포스트휴먼 행위성에서는, 이후 30장에서 보게 되겠지만, 인간과 더불어 비인간의 영역도 의미뿐 아니라 존재의 양식을 지닌다. 그러나 철학적 포스트휴머니즘이 베넷의 모든 제안을 쉽게 받아들이는 것은 아니다. **베넷의 제안과 철학적 포스트휴머니즘에는 어떤 차이가 있는가?** 두 가지 중요한 차이는 생기론과 의인(擬人)론이다. 예를 들어 베넷은 자신의 저서를 "자칭 생기론적 유물론자를 위한 니케아 신조(Nicene Creed for would-be vital materialists)"로 끝맺는데, 이 신조는 그녀의 견해를 환기적이고 행위적인 산문으로 요약하는 동시에 행동을 요청한다. 다음은 신조의 전문이다.

나는 하나의 물질-에너지가 보이거나 보이지 않는 모든 사물의 창조주임을 믿는다. 나는 끊임없이 **무언가를 하는** 이질성이 다원적 세계 (pluriverse)를 횡단한다고 믿는다. 나는 비인간 물체[또는 신체], 힘, 형태에 있어 생기를 부인하는 것은 잘못임을 믿는다. 그리고 주의 깊은 의인화의 방향이 비록 완전한 번역에는 저항하고 또 나의 이해 영역을 넘어서긴 해도, 그러한 생기를 드러내는 데 도움을 줄 것임을 믿는다. 나는 살아 있는 물질과의 조우가 인간의 지배에 대한 나의 환상을 억누르고, 존재하는 모든 것에 공통된 물질성을 강조하며, 행위성의 더 넓은 분포를 드러내고, 자아와 그 이익을 재편성할 수 있다고 믿는다(122).

그녀의 제안은 호소력이 있지만, 전략적 의인화나 비인간 행위자들에 대한 생기성의 인정은, 그것들의 존재를 인간주의로 동화시킬 위험을 안고 있다. 이는 차이를 동질화와 동일자로 환원하면서, 타자성과의 원초적 만남을 무산시킨다. 역사적 관점에서 베넷의 생기론적 유물론이라는 과제는 종교적이고 도덕적인 수사학을 반복하는 인간주의 주체의 자책(mea culpa)으로 귀결된다. "하나의 물질-에너지가 보이는 사물과 보이지 않는 사물의 창조주임"이라는 문구는 아브라함의 신[유대교·기독교의 유일신을 지칭 — 옮긴이]의 변형으로 들린다. 기독교의 원죄 개념은 인류중심주의와 "인간적 지배의 환상"으로 재설계된다. "옳음"과 "그름"은 스스로 부과한 해석학적 실천 내에서 경험적으로 위치 지워진다. 베넷의 주체는, 보다 구체적으로, 선량하고 교육을 잘 받은 인간이다. 이러한 주체는, 베넷의 말을 빌리면, "포괄적 이해"를 "넘어서는" 존재에 참여하려고 노력하는 모습으로 묘사된다. 물론 인간주의 주체의 주권을 박탈하려는 그녀의 노력은 분명히 인정할 수 있다. 그렇지만 여전히, 의인화에 대한 베넷의 제안은 그녀가 불안정하게 만들려는 특정한 인간주의적 특권의 이면으로도 여겨질 수 있다(이러한 비인간의 포함은 인간의 우월성을 암묵적으로 재확인한다). 이런 이유로, 철학적 포스트휴머니즘은 보다 구체적으로는 버라드의 행위적 실재론과 제휴할 수 있다. 왜 그러한지 살펴보자.

생기론은 버라드의 행위적 실재론과 어떻게 다른가? 버라드의 행위적 실재론 개념은 매개항을 사용하지 않으면서 존재의 내부-구성을 강조한다. "행위적 실재론은 특정하게 차별화된 현상으로서 '인간'의 내부-작용적인 출현을 설명하는 이론을 요청한다. […] 내부-작용은 인간이 개입한 결과물이 아니다. 특정한 내부-작용을 통해 출현하는 것이 바로 '인간'이다"(2007: 352). 물질에 대한 버라드의 이론적 연구는 선과 악을 넘어선다. 버라드는 기원의 환영에 빠지지 않는다. 인간 자신도 내부-작용이다. 따라서 인간은 물질적 혹은 도덕적 기초로 환원될 수 없다. 이와는 달리, 베넷은 그녀의 존재론적 출발점과 윤리적 전략을 규정되지 않은 생기적 원리로 개별화한다. 이 점을 더 생각해보자. 이를 위해 우리는 제인 베넷과도 부분적으로 관련이 있는[11] 또 다른 사상을 소개할 것이다. 이 사상은 포스트휴먼이라는 포괄적인 용어 아래에 항상 포함되는 것은 아니지만 몇 가지 공통점을 공유한다. 객체지향적 존재론이 그것이다.

객체지향적 존재론(Object-Oriented Ontology, OOO)이란 무엇인가? 객체지향적 존재론은 2010년대 초반에 보다 뚜렷해진 철학적 운동으로, 객체, 보다 구체적으로는 객체의 독립성과 자율성에 다시금 주목하는 것을 목적으로 한다. 객체를 주체에 의존하거나 다른 대상과의 관계에서가 아닌 다른 방식으로 고려하자는 취지다. 이 운동에는 여러 가지 입장과 접근이 있지만 피터 울펜데일

---

11 예를 들어 그레이엄 하먼(Grahamn Harman)은 『객체지향 존재론: 새로운 만물 이론(Object-Oriented Ontology: A New Theory of Everything)』에서 제인 베넷을 OOO 운동의 "동행자"로 칭하며 그녀에게 한 절을 할애하고 있다(6장: 240-43).

(Peter Wolfendale)은 두 가지 본질적 요소를 꼽는다: "첫째, 모든 객체는 다른 객체에 대해 현전(제시)되는 방식을 초과한다. 그리고 둘째, 모든 객체는 모든 다른 객체에 대해 독립적이다"(2017: 297). 올펜데일은 이렇게 "개별성과 불연속성을 관계성과 연속성보다 우선시하는 것"이 얼마나 "현대 형이상학의 여러 흐름(갈래)들(예를 들어 행위자 연결망 이론, 과정 철학, 그리고 신유물론)과 상반되는" (같은 곳) 것인지 강조한다. 바로 이 점에서 OOO는 철학적 포스트휴머니즘과 구분된다. 이것이 OOO가 몇몇 예외를 제외하고는 포스트휴먼 논의에 항상 포함되지는 않는 이유다.[12] 그렇지만 두 운동 사이의 생산적인 교환은 계속해서 이루어져야 한다. OOO가 관계성의 존재론적 중요성에 대한 보다 깊은 반성을 요구함으로써 포스트휴머니즘 성찰에 대해 몇 가지 중요한 질문을 던지기 때문이다. 이에 대해서는 이어지는 절에서 보게 될 것이다.

OOO와 철학적 포스트휴머니즘의 주요한 유사점은 무엇인가?
철학적 포스트휴머니즘과 OOO 둘 다 존재론적 전회에 속한다.[13] 포스트휴머니즘과 OOO는 동화될 수 없지만, 데카르트의 정신/신체 이원론의 거부와 탈인류중심적 감수성과 같은 중요한 공통점을 공유한다. 이 운동의 창시자 중 한 사람인 그레이엄 하먼은 말한다. "OOO는 생각하는 인간 존재를 한 종류의 존재물[사유하는 것(res cogitans)]로, 비인간 동물, 비활성 존재 그리고 인간 신체를 또 다른

---

12 데이비드 로든의 『포스트휴먼 생명』(2015)과 다른 연구는 포스트휴먼 전회와 OOO 사이의 친화성을 정치하게 고찰하고 있다.
13 존재론적 전회에 대한 이해를 위해서는 예를 들어 Cohen 2007을 보라.

종류[연장된 것(res extensa)]로 보는 데카르트의 이원론을 거부한다"(2015: 404). 이러한 거부는, 철학적 포스트휴머니즘과 마찬가지로, OOO를 반인간적 입장을 따르지 않는 일종의 탈-인류중심주의로 만든다.[14] 하먼의 말을 빌리면, "OOO을 비판하는 사람들은 인간 존재를 우주의 중심으로부터 제거하는 것이 '인간은 가치가 없다'는 주장을 부가적으로 함축한다고 주장한다. 그러나 이는 사실이 아니다"(2015: 404). 그러나 이러한 유형의 탈-인류중심주의가 철학적 포스트휴머니즘의 탈-인류중심적 접근에 완전히 동화될 수 있는 것은 아니다.

이러한 측면을 고찰하기 위해 다음의 질문을 던져보자. **OOO와 철학적 포스트휴머니즘의 주요한 차이점은 무엇인가?** 두 가지 운동은 중요한 유사점에도 불구하고 매우 다르다. 우선 OOO의 계보를 추적해 보자. 하먼에 따르면(2015) 이것은 마르틴 하이데거와 브뤼노 라투르를 경유하는 현상학적 전통에 위치한다. 철학적 포스트휴머니즘도 이 원천을 인정하지만, OOO는 포스트모던 틀 내의 차이 연구(여성주의, 탈식민주의, 비판적 인종 이론 등)의 중요한 기여를 간과한다. 이 누락은 심각한 결과를 초래한다. OOO에서 인간 개념은 여전히 "중립적"이고 일반화된 인간 주체의 가정에 근거한다. 인간이 다수 개념으로 파악되지 않는 것이다. 철학적 포스트휴머니즘의 첫 번째 분석틀인 탈-인간주의가 OOO에는 빠져 있다. 인간에 대한 포괄적인 설명을 하는 데 필요한 다수의 목소리의 복합 교향곡은 이 일반화된 탈-인류중심주의적 움직임에서 다시 침묵에

---

14 반-인간은 안티휴머니즘과 혼동되어서는 안 된다. 27장의 각주 14를 보라.

빠진다. 하먼은 탈-인류중심적으로 비판적인 어조로 말한다. "인간은 모든 철학적 상황의 50%를 차지한다." 그리고 (하먼에 따르면 비인간에게 공간을 남겨주어야 하는) 이 "인간"은 아직 해체되지 않았다. 그런데 여기에서 말하는 인간은 어떤 인간인가? 우리는 포스트휴머니즘 접근의 주요한 요소 중 하나를 놓치고 있다. 인간을 자명하거나 당연하지 않은 항으로 이해하는 것이 그것이다. 이러한 부정확성은 철학적 포스트휴머니즘에 의해 공유되지 않는 여러 전제들의 추가로 해소된다.

평평한 존재론(flat ontologies)이란 무엇인가? OOO의 주요한 특징은 객체의 우선성이다. 여기서는, 객체 내에 객체가 형성되는 방식 속에서, 규모에 따라 객체에서 초과객체(hyperobject)에 이르기까지 광범위한 방식으로 고려된다. 이 접근 방식은 계속 진행 중인 평평한 존재론 논쟁을 환영한다.[15] 평평한 존재론은 마누엘 데란다가 차용한 용어로, "존재론적 위상이 아니라 시공간적 크기에 의해서만 차이가 나는, 유일하고 특이성을 가진 개별자들만으로 이루어진"(2002: 47) 존재론으로 정의된다.[16] 평평한 존재론 개념은 OOO 안에서 더욱 발전되었으며, 인간이 특권적 지위를 갖지 않음을 인정함으로써 전략적인 탈-인류중심적 전회를 허용한다. 데란다는 이 개념을 들뢰즈의 용어에서 발전시켰는데,[17] 평평한 존재론

---

15 이 개념에 대한 비판적이고 정치한 고찰에 대해서는 Brassier 2015를 보라.

16 데이비드 로든이 지적하듯 "데란다의 평평한 존재론에 대한 규정이 생물학적 종의 존재론적 위치에 대한 논의에서 비롯된다는 사실"은 의미심장하다. "그는 종이 유형이나 보편자가 아니라 개별자라고 보는 철학자들과 입장을 같이한다"(2015: 14).

17 들뢰즈와 과타리의 내재성의 평면 개념이 데란다의 수평적 존재론과는 다르다는

이 철학적 포스트휴머니즘 존재론의 전부인 것은 아니다. 문제는 언어에서 시작된다. 간단하게 말하면 이 용어는 오도할 위험이 있다. 그 어느 존재론도 "평평"할 수 없기 때문이다. 과정 철학의 용어로 존재를 자각하는 것은 곧 존재감을 함축한다. 우리의 관점주의 접근으로 돌아가면, 이렇게 물을 수 있다. **만약 언제나 관점이 있다면, 어떻게 평평한 존재론이 가능한가?**[18] 우리가 "주체"의 관점에서 말하고 있지는 않다는 점에 유의하라. 포스트휴머니즘은 주체/대상(객체) 이원론에 대해, 하나를 다른 하나에 비해 우선시하거나 하나를 다른 하나에 동화시키는 것이 아니라, 끊임없이 변화하는, 열려 있고(개방적이고) 반응적인 맥락 속에서 내부-작용하는 행위소(actants)로서 이 둘 모두를 관계적으로 포용함으로써, 생산적인 비판을 제공한다. OOO의 상관주의(correlationism) 비판[19][특히 "관계된 항보다 관계가 우선성을 갖는다는 믿음"(2008: 5)에 대한 컹탱 메이야수(Quentin Meillassoux)의 비판]에 답변하기 위해 우리는 그러한 관계도 그 어떤 우선성을 함축하지 않음을 분명히 해야 한다. 따라서 우리는 버라드의 행위적 실재론으로 돌아간다.[20] 그녀는 "관계항[21]은

점에 주의하라.

18 이 지점에 대한 성찰로는 25장과 26장을 보라.

19 올펜데일이 간명하게 말하는 것처럼 상관주의는 "세계(와 그 대상들)가 사유(와 그 주체)와의 관계 바깥에서는 사유될 수 없다는 관념을 특징으로 한다"(297).

20 버라드는 그녀의 존재론적 접근을 이렇게 설명한다. "**사물화(thingification)**, 즉 관계를 '사물', '개체', '관계항'으로 바꾸는 것은 우리가 세계와 우리의 세계와의 관계를 이해하는 많은 방식을 감염시키고 있다. 왜 우리는 관계의 존재가 관계항을 요청한다고 생각하는가?"(2003: 812) 이 질문에 그녀는 이렇게 답한다. "나는 관계항의 형이상학, '말'과 '사물'의 형이상학을 거부하는 관계적 존재론을 제시한다. 행위적 실재론의 설명에서는, 자연, 신체 그리고 물질성을 그것들의 생성 안

관계에 선행하지 않는다"(33)는 인상적인 선언을 남긴다. 그리고 여기에 "관계들도 관계항에 선행하지 않는다"고 덧붙임으로써 이를 확장한다. 관계자와 관계는 공-구성적이고 신체화되고 행위적이며, 또 특정한 시공간적 과정을 통해 생성된다. 달리 말하면 "누구"와 "무엇"이라는 질문은 "언제", "어디" 그리고 "어떻게"의 질문과 분리하여 접근될 수 없다. 이 점을 철학적 포스트휴머니즘 존재론에 입각해서 보다 정치하게 이해하기 위해서는 물리학의 영역으로 들어갈 필요가 있다.

에서 온전하게 승인하는 일이 다시금 가능해진다"(같은 곳).

21 옥스퍼드 사전에 따르면 관계항(relatum, 라틴어 "relata"의 단수형)이란 "하나의 관계를 맺는 둘 혹은 그 이상의 항, 대상 또는 사건"을 말한다. "relatum" 항목 참조.

29 철학적 포스트휴머니즘 존재론

물질이란 무엇인가? 물리학의 관점에서는 질량과 부피를 갖는 것이면 무엇이든 물질로 간주한다. 이를테면 인간은 물질로 만들어져 있는데, 이는 로봇, 해파리, 장미도 마찬가지다. 큰 크기에서 물질이 드러나는 방식이 물질의 궁극적 상태로 받아들여지게 되면 오해를 낳을 수 있다. 아원자 수준에서 물질은 정적이지도 고정되어 있지도 않고 끊임없이 진동한다. 물질은 관계적이며, 하나의 결정된 대상으로 환원될 수 없다. 모든 환원론적 접근은 역사적으로나 과학적으로나 실패했다.[1] 초끈이론[2]은 현재 활발하게 연구되고

---

1 원자는 20세기 초까지 물질의 벽돌로 생각되었다. 그러다가 보어의 모델(1913)에서 제임스 채드윅(James Chadwick)의 원자 모델(1932)로 넘어가면서 원자 역시 전자, 양성자, 중성자로 구성된 복합체라는 것이 발견되었다. 그러다가 1964년 미국의 머리 겔만(Murray Gell-Mann)과 조지 츠바이크(George Zweig)는 각각

있는 양자물리학의 이론들이다.[3] 이에 따르면 물질은 아원자 수준에서 극미하게 진동하는 에너지의 고리(loop)로 구성되며, 이 고리는 끈으로 정의된다.[4] **초끈이론이란 무엇인가? 그리고 그것이 철학적 포스트휴머니즘과 어떤 관련이 있는가?** 초끈이론은 철학적 포스트휴머니즘 존재론에 귀중한 통찰을 제공한다. 그런 만큼 우리는 이 이론에 대해 심도 있게 논할 것이다. 우선 초끈이론에서 물질의 물질화가 어떻게 일어나는지 살펴보자. 이를 위해 이 분야에서 공통적으로 사용하는 예시를 따라서 초끈을 악기에 비교할 것이다. 악기의 현은 어떻게 진동하는지에 따라 다른 소리를 낸다. 이와 비슷하게 물질은 에너지 끈들의 진동에 따라서 저마다 다른 속성을 보이고, 이에 따라 각자 다른 종류의 입자를, 그리고 종국적으로는 다른 존재 양태를 낳는다.

독립적으로 이 소립자들 역시 "쿼크"라 불리는 더 작은 입자들로 구성되어 있다는 것을 발견했다. 1960년대 후반 이 모델은 다시 초끈이론에 의해 재정의되었다. 현대물리학의 역사에 대해서는 특히 Segrè 1980; Heilbron 2005를 보라.

2 1960년대 후반에서 1970년대 초반 사이 가브리엘레 베네치아노(Gabriele Veneziano), 요이치로 남부(Yoichiro Nambu), 홀거 베크 닐젠(Holger Bech Nielsen), 레너드 서스킨드(Leonard Susskind) 등 많은 물리학자들이 이 이론에 독립적으로 기여했다. 초끈이론에 대한 포괄적인 논의로는 Greene 1999를 보라.

3 아직까지 초끈이론은 실험적 증거가 없는 수학적 모델이고 따라서 반증가능하지 않다는 이유로 비판받아 왔다는 사실을 기억할 필요가 있다(Woit 2006; Smolin 2006).

4 이 책에서 우리는 과학자 집단의 일부 주목을 받고 있는 봄(Bohm)의 역학(드브로이-봄 이론의 파일럿-파동 모델로 불리기도 한다)을 논하지는 않을 것이다. 이 양자역학 해석은 결정론적 모델을 지지하지만, 숨은 변수라는 조건(우리에게 숨겨져 있는 계의 상태)에 의존하기에(Bohm 1952), 따라서 완전히 결정론적이지 않다. 이는 양자역학의 숨은 측정 해석, 숨은 측정의 조건(측정 과정에서 피할 수 없는 요동의 존재)에 의존하는 또 다른 실재론적 해석에도 적용될 수 있다(Aerts 1986).

이론물리학자 리사 랜달(Lisa Randall)은 물질의 속성과 상호작용에 대한 최근의 이해를 이렇게 설명한다. "물질의 근본적 속성에 관한 초끈이론의 견해는 전통적인 입자물리학의 견해와 상당히 다르다. 초끈이론에 따르면 모든 물질의 바탕을 이루는 가장 기본적인 불가분적인 대상은 끈, 즉 진동하는 1차원의 고리 혹은 에너지 조각이다(2005: 283). 이어서, 그녀는 끈에 대해 다음과 같이 설명하면서, 환원주의적 접근을 약화시킨다. "[이 끈들은] 원자, 그리고 원자를 구성하는 전자와 원자핵, 그리고 다시 전자와 원자핵을 구성하는 쿼크로 이루어져 있지 않다. 실제로는 정확히 그 반대이다. 이것들은 기초적인(근본적인) 끈들이다. 이는 전자와 쿼크를 포함해서 모든 것이 끈들의 진동으로 구성됨을 의미한다."(같은 곳) 랜달에 따르면 "초끈이론의 근본적인 가설은 입자가 끈의 공명 진동 모드에서 나온다는 것이다."(같은 곳) 이것은 이전까지의 서양 과학 이론에서 크게 벗어난다. 앞서 언급한 현악의 예를 떠올리면 랜달의 설명을 이해할 수 있다. "각각의 개별 입자는 그것이 바탕하는 끈의 진동에 대응한다. 그리고 이 진동의 특성이 입자의 속성을 결정한다. 끈이 진동할 수 있는 방법에는 여러 가지가 있기 때문에 하나의 끈으로부터도 여러 유형의 입자가 나올 수 있다"(같은 곳). 초끈이론이 가정하는 존재론적인 행위적 관계성은 양도(대체)될 수 없다. 물질은 끈의 진동과 관계가 있고 동시에 끈의 진동으로서 나타난다. 달리 말하면 끈(즉 아원자 수준에서의 물질)은 이러한 진동과의 관계에서 존재하면서(끈 자신이 진동한다) 동시에 진동과 더불어서 존재한다(진동은 특정하고 차별적인 특징들로 끈들을 구성한다).

일원론인가 아니면 다원론인가? 철학적 포스트휴머니즘은 존재론적 용어로는 다원론적 일원론이거나 일원론적 다원론으로 표현할 수 있다. 일원론이나 다원론이나 그 자체로는 포스트휴먼의 존재론으로 유지될 수 없다. 일자/다자의 이원론을 파기하고 그럼으로써 이 논의가 기원의 문제(이 문제는 다원론 이전에 일원론인가 아니면 일원론 이전에 다원론인가 하는 질문으로 요약될 수 있다)로 빠지는 것을 피하기 위해서는 일자와 다자를 한꺼번에 언급해야 한다. 일자는 필연적으로 그리고 지속적으로 차별화한다. 따라서 그것(들)은 동시에 여럿이다. 이 명제를 이해하기 위해서는 입자-파동 이중성과 양자적 얽힘과 같은 양자적 개념이 도움이 될 것이다. **양자적 얽힘(quantum entanglement)이란 무엇인가?** "양자적 얽힘"은 슈뢰딩거가 양자적 계(시스템) 사이의 특정한 연결을 기술하기 위해 고안한 용어이다. 이 얽힘은 상호작용하던 입자가 분리된 이후에, 둘 모두가 동일한 양자역학적 기술로 표현되면서 서로를 언급하며 기술되어야만 하는 짝을 이룰 때 발생한다. **입자-파동 이중성이란 무엇인가?** 입자-파동 이중성[5]은 루이 드브로이(Louis de Broglie, 1892-1987)가 1924년 처음 제안한 것으로, 물리학자 리 스몰린(Lee Smolin)의 말을 빌리면 "기본 입자가 맥락에 따라서 때로는 입자로, 때로는 파동으로 기술될 수 있다고 보는 양자 이론의 원리"(2001: 234)로 정의될 수 있다. 달리 말하면, 입자가 현시되는 방식에서 맥락이 결정적인 역할을 한다. 이러한 행동은 주체와 객체 사이의 엄격한 구분의 해소뿐만 아니라, 19장에서 본 것처럼 인간과 환경 사

---

5 파동-입자 이중성에 관한 역사적 접근으로는 이를테면 다음을 보라 : Wheaton 1983.

이 구분의 해소와도 상통한다. 이러한 각본은 캐런 버라드의 관계적 존재론과도 같은 선상에 있다. 그녀는 관계적 존재론을 자신의 행위적 실재론에 대한 필수 조건(conditio sine qua non)으로 간주한다.[6] 버라드는 이렇게 말한다. "행위적 실재론은 이런 문제들을 최근의 이론적·실험적 발전에 부합하는 방식으로 해결한다. 최근의 양자 이론의 해석과 마찬가지로 그것은 관계적 존재론에 기반한다"(2007: 352).

이 지점을 좀 더 설명해 보자. **양자물리학은 어떤 종류의 존재론을 제시하는가?** 양자물리학은 관계적 존재론을 제시한다. 그러한 관계성에 대한 흥미로운 예를 측정 문제로도 알려진 관찰자 효과[7]에서 찾을 수 있다. 관찰자 효과란 관찰 행위로 인해 현상에 일어나는 변화를 가리킨다. 그것은 "주체"와 "객체" 사이의 뗄 수 없는 관계뿐만 아니라 물질의 역동적이고 다원적인 자연문화를 증명했다. 물리학자 앨러스테어 레이(Alastair Rae)는 말한다.

양자물리학은 결정론의 폐기를 가져왔다. […] 이에 따라 우리는 현재 상태가 단순히 "과거의 결과"이거나 "미래의 원인"이지 않은 우주를 다루어야 한다. 그 어느 것도 방해받지 않고는 측정될 수도 관찰될 수도 없고 따라서 물리 과정의 이해에 관찰자의 역할이 중요

---

6 여기에서 버라드가 이론물리학 박사학위 소지자임을 기억해야 한다. 그녀의 엄밀한 과학적 지식은 철학적 통찰 이상이다.

7 관찰자 효과가 처음으로 언급된 것은 닐스 보어(Niels Bohr, 1885-1962)의 저술, 특히 아인슈타인(Einstein), 포돌스키(Podolsky), 로젠(Rosen)에 대한 답변에서였다. 그는 말한다. "측정의 절차는 해당 물리량의 정의 자체가 의존하고 있는 조건에 본질적인 영향을 끼친다." 이 개념에 대한 방대한 고찰로는 Stapp 2007을 보라.

하다는 것, 이것이 양자 이론이 우리에게 말해주는 바다(1986: 3).

양자물리학은 주체와 객체 사이의 엄격한 이원론의 가능성을 없애버리며, 17장과 18장에서 본 인지적 자기생성 그리고 관점주의와 동일선상에서, 주체와 객체를 관계적이고 상호적으로 구성하는 것으로 제시한다.

환원론(reductionism)이란 무엇인가? 먼저, 환원론으로 우리가 의미하는 것이 무엇인지를 분명히 하도록 하자. 반다나 시바와 인군 모저(Ingunn Moser)가 자신들이 편집한 선집 『생명정치(Biopolitics)』(1995: 286)에서 쓴 것처럼, 우리는 환원론을 "현상과 유기체를 더 작은 부분으로 분할함으로써 가장 잘 이해할 수 있다는 믿음"으로 정의할 수 있다. **환원론의 문제는 무엇인가?** 이 견해는 많은 한계를 노정한다. 시바가 이 책의 에필로그("환원주의를 넘어서"라는 제목이 붙어 있으며, 그녀의 입장을 진술하고 있다)에서 요약하듯이, "환원론이란 말로 우리는 세계가 원자화된 조각들로 이루어져 있다는 믿음을 의미한다. 이 조각들은 기계론적으로 결합하여 더 큰 체계를 만든다. 조각들이 체계를 결정한다"(앞의 책, 267). 이 견해의 큰 약점은 "속성과 과정을 결정함에 있어 내적인 관계들이 간과된다"(같은 곳)는 데 있다. 실제로 물질의 내적 관계성은 어떤 종류의 환원론적 접근도 비합법적인 것으로 만든다. 아원자 수준에서 물질을 다루면서 끈이 가장 근본적인 단위인지를 묻는 것은 마땅한 논점이 아니다. 질문 자체가 물질이 실제로 단일한 존재로 환원될 수 있다는 가정에서 만들어졌기 때문이다. 초끈이론의 주요 이론가 중 한 명인 이론물리학자 레너드 서스킨드(Leonard

Susskind)는 환원론을 겨냥해서 말한다. "우리는 기초 개념 대 파생 개념이라는 전통적인 생각이 그 안에서는 기가 막히게 이해하기 어려운 것이 되는, 새로운 종류의 수학적 이론을 다루고 있는 것처럼 보인다."(2005: 379). **초끈이론으로부터 어떤 포스트휴머니즘 철학의 통찰이 나오는가?** 그러한 견해는 기원의 탐구나 인과성을 이루는 항(목)에 대한 탐구와 같은 인간의 오랜 딜레마에 대해 대안적인 관점을 제공한다. 기초적인 것과 파생된 것은 고정된 정체성에 대한 유물론적 해체를 통해 전도될 수 있다. 이로써 우리는 왜 포스트휴머니즘이 혼종나 사이보그에서 무리 없이 발생하는지 이해할 수 있다. 그것은 기원 없는 기원에서 발생하는 것이다(앞서 본 것처럼 사이보그 자체도 혼종적 용어다[8]). 초끈이론은 한편으로 포스트휴머니즘의 탈-이원론적 접근과 완전히 공명한다. 다른 한편으로는 포스트휴먼의 존재론적 성찰에 흥미진진하고 도발적인 영감을 제공한다. 실제로 서스킨드는 그러한 비-파생적인 각본을 "풍경(landscape)" 안에 위치시킨다. 풍경은 "우리가 움직이면 움직일수록 벽돌과 집이 서로 역할을 바꾸게 되는 꿈 속의 풍경"으로 묘사된다. **"모든 것은 근본적이다. 그리고 어느 것도 근본적이지 않다.[9]** 답은 우리가 그 순간에 어떤 풍경의 영역에 관심을 두는가에 따라 달라진다"(같은 곳). **서스킨드가 말하는 "풍경"은 무엇을 의미하는가?** "풍경" 개념은 초끈이론의 물리 가설이 함축하는 가능한 모든 조합을 가리킨다. 서스킨드는 이렇게 설명한다. "풍경은 실재하

---

8 서론의 각주 1을 보라.
9 원저자의 강조.

는 장소가 아니다. 이는 가능한 모든 가설적 우주의 가능한 설계 목록 정도로 생각하면 된다"(381). 우리는 풍경을 초끈이 가진 생성적 힘에서 나오는 모든 잠재적 결과라 생각할 수 있다. 여기에서 "힘(power)"은 라틴어 어원인 포텐티아(potentia)로 이해할 수 있다. 포텐티아는 "힘"과 "가능성"을 모두 의미한다.

초끈이론은 다중우주 가설과 어떤 연관이 있는가? 초끈이론은 궁극적으로 다중우주 가설을 주장한다.[10] 한편으로 초끈이론의 수학이 기능하기 위해서는 공간의 여분 차원이라는 변별적인 특성이 요구된다(Randall 2005; Bars et al. 2010). 초끈이론은 이 특정한 차원이 다수의 차원 중 하나가 현실화된 것이라는 가설을 제시한다. 다른 한편으로 물질화의 미시적 수준에서 거시적 수준까지, 양자물리학에서 우주론과 천체물리학의 분야에 이르기까지, 물질에 대한 과학적 탐구는 동일한 잠정적 결론에 도달한다. 이 우주가 여러 우주 중 하나라는 것이다. 다중우주 가설은 본질적으로 포스트휴먼적이다. 그것은 (우주 개념이 포함적이기는 하나 여전히 중심적임을 문제시함으로써) 우주중심적 관점을 확대하고, 뿐만 아니라 엄격한 이항들, 이원론적 양태, 배타주의적 접근의 해소를 구체화한다. 이것이 우리가 포스트휴먼에 대한 역사적이고 이론적인 성찰을 다중우주에 대한 성찰로 끝맺으려는 이유다. 다중우주는 가능한 것과 잠

---

10 『숨겨진 실재(The Hidden Reality)』(2011)에서 이론물리학자 브라이언 그린(Brian Greene)은 9개의 서로 다른 다중우주 유형을 구분하는데, 그중 하나가 풍경 우주다. 나머지 8개는 퀼트 우주, 급팽창 우주, 막(brane) 우주, 주기적 순환(cyclic) 우주, 양자 우주, 홀로그래피 우주, 시뮬레이션 우주, 궁극의 다중우주다. 다중우주 개념에 대한 이해하기 쉬운 과학적 논의로는 Kaku 2005가 있다.

재적인 것 사이의 경계에 대한 재협상을 유도한다. 얼마나 많은 중요한 과학 이론과 발견이 처음에는 불가능한 것으로 간주되어 거부되었는지 생각해 보라. 생물학자 토머스 헨리 헉슬리(Thomas Henry Huxley, 1825-95)[11]는 말한다. 그러나 역사는 우리에게 "이단으로 시작해서 미신으로 끝나는 것이 새로운 진리라면 으레 거치는 운명이라고 경고한다"(1880: 549). 포스트휴머니스트의 관점이 포괄적인 접근에 전적으로 부합하기 위해서는, 인식론적이고 존재론적인 탐구의 영역 안에서 가능한 것, 잠재적인 것, 나아가 "불가능한 것"[12]의 가능성을 제시해야 한다.

---

11 토머스 헉슬리는 다윈의 진화론을 열렬히 옹호했다. 『종의 기원』(1859)의 출판에 구심점 역할을 한 것도 그였다. 올더스 헉슬리와 줄리언 헉슬리(1부에서 그의 저작을 참조한 바 있다)가 그의 손자다.
12 일반적으로는 그리고 역설적으로 보이지만 로버트 쉐어(Robert Shea, 1933-94)와 로버트 안톤 윌슨(Robert Anton Wilson, 1932-2007)의 말을 빌리면 그러하다. "과학의 모든 사실은 한때 거부되었다. 모든 발명은 불가능하다 생각되었다. 모든 발견은 몇몇 정통주의자들에게는 불안한 충격이었다. 모든 예술적 혁신은 사기나 광기라는 비난을 받았다"(1975: 793). 이러한 유형의 성찰은 1960년대 널리 퍼진 반문화의 기치로 연결된다. "현실주의자가 되라. 그리고 불가능한 것을 요구하라."

30 다중우주

다중우주란 무엇인가? 다중우주는 최근 수십 년 동안 우주론자와 물리학자들이 공식화한 가장 도전적인 가설 중 하나다. 그것은 인간에 의한 코스모스[우주관] 수정의 다음 단계다. 역사적으로 볼 때, 처음에는 지구 중심에서 시작해서(프톨레마이오스의 천동설), 그 다음으로는 중심을 태양에 두었는데(코페르니쿠스의 지동설 혁명), 나중에는 우리의 태양계가 은하의 일부이며 이 은하는 수백만 개의 은하 중 하나라는 사실을 밝혔다. 다중우주는 인간의 궁극적인 탈중심화이자 엄격한 이원론의 최종적인 해체를 표상한다. 그런 이유에서 다중우주를 면밀히 탐색할 필요가 있다. 우리는 이 장을 세 부분으로 나눌 것이다. 1부에서는 서양 과학에서 발전된 다중우주의 개념을 제시하고, 2부에서는 이를 철학적 관점에서 분석하며, 3부에서는 이 개념을 독창적인 사고 실험으로 발전시킬 것이다. 이로써 철학적 포스트휴머니즘의 존재론적이고 실존적인 이해가 확장될 것이다.

30a. 과학에서의 다중우주

다중우주 가설의 과학적 함축을 심층적으로 논의하기 전에, 우선 이 가설이 아직은 실험적 증거에 의해 지지되지 못하고 있는 까닭에 경험적 검증가능성과 반증가능성이 결여되었다는 비판을 받아 왔음을 염두에 두어야 한다(특히 다음을 참조하라: Woit 2006). 또 다 중우주가 동질적 가설이 아니라 다른 종류의 제안에서도 적용될 수 있다는 점 역시 분명히 해야 한다. 보다 구체적으로 말해서 우주론자 맥스 테그마크(Max Tegmark)는 논문 「맥락으로 본 다(多)세계(Many Worlds in Context)」(2010)에서 다중우주가 "이론이 아니라 특정 이론들의 예측"이라 주장한 바 있다. 이 영향력 있는 논문에서 테그마크는 다중우주에 관한 여러 가지 견해를 **네 가지 주요 단계**로 병합했다.[1] 우리는 각각의 단계를 테그마크의 범주화에 따라 소개하고,[2] 그다음에 우리의 고유한 철학적 논증을 제시하고자 한다. 테그마크가 각 단계를 위해 사용하고 있는 참고문헌이 엄

---

1 여기에서는 그린의 분류(29장의 각주 10번에서 설명했다)가 아닌 테그마크의 분류를 소개하기로 한다. 둘 다 과학적으로는 빈틈이 없지만 테크마크가 덜 분석적이고 보다 종합적이다.

2 우리는 각 정의에 해당하는 테그마크의 원문을 아래의 각주 4, 6, 7, 9에서 인용할 것이다.

격히 서양의 과학에서 가져온 것임을 주지해야 한다.[3] 동남아시아의 주술적이고 물활론적인 전통의 복수적 세계관(즉 세계 안에 세계가 겹쳐 있는 형태) 같은 것들이 그 가능한 원천으로 고려될 수도 있었을 것이다. **다중우주의 네 가지 주요 단계는 무엇인가?** 서양 과학에 한정하여, 다중우주 개념의 역사와 여러 의미를 요약하기 위하여 테그마크가 제안한 네 가지 단계는 다음과 같다.

제1단계: 우주 지평 너머의 영역[4]

이 단계는 에드윈 허블의 발견(1929)에 근거한, 우주의 팽창에 대한 과학적 증거를 언급한다.[5] 허블의 발견은 멀리 떨어진 은하가 우리 은하로부터 매우 빠른 속도로 멀어지고 있다는 사실을 증명했다. 만약 이 우주가 무한히 팽창한다면, 이 세계의 정확한 사본이 만들어져 있는 이 우주의 또 다른 부분이 있을지도 모른다(이 유형의 다중우주는 우리의 세계와 같은 물리 법칙을 갖는다).

---

3 이 점을 알려준 존 스터들리 박사에게 감사한다.
4 테그마크는 다음과 같이 묘사한다:
　　만약 공간이 무한하고 물질의 분포가 충분히 넓은 범위에서 일정하다면, 전혀 그럴 법하지 않은 일도 어디에선가는 일어나야 한다. 구체적으로 말해서, 누군가가 거주하는 무한히 많은 다른 행성이 있다. 그중에는 당신과 같은 외양, 이름, 기억을 가진 사람들이 사는 행성이 단지 하나가 아니라 무한히 많이 포함된다. 실제로 우리의 관찰가능한 우주와 같은 크기를 지니면서, 우주의 모든 가능한 역사가 펼쳐지는 무한히 많은 다른 영역이 있다(2010: 559).
5 조르주 르메트르(Georges Lemaître, 1894-1966)가 1927년 출판한 논문에서 처음으로 우주 팽창 이론을 제안했다는 사실은 중요하다. 그러나 이 이론은 나중에 "허블의 법칙"으로 명명되었다.

제2단계: 급팽창 이후의 다른 거품[6]

이 단계는 급팽창(inflation) 이론(Guth and Steinhardt 1984; Linde 1994), 특히 영구팽창 이론(Linde 1986)에 기반한다. 영구팽창 이론에 따르면 우리의 빅뱅은 다수의 빅뱅 중 하나다. "거품 우주"가 무한하고 무작위적으로 형성되는 가운데, 별도의 우주들이 시공간의 거품으로 생겨날 수 있다(이 유형의 다중우주는, 동일한 법칙이 다르게 표출되는 것처럼, 우리 우주를 지탱하는 법칙과는 전혀 다른 물리 법칙들에 의해 특징지어질 수 있다).

제3단계: 양자물리학의 다세계[7]

양자물리학 분야에서 다세계[8] 해석의 가설은 휴 에버렛(Hugh Everett, 1930-82)의 박사학위 논문 「보편 파동함수 이론(Theory of

---

6 테그마크에 따르면 다음과 같다:
    무한한 개별[적 우주들] 집합, […] 그중에서 일부는 아마도 다른 차원과 다른 물리 상수를 가진 우주를 상상해 보라. 이것이 최근 가장 인기 있는 급팽창 모델이 예측하는 바인데 우리는 이를 제2단계의 다중우주라 지칭할 것이다. 이 영역은 빛의 속도로 영원히 이동하더라도 결코 닿을 수 없다는 의미에서 무한히 멀리 떨어져 있다. 그 이유는 제1단계의 우주와 그 이웃 사이의 공간이 여전히 급팽창을 겪고 있기 때문이다. 공간이 계속 늘어나면서 당신이 여행할 수 있는 것보다 더 빠른 속도로 더 많은 공간(용적)이 생성된다.(2010: 564).
7 역시 테그마크의 설명이다:
    만일 에버렛이 옳고 물리학이 통일적이라면, 멀리 떨어져 있지 않고 어떤 의미에서 바로 여기에 있는, 세 번째 유형의 평행 세계들이 존재한다. 우주는 계속해서 평행 우주들로 갈라지고 있다. […] : 양자적 사건이 무작위적인 결과를 갖는 것처럼 보일 때마다, 실제로는 각 분기에서 하나씩 모든 결과가 일어난다. 이것이 바로 제3단계의 우주다(2010: 568).
8 "다-세계"라는 용어가 에버렛의 이론에 부여된 것은 이후 브라이스 드윗(1973)에 의해서였다.

the Universal Wave Function)」(1956)에서 처음으로 제안되었다. 이 각본에서 모든 사건은 하나의 분기점이며, 실재 자체는 가지를 뻗은 나무[와 같은 것으]로 간주된다. 슈뢰딩거의 고양이 사고 실험에 대한 재해석에서, 모든 가능한 양자적 결과는 평행 세계들에서 실현된다. **슈뢰딩거의 사고 실험이란 무엇인가?** 오스트리아의 물리학자 에르빈 슈뢰딩거(Erwin Schrödinger, 1887-1961)는 무작위적 사건에 따라 동시에 살아 있으면서 죽어 있는 상상 속 고양이의 사례를 내세운 이 사고 실험을 통해 양자역학을 일상적인 각본에 적용했을 때 생기는 문제점을 보여준 바 있다. 슈뢰딩거에 따르면 이 것은 역설이었다. 고양이는 죽어 있으면서 동시에 살아 있을 수 없다. 에버렛에 따르면 이는 가능하다. 고양이는 죽어 있으면서 동시에 살아 있을 수 있다. 그의 다세계 가설에서, 특정한 사건은 분기점을 생성하고 그 결과로 각기 다른 양자적 결과가 형성된다. 한 세계에서 고양이는 죽어 있을 것이다. 그러나 다른 평형 세계에서는 살아 있을 것이다(이 유형의 다중우주는 우리의 세계와 같은 물리 법칙을 가질 것이다).

제4단계: 기타 수학적 구조[9]

이 유형의 다중우주는 생각될 수 있지만 우리의 우주에서 물리적

---

9 테그마크는 이렇게 정의한다:
   우리의 우주에 해당하는 특정한 수학적 구조가 있고 그 구조의 속성이 우리의 물리 법칙에 대응한다면, 다른 속성을 가진 각각의 수학적 구조는 각기 다른 법칙을 가진 고유한 우주이다. 제4단계의 다중우주는 강제되는 것이다(2010: 575).

실재로 관찰되지 않는 모든 수학적 구조를 포함한다(이러한 유형의 다중우주는 우리의 우주를 지탱하는 것과는 전적으로 다른 물리 법칙들의 집합에 의해 특징지어질 것이다).

다중우주 개념은 포스트휴먼적인가? 다중우주 개념이 본질적으로 포스트휴먼적이라 하더라도, 다중우주에 대한 현재의 과학적 인식에서 테그마크가 제시하는 네 가지 단계는 모두 자아/타자, 여기/저기의 패러다임을 통해 생각된다. 이는 자아의 역거울상으로서 타자를 필요로 하는 인간주의의 이원론과 공명하는 접근 방식이다. 이 측면을 좀 더 자세히 분석해 보자. 이 다른 우주들은 한편으로 너무 멀어서 절대로 도달할 수 없는 것으로 묘사되고, 다른 한편으로는, 테그마크가 1단계를 묘사한 말을 쓰자면, 다른 세계들을 "당신과 같은 외양, 이름, 기억을 가진 사람들"(위의 각주 4에서 재인용)이 사는 것으로 가정하려는 인류중심적 욕망에서 모색된다. 모색할 수 있는 모든 가능성 중에서, 그리고 다른 우주들에서 일어났을지도 모를 모든 가능한 진화적 결과 중에서, **왜 인간의 영역이 어디선가 번성하고 있다는 자기애적 투사에 초점을 맞추는가?** 이러한 종류의 희망은 기이함(uncanny)[10]에 대한 인간주의적 유혹과 통하는 것으로 보인다. 지크문트 프로이트(Sigmund Freud, 1856-1939)는 논문 「기이함(The Uncanny)」(1919)에서 이 "기이함"을 "은

---

10 "기이함"은 인공지능의 철학에서 인간과 로봇의 관계를 지칭하는 데 관련된 개념이다. 예를 들어 마사히로 모리(1970)의 "기이한 골짜기(uncanny valley)" 이론을 다룬 이 책 20장의 각주 13을 보라.

밀하게 익숙한 어떤 것"으로 정의한다. 이 텍스트에서 그는 "자아의 파괴에 대비한 보험"으로서의 분신(double)에 대해서도 성찰한다. 분신은 다중우주와 관련된 과학 문헌에서 종종 하나의 가능성으로 고려되며, "나"의 다른 판본이 있을 수도 있는 우주라는 생각의 인류중심적 매력에 초점을 맞추고 있는 에버렛의 제안(3단계)의 핵심에 있다. 이는 차이 대신에 동화의 틀 안에서 다중우주를 재기술(재기입)하고 있다. 나아가 에버렛의 양자적 나무-가지 각본은, 가능적으로 일어날 수 있었던 모든 개별적인 사건들이 어떤 세계에서건 실제로 일어나게 되는, 우주의 과잉으로 귀결된다. 이러한 접근은, 다중우주에 관한 철학적 견해뿐 아니라 많은 과학적 견해에서 나타나는, 과잉의 문제라고 정의할 수 있는 문제를 낳는다. 테그마크는 이 문제를 다르면서 이를 "낭비 우려(wastefulness worry)"라고 정의한다. 포스트휴머니즘 관점에서 충분히 포괄적이지는 않지만, 그의 답변은 다음과 같다..

> 왜 자연이 그렇게 낭비스러워야 하는가? 왜 무수히 많은 다른 세계라는 그러한 사치에도 관대해야 하는가? 그러나 이 논증은 다중우주를 옹호하는 논변으로 바뀔 수 있다. 자연이 낭비하는 것이 정확히 무엇인가? 공간이나 질량이나 원자는 아닐 것이다. 논쟁의 여지가 없는 1단계 다중우주는 이미 이 세 가지를 무한히 포함한다. 자연이 좀 더 낭비한다고 해서 누가 상관하겠는가?(2010: 576)

테그마크는 여기에 덧붙여 말한다. "여기서 진짜 문제는 단순성에서의 명백한 감소이다. 회의주의자는 그 모든 보이지 않는 세계를 규정하는 데 필요한 모든 정보들에 관하여 우려한다. 그러나 전체 앙상블이 종종 그 구성원 중의 하나보다 훨씬 단순하다."(같은 곳) 이러한 종류의 접근에는 다른 문제가 있다. 자세히 살펴보자.

왜 다중우주 가설에서 "낭비 우려"를 불식하기가 쉽지 않은가?
우선 테그마크는 "자연"을 인간과 분리되고 무관한 것으로 지칭한다("자연의 [공간/질량/원자] 낭비가 그보다 심한들 누가 상관하겠는가?"). 그러나 우리가 앞서 보았듯이 사실은 정확히 그 반대다.[11] 더욱이 물질, 에너지, 시공간의 무제한적 과잉에 대한 그의 접근은 상품과 생산품에 대한 자본주의 사회의 낭비적 접근, 즉 자연을 관계적이고 통합적으로 보는 대신에, 분리되고 무슨 일이 있건 간에 끝없이 넘쳐나는 자원으로 간주하는 접근과 통한다. 이러한 태도는 인류세[12] 패러다임의 투사, 연장, 확장이라 볼 수 있다. 무한한 세계를 창조하는 데 있어 자연의 무한한 자원과 그 낭비적인 풍요에 대한 이론적 가설은, 경제적으로 유리한 입장에 있는 일부 인간 사회에 의해서 이루어지고 있는, 지속가능하지 않은 자원의 관리 및 실제의 사용(또는 남용) 그리고 그로 인한 지구의 생태학적 붕괴와 상통한다. 인류세 시대, 우리는 자연의 자원이 무제한적이지 않으며 인간의 행동이 환경에 직접적인 영향을 끼침을 배웠다. 이것이, 앞서 19장에서 본 것처럼, 인간이 "지질학적 힘"(Chakrabarty 2009)으로 인정되는 이유다. 테그마크의 분류에 대한 우리의 비판적 독해로 돌아가

---

11 19장에서 우리는 인간과 환경이 얼마나 상호 공동-구성적이고 따라서 분리해서는 이해될 수 없는지 강조했다.

12 여기에서 "인류세(Anthropocenic)"는 인류세(Anthropocene)의 형용사로 쓰였다. 인류세에 대해서는 19장을 보라.

서, 제4단계 우주에서는 과잉의 문제와 분신에 대한 자아의 충동적 욕망이 드러난다. 이에 따르면 상상가능한 모든 수학적 구조는 하나의 실제 우주와 연결되어 있다. 테그마크는 말한다. "4단계 우주들은 완전히 단절되어 있으며, 오직 당신의 미래를 예측하기 위한 목적으로만 함께 고려될 필요가 있다. '당신'이 그중 하나 이상에 존재할지도 모르기 때문이다"(576). 2단계 우주는 이 우주와 다른 우주들 사이에 어떤 관계도 불가능하다는 점에서 차별성을 갖는다. 다른 우주들은 너무 멀리 있어서, 테그마크의 말을 빌리면 "빛의 속도로 영원히 이동하더라도 결코 닿지 못할" 정도다(전체 단락은 각주 6에 있다). 이 단계가 실제의 존재 양태를 기술한다 해도 그것은 도달 불가능한 영역에 관해서일 것이다. 좀 더 일반적으로 우리는 다중우주의 네 가지 단계가 모두 다시금 엄격한 이분법을 제시한다고 주장할 수 있다. 이 세계/다른 세계, 이 우주/다른 우주, 여기/저기("저기"는 보통 우리가 상상할 수 있는 한 가장 멀리 떨어진, 따라서 궁극적으로는 도달할 수 없는 것으로 간주된다) 등이 그것이다. 물론 다중우주의 가설이 포스트휴먼 관점에서 유망한 것은 사실이다. 이에 대한 현재 과학의 논의 또한 탈-인간주의, 탈-인류중심주의, 탈-이원론적 비판에서 이점을 취할 수 있을 것이다.

30b. 철학에서의 다중우주

철학 영역에서 다중우주 개념은 어떠한가? 이제 우리는 다중우주 개념에 대한 철학적 개관을 제시할 것이다.[13] 이로부터 이러한 성찰이 앞서 소개한 과학적 관점과 상당한 공통점, 이를테면 인간주의적 동화에 빠지는 경향을 가진다는 사실을 보일 것이다. **이 용어를 만든 이는 누구인가?** "다중우주"라는 용어는 철학자 윌리엄 제임스(William James, 1842-1910)의 에세이 「인생은 살 가치가 있는가?(Is Life Worth Living?)」(1896)에서 처음 등장했다. 제임스는 말한다. "가시적 자연에는 오직 가소성과 무관심만이 있을 뿐이다. 그런 점에서 자연을 하나의 도덕적 우주가 아닌 도덕적 **다중우주**[14]라 부를 수 있을 것이다"(26). 철학의 영역에서 가능 세계 개념은 고트프리트 빌헬름 라이프니츠(1646-1716)의 연구로 거슬러 올라갈 수 있다. 특히 「신의 선함, 인간의 자유 그리고 악의 근원에 관한 변신론」(1710)에서 라이프니츠는 현실 세계가 모든 가능한 세계 중에서 최선이라 주장했다.[15] 이러한 견해는 다른 세계들의 실제 존재를 필연적으로 함축하지는 않으며, 중세의 양상 이론에서 발견되는 가능 세계에 대한 성찰에서 그 선례를 찾을 수 있다(Knuuttila 1993).[16] 이 틀 속에서 이루어진 가능 세계에 대한 생각은 알 가잘리(1058-

---

13 이 틀 안에서 다중우주가 "평행차원", "평행세계", 그리고 "대안적 실재"와 같은 개념을 포함하되 그에 한정되지는 않는다는 점을 염두에 두어야 한다.

14 강조는 인용자.

15 이 낙관적인 견해는 볼테르(1694-1778)가 『캉디드 혹은 낙관론자』(1759)에서 풍자한 것으로 유명하다.

16 예를 들어 팀 윌킨슨(Tim Wilkinson)은 「다중우주의 난제(The Multiverse Conundrum)」(2012)에서 신이 다수의 세계를 창조했는가 하는 중세의 문제가 얼마나 중요했는지를 파리 주교 에티엔느 텅피에(Étienne Tempier)를 통해 보여준다. 그는 1277년 일련의 파문 선고에서 "오직 하나의 가능 세계만이 있다는 아리스토텔레스의 견해를 명시적으로 비판한다. 이 견해가 신의 전능함에 배척된다고 생각했기 때문이다".

1111),[17] 아베로에스(1126-98),[18] 알딘 알라지(1148-1209)[19] 그리고 존 둔스 스코투스(1267-1308)[20]의 연구에서 발견된다.

현대 철학에서는 어떠한가? 현대 철학에서 처음으로 이 주제를 재론한 사상가는 데이비드 루이스(David Lewis, 1941-2001)다. 루이스는 『세계의 다수성에 관하여(On the Plurality of Worlds)』(1986)에서 양상 실재론(modal realism)을 옹호했다. "나는 세계의 다수성 논제, 또는 양상 실재론을 옹호한다. 이는 우리의 세계가 여러 세계 중 하나라는 주장이다. [···] "수많은 다른 세계가 존재하며, 사실은, 하나의 세계가 가능적으로 존재할 수 있는 모든 각각의 방식은 틀림없이 어떤 세계가 (실제로) 존재하는 한 방식이다"(2). 양상 실재론은 우리가 다중우주의 과학적 가설에서 발견했던 문제, 보다 구체적으로는 과잉과 이 세계와 다른 세계의 존재론적 이분법의 문제를 해결하지 못한다. 루이스의 관점에서, "하나의 세계가 가능적으로 존재할 수 있는 **모든** 방식이 어떤 세계가 (실제로) **존재하는 한 방식**"일 뿐만 아니라(이 점에 대해서는 다시 논할 것이다), 이 각각 다른 세계들은 공간적이건, 시간적이건, 인과적이건 간에 서로

---

17 알 가잘리의 『철학자들의 부정합성(The Incoherence of the Philosophers)』에서 가능 세계 개념에 대해서는 Kukkonen 2000a 를 보라.

18 아베로에스의 『부정합성의 부정합성(The Incoherence of the Incoherence)』에서 가능 세계 개념에 대해서는 Kukkonen 2000b를 보라.

19 아디 세티아는 『마타립 알알리야』(영역본: 고차원의 문제)에서 가능 세계 개념에 대한 알딘 알라지의 성찰을 논하면서 "다중우주"라는 용어를 사용한다(Setia 2004).

20 둔스 스코투스의 가능 세계론에 대해서는 Langston 1990을 보라. 가능자에 대한 스코투스의 논의는 King 2001을 보라. 가능 세계에 관한 한 스코투스와 라이프니츠의 차이에 대해서는 Knuuttila 1996: 131-34를 보라.

에 대해서 아무 관계도 갖지 않는다. 루이스는 말한다. "세계들은 멀리 떨어진 행성들과 같다. 다만 대부분의 세계가 행성보다는 훨씬 크며, 그것들은 멀리 떨어져 있지 않다. 그것들이 가까이 있는 것도 아니다. 그것들은 여기에서부터 어떠한 공간적 거리를 갖지 않는다. 그것들은 지금에서부터 어떠한 시간적 거리도 갖지 않는다"(같은 곳). 루이스가 강조하듯이, 다음의 구절은 그러한 양극화된 접근을 특히 잘 표현하고 있다. "세계들은 고립되어 있다. 다른 세계에 속한 사물들 사이에는 시공간적 관계가 전혀 없다. 한 세계에서 일어나는 일이 다른 세계에서 일어나는 일의 원인이 되지도 않는다. 그것들은 서로 겹치지도 않는다."(같은 곳). 상호 무관한 세계들이 서로에 아무 영향도 미치지 않는다는 루이스의 명제[21](이는 엄밀한 형태의 양상적 본질론으로[22] 간주될 수 있다)는 다음의 질문을 낳는다. **만일 이 세계들이 아무런 공통점도 갖지 않는다면 우리가 왜 상관해야 하는가?** 대신에 우리는 반대의 질문을 던져야 한다: **다른 세계들이 존재한다면 이 세계들은 어떤 것을 공통적으로 공유하는가?** 우리는 이 질문을 하나의 사고 실험을 통해 성찰할 것이다. 이 사고 실험은 "포스트휴먼 다중우주"라 지칭할 수 있다.

포스트휴먼 다중우주란 무엇인가? 이 사고 실험에서 우리는 다중우주에 대한 포스트휴먼적 해석을 제안할 것이다. 이 해석의

---

21 루이스에 따르면 한 가지 가설적인 예외는 있다. "그것들은[세계들은], 아마도 반복적인 발생이라는 그 독특한 특권을 행사하는 내재적 보편자를 제외하고는, 서로 공통된 부분을 갖지 않는다."(1986: 2).

22 양상적 본질론은 이러한 가능 세계들이 서로를 공동-구성하는 얽힘의 과정에 나타나는 고정된 특징들을 강조하면서, 특정한 특성들의 집합이 이러한 세계들이 표출되고 물질화하는 양상에 엄격하게 적용된다고 제안한다.

계보학적인 위치는 리좀 개념에 의해 열린 흐름에서 찾을 수 있다 (Deleuze and Guattari 1987). 다음 절에서 보겠지만, 이 견해는 단지 모든 "가능" 세계라는 것이 구체적으로는 인간이 (상상력, 수학 등등을 통해서) 가정할 수 있는 모든 가능 세계를 의미한다는 이유만으로, 모든 가능 세계를(어떤 가능 세계든) 현실 세계(actual world)라고 간주하지는 않는다. 그렇게 하는 것은 일종의 존재론적인 인류중심주의적 유아론[23]에 빠지는 일이다. 우리가 강조하는 루이스와의 주요한 차이점은 다음과 같다. (1) 가능 세계가 무한정할 수도 있다 해서 아무 가능 세계나 함축되는 것은 아니다. (2) 이 모든 가능 세계는 서로 완전히 분리되어 있지 않고, 서로 간에 물질적 관계에 있다. (1)은 앞에서 과잉의 문제라 규정한 것에서 이미 논의한 바 있다. 따라서 (2)를 깊이 살펴보자. 엄밀하게 말해서, 포스트휴먼 다중우주 개념은 우리의 차원을 구성하는 것과 동일한 에너지/물질이 또 다른 차원을 구성할 것이라는 다중우주 가설을 제안한다. 특정한 진동의 영역이 각 차원이 접하지 않도록 유지할 것이다. 예를 들어 라디오는 다수의 채널에 동시적으로 맞출 수 있다. 각 케이블마다 다른 주파수로 전송할 수 있기 때문이다. 이와 유사하게 우리의 차원은 보다 넓은 다중우주 안에서 특정한 범위의 진동으로 물질화될 것이다. 그리고 사변적으로는, 그 안에서 물질의 서로 다른 진동은 무한정한 수의 물질적 차원을 낳을 수 있을 것이다.

---

23 우리는 26장에서 유아론의 개념을 설명한 바 있다.

30c. 사고 실험: 포스트휴먼 다중우주

편집자 주. 이 절에서 저자의 시점이 1인칭 복수("우리")에서 1인칭 단수("나")로 전환된다는 점에 유의하기 바란다. 그 이유는, 이 사고 실험이 반드시 포스트휴머니즘 커뮤니티 전체를 대표하는 것은 아니지만, 다중우주가 포스트휴먼 논쟁에서 번뜩이는 통찰력을 제공할 유망한 개념이기 때문이다.

왜 사고 실험인가? 다중우주는 본질적으로는 비인간-중심적이다. 그러나 인류중심적인 희망과 가정이 투사되는 무대로 전락하기 십상이다. 나는 다중우주에 대한 포스트휴머니즘적 접근이 우리의 논의에 어떤 것을 가져다줄지를 생각했고, 이 과정에서 본질주의, 양극성 또는 엄격한 이원론 대신에 혼종적이고, 매개적이고, 과정-존재론적인 관점에 의존했다. 이제 나는 이 해석을 자아에 대한 사변적 인식을 확장하는 하나의 사고 실험이요, 또 다중우주에 대한 가능한 물리학의 역량을 지닌 물질적 가설로서 소개할 것이다. 나의 제안은 테그마크의 3단계 우주와 몇몇 측면과 겹치는 한편으로 중요한 차이를 갖는다. 나는 이것을 포스트휴먼 다중우주라 부르고 이 성찰에 영감을 준 철학들을 제시할 것이다.

이 사고 실험은 무엇을 함축하는가? 포스트휴먼 다중우주의 사고 실험은 자아/타자 패러다임의 해체에 기반한다. 그것은 물질이, 관계성과 자율성의 과정 속에서, 이 우주를 구성하면서 또한 무수한 다른 우주들을 현실화함을 함축한다. 내가 제안하는 바는, 만약 우리가 자아와 타자의 분리를 급진적으로 해체한다면, 우리는 다중우주가 지금 여기에서, 우리 자신의 신체와 이 우주를 구성하는 동일한 물질을 통해서, 일어나고 있는 것으로 생각할 수 있다는 것이다. 가령, 우리가 유사한 존재 양식을 지각하도록 해주는 차이는, 물리학의 용어로는 특정한 진동폭으로 간주될 수 있다. 다중우주에 대한 포스트휴먼의 이해는, 존재적으로 상호 분리되어있는 평행차원 이상의 것으로서, 일자/다자의 엄격한 이원론의 해소라는 본질적인 이해 안에서, 끈[24]들의 특정한 진동에 대응하여 동시적으로 일어나고 공존하는 물질적 가능성들을 생성하는 그물망으로 그려질 것이다. 한 차원의 동일성은 특정한 진동 폭의 조건하에서, 그리고 다른 차원과의 물질적 관계에 의해서, 상황적인 친연성과 수렴의 확대로 유지될 것이다.

이 사고 실험은 "당신"과의 관계에서 어떤 의미를 갖는가? 포스트휴먼 다중우주의 사변적 틀 내에서, 끈들은 특정한 진동의 속성과 관련된 다른 우주들을 동시에 확립할 것이다. 이 각본에서 자아는 무한정한 수의 "타자"를 구성함으로써 (그리고 그러한 타자에 의해 구성됨으로써) 자아를 구성할 것이다. 극단적인 사고 실험 하나를 통해 이에 대해 고찰해 보자. 그 전에 대화를 용이하게 하기 위해 다음의 질문을 던져보자: **나는 누구인가?** 우리는 몇 년 전의 우리 자신을 생각할 때 몇몇 패턴과 차이를 인식할 수 있다. 우리는 어떤 방식으로든 다르게 보일 것이다. 그러나 우리는 여전히 같은 음식을 좋아하거나 같은 꿈과 희망을 가질 수 있다. 우리는 내가 지금 현재의 나임에는 대부분 동의할 수 있다. 그런데 나는 어제의 나 그

---

24 여기에서 "끈"은 29장에서 소개한 초끈이론을 지칭한다.

리고 내일의 나와도 연결되어 있다. 이 모든 "나"는 분리해서는 접근할 수 없다. 이제 여기에 다른 한 층위를 더한 사고 실험으로 들어가자. **만약 "당신"을 구성하는 물질이 다른 차원에서는 "타자"를 구성한다면 어떻게 되겠는가?** 이 공동-생성이 무작위적이지 않고, 초-차원적인, 즉 이 특정한 차원을 뛰어넘는 특정한 에너지 장과 연결되어 있다면 어떨까? 달리 말해, **만약 우리의 존재 방식이 다차원적인 물결(파급) 효과를 가졌다면 어떻게 되겠는가?** 만약 양자 끈들이 다른 진동에 따라서 다른 속성을 표출한다면, 일반상대성이론(Einstein 1916)에 따라 시간이 독립적으로 설명될 수 없고 시공간의 한 차원으로서만 설명된다고 할 경우, 이 끈들은 "동시적으로" 다른 속성들을 표출할 수 있다.[25] 이러한 견해는, 앞서 소개한 다른 과학적, 철학적인 제안과는 다르게, "당신"의 여러 가지 판본이 다른 차원들에 존재한다는 가설을 지지하지 않는다. "당신"은 새로운 공생적 에너지 동맹을 표출하면서(나타내는) 끊임없이 변화하는, 이 특정한 진동 영역의 한 독특한 조합일 것이기 때문이다. 이러한 각 본은 끈과 그 진동 사이의 이원론을 함축하지 않는다. 두 용어는 분리불가능하다. 끈들은 특정한 양상으로 표출(발현)된다. 특정한 진동이 끈들의 특정한 조율을 통해서 발현되는 것만큼이나, 끈들은 특정한 진동에 조율되어 있기 때문이다.

모든 차원은, 설령 스스로를 자율적이라 인식한다고 해도 다른 여러 존재 양상들과 내재적으로 연결되어 있는, 존재의 자기생

---

25 물리학에서 시공간은 3차원의 공간과 네 번째 차원으로서의 시간의 연속체를 지칭한다.

성적 양상으로 간주될 수 있다. 그러나 반드시 모든 양상과 직접적으로 관련되어 있는 것은 아니다. 왜냐하면 리좀의 관점에서 그러한 관계성은 간접적으로 정립되기 때문이다. 이에 대해서는 다음 절에서 보게 될 것이다. 물질은 관계적이다. 네트워크 이론에서 발전된 용어를 사용하면서, 보다 일반적으로는 행위자 연결망 이론(Actor-Network Theory)[26]을 참조하자면, 우리는 존재의 다른 양상들이 특정한 마디들을 통해 연결되어 있다고 생각할 수 있다. 관계성이 어떻게 확립되는가의 질문은 포스트휴먼 존재론에서 핵심적으로 중요하다. 이 측면에서, 도움이 되는 철학 개념이 리좀(rhizome)이다.

리좀이란 무엇인가? 이 용어는 식물학에서 나온 것으로 옥스퍼드 사전에서는 "간격을 두고 옆으로 싹이 나고 불규칙한 뿌리를 내리며 수평으로 계속 자라는 땅속줄기"[27]로 정의한다. 생강의 뿌리, 강황 뿌리 또는 수련의 뿌리를 생생한 예로 들 수 있다. 리좀의 특기할 만한 특징은 수평성이다. 어느 부분에서든지 새로운 식물이 자랄 수 있다. 각 마디로부터 뿌리와 싹이 갈라져 나오는, 식물의 수평적 줄기가 바로 리좀이다. **리좀의 개념은 철학적 포스트휴머니즘과 어떤 관련이 있는가?** 식물학적 리좀은 질 들뢰즈(1925-95)와 펠릭스 과타리(1930-92)에 의해 철학적 개념으로 발전했다. 그들의 핵심적인 텍스트 『천 개의 고원: 자본주의와 정신분열증

---

26 네트워크(연결망) 이론은 컴퓨터 과학이나 그래프 이론과 관련된 연구 영역이다. 이는 표상이나 물류뿐 아니라 사회 및 생물학적인 네트워크 안에서, 연결(링크)과 마디 개념의 의미에 대한 성찰을 발전시켰다(예를 들면 Barabasi 2003을 보라).
27 옥스퍼드 사전: "리좀" 항목.

(A Thousand Plateaus: Capitalism and Schizophrenia)』(1987)은 철학적 포스트휴머니즘 존재론의 발전에 밀접한 관련성을 지닌다. 리좀 외에 다른 연관된 개념인 다양체,[28] 배치(assemblage), 연결, 유목성, 그리고 이질성 등을 논의에 도입했다는 점에서 그러하다.[29] 특히 8절 "1874: 세 편의 단편 소설, 또는 '무슨 일이 일어났는가?'"에서 영감을 주는 구절을 찾을 수 있다. 이 인용에서 각각의 되기는 선(線)들의 리좀으로 간주된다. 일부 선들은 어떤 종에 고유하며, 일부는 "외부에서" 주어진다. 또 어떤 것들은 의도적으로 발명될 수 있다.

> 개체로서든 집단으로서든, 우리는 선들, 자오선, 측지선, 회귀선, 그리고 지대들에 의해 횡단된다. 이것들은 각기 다른 본성을 지니며 다른 박자로 행진한다. 우리는 우리가 세 가지 종류의 선으로 구성되어 있다고 말한다. 혹은 각각의 종류도 다양하므로(다양체이므로), 묶음이라 하는 편이 낫겠다. […] 이 선들의 일부는 최소한 부분적으로 외부로부터 우리에게 부과된 것이다. 다른 일부는 사소한 것에서 우연히 생겨나는데, 우리는 왜 그런지 결코 알 수 없다. 다른

---

28 여기에서 우리는 주체를 다중성으로 보는 니체의 가설을 염두에 두어야 한다. 이 가설은 『힘에의 의지』 3권, 490절(1885)에서 논의된다:

  하나의 단일한 주체에 대한 가정은 어쩌면 불필요할지도 모른다. 어쩌면 그것들 사이의 상호작용과 투쟁이 우리의 생각 및 의식 일반의 기초가 되는, 그러한 주체들의 다중성을 가정하는 것 또한 허용될지도 모른다. 지배권을 가진 "세포들"의 일종의 귀족제? 가령, 공동의 통치에 익숙하며 명령하는 법을 이해하고 있는, 동등한 것들의 귀족제? 나의 가설: 다중성으로서의 주체(1967: 270).

29 이 모든 개념들에 대한 특정한 포스트휴머니즘 입장의 논의로는 Braidotti 2002를 참조하라.

어떤 것들은 모델을 따르지 않고 우연도 아니게 발명되고 그려질 수 있다. 우리는 우리의 탈주선을 발명해야 한다. […] 동물의 탈주선에는 여러 가지가 있다: 각 종과 개체는 각자의 탈주선을 가진다. […] 이 선들은 끊임없이 교차하고, 잠시 동안 겹치기도 하면서, 서로 이어져 있다. […] 이것은 지도제작(cartography)과 관련된 일이다. 이 선들이 우리의 지도를 구성하기에, 그것들이 우리를 구성한다. 이 선들은 스스로를 변형하며, 심지어 서로에게 교차해서 들어갈 수도 있다. 리좀이다(202-03).

들뢰즈와 과타리가 묘사한 리좀 개념은 인터넷의 도래와 연결성의 발전에 따라 한층 중요해졌다. 이제 우리는 그 이유를 이해할 수 있다.[30] 예를 들어 인터넷 검색을 떠올려 보라. 당신은 "태양계 내 거주가능한 행성"과 같이 구체적인 무언가에 대한 구글링으로 시작해서, 두 시간 후에는 생분해가능한 반짝이나 콤부차[발효 음료의 일종 — 옮긴이] 만드는 법과 같이 완전히 무관해 보이는 무언가를 읽고 있을 것이다. 만약 어떻게 그런 일이 일어날 수 있는지 궁금하다면 당신은 이제 그 답을 알고 있다. 이것이 리좀의 힘이고, 리좀을 통과하는 모든 선의 중요성이다. 구글 검색 엔진에 쓰인 알고리즘, 당신의 의식의 흐름, 광고, 어느 나라, 어느 기계로 접속했는가 등등.

---

30 이것이 하나의 가능한 독해임을 상기하는 것이 중요하다. 브라이도티도 말한 바 있다. "나는 예를 들어 들뢰즈의 기계를 발전된 기술의 은유와 성급하게 동일시하는 일을 삼갈 것을 권고한다"(2005).

리좀은 은유와 다중우주의 은유는 어떤 차이가 있는가? 리좀을 다중우주에 대한 포스트휴먼적 접근의 중요한 선례로 간주할 수도 있지만 철학적으로 두 개념은 동화될 수 없다. 들뢰즈와 과타리의 관점에서 보면, 예컨대 리좀은 구조의 존재를 지지하지 않는다. 그들은 말하길, "그것들[선들]이 구조와 아무런 상관이 없음이 확실하다. 구조는 오직 점과 위치에 의해, 수목형 가지에 의해서만 점유된다. 또한 항상 닫힌계를 형성하는데, 이는 정확히 탈주를 막기 위해서다."(203). 포스트휴먼 다중우주는 구조가 함께-존재(co-presence)하는 것을 필연적으로 배제하지 않으며, 과정-존재론적인 비-위계적 방식으로 구조에 접근한다. 예를 들어 양자 끈으로 구성된 상호침투적인 차원의 물질적 가능성[31]을 생각해 볼 수 있다. 여기에서 각 차원의 정합성을 가능케 하는 특정한 진동폭은, 비록 결정적이거나 본질적인 것은 아니라 할지라도, 일종의 진동 구조로 간주될 수 있다. 초끈이론에 따르면 그러한 진동은 끈을 구성하고 또 끈에 의해 구성된다. 그리하여 진동 구조 또한 되기의 양태에 있게 된다. 구조란 서로 분리되지 않는 구조에 의해 구성되는 것이다. 이론적으로 말해서 철학적 포스트휴머니즘 존재론은 다원적 일원론 혹은 일원론적 다원론으로서 접근될 수 있다.

포스트휴먼 다중우주 안에서 인간은 무엇인가? 리좀을 통해

---

31 여기에서 나는 "평행 우주"보다는 이 상호침투적 차원이라는 개념을 사용하고자 한다. 왜냐하면 이 다른 차원들은 평행하지도 않고 우주도 아니기 때문이다. "상호침투적 차원"의 개념은 비학(秘學)적 우주론의 "평면(plane)" 개념과 몇 가지 공통점을 갖지만 동일시될 수는 없다. 왜냐하면 이 차원들은 다른 종교 혹은 비학의 가르침에서 전제하는 영적인 존재, 즉 절대자를 중심으로해서 위계적으로 진화하지 않기 때문이다.

재해석된 다중우주의 구도로 볼 때, 인간과 그 밖의 존재는 물질적 연결망 내 되기의 마디들로 간주될 수 있다. 이러한 되기는 다중우주의 기술로서, 하이데거식으로 말하면 탈은폐의 양태로서 작동한다. 그럼으로써 기술 자체의 존재론적이고 실존적인 의미에 재접근한다. 자아의 기술 역시 여기에서 중요한데, 이는, 푸코[32]를 통해 들뢰즈와 과타리를 재해석하자면, 우리가 발명하고 있는 선과 연관될 수 있다. 이러한 기술은, 포스트휴먼적 다중우주의 틀 안에서 존재론과 분리될 수 없는, 포스트휴먼적 규범 윤리와 실용주의를 요청할 때 핵심이 된다. 인류(그리고 보다 일반적으로는 존재)를 물질적 연결망으로 생각할 때, 우리는 이미 어떤 수준에서는 윤리학의 용어로 말하고 있다. 우리가 우리의 차원에 거주하는 방식, 우리가 무엇을 먹는가, 우리가 무엇을 생각하는가, 우리가 어떻게 행동하는가, 우리가 누구와 관계하는가는 우리가 누구이며 무엇인지에 대한 연결망의 일부를 만들어낸다. 이 연결망은 탈신체적일 수 없다. 그것은 물질적이며, 그것의 행위성은 정치적·사회적·생물학적인 인간의 영역을 뛰어넘는다. 이러한 틀 안에서, 자아가 내부의 타자로서 인식되고 궁극적으로는 버러드가 말하듯이 존재적 표출의 관계적 내부-작용으로 전환하는 순간, 다중우주는 단지 존재론이 아니라 자기 발견의 방법으로 간주될 수 있다. 그렇게 다차원적 범위로 확장된 연결망 안에서 이루어지는 자아에 대한 인식은, 존재적 함축은 말할 것도 없고, 윤리적·사회적·정치적 함축을 지닌다. 이 점을 보다 생생하게 이해하기 위해 상상력 놀이를 해보자. 어느

---

32 푸코의 자아의 기술에 관한 고찰에 대해서는 15장을 보라.

날, 당신이 했던 모든 행동, 당신이 가졌던 모든 생각, 당신이 꾼 모든 꿈, 당신이 했던 모든 말이 다중우주 안에서 존재의 물질화에 영향을 주고 또 결과를 가져왔다는 것을 깨달았다고 상상해 보자. 이 사고 실험에 비추어, 그 다차원적 분기가 모두 노출된 채로 당신의 삶에 대해 포괄적으로 접근할 때, 당신은 당신의 삶의 수행을 어떻게 인식하였는가? 이제 포스트휴먼 행위성에 대해 말할 차례다.

포스트휴먼 행위성이란 무엇인가? 포스트휴먼 행위성은 동화보다는 조우와 관계성의 전략을 구사하는 존재의 양상으로 전망될 수 있다. 이것은 인간과 비인간 영역이 의미뿐 아니라 실존의 양상까지 지니는 포스트휴먼 유형의 행위성과 상통한다. 포스트휴먼 행위성은 필연적으로 포스트휴머니즘을 하나의 실천으로 이해하는 방식과 관계되어 있으며, 일차원적인 되기 개념을 넘어서는 실존적 자각으로 간주될 수 있다. 이러한 유형의 틀 내에서, 인간은 에너지, 동맹(연합), 물질 및 관점의 연결망으로 변한다. 인간은, 존재 (being)에 대한 근본적인 존재-실존적(ontic-existential) 재의미화 속에서, (가능적으로는 서로 다른 양자적인 차원의) 서로 다른 물질적 결과(성과)를 통해 동맹을 형성하는 다른 형태의 모든 존재와 관계를 맺는다. 이러한 유형의 각본 속에서, 내재성과 초월성 사이의 최종적인 해체가 일어난다. 이는 상황적 행위자들로 하여금, 특정한 시-공간적 양상을 넘어서면서도 동시에 포함하는, 동맹과 계통 (혈연) 모두로 이루어진 그들 자신의 연결망을 전망하도록 초대한다. 이로써 포스트휴먼은 최후의 해체에 도달한다. 이는 스스로의 자기생성적 양태를 인정하는 상황에 처해 있으면서도, 그 어떤 존재론적 이원론, 동화, 중심화 혹은 추정도 따르지 않는 존재에 대한 접근 방식을 드러낸다. 여기서는 동맹과 의미의 물질적이고 기호적인 연결망을 관계적으로 확장해 나가면서, 궁극적으로는 일원론적인 다원론(또는 다원론적인 일원론)의 되기의 형태(방식)로 스스로를 인식하게 된다.

이 책의 3부에서 우리는 철학적 포스트휴머니즘과 관련된 두 가지 주요한 문제를 다루었다. **탈-인류중심주의란 무엇인가? 그리고 탈-이원론이란 무엇인가?** 탈-인류중심주의 개념을 이해하기 위해서 우리는 현재의 지질학적 시대인 인류세를 고찰했다. 포스트휴먼에 대한 연구에서는, 먼저 해체적 기획을 제시하였고 이를 인간 개념에 대한 탐구의 필연성과 연결지었다. 그리고 "생물" 영역으로 넘어가서 생명을 생물학적 관점에서 탐구하고, 또 포스트휴먼 논쟁의 중요한 개념인 종차별주의, 자기생성, 공생성 등을 다루었다. 생명윤리에 대한 반성은 우리를 후생인류의 미래 진화에 대한 논의로 이끌었다. 이러한 유형의 탐구에서 진화는 그 자체로 존재의 기술로서 탐색되었다. 다음으로 우리는 성찰의 세 번째 단계로 나아갔다. 탈-이원론을 철저하게 이해하기 위해, 우리는 인간을 하나의 질문으로 이해하고 생명도 하나의 질문으로 이해하지만, 둘 모두를 넘어서는 존재론의 영역으로 들어섰다. 이 부분에서 우리는 특히 물질화의 과정을 심도 있게 논했다. 우리가 던진 질문은 이것이다: **물질은 어떻게 물질화되는가?** 우리는 다중우주라는 과학적·철학적 개념을 도입하고 이를 포스트휴먼 다중우주에 관한 독창적인 사고 실험으로 확장했다. 이는 일원론적 다원론이자 다원론적 일원론으로서의 포스트휴머니즘 존재론을 강조하기 위함이었다. 그리하여 우리는 자아와 타자 사이의 최종적인 경계에 접근하면서, 존재론적 실존주의의 영역에 대해 포스트휴머니즘의 탈-이원론적 접근을 취하였다.

이제 이 역사적·계보학적·이론적 여행을 다원론적 상상으로 전환할 시간이다. 이 책의 마무리와 포스트휴먼 공동체의 번영을 축하할 시간이다. 원한다면 콤부차 한 잔으로 건배하자. **왜 콤부차가 포스트휴머니즘 축하연에 어울리는 선택인가?** 스코비(SCOBY)는 콤부차를 우려내는 데 사용되는 박테리아와 효모의 공생적 배양균(symbiotic culture of bacteria and yeast)이다. "엄마"라고도 불리는 이 혼합 배양균은 공(共)영양적으로 성장한다. 즉, 하나의 종이 다른 종의 산물에 의지해서 사는 관계이다. 이 상호의존적 과정에서 영양학적 서식지(가당 흑차 혹은 녹차)는 일단 발효가 되면 콤부차가 된다. 이 음료는 마시기에 재미있고(탄산과 향이 있다), 건강하며(프로바이오틱스를 함유하고 있다), 간편하다(집에서 쉽게 만들 수 있다). 이 사소한 예는 그렇게 사소하지 않다. 포스트-휴머니스트로서 존재한다는 것은 이를테면 식습관에 대한 개인적 성찰도 포함하는 윤리적 태도를 함축한다. **"윤리"는 무엇을 의미하는가?** 이 점을 보다 분명히 이해하기 위해서는 "윤리학(ethics)"이라는 용어에 대해 성찰하는 것이 중요하다. "윤리"는 고대 그리스어 "에토스(ethos)"[1]에서 온 것으로, 원래는 "익숙한 장소"[2]를 뜻했고, 보다 일반적으로는 "습관, 관습"을 가리킨다. 이러한 의미에서, 우리는 우리가 거주

---

1 이 그리스 용어는 라틴어에서 모레스(mores)가 된다.
2 예를 들면 「일리아드」 6권을 보라: "에테아 이폰($\dot{\eta}\theta\varepsilon\alpha$ ἵππων)"은 "말의 축사"를 뜻한다(호메로스).

하는 윤리적 공간에 대해 개인적이고 종적인 관점 모두에서 성찰할 수 있으며, 이는 그 확산된 결과나 윤리적 함축과 함께 우리의 일상적인 존재 습관에서 드러나게 된다. 그렇다면 이렇게 묻자: **포스트휴머니스트로서 우리는 어떻게 존재할 수 있는가?**

포스트휴머니스트로 존재하기

이제 비판적 사고를 회생시키는 물결이자, 사회적 규범과 존재적 습관에 근본적인 수정을 가할 새로운 철학적 접근으로서, 철학적 포스트휴머니즘을 축하할 시간이다. 이제는 핵심 질문을 던질 시간이다. **우리는 포스트휴머니스트로서 어떻게 존재할 수 있는가?** 흥미로운 답변을 가져올 몇 가지 시급한 질문들을 물으면서, 철학적 포스트휴머니즘의 축하연을 무대로 올려보자. 먼저, **지금 우리는 포스트휴먼일 수 있는가?** 그렇다. 철학적 포스트휴머니즘에 따르면, 우리는 이미 포스트휴먼이다.[1] 철학적 포스트휴머니즘의 논쟁에서 포스트휴먼은 인간의 잠재적인 진화 단계(또는 도약)로 다루

---

1 특히 우리는 트랜스휴머니스트들이 암시하는 것과 달리 포스트휴먼이 되기 위해 가까운 미래를 기다릴 필요가 없다. 이에 대한 해명은 3장을 보라.

어질 뿐 아니라,[2] 보다 구체적으로는, 존재-인식론적 수준에서 윤리적, 사회정치적, 생명공학적 그리고 존재적 수준에 이르기까지, 다양한 수준의 탐구와 관련된 관점의 전환으로 접근된다. **우리는 어떻게 포스트휴먼이 될 수 있는가?** 철학적 포스트휴머니즘에 따르면, 포스트휴먼이 되기 위해서는 이 물질적이고 역동적이고 응답적인 과정 안에서 우리의 위치, 즉 존재를 반성해야 한다. 여기에서 핵심은 우리의 암묵적이고 명시적인 편견과 특권을 자각하는 것이다. 편견과 특권은 그저 존재론적 인식을 제한할 뿐이다. 열린 연결망으로서의 우리의 위치에 재접근하기 위해서는 인간적 정체성을 포함해서 닫힌 정체성들의 근본적인 해체를 수행하는 일이 요청된다.

　　인간은 포스트휴먼이 될 수 있는가? 될 수 있다. 정말로 그렇다. 인간종에 속하는 것이 필연적으로 인간중심적 입장을 함축하지는 않는다. 철학적 포스트휴머니즘은 탈-인간주의, 탈-인류중심주의 그리고 탈-이원론으로 접근할 수 있다. 이 책에서 우리는 인간의 우월성과 인간의 예외성에 대한 세 가지 수준의 가설을 와해하는 점진적인 과정을 밟아왔다. 우리는 먼저 역사적, 사회적, 언어적인 인간 개념을 해체하고, 인간이 하나가 아니라 여럿이라는 결론에 이르렀다. **탈-인간주의**로서 철학적 포스트휴머니즘은 일반화된 보편주의에서 상황적 관점주의로 향하는 인식론적 움직임을 이끈다. 사회정치적 관점에서는, 다원적 개념으로서의 인간을 강조함으로써 ("우리"/"그들"의 이원론에 기반한) 정언적인 다문화주의로부터

2　예를 들어 25장에서 논의한 사변적 포스트휴머니즘을 보라.

다원론과 다양성으로의 전환을 유지한다. 즉 인간[휴먼]에서 "들(s)"이라는 복수형을 취한 인간들[휴먼스]로 전환하는 것이다(모든 인간들은 다르지만 서로 관계를 맺고 있다).

다른 종들과의 관계에서 포스트휴먼이 된다는 것은 무엇을 의미하는가? 두 번째 단계의 해체에서 우리는 분석을 확장하고 탈-인류중심적 관점에서 생명-영역을 탐구함으로써 인간 동물과 비인간 동물을 구분하는 선이 명확하지 않다는 사실을 부각했다. 예를 들어 인간은 비인간 동물과 DNA를 상당 부분 공유한다. 더욱이 비인간 동물은 너무도 다양해서, 인간의 예외성과 비인간에 대한 우월성, 그리고 인간/비인간이라는 위계적 이분법의 필연성을 가정하는 "비인간"이라는 하나의 범주로 분류되거나 단순화될 수 없다. **탈-인류중심주의**로서 철학적 포스트휴머니즘은 종차별주의와 인간중심적 습관의 파괴적 효과를 자각하고, 기술에서 생태-기술로, 정의에서 다종적 정의로, "인간"이라는 일반화된 자기-명명에서 "인간 동물"이라는 보다 정확한 생물학적 용어로의 이행을 알리는 재배치를 허용한다. 이 책은 탈-이원론의 큰 틀 안에서, 인간종에 대한 탈-인간주의적 인식과 더불어 탈-인류중심적 감수성을 전적으로 포용하는 존재의 실천으로의 포스트휴먼적인 전환의 전개가 시급함을 강조한다.

마지막으로 우리는 물질의 물리적 구조를 고찰하고, 비-우주-중심적(non-universe-centric) 관점에서 존재에 접근함으로써 환원론적 접근을 불안정하게 만들었다. 그럼으로써 우리는 우리의 존재론적 자각을 확장하는 사고 실험으로서 다중우주의 물리적 가설을 수용했다. **탈-이원론**으로서 철학적 포스트휴머니즘은, "인간 동물들"에서 신체화된 포스트휴먼 연결망으로의 이행을 표시하고, 잠재성과 현실화의 유목적 현장으로서의 역할을 수행하면서, 개별 성에서 관계성으로의 필연적인 움직임을 드러낸다. 철학적 포스트 휴머니즘은 포스트모던 해체의 실천을 통해서 모든 존재론적 양극 화를 탈신비화하는, 차이의 이론 철학으로 간주될 수 있다. 따라서 우리는 그것을 양상적 수준에서 탈-중심주의와 탈-배타주의로 규 정했다. "탈(포스트)"은 지속적으로 열린 가능성으로, 고정적이고 위 계적인 시각에는 부합하지 않는다. 이러한 인식적 개방성은 동일 자와의 동화가 아니라 다양성의 인정에 의거하며, 다양화의 역동성 을 보여주는 진화적 과정과 상통한다. 이러한 의미에서 진화는 존재 의 기술로 취급될 수 있다. "피시스"(그리스어로 "자연")와 "테크네"는 공-구성적 영역들이다.

기술은 철학적 포스트휴머니즘 논의와 어떻게 관련되는가? 기술의 존재론적 차원은 포스트휴먼을 올바르게 이해함에 있어서 중요한 마디(node)이다. 기술 영역에 대한 트랜스휴머니스트들의 강조는 (인공적이거나 가상적이거나 로봇공학적 요소에 대한) 새로운 예외주의를 낳을 위험이 있지만, 철학적 포스트휴머니즘에 따르면 포스트휴먼의 가능성은 위계적이지 않다. 인간/기계 이원론은 단순히 변경되는 것이 아니라 구조적으로 해체된다. 특히 여성주의와 탈식민 연구는 "테크네"에 관한 담론을 역사적으로 구성해 왔던 인종차별적이고 성차별적인 이론적 구도를 보여준 바 있다. 인류동형적 패러다임을 통해 인공지능에 접근하는 것의 주요한 위험 중의 하나는, 로봇의 차이를 새로운 형태의 배제를 위한 낙인으로 만드는 것이다. 이는 그러한 차이가 인간중심적 가치에 근거한 인간의 패권적인 규범과 관련하여 얼마나 멀리 위치하는지에 따라 이루어진다. 로봇-존재론으로 삼투하기 위해서, 인간은 우선적으로 고정된 개념으로서의 인간을 근본적으로 해체하고, 대신에 인간 개념이 지닌 역동적이고 지속적인 진화의 측면을 강조하면서, 인간종 자체 내에 서식하는 차이를 축복해야 한다.

지금은 철학적 포스트휴머니즘의 시대인가? 철학적 포스트휴머니즘은 우리 시대의 철학이다. 사회의 포스트휴먼화 일어나고 있다. 여전히 인간중심적이고 이원론적인 경향이 규범으로 간주되고 있기는 하지만, 점점 더 많은 존재들이 패러다임 전환의 필요를 자각하고 있고, 탈-인간주의적, 탈-인간중심, 탈-이원론적 통찰력을 동원하여 낡은 개념과 새로운 가치를 다른 관점에서 재검토하고 있다. 이러한 의미에서 철학적 포스트휴머니즘은 인류세라는 지질학적 시대에 적합한 철학적 접근으로 이해될 수 있다. 포스트휴머니즘 관점에서 생태학적 차원은 기술적 차원과 분리되지 않는다. 그리고 기술은 기술적 시도로 환원되지 않고 존재의 기술에 대한 논의를 열어준다. 철학적 포스트휴머니즘은 어떤 영역을 탐구하는가? 철학적 포스트휴머니즘의 탐구 영역은 광범위하다. 그것은 생명윤리와 미래학을 포함하지만 거기에 한정되지는 않는다. 현대 사상의 맥락에서 철학적 포스트휴머니즘은 현재, 과거, 그리고 가능한 미래를 기술-중심적이거나 선형적인 가정 없이 성찰한다는 점에서 유망하다. 이는 인간, 몰인간(ahuman), 비인간 행위소들[3]을 행위성뿐 아니라 그 존재 양상에 의해 특징짓는 포스트휴먼에 대한 비전(전망)과도 조화를 이룬다. 포스트휴먼 행위성은 방대하며 또 널리 퍼져 있다. 그것은 위계적 태도, 견고한 이원론적 모델, 그리고 동화의 기술이 아니라 대면, 인정, 관계성의 전략을 이용하는 존재 양식 속에서 추적될 수 있다. 이러한 수준의 자각은 우리의 일상적인 삶의 실천에서도 빛을 발한다. 일단 우리가 우리 자신을 열린 연결망으로 접근하면, 우리는 이 행성에 대한 우리의 영향, 결과들 그리고 정서가 얼마나 넓고 또 방대한지, 그리고 얼마나 얽히고 미묘하고 확산된 방식으로 표출되는지 보다 분명하게 인식할 수 있다. 이는 포스트휴머니스트로서 존재하려는 의도를 향한 중요한 단계다. 왜냐하면 이렇게 이해할 때 이론과 실천 사이의 분리는 더 이상 유지될 수 없기 때문이다.

철학적 포스트휴머니즘은 실천인가? 그렇다. 철학적 포스트휴머니즘은 실천이다. 행위하기는 또한 내부-행위하기이기도 하다. 생각하기는 "내부-생각하기(intra-thinking)"[4]이기도 하다. 이러한 접근은 존재에 대한 우리의 인식을, 인간이라는 용어의 엄격한 의미를 통해 스스로 부과한 한계를 넘어서도록 확장시킨다. 이 각본에서 인간들은 스스로를 에너지, 동맹, 계통의 상황적으로 신체화

---

3 비-인간 행위자의 관련성을 강조하는 철학적 성찰로는 특히 다음을 보라: Schatzki 2001.

4 예를 들어 인간생활권[noosphere: 인간의 지혜가 미치는 범위 또는 인간의 지적 활동 전체를 가리키거나, 오늘날에는 생태학적 의미의 인간 생활권, 즉 인간 활동으로 의식적·무의식적으로 변화된 생물권을 가리키기도 한다 ─ 옮긴이] 개념을 생각해 보라. 테야르 드 샤르댕에 따르면 인간권은 정신의 권역, 즉 "생각하는 층위"(1959: 202)이다. 다음은 그의 설명이다: "이는 어떤 식으로든 동물의 생물권(biosphere) 위에 어떤 인간의 영역, 반성, 의식적 발명, 영혼의 의식적 통일의 영역, 원한다면 인간(생활)권을 상상하는 것에 해당하며, 이 새로운 존재물의 기원에서 기존 생명체에 영향을 미치는 특별한 변형 현상, 즉 인간화(hominization)를 생각하는 것과 같다."(1966: 63).

된 연결망으로 파악하며, 동시에 자신들의 시-공간적 특수성을 넘어서서 무한정 많은 물질적 시너지 및 가능한 차원을 통해서 다른 형태의 존재와 내부-연결된 것으로 인식한다. 이러한 존재의 급진적인 재-의미화에서 내재성과 초월성 사이의 궁극적인 해체가 일어난다. 철학적 포스트휴머니즘은 현대 과학과 생명기술의 발전 내에서 고려되는 가능성들에 대한 특이점주의자들의 개방적 태도뿐 아니라, 물리학 분야에서의 발견 및 가정된 가설에 따른 존재론적 잠재성과 관련해서도 귀중한 통찰을 제공한다. 포스트휴머니즘은 경험적인 중재의 철학이며 가장 넓은 의미에서 존재의 화해를 제공한다. 물질은 진동하는 에너지다. 포스트휴머니즘은 다중우주의 물리적 가설의 도전을 받아들이고, 그럼으로써 평평한 존재론의 개념을 뛰어넘는 존재적 자각으로서 인식될 수 있다. 인간이나 존재의 다른 표출들은 물질적 연결망 안의 다중우주적 되기의 마디로 접근할 수 있다. 그러한 되기는 생물학적, 기술적 그리고 존재적 드러남의 양태로 기능한다. 포스트휴먼의 다원론적 일원론, 일원론적 다원론이라는 존재적 틀 안에서, 존재의 표출은 (특정 형태의) 타자성(일원론적 특성)과 연결되지만, 그것으로 동화되거나 환원될 수는 없다(다원론적 특성). 이러한 종류의 각본에서, 모든 종류의 예외주의적 가정 또는 중심적 편견은 이러한 연결망이 갖는 물질적 유동성과 기호학적 가능성에 대한 구제불능의 장애물을 표상한다. 따라서 포스트휴먼은 "프리-"휴먼과 공명한다. 다중우주적인 리좀 지배라는 넓은 의미에서, 우리는 언제나 포스트휴먼이었다.

왜 철학적 포스트휴머니즘인가? 인간 개념을 급진적으로 해체한 다음에, 이 개념을 완전히 폐기하자는 제안이 있을 수 있다.

이제 인간에게 작별을 고할 시간인가? 아직은 아니다. 어떤 차원에서는, 그것은 알려진 용어, 익숙한 개념에 대한 감수성과 타협을 해야 하는 문제다. 그것은 효과이자 정서이며, 간단히 말하면 인정(recognition)의 문제이다. 대부분의 인간들은 "인간"이라는 이름표 하에서 스스로를 인정한다. "휴먼" 없는 "포스트"의 시대는 아직까지 오지 않았다. 지금은 "포스트휴먼"의 역사적인 시대다. 이는 (단지) 문화적인 혁명만도 아니고 자연적인 진화만도 아닌, 오히려 포스트휴먼 시대를 종국적인 통합의 시기로 이끌어갈 수 있는 자연문화적 공-진화의 시대이다. 이는 얼버무리는 전략이나 비-인정의 정체성 전술이라는 무거운 짐을 벗어버리는 사회-생리학적 경량화에 의해서 유지된다. 철학적 포스트휴머니즘은 인간이라는 것이 무엇을 의미하는지에 대한 광범위한 비판적 설명에 뿌리를 두어야 한다. 그 과정에서, 역사적으로 차이의 가치를 무시하고 그 결과 차별과 동질화의 과정을 낳은 전통적인 패권적 담론에 의문을 제기하는, 포스트인문학을 상상할 전략적인 출발점(terminus a quo)을 제공해야 한다.

이제 철학적 포스트휴머니즘의 세 가지 측면을 하나로 합하고 왜 세 가지가 전부 필요한지 밝혀야 할 시간이다. 탈-인간주의적이고 탈-인류중심적인 사회적 수행으로 인종차별주의, 성차별주의 그리고 종차별주의와 같은 몇 가지 형태의 차별이 극복된다 하더라도, 만약 우리가 탈-이원론을 포용하지 못하고 엄격한 이원론 형식의 정체성-형성 실천을 비판적으로 다루고 또 해체하지 못한다면, 다른 형태의 차별이 끊임없이 생겨날 것이다. 예를 들어 우리는 근미래에 우주로 이주한 인간들의 후손인 미래 인류에 대한 차별을 생각해 볼 수 있다. 이들은 여러 세대를 거치면서 그들의 생명 현상이나 기술을 우주의 조건에 맞추어 적응하였으며, 종국적으로는 다른 종으로 진화할 수도 있다. 또 "맞춤 아기들"에 대한 차별, 아니면, 역으로, 유전적으로 "향상되지" 않은 인간에 대한 차별도 생각할 수 있다. 이를테면 과학 영화 「가타카」(1997)에 묘사된, 유전적 차별에 기반한 사회가 있다. 또한 (일부) 인간들의 지능적 기계에 대한 차별, 아니면, 역으로, AI지배의 각본에서처럼 (일부) 지능적 기계에 의한 인간 차별 또한 생각해 볼 수 있다. 이것이 탈-이원론을 철학적 포스트휴머니즘 접근의 일부로 고려하는 것이 매우 중요한 이유다. 탈-이원론에 따르면 포스트휴머니즘의 급진적 해체는 그 어떤 종류의 절대적 이원론, 동화 또는 중심화도 주장하지 않는 것이다. 특히 탈-이원론은 본질론적 이분법에 통상적으로 근거하는 전통적인 정체성-형성 전략이 어떻게 다루어지고 해체되고 끊임없이 수정되어야 하는지를 강조한다. 철학적 포스트휴머니즘은 본질화된 상징적 "타자"를 정립할 필요를 비판한다. 대신에 인간을 내부의 타자로 인지한다.

어떻게 타자성이 자아 안에 있을 수 있는가? 몇 가지 생각을 불러일으키는 예를 통해서 이 질문에 답해보자. 사실 "우리"는 끊임없이 변화하고 있다. 우리는 과정이다. 우리는 광대한 포괄성의 측면에서 대양과도 같다. 이를테면 어제의 당신 자신을 생각해 보라. 당신이 어떤 모습이고, 당신의 꿈과 관점은 무엇이었으며, 당신의 친구는 누구였는가? 5년 전으로 돌아가 보자. 당신은 어떤 모습이었고, 당신의 꿈과 관점이 무엇이었으며, 당신의 친구는 누구였는가? 만약 15년 전으로 돌아간다면, 당신이 어떤 모습이었고, 당신의 꿈과 관점이 무엇이었으며, 당신의 친구는 누구였는지 여전히 기억할 수 있는가? 이 세 가지 판본의 "당신"(하루 전, 5년 전 그리고 15년 전)은 많은 수준에서 다르지만 전부 현재의 당신을 구성한다. "우리"가 생각하고 소통하는 방식은 다른 인간과 비인간 존재와의 한없는 상호작용의 결과다. "우리"는 우리 대장 속의 미생물이(기도 하)지만, "우리"는 보통 "그들"에 대해 그렇게 생각하지 않는다. "우리"가 먹는 음식은 문자 그대로 우리 몸의 일부가 된다. "우리"가 기거하는 환경은 우리의 유전자 표현의 후성유전적 규제에 직접적인 영향을 미친다. 우리는 바다와 같다. 그러나 우리는 보통 우리 자신을 이렇게 연장되고 역동적인 방식으로 생각하지 않는다. 철학적 포스트휴머니즘은 인간성을 다중보편성(multiversality) 안에, 자아를 타자성 안에 계보학적으로 재배치하면서, 개방적으로 사고하라는 이론적인 초대이다. 철학적 포스트휴머니즘은 개인적 견해에서부터 종의 전망에 이르기까지, 여러 가지 다른 수준의 이해에 적용할 수 있는 급진적인 전환을 가져다준다. 행성적 비전(전망)에 대한 철학적 포스트휴머니즘의 기여는 시급하고, 매우 중요하며 동시에 재생적이다. 그것은 철학사에서 변칙적인 파동이다.[5]

---

5 해양학에서 변칙파는 "기형파" 또는 "불량파"라고도 부르는데, 드물고 예측할 수 없으며 잠재적으로는 극도의 파괴력이 있는 것으로 간주된다.

참고문헌

Adam, A. (1998). *Artificial Knowing: Gender and the Thinking Machine*. Routledge: London et al.

Aerts, D. (1986). A Possible Explanation for the Probabilities of Quantum Mechanics. In: *Journal of Mathematical Physics*, Vol. 27, 202–10.

Agamben, G. [1995] (1998). *Homo Sacer: Sovereign Power and Bare Life*. Trans. Heller-Roazen, D., Stanford University Press: Stanford.

Agamben, G. [2002] (2004). *The Open: Man and Animal*. Trans. Attell, K., Stanford University Press: Stanford.

Alighieri, D. [1304–1321]. *La Divina Commedia di Dante Alighieri*. Trans. Cary, H. F. (1909). *The Divine Comedy*, Vol. 20. Harvard Classics, Collier and Son Company: New York.

Ansell Pearson, K. (1997). *Viroid Life: Perspectives on Nietzsche and the Transhuman Condition*. Routledge: London et al.

Ansell Pearson, K. (2000). Nietzsche's Brave New World of Force: Thoughts on Nietzsche's 1873 "Time Atom Theory" Fragment & on the Influence of Boscovich on Nietzsche. In: *Pli: The Warwick Journal of Philosophy*, No. 9, 6–35.

Ansell Pearson, K. (2011). The Future is Superhuman: Nietzsche's Gift. In: *The Agonist: A Nietzsche Circle Journal*, Vol. IV, Issue II, Fall 2011. Retrieved in January 2019: http://www.nietzschecircle.com/AGONIST/2011_08/Superhuman.html

Anzaldúa, G. (1987). *Borderlands/La Frontera: The New Mestiza*. Aunt Lute Books: San Francisco.

Appleby, J. (2002). Planned Obsolescence: Flying into the Future with Stelarc. In: Zylinska, J. (ed.) (2002). *The Cyborg Experiments: The Extensions of the Body in the Media Age*. Continuum: London et al., 101–13.

Arendt, H. (1958). *The Human Condition*. The University of Chicago Press: Chicago et al.

Aristotle [fourth century BCE] (1944). Politics. In: *Aristotle in 23 Volumes*, Vol. 21. Trans. Rackham, H., Harvard University Press: Cambridge, MA; William Heinemann Ltd.: London. Retrieved in January 2019: http://www.perseus.tufts.edu/hopper/text?doc=Perseus:abo:tlg,0086,035:1:1253a

Aristotle [fourth century BCE] (2000). *Nicomachean Ethics: Book VI*. Trans. Crisp, R., Cambridge University Press: New York, 103–18.

Babich, B. (2011). Nietzsche's Post-Human Imperative: On the "All-too-Human" Dream of Transhumanism. In: *The Agonist: A Nietzsche Circle Journal*, Vol. IV, Issue II, Fall 2011. Retrieved in January 2019: http://www.nietzschecircle.com/AGONIST/2011_08/Dream_of_Transhumanism.html

Badiou, A., Cassin, B. (2016). *Heidegger: His Life and His Philosophy*. Columbia University Press: New York.

Badmington, N. (ed.) (2000). *Posthumanism*. Palgrave: New York.

Badmington, N. (2004). *Alien Chic: Posthumanism and the Other Within*. Routledge: Oxon.

Bailey, M. D. (2002). The Feminization of Magic and the Emerging Idea of the Female Witch in the Late Middle Ages. In: *Essays in Medieval Studies*, Vol. 19, 120–34.

Bailey, M. D. (2007). *Magic and Superstition in Europe: A Concise History from Antiquity to the Present*. Rowman and Littlefield Publishers: Lanham.

Bailey, R. (2005). *Liberation Biology: The Scientific and Moral Case for the Biotech Revolution*. Prometheus: New York.

Bakhtin, M. M. [1941] [1965] (1993). *Rabelais and His World*. Trans. Iswolsky, H., Indiana University Press: Bloomington.

Balsamo, A. (1996). *Technologies of the Gendered Body: Reading Cyborg Women*. Duke University Press: Durham et al.

Barabasi, A. L. (2003). *Linked: How Everything is Connected to Everything Else and What It Means for Business, Science, and Everyday Life*. Plume: New York.

Barad, K. (2003). Posthumanist Performativity: Toward an Understanding of How Matter Comes to Matter. In: *Signs: Journal of Women in Culture and Society*, Vol. 28, No. 3, The University of Chicago, 801–31.

Barad, K. (2007). *Meeting the Universe Halfway: Quantum Physics and the Entanglement of Matter and Meaning*. Duke University Press: Durham et al.

Bars, I., Terning, J., Nekoogar, F., Krauss, L. (2010). *Extra Dimensions in Space and Time* (Multiversal Journeys). Springer: New York.

Barton, E. R., et al. (2002). Muscle-specific Expression of Insulin-like Growth Factor 1 Counters Muscle Decline in mdx Mice. In: *Journal of Cell Biology*, Vol. 157, 137–48.

Baudrillard, J. [1981] (1994). *Simulacra and Simulation*. Trans. Glaser, S. F., The University of Michigan Press: Ann Arbor.

Bauer, A., Bauer, R. (1942). Day to Day Resistance to Slavery. In: *The Journal of Negro History*, Vol. 27, 388–419.

Bauman, R. (2000). *Human Rights in Ancient Rome*. Routledge: London et al.

Becerra, A., Delaye, L. (2016). The Universal Ancestor: An Unfinished Reconstruction. In: *Mètode Science Studies Journal*, No. 6, University of Valencia, 145–49.

Bechdel, A. (1985). The Rule. In: *Dykes to Watch Out For*. Retrieved on

January 2019: http://dykestowatchoutfor.com/the-rule

Bechtel, W., Richardson, R. C. (1998). Vitalism. In: Craig, E. (ed.) *Routledge Encyclopedia of Philosophy*. Routledge: London. Retrieved in January 2019: https://www.rep.routledge.com/articles/thematic/vitalism/v-1

Bedau, M. A., McCaskill, J. S., Packard, N. H., Rasmussen, S., Adami, C., Green, D. G., Ikegami, T., Kaneko, K., Ray, T. S. (2000). Open Problems in Artificial Life. In: *Artificial Life*, Vol. 6, No. 4, 363–76.

Bell, D., Kennedy, B. M. (eds.) (2000). *The Cybercultures Reader*. Routledge: London et al.

Bennett, J. (2010). *Vibrant Matter: A Political Ecology of Things*. Duke University Press: Durham et al.

Bennett, J. (2017). Vibrant Matter. In: Braidotti, R., Hlavajova, M. (eds.) (2017), 447–48.

Beran, T. N., et al. (2011). Understanding How Children Understand Robots: Perceived Animism in Child–Robot Interaction. In: *International Journal of Human-Computer Studies*, Vol. 69, Issue 7–8, July 2011, 539–50.

Bibliotheca Teubneriana Latina (BTL) (2009). De Gruyter: Berlin. Retrieved in January 2019: http://www.degruyter.com/databaseconte nt?dbid=btl&dbsource=%2Fdb%2Fbtl

Birnbacher, D. (2009). Posthumanity, Transhumanism and Human Nature. In: Chadwick, R., Gordijn, B. (2009), 95–106.

Biti, V. (2016). *Tracing Global Democracy: Literature, Theory, and the Politics of Trauma*. Walter de Gruyter: Berlin and Boston.

Bohm, D. (1952). A Suggested Interpretation of the Quantum Theory in Terms of "Hidden" Variables, I and II. In: *Physical Review*, Vol. 85, Issue 2, 166–93.

Bohr, N. (1913). On the Constitution of Atoms and Molecules, Part I. In: *Philosophical Magazine*, Vol. 26, No. 151, 1–24.

Bohr, N. (1935). Quantum Mechanics and Physical Reality. In: *Nature*, Vol. 136, 1025–26.

Bostrom, N. (2005). A History of Transhumanist Thought. In: *Journal* of *Evolution and Technology*, Vol. 14, Issue 1, April 2005, 1-25. Retrieved in January 2019: http://jetpress.org/volume14/bostrom. html

Bostrom, N., Roache, R. (2008). Ethical Issues in Human Enhancement. In: Ryberg, J., Petersen, T., Wolf, C. (eds) (2007) *New Waves in Applied Ethics*. Palgrave Macmillan: Basingstoke, 120-52. Retrieved in January 2019: https://nickbostrom.com/ethics/human-enhancement.pdf

Bostrom, N. (2014). *Superintelligence*. Oxford University Press: Oxford, UK.

Bowler, P. J. (2003). *Evolution: The History of an Idea*. University of California Press: Berkeley.

Braidotti, R. (1994). *Nomadic Subjects: Embodiment and Sexual Difference in Contemporary Feminist Theory*. Columbia University Press: New York.

Braidotti, R. (1996a). Signs of Wonder and Traces of Doubt: On Teratology and Embodied Differences. In: Lykke N., Braidotti R. (1996) *Between Monsters, Goddesses and Cyborgs*. Zed Books: London, 135-52.

Braidotti, R. (1996b). Cyberfeminism with a Difference. In: *New Formations*, No. 29, Autumn 1996, 9-25.

Braidotti, R. (2002). *Metamorphoses: Towards a Materialist Theory of Becoming*. Polity: Cambridge, UK.

Braidotti, R. (2003). Is Metal to Flesh like Masculine to Feminine? University of Auckland, Department of Film and Media Studies. Retrieved in March 2007: http://www.arts.auckland.ac.nz/tcs/data/2. htm

Braidotti, R. (2005). Affirming the Affirmative: On Nomadic Affectivity. In: *Rhizomes*, Vol. 11, No. 12 (Fall 2005/Spring 2006). Retrieved in January 2019: http://www.rhizomes. net/issue11/braidotti.html

Braidotti, R. (2006). *Transpositions: On Nomadic Ethics*. Polity: Cambridge, UK.

Braidotti, R. (2012). *Nomadic Theory: The Portable Rosi Braidotti*.

Columbia University Press: New York.

Braidotti, R. (2013). *The Posthuman*. Polity: Cambridge, UK.

Braidotti, R., Hlavajova, M. (eds.) (2017). *The Posthuman Glossary*. Bloomsbury: London.

Braidotti, R. (2018). A Theoretical Framework for the Critical Posthumanities. In: *Theory, Culture & Society*, Vol. 0, No. 0, 1–31.

Brassier, R. (2015). Deleveling: Against "Flat Ontologies." In: Dijk, V., et al. (eds.), *Under Influence - Philosophical Festival Drift (2014)*. Omnia, 64–80. Retrieved on January 2019: https://uberty.org/wp-content/uploads/2015/05/RayBrassierDelevelingAgainstFlatOntologies.pdf

Bray, A., Colebrook, C. (1998). The Haunted Flesh: Corporeal Feminism and the Politics of (Dis)Embodiment. In: *Signs*, Vol. 24, No. 1, Autumn, 35–67.

Brezzi, F. (2005). Una Rivelazione Altra. In: Ales Bello, A., Pezzella, A. M. (eds.), *Il Femminile tra Oriente e Occidente: Religioni, Letteratura, Storia, Cultura*. Citta' Nuova: Roma, 125–60.

Broberg, A., Anten, N. P. R., Ninkovic, V. (2018). Aboveground Mechanical Stimuli Affect Belowground Plant-Plant Communication. In: *PLoS One*, Vol. 13, Issue 5, May 2018, 1–15.

Brooks, R. (2002). *Flesh and Machine: How Robots Will Change Us*. Pantheon Books: New York.

Brown, K. W., Kasser, T. (2005). Are Psychological and Ecological Well-Being Compatible? The Role of Values, Mindfulness and Lifestyle. In: *Social Indicators Research*, Vol. 74, 349–68.

Burke, A., Gonzalez, A. (2011). Growing Interest in Meditation in the United States. In: *Biofeedback*, Vol. 39, No. 2, Summer 2011, 49–50.

Butler, J. [1990] (1999). *Gender Trouble: Feminism and the Subversion of Identity*. Routledge: New York et al.

Butler, J. (1993). *Bodies that Matter: On the Discursive Limits of Sex*. Routlegde: New York.

Butler, J. (2004). *Undoing Gender*. Routledge: New York.

Caecilius, S. [180 BC ca.]. Fragments. In: Ennius, C. (1935). *Remains of Old Latin*, Vol. I, No. 294. Trans. Warmington, E. H., Harvard

University Press: Cambridge, MA.

Calarco, M. (2008). *Zoographies: The Question of the Animal from Heidegger to Derrida*. Columbia University Press: New York.

Canguilhem, G. [1943] (1989). *The Normal and the Pathological*. Trans. Fawcett, C. R., Zone Books: New York.

Canguilhem, G. [1952] (2008). *Knowledge of Life*. Trans. Geroulanos, S., Ginsburg, D., Fordham University Press: New York.

Čapek, K. [1920] (2004). *R.U.R. Rossum's Universal Robots*. Penguin: New York.

Capra, F. (1975). *The Tao of Physics: An Exploration of the Parallels between Modern Physics and Eastern Mysticism*. Shambhala: Boston, MA.

Chadwick, J. (1932). Possible Existence of a Neutron. In: *Nature*, Vol. 129, No. 3252, 312.

Chadwick, R., Gordijn, B. (eds.) (2009). *Medical Enhancement and Posthumanity*. Springer: Berlin et al.

Chakrabarty, D. (2009). The Climate of History: Four Theses. In: *Critical Inquiry*, Vol. 35, Issue 2, 197–222.

Channell, D. F. (1991). *The Vital Machine: A Study of Technology and Organic Life*. Oxford University Press: New York et al.

Charpentier, E., Doudna, J. A. (2013). Biotechnology: Rewriting a Genome. In: *Nature*, Vol. 495, Issue 7439, July 3, 2013, 50–51.

Chessick, R. (1995). The Effect of Heidegger's Pathological Narcissism on the Development of His Philosophy. In: Adams, J., Williams, E. (eds.), *Mimetic Desire: Essays on Narcissism in German Literature from Romanticism*. Camden House: Columbia, SC, 103–18.

Chivian, E., Bernstein, A. (eds.) (2008). *Sustaining Life: How Human Health Depends on Biodiversity*. Oxford University Press: New York.

Cicero, M. T. [44 BC] (1913). *De Officiis*. Trans. Miller, W., Harvard University Press: Cambridge, MA.

Clough, P. (2007). *The Affective Turn: Theorizing the Social*. Duke University Press: Durham and London.

Clynes, M. E., Kline, N. S. (1960). Cyborgs and Space. In: *Astronautics*,

September, 26–27, 74–76. Reprinted in: Gray, C. H., et al. (1995), 29–34.

Cohen, B. (1988). The Computer: A Case Study of the Support by Government, Especially the Military, of a New Science and Technology. In: Mendelsohn, et al. (1988), 119–54.

Cohen, J. J. (2017). The Ontological Turn. In: Braidotti, R., Hlavajova, M. (eds.) (2017), 447–48.

Colby, F. S. (2008). *Narrating Muhammad's Night Journey: Teaching the Development of the Ibn 'Abbas Ascension Discourse*. State University of New York Press: Albany.

Cook, A. (2010). Linnaeus and Chinese plants: A Test of the Linguistic Imperialism Thesis. In: *Notes and Records of The Royal Society*, Vol. 64, No. 2, 121–38.

Coole, D., Frost, S. (2010). *New Materialisms: Ontology, Agency and Politics*. Duke University Press: Durham et al.

Cordrick Haely, K. (2008). *Objectivity in the Feminist Philosophy of Science*. Continuum: London.

Crenshaw, Kimberle (1989). Demarginalizing the Intersection of Race and Sex: A Black Feminist Critique of Antidiscrimination Doctrine, Feminist Theory and Antiracist Politics. In: *University of Chicago Legal Forum*, Vol. 1989, Article 8. Retrieved on January 2019: https://chicagounbound.uchicago.edu/uclf/vol1989/iss1/8

Crichton, M. [1972] (2002). *The Terminal Man*. Avon Books: New York.

Crutzen, P. J., Stoermer, E. F. (2000). The "Anthropocene." In: *Global Change Newsletter*, No. 41, 17–18.

Curran, A. S. (2011). *The Anatomy of Blackness: Science and Slavery in an Age of Enlightenment*. The Johns Hopkins University Press: Baltimore.

Danius, S., Jonsson, S., Spivak, G. C. (1993). An Interview with Gayatri Chakravorty Spivak. In: *Boundary* 2, Vol. 20, No. 2, 24–50.

Darwin, C. (1859). *On the Origin of Species by Means of Natural Selection: Or, The Preservation of Favoured Races in the Struggle for Life*. John Murray: London.

Davies, T. (1997). *Humanism*. Routlegde: London et al.

Davis, L. J. (ed.) (2006). *Disability Studies Reader*. Routledge: New York.

De Beauvoir [1949] (1974). *The Second Sex*. Trans. Parshley, H. M., Vintage Books, New York.

De Beauvoir [1949] (2009). *The Second Sex*. Trans. Borde, C., Malovany-Chevallier, S., Jonathan Cape: London.

De Garis, H. (2005). *The Artilect War: Cosmists v s Terrans, A Bitter Controversy Concerning Whether Humanity Should Build Godlike Massively Intelligent Machines*. ETC Publications: Palm Springs.

De las Casas, B. [1550 ca.] (1967). *Apologética Historia Sumaria*. Edited by O'Gorman, E., Universidad Nacional Autónoma de México: México, D. F.

De Las Casas, B. [1527–1561] (1971). *History of the Indies*. Trans. Collard, A., Harper Torchbooks: New York et al.

DeLanda, M. (2002). *Intensive Science & Virtual Philosophy*. Continuum: London.

Deleuze, G. [1970] (1988). *Spinoza: Practical Philosophy*. Trans. Hurley, R., City Lights Book: San Francisco.

Deleuze, G., Guattari, F. [1980] (1987). *A Thousand Plateaus: Capitalism and Schizophrenia*. Trans. Massumi, B., Continuum: London.

Del Val, J., Sorgner, S. [2010] (2011). A Metahumanist Manifesto. In: *The Agonist: A Nietzsche Circle Journal*, Vol. IV, Issue II, Fall 2011. Retrieved in January 2019: http://www.nietzschecircle.com/AGONIST/2011_08/METAHUMAN_MANIFESTO.html

Derrida, J. [1967] (1976). *Of Grammatology*. Trans. Gayatri Chakravorty Spivak, Johns Hopkins University Press: Baltimore.

Dery, M. (1993). Black to the Future: Interviews with Samuel R. Delany, Greg Tate, and Tricia Rose. In: Dery, M. (1994). *Flame Wars: The Discourse of Cyberculture*. Duke University Press: Durham, 179–222.

DeWitt, B. S., Graham, R. N. (eds.) (1973). *The Many-Worlds Interpretation of Quantum Mechanics*. Princeton University Press: Princeton.

Diamond, P. (2016) Las Casas' In Defense of the Indians: Can A Just War Be Waged Against Barbarians? In: Gish, D., Constas, C., et al. (eds.)

The Quest for Excellence. Rowman & Littlefield: Lanham, MD, 157–62.

Doane, M. (1990). Technophilia: Technology, Representation, and the Feminine. In: Jacobus, M., Fox Keller, E., Shuttleworth, S. (eds.) (1990). *Body/Politics: Women and the Discourses of Science.* Routledge: New York et al., 163–76.

Dolinoy, D. C. (2008). The Agouti Mouse Model: An Epigenetic Biosensor for Nutritional and Environmental Alterations on the Fetal Epigenome. In: *Nutrition Review*, Vol. 66, Suppl. 1, August 2008, S7–11.

Dolphijn, R., van der Tuin, I. (2010). The Transversality of New Materialism. In: *Women: A Cultural Review*, Vol. 21, Issue 2, Routledge: London, 153–71.

Dolphijn, R., van der Tuin, I. (2012). *New Materialism: Interviews & Cartographies.* Open Humanities Press: University of Michigan.

Doudna, J. (2018). The Ultimate Life Hacker. In: *Journal Foreign Affairs*, Vol. 97, Issue 3, January 2018, 158–65.

Douthwaite, J. V. (2002). *The Wild Girl, Natural Man, and the Monster: Dangerous Experiments in the Age of Enlightenment.* University of Chicago Press: Chicago.

Dubois, W. E. B. (1897). *The Conservation of Races.* The Academy: Washington DC.

Dunn, R. (2009). *Every Living Thing: Man's Obsessive Quest to Catalog Life, from Nanobacteria to New Monkeys.* HarperCollins: New York.

Dvorsky, G., Hughes, J. (2008). Postgenderism: Beyond the Gender Binary. In: *IEET White Paper.* Hartford, CT: Institute for Ethics and Emerging Technologies. Retrieved in January 2019: http://ieet.org/archive/IEET-03-PostGender.pdf

Einstein, A. [1916]. The Foundation of the General Theory of Relativity. Trans. Parret, W., Jeffrey, G. B. In: Einstein, A., Lorentz, H. A., Minkowski, H., Weyl., H. (1952). *The Principle of Relativity: A Collection of Original Memoirs on the Special and General Theory of Relativity.* Dover: New York, 109–64.

Eliot, T. S. [1950] (1978). *The Cocktail Party: A Comedy*. Harcourt: Orlando.

Esposito, R. (2008). *Bíos: Biopolitics and Philosophy*. Posthumanities Series, Trans. Campbell, T., University of Minnesota Press: Minneapolis et al.

Ettinger, R. (1962). The Prospect of Immortality. Retrieved in January 2019: https://www.cryonics.org/images/uploads/misc/Prospect_Book. pdf

Everett, H. [1956]. Theory of the Universal Wave Function. In: DeWitt, B. S., Graham, R. N. (1973), 3–140.

Ferrando, F. (2012). Towards a Posthumanist Methodology. A Statement. In: *Frame, Journal For Literary Studies*, Vol. 25, No. 1, Narrating Posthumanism, Utrecht University, 9–18.

Ferrando, F. (2013). From the Eternal Recurrence to the Posthuman Multiverse. In: *The Agonist, The Nietzsche Circle*, Vol. VI, Issue I & II, Spring & Fall 2013, 1–11.

Ferrando, F. (2014a). Is the Post-Human a Post-Woman? Robots, Cyborgs and the Futures of Gender. In: *European Journal of Futures Research*, Vol. 2, Issue 43, September 2014, Springer, 1–17.

Ferrando, F. (2014b). The Body. In: Ranisch, R., Sorgner, S. L. (2014), 213–26.

Ferrando, F. (2014c). Posthumanism, Transhumanism, Antihumanism, Metahumanism, and New Materialisms: Differences and Relations. In: *Existenz*, The Karl Jaspers Society of North America, Vol. 8, No. 2, March 2014, 26–32.

Ferrando, F. (2015). Of Posthuman Born: Gender, Utopia and the Posthuman. In: Hauskeller, M. Philbeck, T. D., et al. (eds.), 269–78.

Ferrando, F. (2016a). Humans Have Always Been Posthuman: A Spiritual Genealogy of the Posthuman. In: Banerji, D., Paranjape, M. R. (eds.), *Critical Posthumanism and Planetary Futures*. Springer: New Delhi, 243–56.

Ferrando, F. (2016b). The Party of the Anthropocene: Posthumanism, Environmentalism and the Post-Anthropocentric Paradigm Shift. In:

Relations: Beyond Anthropocentrism, Vol. 4, No. 2, November 2016, 159–73.

Feyerabend, P. (1975). *Against Method: Outline of an Anarchist Theory of Knowledge*. Verso: London.

Fiedler, L. (1978). *Freaks: Myths and Images of the Secret Self*. Simon and Schuster: New York.

Finlayson, C. (2009). *The Humans Who Went Extinct: Why Neanderthals Died Out and We Survived*. Oxford University Press: New York et al.

Fluehr-Lobban, C. (2006). *Race and Racism: An Introduction*. AltaMira Press: Lanham.

FM-2030 (1989). *Are You a Transhuman? Monitoring and Stimulating Your Personal Rate of Growth in a Rapidly Changing World*. Warner Books: New York.

Folch, J., Cocero, M.J., Chesné, P., Alabart, J.L., Domínguez, V., Cognié, Y., Roche, A., Fernández-Arias, A., Martí, J.I., Sánchez, P., Echegoyen, E., Beckers, J.F., Bonastre, A.S., Vignon, X. (2009). First Birth of an Animal from an Extinct Subspecies (Capra Pyrenaica Pyrenaica) by Cloning. In: *Theriogenology*, Vol. 71, 2009, 1026–34.

Foucault, M. [1966] (1970). *The Order of Things: An Archaeology of the Human Sciences*. Trans. Sheridan, A., Random House: New York.

Foucault, M. [1975] (1995). *Discipline and Punish: the Birth of the Prison*. Trans. Sheridan, A., Random House: New York.

Foucault, M. [1976] (1998). *The History of Sexuality Vol. 1: The Will to Knowledge*. Trans. Hurley, R., Penguin: London.

Foucault, M. (1988). Technologies of the Self. In: Martin, L. H., Gutman, H., Hutton, P. H. (eds.) (1988). *Technologies of the Self*. University of Massachusetts Press: Amherst.

Fox Keller, E., Longino, H. E. (1996). *Feminism and Science*. Oxford University Press: New York et al.

Fraschetti, A. (ed.) (1999). *Roman Women*. Trans. Lappin, L., University of Chicago Press: Chicago.

Freud, S. (1919). The "Uncanny." In: Freud, S. (1955). *The Standard Edition of the Complete Psychological Works of Sigmund Freud*,

Vol. XVII (1917–1919). Trans. Strachey, J., Freud, A., Hogarth Press: London, 217–52.

Frey, R. G. (2002). Ethics, Animals and Scientific Enquiry. In: Gluck, J. P., DiPasquale, T., Orlans, F. B., (2002). *Applied Ethics in Animal Research: Philosophy, Regulation, and Laboratory Applications.* Purdue University Press: West Lafayette, IN, 13–24.

Friedlander, H. (1995). *The Origins of Nazi Genocide: From Euthanasia to the Final Solution.* University of North Carolina Press: Chapel Hill.

Fukuyama, F. (2002). *Our Posthuman Future: Consequences of the Biotechnology Revolution.* Picador: New York.

Fukuyama, F. (2012). Agency or Inevitability: Will Human Beings Control Their Technological Future? In: Rosenthal, M. (ed.) *The Posthuman Condition.* Aarhus University Press: Aarhus, 157–69.

Gairdner, W. D. (2008). *The Book of Absolutes: A Critique of Relativism and a Defence of Universals.* McGill-Queens University Press: Montréal et al.

Galton, F. (1883). *Inquiries into Human Faculty.* London: Macmillan.

Garver, K. L., Garver, B. (1991). Eugenics: Past, Present, and the Future. In: *American Journal of Human Genetics*, Vol. 49, 1109–18.

Gaskill, M. (2010). *Witchcraft, A Very Short Introduction.* Oxford University Press: Oxford et al.

Gehlen, A. [1957] (1980). *Man in the Age of Technology.* Trans. Lipscomb, P., Columbia University Press: New York.

Gell-Mann, M. (1964). A Schematic Model of Baryons and Mesons. In: *Physics Letters*, Vol. 8, No. 3, 214–15.

Gerbault, P., Liebert, A., Itan, Y., Powell, A., Currat, M., Burger, J., Swallow, D. M., Thomas, M. G. (2011). Evolution of Lactase Persistence: An Example of Human Niche Construction. In: *Philosophical Transactions of the Royal Society*, Vol. 366, No. 1566, March 2011, 863–77.

Ghiselin, M. T. (1975). A Radical Solution to the Species Problem. In: *Systematic Zoology*, Vol. 23, No. 4, December 1974, 536–44.

Gibson, W. (1982). Burning Chrome. In: Gibson, W. (2003). *Burning*

Chrome. HarperCollins Publishers: New York, 179–205.

Giustiniani, V. R. (1985). Homo, Humanus, and the Meanings of "Humanism". In: *Journal of the History of Ideas*, Vol. 46, No. 2, April–June 1985, 167–95.

Goldberg, D. T. (1990). The Social Formation of Racist Discourse. In: Goldberg, T. D. (ed.) (1990). *Anatomy of Racism*. University of Minnesota Press: Minneapolis, 295–318.

Goldberg, D. T. (1993). Racial Knowledge. In: Back L., Solomos J. (eds.) (2000). *Theories of Race and Racism: A Reader*. Routledge: London et al., 154–80.

Goldberg, A. D., Allis, C. D., Bernstein E. (2007). Epigenetics: A Landscape Takes Shape. In: *Cell*, Vol. 128, No. 4, February 2007, 635–38.

Gould, S. J. (1996). *Full House. The Spread of Excellence from Darwin to Plato*. Three Rivers Press: New York.

Graham, L. E. (2002). *Representations of the Post/Human: Monsters, Aliens and Others in Popular Cultures*. Rutgers University Press: New Brunswick, NJ.

Greene, B. (1999). *The Elegant Universe: Superstrings, Hidden Dimensions, and the Quest for the Ultimate Theory*. Norton: New York.

Greene, B. (2011). *The Hidden Reality: Parallel Universes and the Deep Laws of the Cosmos*. Random House: New York.

Grespin, W. (2010). Blood Coltan? In: *Journal of International Peace Operations*, Vol. 6, Issue 3, November/December 2010, 27–30.

Grosz, E. (1994). *Volatile Bodies: Towards a Corporeal Feminism*. Indiana University Press: Bloomington et al.

Grusin, R. (ed.) (2017). *Anthropocene Feminism*. Minnesota Press University: Minneapolis.

Gun Cuninghame, P. (2007). A Laughter That Will Bury You All: Irony as Protest and Language as Struggle in the Italian 1977 Movement. In: *International Review of Social History*, Vol. 52, Suppl. S15, December 2007, 153–68.

Guth, A. H., Steinhardt, P. J. (1984). The Inflationary Universe. In:

Scientific American, Vol. 250, No. 5, May 1984, 90–102.

Habermas, J. [2001] (2003). *The Future of Human Nature*. Trans. Rehg, W., Pensky, M., Beister, B., Polity Press: Cambridge, UK.

Hables Gray, C., Figueroa-Sarriera, H. J., Mentor, S. (eds.) (1995). *The Cyborg Handbook*. Routledge: New York.

Hables Gray, C., Figueroa-Sarriera, H. J., Mentor, S. (1995). Cyborgology. Constructing the Knowledge of Cybernetic Organisms. In: Hables Gray, C., et al. (1995), 1–14.

Hahn, J. (1993). Aurignacian Art in Central Europe. In: Knecht, H., Pike-Tay, A., White, R. (eds.), *Before Lascaux: The Complex Record of the Early Upper Paleolithic*. CRC Press: Boca Raton (FL), 229–41.

Halberstam, J., Livingston, I. (eds.) (1995). *Posthuman Bodies*. Indiana University Press, Bloomington et al.

Hamer, D., Copeland, P. (1994). *The Science of Desire: The Search for the Gay Gene and the Biology of Behavior*. Simon and Schuster: New York.

Hamer, D. (2004). *The God Gene: How Faith Is Hardwired into our Genes*. Doubleday: New York.

Hanke, L. (1949). *The Spanish Struggle for Justice in the Conquest of America*. Philadelphia, PA: University of Pennsylvania.

Han-Pile, B. (2010). The "Death of Man": Foucault and Anti-Humanism. In: O'Leary, T., Falzon, C. (eds.) (2010). *Foucault and Philosophy*. Wiley-Blackwell: West Sussex et al.

Hansell, G. R., Grassie, W. (eds.) (2011). *Transhumanism and Its Critics*. Metanexus: Philadelphia.

Haraway, D. (1985). A Cyborg Manifesto: Science, Technology and Socialist-Feminism in the Late Twentieth Century. In: Kirkup, G., et al. (2000), 50–57.

Haraway, D. (1985). A Cyborg Manifesto: Science, Technology and Socialist- Feminism in the Late Twentieth Century. In: Nicholson, L. (ed.) (1989). *Feminism/Postmodernism* (Thinking Gender). Routledge: London, 50–57.

Haraway, D. (1989). *Primate Visions: Gender, Race, and Nature in the*

World of Modern Science. Routledge: New York.

Haraway, D. (1991). *Simians, Cyborgs, and Women: The Reinvention of Nature*. Routledge: New York.

Haraway, D. (1996a). *Modest_ Witness @ Second_ Millennium. FemaleMan © _ Meets _Oncomouse™*. Routledge: New York.

Haraway, D. (1996b). Situated Knowledges: The Science Question in Feminism and the Privilege of Partial Perspective. In: Fox Keller, E., Longino, H. E. (1996), 249–63.

Haraway, D. (2003). *The Companion Species*. Prickly Paradigm Press: Chicago.

Haraway, D. (2004). *The Haraway Reader*. Routledge: New York et al.

Haraway, D. (2007). *When Species Meet*. University of Minnesota Press: Minneapolis.

Haraway, D. (2015). Anthropocene, Capitalocene, Plantationocene, Chthulucene: Making Kin. In: *Environmental Humanities*, Vol. 6, 159–65. Retrieved in January 2019: http://environmentalhumanities.org/arch/vol6/6.7.pdf

Haraway, D. (2016). *Staying with the Trouble: Making Kin in the Chthulucene*. London: Duke University Press.

Harding, S. (1991). *Whose Science? Whose Knowledge? Thinking from Women's Lives*. Cornell University Press: Ithaca, NY.

Harding, S. (1993). Rethinking Standpoint Epistemology: What is "Strong Objectivity"? In: Alcoff, L., Potter, E. (eds.) (1993). *Feminist Epistemologies*. Routledge: New York, 49–82.

Harman, G. (2015). Object Oriented Ontology. In: Hauskeller, M. Philbeck, T. D., et al. (2015), 401–09.

Harman, G. (2018). *Object-Oriented Ontology: A New Theory of Everything*. Penguin Random House: United Kingdom.

Harris, J. (2007). *Enhancing Evolution: The Ethical Case for Making Better People*. Princeton University Press: Princeton et al.

Hassan, I. (1977). Prometheus as Performer: Toward a Posthumanist Culture? In: *The Georgia Review*, Vol. 31, No. 4, Winter 1977, 830–50.

Hassan, I. (1987). *The Postmodern Turn: Essays in Postmodern Theory and Culture*. Ohio State University Press: Columbus, OH.

Hassan, M. I. (2012). Expanding Masculine Spaces: Planned Births and Sex Composition of Children in India. In: Raju, S., Lahiri-Dutt, K. (eds.) (2012). *Doing Gender, Doing Geography: Emerging Research in India*. Taylor and Francis: Hoboken, 179–96.

Hauskeller, M., Carbonell, C.D., Philbeck, T. D., et al. (eds.) (2015). *The Palgrave Handbook of Posthumanism in Film and Television*. Palgrave MacMillan: New York.

Hawkins, M. (1997). *Social Darwinism in European and American Thought, 1860–1945: Nature as Model and Nature as Threat*. Cambridge University Press: Cambridge, UK.

Hayles, N. K. (1999). *How We Became Posthuman: Virtual Bodies in Cybernetics, Literature, and Informatics*. The University of Chicago Press: Chicago et al.

Hayles, N. K. (2008). Wrestling with Transhumanism. In: Hansell, G. R., Grassie, W. (2011), 215–26.

Hazen, R. M. (2005). *Genesis: The Scientific Quest for Life's Origin*. Joseph Henry Press: Washington.

Heidegger, M. [1927] (1962). *Being and Time*. Trans. Macquarrie, J., Robinson, E., HarperOne: New York.

Heidegger, M. (1947). Letter on Humanism. In: MacDonald, P. S. (ed.) (2001). *The Existentialist Reader: An Anthology of Key Texts*. Trans. Capuzzi, F. A., Routledge: New York, 236–69.

Heidegger, M. [1953] (1977). *The Question Concerning Technology and Other Essays*. Trans. Lovitt, W., Harper Torchbooks: New York.

Heilbron, J. L. (2005). *The Oxford Guide to the History of Physics and Astronomy*. Oxford University Press: New York et al.

Hill, J. R. (2014). Incidence of Abnormal Offspring from Cloning and Other Assisted Reproductive Technologies. In: *Annual Review of Animal Biosciences*, Issue 2, 307–21.

Hird, M. J. (2012). Knowing Waste: Towards an Inhuman Epistemology. In: *Social Epistemology*, Vol. 26, No. 3/4, 453–69.

Hochachka, P. W., Somero, G. N. (2002). *Biochemical Adaptation: Mechanism and Process in Physiological Evolution*. Oxford University Press: New York.

Homer [8th centure BCE] (1920). Iliad. In: Homer. *Homeri Opera in Five Volumes*. Oxford University Press: Oxford. Retrieved in January 2019: http://www.perseus.tufts.edu/hopper/text?doc=Perseus%3Atext%3A1999.01.0133%3Abook%3D6%3Acard%3D503

hooks, b. (1984). *Feminist Theory: From Margin to Center*. South End Press: Boston.

Horney, K. (1926). The Flight from Womanhood. In: *International Journal of Psychoanalysis*, Vol. 7, 324–29.

Hubbard, R. (2006). Abortion and Disability: Who Should and Should Not Inhabit the World? In: Davis, L. J. (ed.) (2006), 93–103.

Hubble, E. (1929). A Relation Between Distance and Radial Velocity Among Extra- Galactic Nebulae. In: *PNAS*, Vol. 15, No. 3, 168–73.

Hughes, J. (2004). *Citizen Cyborg: Why Democratic Societies Must Respond to the Redesigned Human of the Future*. Westview Press: Cambridge, MA.

Hughes, J. (2009). On Democratic Transhumanism. In: *IEET, Institute for Ethics and Emerging Technologies*, June 2009. Retrieved in January 2019: https://ieet.org/index.php/IEET2/more/hughes20090623

Hughes, J. (2010). Problems of Transhumanism: Atheism vs. Naturalist Theologies. In: *IEET, Institute for Ethics and Emerging Technologies*, January 2010. Retrieved in January 2019: http://ieet.org/index.php/IEET/more/hughes20100114/

Huxley, A. [1932] (2006). *Brave New World*. HarperCollins: New York.

Huxley, J. (1957). Transhumanism. In: Huxley, J. (1957). *New Bottles for New Wine*. Chatto & Windus: London, 13–17.

Huxley, T. H. (1880). The Coming of Age of the Origin of Species. In: *Nature*, Vol. 22, Issue 549, 1–4.

Irigaray, L. [1974] (1985). *Speculum, of the Other Woman*. Trans. Gill, C. G., Cornell University Press: New York.

Istvan, Z. (2014). Should a Transhumanist Run for US President? In:

The Huffington Post, Blog, October 8, 2014. Retrieved in January 2019: https://www.huffingtonpost.com/zoltan-istvan/should-a-transhumanist-be_b_5949688.html

Jablonka, E., Lamb, M. J. (2005), *Evolution in Four Dimensions: Genetic, Epigenetic, Behavioral, and Symbolic Variation in the History of Life.* MIT Press: Cambridge, MA.

James, W. (1896). *Is Life Worth Living?* S. Burns Weston: Philadelphia.

Jameson, F. (1991). *Postmodernism, or, The Cultural Logic of Late Capitalism.* Duke University Press: Durham.

Janes, L. (2000). Introduction to Part Two. In: Kirkup, G., et al. (2000), 91–100.

Johnson, D. G. (2010). Sorting Out the Question of Feminist Technology. In: Layne, L. L., et al. (2010), 36–54.

Kaku, M. (2005). *Parallel Worlds: The Science of Alternative Universes and Our Future in the Cosmos.* Penguin: London.

Kalinowski, F. (2013). Phantom Flesh: Extreme Performance Artist Stelarc Interviewed. In: *The Quietus*, 6 March 2013. Retrieved in January 2019: http://thequietus.com/articles/11469-stelarc-interview

Keck, D. (1998). *Angels and Angelology in the Middle Ages.* Oxford University Press: Oxford, UK.

Keevak, M. (2011). *Becoming Yellow: A Short History of Racial Thinking.* Princeton University Press: Princeton.

Kember, S. (2003). *Cyberfeminism and Artificial Life.* Routledge: London.

Kete, K. (2002). Animals and Ideology: The Politics of Animal Protection in Europe. In: Rothfels, N. (2002). *Representing Animals.* Indiana University Press, Bloomington et al., 19–34.

King, P. (2001). Duns Scotus on Possibilities, Powers and the Possible. In: Buchheim, T., Kneepkens, C. H., Lorenz, K. (eds.) (2001). *Potentialität und Possibilität. Modalaussagen in der Geschichte der Metaphysik.* Frommann-Holzboog: Stuttgart-Bad Canstatt, 175–99.

Kirby, V. (1997). *Telling Flesh: The Substance of the Corporeal.* Routledge: New York.

Kirkup, G., Janes, L., Woodward, K., Hovenden, F. (eds.) (2000). *The*

Gendered Cyborg: A Reader. Routledge: London et al.

Kitano, N. (2007). Animism, Rinri, Modernization: The Base of Japanese Robotics. In: *ICRA'07: IEEE, International Conference on Robotics and Automation*, April 10–14, 2007, Rome (Italy). Retrieved in January 2019: http://www.roboethics.org/icra2007/contributions. html

Klingensmith, S. W. (1953). Child Animism: What the Child Means by "Alive". In: *Child Development*, Vol. 24, No. 1, March 1953, 51–61.

Knuuttila, S. (1993). *Modalities in Medieval Philosophy*. Routledge: London et al.

Knuuttila, S. (1996). Duns Scotus and the Foundations of Logical Modalities. In: Honnefelder, L., Wood, R., Dreyer, M. (eds.) (1996). *John Duns Scotus: Metaphysics and Ethics*. E. J. Brill: Leiden, 127–44.

Koller, J. M. (2004). Why is Anekāntavāda Important? In: Sethia, T. (2004), 85–98.

Kosicki, M., Tomberg, K., Bradley, A. (2018). Repair of Double-Strand Breaks Induced by CRISPR-Cas9 Leads to Large Deletions and Complex Rearrangements. In: *Nature Biotechnology*, Vol 36, 765–71.

Kristeva, J. [1974] (1984). *Revolution in Poetic Language*. Trans. Waller, M., Columbia University Press: New York.

Kristeva, J. [1980] (1982). *Powers of Horror: An Essay on Abjection*. Trans. Roudiez, L. S., Columbia University Press: New York.

Kuhn, T. S. [1962] (2012). *The Structure of Scientific Revolutions*. The University of Chicago Press: Chicago.

Kukkonen, T. (2000a). Possible Worlds in the Tahâfut al-Falâsifa: Al-Ghazâlî on Creation and Contingency. In: *Journal of the History of Philosophy*, Vol. 38, No. 4, October 2000, 479–502.

Kukkonen, T. (2000b). Possible Worlds in the Tahâfut al-Tahâfut: Averroes on Plenitude and Possibility. In: *Journal of the History of Philosophy*, Vol. 38, No. 3, July 2000, 329–47.

Kurzweil, R. (1999). *The Age of Spiritual Machines: When Computers Exceed Human Intelligence*. Penguin: New York.

Kurzweil, R. (2005). *The Singularity is Near: When Humans Transcend Biology*. Penguin: New York.

LaGrandeur, K., Hughes, J. (eds.) (2017). *Surviving the Machine Age: Intelligent Technology and the Transformation of Human Work*. Palgrave Macmillan: New York.

LaMotte, S. (2018). Rice Professor under Investigation for Role in 'World's First Gene-edited Babies'. *CNN News*, 27 November 2018.

Langton, C. G. (1986). Studying Artificial Life with Cellular Automata. In: *Physica D*, Vol. 22, No. 1–3, 120–49.

Langston, D. A. (1990). Scotus and Possible Worlds. In: Knuuttila, S., Ebbesen, S., Työrinoja, R. (eds.) (1990). *Knowledge and the Sciences in Medieval Philosophy: Proceedings of the Eight International Congress of Medieval Philosophy*, Vol. 2, 240–47.

Larson, E. J. (2004). *Evolution: The Remarkable History of a Scientific Theory*. Modern Library Edition: New York.

Latour, B., Woolgar, S. [1979] (1986). *Laboratory Life: The Construction of Scientific Facts*. Princeton University Press: Princeton.

Latour, B. (1987). *Science in Action: How to Follow Scientists and Engineers Through Society*. Open University Press: Milton Keynes, UK.

Latour, B. [1991] (1993) *We Have Never Been Modern*. Trans. Porter, C., Harvard University Press: Cambridge, MA.

Latour, B. (2003). The Promises of Constructivism. In: Ihde, D., Selinger, E. (eds.) (2003). *Chasing Technoscience: Matrix for Materiality*. Indiana University Press: Bloomington et al., 27–46.

Latour, B. (2005). *Reassembling the Social: An Introduction to Actor-Network-Theory*. Oxford University Press: Oxford et al.

Latour, B. (2014). Agency at the Time of the Anthropocene. *New Literary History*, Vol. 45, 1–18. Retrieved in January 2019: http://www.bruno-latour.fr/sites/default/files/128-FELSKI-HOLBERG-NLH-FINAL.pdf

Latour, B. (2017a). Anthropology at the Time of the Anthropocene: A Personal View of What is to be Studied. In: Brightman, M., Lewis, J. (eds.) *The Anthropology of Sustainability: Beyond Development and*

Progress. Palgrave Macmillan: New York, 35–49.

Latour, B. (2017b). *Facing Gaia: Eight Lectures on the New Climatic Regime*. Polity: Cambridge.

Lauzen, M. M. (2017). The Celluloid Ceiling: Behind-the-Scenes. Employment of Women on the Top 250 Films of 2017. White Paper. The Center for the Study of Women in Television and Film, San Diego State University, San Diego, CA. Retrieved in January 2019: http://womenintvfilm.sdsu.edu

Law, J., Hassard, J. (eds.) (1999). *Actor Network Theory and After*. Blackwell: Oxford et al.

Lawrence, J. G. (2005). Horizontal and Vertical Gene Transfer: The Life History of Pathogens. In: Russell, W., Herwald, H. (eds.) (2005). *Concepts in Bacterial Virulence. Contributions to Microbiology*, Vol. 12. Karger: Basel, 255–71.

Layne, L. L., Vostral, S. L., Boyer, K. (eds.) (2010). *Feminist Technology*. University of Illinois Press: Urbana et al.

Leibniz, G. W. (1710). Essays of Theodicy on the Goodness of God, the Freedom of Man and the Origin of Evil. In: Leibniz, G. W. (2010). *Theodicy*. Trans. Huggard, M. E., Cosimo Classics: New York.

Lemaître, G. (1927). Un Univers Homogène de Masse Constante et de Rayon Croissant Rendant Compte de la Vitesse Radiale des Nébuleuses Extragalactiques. In: *Annals of the Scientific Society of Brussels*, Sèrie A, 47–49.

Lemke, T. (2013). *Perspectives on Genetic Discrimination*. Routledge: London et al.

Leonard, E. B. (2003). *Women, Technology, and the Myth of Progress*. Prentice Hall: Upper Saddle River, NJ.

Leroi-Gourhan, A. (1943). *L'Homme et la Matière*. Albin Michel: Paris.

Leroi-Gourhan, A. [1964] (1993). *Gesture and Speech*. The MIT Press: Cambridge, MA et al.

Lettvin, J. Y., Maturana, H. R., McCulloch, W. S., Pitts, W. H. (1959). What the Frog's Eye Tells the Frog's Brain. In: *Proceedings of the IRE*, Vol. 47, No. 11, 1940–51. Reprinted in: Corning, W. C., Balaban, M. (eds.)

(1968). *The Mind: Biological Approaches to Its Functions.* John Wiley & Sons: New York, 233–58.

Lévinas, E. [1961] (1969). *Totality and Infinity: An Essay on Exteriority.* Trans. Lingis, A., Duquesne University Press: Pittsburgh.

Lévinas, E. (1985). Diachrony and Representation. In: Lévinas, E. (1994). *Time and the Other, and Additional Essays.* Trans. Cohen, R., Duquesne University Press: Pittsburgh, 97–120.

Levy, D. (2007). *Love and Sex with Robots: The Evolution of Human-Robot Relationships.* HarperCollins Publishers: New York.

Lewis, D. (1986). *On the Plurality of Worlds.* Basil Blackwell: Oxford et al.

Lewis, P. (2007). *The Cambridge Introduction to Modernism.* Cambridge University Press: New York.

Lind af Hageby, L., Schartau, L. K. (1903). *The Shambles of Science: Extracts from the Diary of Two Students of Physiology.* Ernest Bell: London.

Linde, A. (1986). Eternally Existing Self-Reproducing Chaotic Inflationary Universe. In: *Physics Letters* B, Vol. 175, No. 4, 395–400.

Linde, A. (1994). The Self-Reproducing Inflationary Universe. In: *Scientific American*, Vol. 271, No. 5, November 1994, 48–55.

Linnaeus, C. (1752). *Nutrix Noverca.* Retrieved in January 2019: https://archive.org/details/NutrixNoverca

Linnaeus, C. (1758). *Systema Naturae per Regna Tria Naturae: Secundum Classes, Ordines, Genera, Species, cum Characteribus, Differentiis, Synonymis, Locis—Editio Decima, Reformata.* Laurentius Salvius: Holmiae.

Loeb, P. S. (2011). Nietzsche's Transhumanism. In: *The Agonist: A Nietzsche Circle Journal*, Vol. IV, Issue II, Fall 2011. Retrieved in January 2019: http://www.nietzschecircle.com/AGONIST/2011_08/loeb_nietzsche_transhumanism.html

Lonzi, C. (1970). Let's Spit on Hegel. In: Jagentowicz Mills, P. (ed.) (1996). *Feminist Interpretations of G.W.F. Hegel* (Re-Reading the Canon). Trans. Bellesia. G., Maclachlan, E., Pennsylvania State University Press: University Park.

Lovejoy, A. O. (1936). *The Great Chain of Being: A Study of the History of an Idea*. Harvard University Press: Cambridge, MA.

Lovelock, J. (1988). The Earth as a Living Organism. In: Wilson, E., Peter, F. (eds.) *Biodiversity*. National Academies Press: Washington DC, 486–89. Retrieved in January 2019: https://www.ncbi.nlm.nih.gov/books/NBK219276/

Lovelock, J. (1995). *The Ages of Gaia: A Biography of Our Living Earth*. Norton: New York.

Luft, R. E. (2009). Intersectionality and the Risk of Flattening Difference: Gender and Race Logics, and the Strategic Use of Antiracist Singularity. In: Berger, M. T., Guidroz, K. (eds.) (2009). *The Intersectional Approach: Transforming the Academy through Race, Class, and Gender*. University of North Carolina Press: Durham, 100–17.

Luhmann, N. [2002] (2013). *Introduction to Systems Theory*. Trans. Gilgen, P., Polity Press: Cambridge, UK.

Lutz, H., Herrera Vivar, M. T., Supik, L. (2011). Framing Intersectionality: An Introduction. In: Lutz, H., Herrera Vivar, M. T., Supik, L. (eds.) (2011). *Framing Intersectionality: Debates on a Multi-Faceted Concept in Gender Studies*. Ashgate: Farnham, 1–22.

Lykke, N. (2012). New Materialisms and their Discontents. In: *Proceedings from the Conference "Entanglements of New Materialism, Third New Materialism Conference,"* May 25–26, 2012, Linköping University.

MacCormack, P. (2012). *Posthuman Ethics: Embodiment and Cultural Theory*. Routledge: Routledge, Abingdon.

Marchesini, R. (2002). *Post-human: Verso Nuovi Modelli di Esistenza*. Bollati Boringhieri: Torino.

Marchesini, R. (2009). *Il Tramonto dell'Uomo: La Prospettiva Post-Umanista*. Dedalo: Bari.

Marchesini, R. (2014). *Epifania animale: L'oltreuomo come rivelazione*. Milano, Mimesis.

Marcus, G. E. (1995). Ethnography in/of the World System: The Emergence of Multi- Sited Ethnography. In: *Annual Review of Anthropology*, No.

24, October 1995, 95–117.

Margulis, L. (ed.) (1991). *Symbiosis as a Source of Evolutionary Innovation: Speciation and Morphogenesis*. The MIT Press: Cambridge, MA.

Margulis, L. (1998). *Symbiotic Planet: A New Look at Evolution*. Weidenfeld & Nicolson: London.

Marx, K. [1845] (1924). Theses on Feuerbach. In: Engels, F., Marx, K. (2009). *Feuerbach – The Roots of the Socialist Philosophy; Theses on Feuerbach*. Trans. Lewis, A., Mondial: New York.

Maturana, H. R., Varela, F. J. [1972] (1980). *Autopoiesis and Cognition: The Realization of the Living*. Reidel Publishing Company: Dordrecht, Holland.

Maturana, H. R., Varela, F. J. (1987a). *The Tree of Knowledge: The Biological Roots of Human Understanding*. Shambhala: Boston et al.

Maturana, H. R. (1987b). Everything is Said by an Observer. In: Thompson, W. (ed.) (1987). *Gaia, A Way of Knowing*. Lindisfarne Press: Great Barrington, MA, 65–82.

Maturana Romesin, H. R. (2002). Autopoiesis, Structural Coupling and Cognition: A History of These and Other Notions in the Biology of Cognition. In: *Cybernetics & Human Knowing*, Vol. 9, No. 3–4, 5–34.

McElheny, V. K. (2010). *Drawing the Map of Life: Inside the Human Genome Project*. Basic Books: New York.

McLuhan, M. (1964). *Understanding Media: The Extensions of Man*. Signet Books: New York.

Meillassoux, Q. (2008). *After Finitude: An Essay on the Necessity of Contingency*. Continuum: London.

Mendelsohn, E., Roe Smith, M., Weingart, P. (eds.) (1988). *Science, Technology and the Military*. Kluwer Academic Publishers: Dordrecht et al.

Miah, A. (2008). A Critical History of Posthumanism. In: Chadwick, R., Gordijn, B. (2009), 71–94.

Miller, C., Swift, K. (1980). *The Handbook of Nonsexist Writing*. Lippincott and Crowell: New York.

Milsom, C., Rigby, S. (2010). *Fossils at a Glance*. Wiley-Blackwell: West

Sussex, UK.

Minsky, M. (1985). *The Society of Mind*. Simon and Schuster: New York.

Mishra, S. (2014). *Farmers' Suicides in India, 1995–2012: Measurement and Interpretation*. Asia Research Centre: London.

Moore, J. (ed.) (2016). *Anthropocene or Capitalocene? Nature, History, and the Crisis of Capitalism*. Kairos: Oakland.

Moravec, H. (1988). *Mind Children: The Future of Robot and Human Intelligence*. Harvard University Press: Cambridge, MA.

More, M. (1990) Transhumanism: Towards a Futurist Philosophy. In: *Extropy* 6, Summer, 6–12. Retrieved in April 2013: http://www. maxmore.com/transhum.htm

More, M. (1993): Technological Self-Transformation: Expanding Personal Extropy. In: Extropy 10, Vol. 4, No. 2, Winter/Spring, 15–24. Retrieved in April 2013: http://www. maxmore.com/selftrns.htm

More, M. (1998). Extropian Principles: A Transhumanist Declaration, Version 3:0. Retrieved in April 2013: http://www.maxmore.com/extprn3.htm

More, M. (2003). The Principles of Extropy, Version 3:1. Retrieved in April 2013: http://www.extropy.org/principles.htm

More, M. (2004). The Proactionary Principle. Version 1:0. Retrieved in April 2013: http://www.extropy.org/proactionaryprinciple.htm

More, M. (2010). The Overhuman in the Transhuman. In: *Journal of Evolution and Technology*, Vol. 21, Issue 1, January 2010, 1–4. Retrieved in January 2019: http:// jetpress.org/v21/more.htm

More, M. (2013). The Philosophy of Transhumanism. In: More, M., Vita-More, N. (eds.) (2013), 3–17.

More, M. (2013). The Proactionary Principle: Optimizing Technological Outcomes. In: More, M., Vita-More, N. (2013), 258–67.

More, M., Vita-More, N. (eds.) (2013). *The Transhumanist Reader: Classical and Contemporary Essays on the Science, Technology, and Philosophy of the Human Future*. Wiley-Blackwell: West Sussex.

Mori, M. (1970). The Uncanny Valley. In: Energy, Vol.7, Issue 4: 33–35.

Mori, M. [1974] (1981). *The Buddha in the Robot: A Robot Engineer's*

Thoughts on Science and Religion. Kosei Publishing: Tokyo.

Morton, T. (2013). *Hyperobjects: Philosophy and Ecology After the End of the World*. University of Minnesota Press: Minneapolis.

Mozdzer, T. J., Megonigal, J. P. (2013). Increased Methane Emissions by an Introduced Phragmites australis Lineage under Global Change. In: *Wetlands*. Vol. 33, Issue 4, 609–15.

Nagoshi, J. L., Brzuzy, S. (2010). Transgender Theory: Embodying Research and Practice. In: *Affilia, Journal of Women and Social Work*, Vol. 25, No. 4, November 2010, 431–43.

NASA Orbital Debris FAQs (n. year). NASA. Retrieved in January 2019: https://www.nasa.gov/news/debris_faq.html

NASA's Journey to Mars (n. year). NASA. Retrieved in January 2019: https://www.nasa.gov/content/nasas-journey-to-mars/

Nass, C., Moon, Y. (2000). Machines and Mindlessness: Social Responses to Computers. In: *Journal of Social Issues*, Vol. 56, No. 1, 81–103.

Nealon, J. (2012). *Post-Postmodernism: or, The Cultural Logic of Just-in-Time Capitalism*. Stanford University Press: Stanford.

Neimanis, A., Åsberg, C., Hedrén, J. (2015). Four Problems, Four Directions for Environmental Humanities: Toward Critical Posthumanities for the Anthropocene. In: *Ethics and the Environment*, Vol. 20, No. 1, Spring 2015, 67–97.

Nichols, S. (1988). The Post-Human Movement. In: *Games Monthly Magazine & Elsewhere*. Retrieved in January 2019: http://www.posthuman.org/page2.html

Nietzsche, F. W. [1882] (1974). *The Gay Science: With a Prelude in German Rhymes and an Appendix of Songs*. Trans. Kaufmann, W., Random House: New York.

Nietzsche, F. W. [1883–5] (1976). Thus Spoke Zarathustra. In: *The Portable Nietzsche*. Trans. Kaufmann, W., Penguin Books: New York, 103–439.

Nietzsche, F. W. [1883–5] (2006). *Thus Spoke Zarathustra*. Trans. Del Caro, A., Pippin, R., Cambridge University Press: Cambridge, UK.

Nietzsche, F. W. [1887] (2000). On the Genealogy of Morals. In: *Basic

Writings of Nietzsche. Trans. Kaufmann, W., Random House: New York, 437–600.

Nietzsche, F. W. [1901/1906] (1967). *The Will to Power*. Trans. Kaufmann, W., Hollingdale, R. J., Random House: New York.

Nishitani, O. (2006). Anthropos and Humanitas: Two Western Concepts of "Human Being." In: Sakai, N. N., Solomon, J. (eds.), *Translation, Biopolitics, Colonial Difference*. Hong Kong University Press: Aberdeen, 259–74.

Noble, D. (1997). *The Religion of Technology: The Divinity of Man and the Spirit of Invention*. Penguin: New York.

Nybakken, O. E. (1939). Humanitas Romana. In: *Transactions and Proceedings of the American Philological Association*, Vol. 70, 396–413.

Okin Moller, S. (1999). Is Multiculturalism Bad for Women? In: Cohen, J., Howard, M., Nussbaum, M. C. (eds.), *Is Multiculturalism Bad for Women?* Princeton University Press: Princeton, NJ.

Omi, M., Winant, H. (1994). *Racial Formation in the United States: From the 1960s to the 1990s*. Routledge: New York.

Onishi, B. (2011). Information, Bodies, and Heidegger: Tracing Visions of the Posthuman. In: *Sophia*, Vol. 50, No. 1, 101–12.

Oparin, A. I. [1936] (1953). *The Origin of Life*. Dover Publications: New York.

O'Rourke, D. (2005). *How America's First Settlers Invented Chattel Slavery: Dehumanizing Native Americans and Africans with Language, Laws, Guns, and Religion*. Peter Lang: New York et al.

Osborn, F. (1937). Development of a Eugenic Philosophy. In: *American Sociological Review*, Vol. 2, No. 3, June 1937, 389–97.

Oxford *Dictionaries Online*, Copyright © 2019 Oxford University Press. Entries: "Human." Retrieved in January 2019: http://oxforddictionaries.com/definition/english/human, "Relative." Retrieved in January 2019: http://oxforddictionaries.com/definition/english/relative

Parikka, J. (2014). *The Anthrobscene*. University of Minnesota Press:

Minneapolis.

Parry, R. (2014). Episteme and Techne. In: Zalta, E. N. (ed.), *The Stanford Encyclopedia of Philosophy*, Fall 2014 Edition. Retrieved in January 2019: https://plato.stanford.edu/archives/fall2014/entries/episteme-techne/

Pastourmatzi, D. (2009). Flesh Encounters Biotechnology: Speculations on the Future of the Biological Machine. In: Detsi-Diamanti Z., Kitsi-Mitakou, K., Yiannopoulou, E. (eds.) (2009). *The Future of the Flesh: A Cultural Survey of the Body*. Palgrave Macmillan: New York, 199–219.

Pearce, D. (1995). The Hedonistic Imperative. Retrieved in January 2019: http://www.hedonistic-imperative.com

Pearl the NurseBot Helps the Elderly at Home. In: *Carnegie Mellon Today*, Vol. 1, No. 4, December 2004, 1–2. Retrieved in April 2013: http://www.carnegiemellontoday.com/article.asp?aid=155

Pepperell, R. (1995). The Posthuman Manifesto. In: Pepperell, R. [1995] (2003). *The Posthuman Condition: Consciousness Beyond the Brain*. Intellect Books: Bristol, UK, 177.

Peters, T., Collins, F. S. (2002). *Playing God?: Genetic Determinism and Human Freedom* (2nd Edition). Routledge: New York.

Piaget, J. (1929). *The Child's Conception of the World*. Harcourt, Brace: Oxford, UK.

Plautus, T. M. [211 BC]. Asinaria. In: Lindsay, W. M. (ed.) (1922). *T. Macci Plauti Comoediae: Volume I: Amphitruo, Asinaria, Aulularia, Bacchides, Captivi, Casina, Cistellaria, Curculio, Epidicus, Menaechmi, Mercator*. Oxford Classical Texts: New York.

Posner, R. (2011). Eight Historical Paradigms of the Human Sciences. In: Peil, T. (ed.) (2011). *The Space of Culture, the Place of Nature in Estonia and Beyond: Approaches to Cultural Theory*, Vol. 1. Tartu University Press: Tartu, 20–38.

Quintilian, M. F. [95 AD ca.] (1920). *The Institutio Oratoria of Quintilian. Book 1*. Trans. Butler, H. E., Harvard University Press: Cambridge, MA; William Heinemann: London.

Rae, A. (1986). *Quantum Physics: Illusion or Reality?* Cambridge University Press: Cambridge.

Raffoul, F. (2005). Being and the Other: Ethics and Ontology in Levinas and Heidegger. In: Nelson, E. A., Kapust, A., et al. (eds.), *Addressing Lévinas*. Northwestern University Press: Evanston, IL, 138–51.

Rambachan, A. (2006). *The Advaita Worldview: God, World, and Humanity*. State University of New York Press: Albany, NY.

Randall, L. (2005). *Warped Passages: Unraveling the Mysteries of the Universe's Hidden Dimensions*. HarperCollins: New York.

Ranisch R., Sorgner S. L. (eds.) (2014). *Post- and Transhumanism: An Introduction*. Peter Lang Publisher: Frankfurt et al.

Resnik, D. B., Vorhaus, D. B. (2006). Genetic Modification and Genetic Determinism. In: *Philosophy, Ethics, and Humanities in Medicine*, Vol. 1, Art. ID 9, 1–11.

Ricciardi, A., et al. (1998). Impending Extinctions of North American Freshwater Mussels (Unionoida) Following the Zebra Mussel (Dreissena Polymorpha) Invasion. In: *Journal of Animal Ecology*, Vol. 67, Issue 613–19.

Richardson, K. (2018). Technological Animism: The Uncanny Personhood of Humanoid Machines. In: Swancutt, K., Mazard, M. (eds.). *Animism Beyond the Soul: Ontology, Reflexivity, and the Making of Anthropological Knowledge*. Berghahn Books: New York and Oxford, 112–28.

Ricoeur, P. (1970). *Freud and Philosophy an Essay on Interpretation*. Trans. Savage, D., Yale University Press: New Haven et al.

Rieks, R. (1967). *Homo, Humanus, Humanitas. Zur Humanität in der Lateinischen Literatur des Ersten Nachchristlichen Jahrhunderts*. Fink: München.

Riviere, J. (1929). Womanliness as a Masquerade. In: *International Journal of Psychoanalysis*, Vol. 10, 303–13.

Roberts, M. (1986). *The Age of Liberty, Sweden 1719–1772*. Cambridge: Cambridge University Press.

Roden, D. (2010). Deconstruction and Excision in Philosophical

Posthumanism. In: *Journal of Evolution and Technology*, Vol. 21, Issue 1, June 2010, 27–36. Retrieved in January 2019: http://jetpress.org/v21/roden.htm

Roden, D. (2015). *Posthuman Life: Philosophy at the Edge of the Human.* Routledge: London and New York.

Romaniello, G. (2004). *Pensiero e Linguaggio: Grammatica Universale.* Sovera: Roma.

Rose, J. (2011). *Zoroastrianism: An Introduction.* Tauris: London.

Said, E. (1978). *Orientalism.* Random House: New York.

Sandberg, A. (2011). DIY Enhancement: Morphological Freedom or Self-Harm? In: *Practical Ethics: Ethics in the News*, University of Oxford, January 10, 2011. Retrieved in January 2019: http://blog.practicalethics.ox.ac.uk/2011/01/diy-enhancement-morphological-freedom-or-self-harm/

Sangster, J. (1994). Telling Our Stories: Feminist Debates and the Use of Oral History. In: *Women's History Review*, Vol. 3, Issue 1, 5–28.

Sax, B. (2002). *Animals in the Third Reich: Pets, Scapegoats, and the Holocaust.* Continuum: London et al.

Saxton, M. (2006). Disability Rights and Selective Abortion. In: Davis, L. J. (ed.) (2006), 105–15.

Schadewaldt, W. (1973). Humanitas Romana. In: Temporini, H., Haase, W. (eds.) (1973). *Aufstieg und Niedergang der Römischen Welt: Geschichte und Kultur Roms im Spiegel der Neueren Forschung*, Part 1, Vol. 4. De Gruyter: Berlin et al., 43–62.

Schatzki, T. R. (2001). Introduction: Practice Theory. In: Schatzki et al. (eds.), *The Practice Turn in Contemporary Theory.* Routledge: London et al., 10–11.

Schiebinger, L. (1993). Why Mammals are Called Mammals: Gender Politics in Eighteenth-Century Natural History. In: *The American Historical Review*, Vol. 98, No. 2, April 1993, 382–411.

Schiebinger, L. (2000). Taxonomy for Human Beings. In: Kirkup, G., et al. (2000), 11–37.

Schiebinger, L. (2004). *Plants and Empire: Colonial Bioprospecting in the*

Atlantic world. Harvard University Press: Cambridge, MA.

Schmitt F. F. (2004). Epistemology and Cognitive Science. In: Niiniluoto I., Sintonen M., Woleński, J. (eds), *Handbook of Epistemology*. Springer: Dordrecht, 841–918.

Schnackenberg Cattani, M. (1990). Preface to the English Translation. In: Ferry, L., Renaut, A. [1985] (1990). *French Philosophies of the Sixties: An Essay on Antihumanism*. Trans. Schnackenberg Cattani, M., The University of Massachusetts Press: Amherst.

Schneider, S., et al. (eds.) (2004). *Scientists Debate Gaia: The Next Century*. MIT Press: Boston, MA.

Schrödinger, E. (1935a). The Present Situation in Quantum Mechanics. Trans. Drimmer, J. (1980). In: *Proceedings, Cambridge Philosophical Society*, Vol. 124, 323–38.

Schrödinger, E. (1935b). Discussion of Probability Relations between Separated Systems. In: *Proceedings of the Cambridge Philosophical Society*, Vol. 31, 555–63.

Scott, B. (2004). Second Order Cybernetics: An Historical Introduction. In: *Kybernetes*, Vol. 33, No. 9/10: 1365–78.

Seckbach, J. (2012). *Genesis—In The Beginning: Precursors of Life, Chemical Models and Early Biological Evolution (Cellular Origin, Life in Extreme Habitats and Astrobiology)*, Vol. 22. Springer: Berlin et al.

Sedgwick, E. K. (1990). *Epistemology of the Closet*. University of California Press: Berkeley.

Segrè, E. (1980). *From X-Rays to Quarks: Modern Physicists and Their Discoveries*. Freeman: New York.

Seipel, P. (2015). Nietzsche's Perspectivism, Internal Reasons, and the Problem of Justification. In: *International Philosophical Quarterly*, Vol. 55, No. 1: 49–65.

Seitz, J. D. (2018). Striking a Balance: Policy Considerations for Human Germline Modification. In: *Santa Clara Journal of International Law*, Vol. 16, Issue 1, 60–100.

Sethia, T. (ed.) (2004). *Ahimsā, Anekānta, and Jainism*. Motilal Banarsidass:

Delhi.

Setia, A. (2004). Fakhr al-Din al-Razi on Physics and the Nature of the Physical World: A Preliminary Survey. In: *Islam & Science*, Vol. 2, No. 2, Winter, 161–80.

Sharma, A. (2004). *Sleep as a State of Consciousness in Advaita Vedānta*. State University of New York Press: Albany, NY.

Shea, R., Wilson, R. A. (1975). *The Illuminatus! Trilogy: The Eye in the Pyramid, The Golden Apple, Leviathan*. Dell Publishing: New York.

Shelley, M. [1818] (1992). *Frankenstein: Or, The Modern Prometheus*. Penguin: London.

Shiva, V. (1993). *Monocultures of the Mind: Perspectives on Biodiversity and Biotechnology*. Zed Books: London.

Shiva, V. (1995a). Democratizing Biology: Reinventing Biology from a Feminist, Ecological, and Third World Perspective. In: Lederman, M., Bartsch, I. (eds.) (2001). *The Gender and Science Reader*. Routledge: London, 447–65.

Shiva, V. (1995b). Beyond Reductionism. In: Shiva, V., Moser, I. (eds.) (1995), 267–84.

Shiva, V., Moser, I. (eds.) (1995). *Biopolitics: A Feminist and Ecological Reader in Biotechnology*. Zed Books: London.

Shiva, V. (1997). *Biopiracy: The Plunder of Nature and Knowledge*. South End Press: Boston, MA.

Shiva, V. (2005). *Earth Democracy: Justice, Sustainability*, and Peace. South End Press: Cambridge.

Silantsyeva, T. (2016). The Triads of Expression and the Four Paradoxes of Sense: A Deleuzean Reading of the Two Opening Aphorisms of the Dao De Jing. In: *Dao: A Journal of Comparative Philosophy*, Vol. 15, Issue 3, September 2016, 355–77.

Simondon, G. (1958). *Du Mode d'Existence des Objets Techniques*. Aubier: Paris. Trans. Mellamphy, N. (1980). *On the Mode of Existence of Technical Objects*. University of Western Ontario (not published).

Singer, P. (1975). *Animal Liberation: A New Ethics for Our Treatment of*

Animals. New York Review Books: New York.

Slater, W. J. (1969). *Lexicon to Pindar*. De Gruyter: Berlin. Retrieved in January 2019: http://perseus.uchicago.edu/Reference/Slater.html

Sloterdijk, P. [1999] (2001). Rules for the Human Zoo: A Response to the Letter on Humanism. Trans. Varney Rorty, M. (2009). In: *Environment and Planning D: Society and Space*, Vol. 27, 12–28.

Smith, M. (2005). *Stono: Documenting And Interpreting a Southern Slave Revolt*. University of South Carolina Press: Columbia, SC.

Smith, J., Jenks, C. (2006). *Qualitative Complexity: Ecology, Cognitive Processes and the Re-Emergence of Structures in Post-Humanist Social Theory*. Routledge: Oxon.

Smolin, L. (2001). *Three Roads to Quantum Gravity*. Basic Books: New York.

Smolin, L. (2006). *The Trouble with Physics, the Rise of String Theory, the Fall of a Science, and What Comes Next*. Houghton-Mifflin: New York.

Sorgner, S. L. (2007). *Metaphysics Without Truth: On the importance of Consistency within Nietzsche's Philosophy*. Revised Edition. University of Marquette Press: Milwaukee, WI.

Sorgner, S. L. (2009). Nietzsche, the Overhuman, and Transhumanism. In: *Journal of Evolution and Technology*, Vol. 20, Issue 1, March 2009, 29–42. Retrieved in January 2019: http://jetpress.org/v20/sorgner.htm

Sorgner, S. L. (2013). Human Dignity 2.0: Beyond a Rigid Version of Anthropocentrism. In: *Trans-Humanities*, Vol. 6, No. 1, February 2013: 135–59.

Sorgner, S. L. (2016). *Transhumanismus: "Die gefährlichste Idee der Welt"!?* Herder: Freiburg.

SPACE X (n. year). Mars. Retrieved in January 2019: http://www.spacex.com/mars

Spanos, W. (1993). *End Of Education: Toward Posthumanism (Pedagogy and Cultural Practice)*. University of Minnesota Press: Minneapolis.

Spinoza, B. [1677] (1955). *On the Improvement of Human Understanding:*

The Ethics and Selected Letters. Trans. Elwes, R. H. M., Dover: New York. Retrieved in January 2019: https://www.gutenberg.org/files/3800/3800-h/3800-h.htm#chap03

Spivak, G. C. (1984). Criticism, Feminism and the Institution. Interview with Elizabeth Grosz. In: *Thesis 11*, 10/11, 175–87.

Spivak, G. C. (1987). *In Other Worlds: Essays in Cultural Politics*. Routledge: London.

Spry, T. (2001). Performing Autoethnography: An Embodied Methodological Praxis. In: *Qualitative Inquiry*, Vol. 7, No. 6, 706–32.

Stanton, G. (1998). The Eight Stages of Genocide. In: *Yale Genocide Studies Series, GS01*, Yale University. Retrieved in January 2019: http://www.genocidewatch.org/aboutgenocide/8stagesofgenocide.html

Stapp, H. P. (2007). *Mindful Universe: Quantum Mechanics and the Participating Observer*. Springer: Berlin et al.

Steinhart, E. (2008). Teilhard de Chardin and Transhumanism. In: *Journal of Evolution and Technology*, Vol. 20, Issue 1, 1–22. Retrieved in January 2019: http://jetpress.org/v20/steinhart.htm

Stelarc (1998). From Psycho-Body to Cyber-Systems: Images as Post-Human Entities. In: Bell, D., Kennedy, B. M. (2000), 560–76.

Stengers, I. (2015). *In Catastrophic Times: Resisting the Coming Barbarism*. Trans. Goffey, A., Open Humanities Press: London.

Stevens, E., Patrick, T., Pickler, R. (2009). A History of Infant Feeding. In: *The Journal of Perinatal Education*, Vol. 18, Issue 2: 32–39.

Stiegler, B. [1994] (1998). *Technics and Time, 1: The Fault of Epimetheus*. Trans. Beardsworth, R., Collins, G., Stanford University Press: Stanford.

Stone, A. R. (1991). Will the Real Body Please Stand Up? Boundary Stories About Virtual Cultures. In: Bell, D., Kennedy, B. M. (2000), 504–28.

Stone, R. J. (2005). *The Routledge Dictionary of Latin Quotations*. Routledge: New York.

Stone, S. (1995). *The War of Desire and Technology at the Close of the*

Mechanical Age. The MIT Press: Cambridge, MA.

Strawser, B. J. (ed.) (2013). *Killing by Remote Control: The Ethics of an Unmanned Military*. Oxford University Press: Oxford et al.

Stubley, P. (2018). Colombian Government Ordered to Protect Amazon Rainforest in Historic Legal Ruling. In: *Independent*. April 6, 2018. Retrieved in January 2019: https://www.independent.co.uk/news/world/americas/amazon-rainforest-colombia-protect-deforestation-environment-logging-supreme-court-legal-rights-a8292671.html

Susskind, L. (2005). *The Cosmic Landscape: String Theory and the Illusion of Intelligent Design*. Time Warner Book Group: New York.

Tegmark, M. (2010). Many Worlds in Context. In: Saunders, S., Barrett, J., Kent, A., Wallace D. (eds.) (2010). *Many Worlds? Everett, Quantum Theory and Reality*. Oxford University Press: Oxford et al., 553–81.

Teilhard de Chardin, P. (1949). The Essence of the Democratic Idea: A Biological Approach. In: Teilhard de Chardin, P. (1964), 236–42.

Teilhard de Chardin, P. [1955] (1959). *The Phenomenon of Man*. Trans. Wall, B., Harper & Row: New York.

Teilhard de Chardin, P. [1956] (1966). *Man's Place in Nature: The Human Zoological Group*. Trans. Hague, R., Harper & Row: New York.

Teilhard de Chardin, P. [1959] (1964). *The Future of Man*. Trans. Denny, N., Random House: New York et al.

Terentius, P. A. [163 BC]. *Heauton Timorumenos* (The Self-Tormentor). In: Terence (1953). Trans. Sargeaunt, J., Harvard University Press: Cambridge, MA.

Thomas, G., De Tavernier, J. (2017). Farmer-Suicide in India: Debating the Role of Biotechnology. In: *Life Sciences, Society and Policy*, Vol. 13, Issue 8, 1–21.

Timalsina, S. (2009). *Consciousness in Indian Philosophy: The Advaita Doctrine of "Awareness Only."* Routledge: London et al.

Tirosh-Samuelson, H., Mossman, K. L. (eds.) (2012). *Building Better Humans? Refocusing the Debate on Transhumanism*. Peter Lang: Frankfurt et al.

Tokyo Couple Married by Robot in Rooftop Wedding. In: *BBC News*,

May 16, 2010. Retrieved in January 2019: http://news.bbc.co.uk/2/hi/8685184.stm

Tuana, N. (1998). *Women and the History of Philosophy*. Paragon House: New York.

Tuncel, Y. (ed.) (2017). *Nietzsche and Transhumanism: Precursor or Enemy?* Cambridge Scholars Publishing: Newcastle, UK.

Turing, A. M. (1950). Computing Machinery and Intelligence. In: *Mind*, Vol. 59, No. 236, 433–60.

Turkle, S. (1984). *The Second Self: Computers and the Human Spirit*. Simon and Schuster: New York.

Turkle, S. (1995). *Life on the Screen: Identity in the Age of the Internet*. Touchstone: New York.

Turkle, S. (2011). *Alone Together: Why We Expect More from Technology and Less from Each Other*. Basic Books: New York.

Tylor, E. B. (1871). *Primitive Culture: Researches Into the Development of Mythology, Philosophy, Religion, Language, Art and Custom, Vol. 1*. Murray: London.

Tzu, L. [6th century BCE] (1999). *Tao Te Ching*. Trans. Mitchell, S., Frances Lincoln: London.

Uyeda, J. C., Hansen, T. F., Arnold, S. J., Pienaar, J. (2011). The Million-Year Wait for Macroevolutionary Bursts. In: *PNAS*, Vol. 108, No. 38, September 2011, 15908–13.

Varela, F. J, Thompson, E. T., Rosch, E. (1991). *The Embodied Mind: Cognitive Science and Human Experience*. The MIT Press: Cambridge, MA.

Varela, F. J. (1995). The Emergent Self. In: Brockman, J. (ed.) (1995). *The Third Culture: Beyond the Scientific Revolution*. Simon & Schuster: New York, 209–22.

Vasterling, V. (1999). Butler's Sophisticated Constructivism: A Critical Assessment. In: *Hypatia*, Vol. 14, No. 3, Summer 1999, 17–38.

Vattimo, G. [1985] (1991). *The End of Modernity: Nihilism and Hermeneutics in Postmodern Culture*. Trans. Snyder, J. R., The John Hopkins University Press: Baltimore.

Vaughan, A. T. (1982). From White Man to Redskin: Changing Anglo-American Perceptions of the American Indian. In: *The American Historical Review*, Vol. 87, No. 4, October 1982, 917–53.

Velikovsky, I. (1982). *Mankind in Amnesia*. Doubleday & Company: New York.

Viereck, G. S. (1929). What Life Means to Einstein: An Interview. In: *The Saturday Evening Post*, Volume 202, October 26, 1929, 117.

Villarreal, L. P. (2004a). Can Viruses Make Us Human? In: *Proceedings of the American Philosophical Society*, Vol. 148, Issue 3, September 2004, 296–323.

Villarreal, L. P. (2004b). Are Viruses Alive? In: *Scientific American*, Vol. 291, Issue 6, December 2004, 97–102.

Vincent, A. (2010). *The Politics of Human Rights*. Oxford University Press: Oxford.

Vita-More, N. (2004). The New Genre: Primo Posthuman. In: *Ciber@ RT Conference*, April 2004, Bilbao (Spain). Retrieved in April 2013: http://www.natasha.cc/paper.htm

Vita-More, N. (2005). Primo Posthuman: Primo Guide, 2005 Edition. Retrieved in April 2013: http://www.natasha.cc/primo3m+comparision.htm

Vita-More, N. (2011). Bringing Art/Design into the Discussion of Transhumanism. In: Hansell, G. R., Grassie, W. (2011), 70–83.

Viveiros de Castro, E. (1998). Cosmological deixis and Amerindian perspectivism. In: *Journal of the Royal Anthropological Institute*, Vol. 4, No. 3, 469–88.

Voltaire [1759] (1991). *Candide* (A Norton Critical Edition). Trans. Adams, R. M., Norton & Company: New York.

Von Glasersfeld, E. (1995). *Radical Constructivism: A Way of Knowing and Learning*. RoutledgeFalmer: London.

Wajcman, J. (1991). *Feminism Confronts Technology*. The Pennsylvania State University Press: Pennsylvania.

Wake, D., Vredenburg, V. T. (2008). Are We in the Midst of the Sixth Mass Extinction? A View from the World of Amphibians. In:

Proceedings of the National Academy of Sciences of the United States of America, Vol. 105, 11466–73.

Waldby, C. (2000). *The Visible Human Project: Informatic Bodies and Posthuman Medicine*. Routledge: London et al.

Ward, P. (2009). *The Medea Hypothesis: Is Life on Earth Ultimately Self-Destructive?* Princeton University Press: Princeton, NJ.

Ward, P. (2018). *Lamarck's Revenge: How Epigenetics Is Revolutionizing Our Understanding of Evolution's Past and Present*. Bloomsbury: New York.

Warren, K. (2009). 2,600 Years of the History of Western Philosophy Without Women: This Book as a Unique, Gender-Inclusive Alternative. In: Warren, K. (ed.) (2009). *An Unconventional History of Western Philosophy: Conversations Between Men and Women Philosophers*. Rowman and Littlefield Publishers: Lanham, 1–26.

Warren, L. V. (1986). Guidelines for Non-Sexist Use of Language. In: *Proceedings and Addresses of the American Philosophical Association*, Vol. 59, No. 3, February 1986, 471–82.

Warwick, K. (1997). *The March of the Machines*. Century: London.

Warwick, K. (2002). *I, Cyborg*. University of Illinois Press: Urbana et al.

Warwick, K., Nasuto, S. J. (2006). Historical and Current Machine Intelligence. In: *IEEE Instrumentation and Measurement Magazine*, Vol. 9, Issue 6, December 2006, 20–26.

Warwick, K. (2012). *Artificial Intelligence: The Basics*. Routledge: Oxon.

Watts, A. (1976). *Tao: The Watercourse Way*. Jonathan Cape: London.

Weinstone, A. (2004). *Avatar Bodies: A Tantra for Posthumanism*. University of Minnesota Press: Minneapolis et al.

Wheaton, B. R. (1983). *The Tiger and the Shark: Empirical Roots of Wave-Particle Dualism*. Cambridge University Press: New York.

White, F. (1998). *The Overview Effect: Space Exploration and Human Evolution*. American Institute of Aeronautics and Astronautics: Reston, VA.

White, J. (1983). Veiled Testimony: Negro Spirituals and the Slave Experience. In: *Journal of American Studies*, Vol. 17, No. 2, August

1983, 251–63.

Whitlock, G. (1999). Roger G. Boscovich and Friedrich Nietzsche: A Re-examination. In: Babich, B. E., Cohen, R. S. (eds.) (1999). *Nietzsche, Epistemology, and Philosophy of Science: Nietzsche and the Science II*. Boston Studies in the Philosophy of Science, Vol. 203. Kluwer Academic Publishers: Dordrecht et al., 187–202.

Widmer, R., et al. (2005). Global Perspectives On E-Waste. In: *Environmental Impact Assessment Review*, Vol. 25, Issue 5, July 2005, 436–58.

Wilkinson, T. (2012). The Multiverse Conundrum. In: *Philosophy Now*, Issue 89, March/ April 2012. Retrieved in January 2019: http:// philosophynow.org/issues/89/The_Multiverse_Conundrum

Wilson, R. A., Keil, F. C. (eds.) (1999). *The MIT Encyclopedia of Cognitive Science*. MIT Press: Cambridge, MA.

Woese, C. (1998). The Universal Ancestor. In: *PNAS*, Vol. 95, No. 12, June 1998, 6854–59.

Woit, P. (2006). *Not Even Wrong: The Failure of String Theory and the Search for Unity in Physical Law*. Basic Books: New York.

Wolfe, C. (2010). *What is Posthumanism?* Posthumanities Series, University of Minnesota Press: Minneapolis et al.

Wolfendale, P. (2017). Object-Oriented Ontology. In: Braidotti, R., Hlavajova, M. (eds.) (2017), 447–48.

Woolf, V. [1929] (2005). *A Room of One's Own*. Harcourt: Orlando et al.

Wootson, Jr., C. R., (2017). Saudi Arabia Grants Robot Citizenship, Irking Women's Rights Groups. In: *The Washington Post. Hamilton Spectator, The (ON)*, October 30, 2017.

Yildirim, C. (2014). *Exploring the Dimensions of Nomophobia: Developing and Validating a Questionnaire using Mixed Methods Research (Master's Thesis)*. Iowa State University. Retrieved in January 2019: https://lib.dr.iastate.edu/cgi/viewcontent. cgi?article=5012&context=etd

Zalasiewicz, et al. (2008). When Did the Anthropocene Begin? A Mid-Twentieth Century Boundary Level is Stratigraphically Optimal. In:

Quaternary International, Vol. 383, October 5, 2015, 196–203.

Zetzel, J. E. G. (1972). Cicero and the Scipionic Circle. *Harvard Studies in Classical Philology*, Vol. 76, 173–79.

Zimmer, C. (2005). *Smithsonian Intimate Guide to Human Origins.* Smithsonian Books / HarperCollins: New York.

Zinnbauer, B. J., Pargament, K. I., Cole, B., Rye, M. S., Butter, E. M., Belavich, T. G., Hipp, K. M., Scott, A. B., Kadar, J. L. (1997). Religion and Spirituality: Unfuzzying the Fuzzy. In: *Journal for the Scientific Study of Religion*, Vol. 36, No. 4, December 1997, 549–64.

Zweig, G. (1964). An SU(3) Model for Strong Interaction Symmetry and its Breaking. In: CERN Report, Preprint 8182 / Th. 401.

Zylinska, J. (2009). *Bioethics in the Age of the New Media.* The MIT Press: Cambridge, MA.

시각 자료

비디오

Braidotti, R. (2015). Prof. Rosi Braidotti—Keynote Lecture—Posthumanism and Society Conference, New York, May 9, 2015. In: Online video clip. YouTube. YouTube, November 10, 2015. Retrieved in January 2019: https://www.youtube.com/watch?v=3S3CulNbQ1M

a. 영화 및 다큐멘터리

Bigelow, K. Strange Days (1995). Lightstorm Entertainment.

Cook, N. (2005). Who Is Afraid of Designer Babies? BBC.

Jonze, S. Her (2013). Annapurna Pictures.

Niccol, A. Gattaca (1997). Columbia Pictures.

Stanton, A. Wall-E (2008). Disney Pixar.

b. 온라인 영상

Warwick, K., Ferrando, F. (2010). Is Science-Fiction a Source of Inspiration for Scientists? In: YouTube, Channel TVCyborg, Conversation N. 15,

Video-Interview (original transcript). Retrieved in January 2019: http://www.youtube.com/watch?v=sb9TxqhCjKM

이 책은 프란체스카 페란도가 지은 *Philosophical Posthumanism*
의 번역본이다. 영국의 블룸스버리 출판사에서 저자의 스승 로지
브라이도티가 이끄는 "이론(Theory)" 총서로 2019년 출판되어 전
세계 포스트휴머니즘 연구자들로부터 각광을 받았다.

저자는 포스트휴머니즘과 그 주변부의 다양한 이론적·실천
적 흐름을 찬찬히 되짚으며 각각을 섬세하게 살피는 한편, 자신의
고유한 입장을 트랜스휴머니즘, 안티휴머니즘, 신유물론, 객체지
향 존재론 등 포스트휴머니즘이라는 포괄 용어로 지칭되는 다양한
사조들과 구별해서 "철학적 포스트휴머니즘"이라 부른다.[1] 그것은

---

1 이하 두 문단은 2020년 9월 강원대 인문과학연구소 주최로 열린 국제학술대회
   "초연결사회, 인간/자연(본성)의 재사유"에서 프란체스카 페란도의 발표에 대한
   나의 논평문에서 발췌 및 수정했다.

"존재-인식론적 접근이자, 윤리학적 접근이며, 매개의 철학"이요, "대립적인 이원론과 위계적 유산에서 해방된 철학"으로, 탈-인간주의, 탈-인류중심주의, 탈-이원론을 주요한 특징으로 갖는다.

저자는 특히 포스트휴머니즘이 트랜스휴머니즘과 구분된다는 점을 강조한다. 트랜스휴머니즘에 따르면 포스트휴먼은 미래에 도래할 기술에 의해 향상된 인간의 상태를 일컫는다. 그것은 아직 실현되지 않은 사건이지만, 현 인류가 지향하고 결국 미래에 도달하게 될 지점이다. 그러나 저자에 따르면 이는 여전히 인간주의적이고 인류중심적인 이해 방식이다. 인간은 애당초 복수적 개념이고, 타자성에 연루되어 있으며, 관계적이고 내부-작용하는 행위자, 아니 행위성(agency)이다. 이 관점에서 우리는 이미 포스트휴먼이다. 혹은 언제나 포스트휴먼이었다. 다른 한편으로 포스트휴먼은 실존의 양태이자 과정이요, 그런 의미에서 우리는 여전히 포스트휴먼 "존재(-이기)"라기보다는 지속되는 "생성(-되기)"이다. 요컨대 우리는 이미 예전부터 포스트휴먼이었고, 여전히, 아니 언제까지나, 포스트휴먼이 되어가는 중이다.

이 책을 번역하면서 기존의 포스트휴머니즘 연구와 번역을 상당 부분 참고했다. 기간의 성과를 토대로 삼고 이를 적극적으로 때로는 비판적으로 수용함으로서 이 땅의 학문, 적어도 인문학의 발전에 작으나마 기여하고자 하는 바람에서다. 이화인문과학원과 아카넷에서 펴낸 '포스트휴먼 총서'의 책들, 그 중에서도 특히 로지 브라이도티의 『포스트휴먼』(이경란 역, 2015)을 주요한 저본으로 삼았다. 브라이도티는 저자 페란도의 스승으로 이 책 서문의 저자이기도 하다. 이 책은 브라이도티라는 대가의 책과 연속선상에 있으면서도 한결 가볍고 경쾌하다. 젊은 철학도의 패기도 엿보인다. 그런 점에서 두 책을 비교해서 읽는 것도 흥미로운 독서 경험이 될 것이다.

번역 과정에서 특히 개념어에 있어서는 되도록 현재 학계에서 또는 일상적으로 쓰이는 말로 옮기는 것을 원칙으로 하되, 순우리말과 외래어, 구어와 문어, 학술 용어와 일상어 등의 구분에 의존하기보다는 현존하는 언어 중에서 개념의 뜻을 가장 정확하게 전달하는 단어를 선택하고자 했다. 그래서 '포스트휴머니즘(posthumanism)'이나 '트랜스휴머니즘(transhumanism)' 등 이미 굳어진 외래어는 기존의 용법을 그대로 따르는 대신, 저자가 '철학적 포스트휴머니즘(Philosophical Posthumanism)'을 규정하면서 사용하는 용어 'post-humanism', 'post-anthropocentrism', 'post-dualism' 등은 각각 '탈-인간주의', '탈-인류중심주의', '탈-이원론'으로 풀어서 썼다. 『포스트휴먼』의 선례를 참조하기도 했지만, 이 책 11장에서 설명된 '포스트(post)'와 하이픈(-)의 의미를 살리는 한편, 인간주의, 인류중심주의, 이원론을 극복하면서도 전면적으로 부정하는 대신에 그것들이 지닌 역사적 공과를 안고 가려는 저자의 의도를 전달하기 위함이기도 했다. 그런가 하면 '포스트휴먼(posthuman)'은 일관적으로 '포스트휴먼'으로 썼다. 대신에 '휴먼(human)'에 대해서는 '인간'과 '휴먼'을 맥락에 따라서 교차해서 쓰고, 분류학적 '종'이나 '유'의 개념, 즉 '안트로포스(anthropos)'의 뜻에 가깝게 쓰인 경우에는 '인류'라 썼다.

한편 이 책에는 니체, 하이데거, 푸코, 들뢰즈, 버틀러 등의 저작이 자주 인용된다. 그중 상당수는 이른바 "고전"의 반열에 올라 있고 적어도 하나 이상의 국역본이 나와 있는 경우가 대부분이다. 이역서에서는 감수자의 제안에 따라 저자가 인용한 영역본에서 그대로 옮기는 편을 택했다. 저자가 이탈리아어로 쓰인 원본을 직접 영어로 옮기는 과정에서 인용문 또한 영어권 독자에 맞게끔 손을 보았고, 이러한 맥락이 영어본을 저본으로 삼은 이 역서에서도 그대로 전달될 필요가 있다는 판단에서다. 물론 저 "고전"들의 경우 원문의 본뜻에서 벗어나는 일이 없도록 기존의 국역본 또한 참조했음을 밝혀둔다.

2020년 벽두의 겨울로 기억한다. 이화여대 이화인문과학원 신상규 교수님으로부터 이 책의 번역을 제안 받았다. 내게는 너무나도 반갑고 감사한 제안인 한편으로 무모한 도전이기도 했다. 2019년 가을 무렵 포스트휴머니즘을 처음으로 접한 뒤, 그해 겨울에 발족한 '포스트휴먼 연구자 네트워크'나 그 밖의 학회를 쫓아다니면서 이미 두텁게 쌓인 문헌들을 소화하느라 허덕이던 때였다. 그럼에도 도전을 감행한 것은 이 신생 분야에 대한 호기심, 그리고 철학도라면 모름지기 시대의 흐름을 읽고 그 시대 고유의 정신과 감수성을 이해해야 한다는 어떤 사명감에서였다. 아주 오래 전, 우연한 계기로 『아나키즘의 역사』의 번역에 참여하면서 처음에는 백지 상태에서 시작했다가 번역을 마칠 무렵에는 적어도 심정적으로는 아나키스트가 되어 있었던 경험을 떠올리기도 했다.

그렇게 시작해서 이 책의 역자이자 독자로 1년 반이 넘는 시간을 지내오는 동안, 이 책은 이 시대의 대표적인 혹은 징후적인 사상을 이해하기 위한 좋은 길잡이가 되어 주었다. 책의 중심축인 포스트휴머니즘은 물론, 트랜스휴머니즘, 신유물론, 객체지향 존재론과 같은 최신 이론과 담론들뿐만 아니라, 타자, 기술, 인식, 진화, 생명, 관점주의 등 전통적인 철학적 개념들, 그리고 인류세, 인공생명, 후성유전학, 인간 향상, 크리스퍼, 다중우주 등 현대 최첨단 과학의 이론적·물질적 결과물과 이로부터 제기되는 문제들이 새로이 혹은 다시 보이는가 하면, 브라이도티, 헤일스, 해러웨이, 버틀러, 테그마크 등 동시대 이론가들을 발견하고, 또 하이데거, 니체, 푸코 등 정통 철학자들을 재발견하는 계기가 되기도 했다.

이 책과 만난 지난 해 겨울 이후, 세상은 변했다. 이제 모두가 포스트휴먼보다는 포스트코로나를 말한다. 이 코로나 시대는 지극히 포스트휴먼적인 현상이요 포스트휴먼 시대의 산물이다. 포스트코로나 시대 또한 여전히 포스트휴먼 시대일 가능성이 크다. 이 책을 읽고 우리말로 옮기는 것은 이 시대가 던지는 물음에 대한 하나의 응답을 찾는 과정이기도 했다. 이 책의 독서가 내게 그랬듯이 독자들에게도 유익하고도 흥미로운 경험이 되기를 바란다.

다른 책들도 그렇겠지만 특히 이 책이 나오기까지 많은 분들의 도움이 있었다. 누구보다도 신상규 선생님께 진 빚은 헤아릴 길이 없다. 번역을 주선하고 독려해 주신 것은 물론, 마지막 교정 단계에서 친히 감수까지 맡아 공역에 준하는, 아니 그 이상의 노고를 해주셨다. 말하자면 "교신 역자(corresponding translator)"의 역할을 해주신 셈이다. 번역의 성과는 선생님의 탁견과 정성이 담긴 감수 덕분이고, 부족한 부분은 전적으로 역자의 책임이다. 그 밖에도 학회 초청

이나 한국어판 서문 요청에 선뜻 응해준 저자 프란체스카 페란도,
준비에서부터 마무리 단계까지 여러 모로 서툰 역자를 잘 이끌어
주신 아카넷 편집부의 김일수 선생님, 이 번역 작업을 지원해 준 한국
연구재단과 강원대 인문과학연구소(소장 : 사학과 남의현 교수), 그리고
늘 물심양면으로 지지해 주시고 유난히 더웠던 여름날 일반 독자
의 매섭고 날카로운 눈으로 원고를 읽어주신 부모님께 감사를 전
한다.

2021년 가을
춘천에서
이지선

주요 인명

주요 문헌 및 작품

지은이 프란체스카 페란도(Francesca Ferrando)

젠더 연구로 석사학위를, 철학으로 박사학위를 취득했으며, 현재 뉴욕대 조교수로 교양학부에서 철학을 가르치고 있다. 포스트휴머니즘과 트랜스휴머니즘에 관한 다수의 논문을 발표하고, 뉴욕 포스트휴먼 연구 그룹과 세계 포스트휴먼 연구자 네트워크인 '휴머니즘 너머(Beyond Humanism)'에서 활발히 활동하며, TED에서 최초로 포스트휴머니즘에 관한 강연을 실시하는 등 포스트휴머니즘 분야를 선도하고 있다. 35세 미만 젊은 학자에게 수여되는 '비토리오 사이나티' 철학상을 수상했으며, 《오리진(Origin)》이 선정한 '세계에 변화를 가져온 100명의 창조적인 인물'로 선정되기도 했다.

옮긴이 이지선

이화여자대학교에서 물리학과 철학을 공부한 뒤, 프랑스 파리 디드로 대학(구 파리 7대학)에서 프랑스의 철학자이자 과학자인 앙리 푸앵카레의 사상과 17~19세기 우주론의 역사에 관한 논문으로 박사학위를 받았다. 강원대학교 인문과학연구소 전임연구원을 역임한 후, 현재 숙명여자대학교 인문학연구소 HK연구교수로 재직하고 있다. 주요 저서로 『초연결의 철학』(공저, 2021), 『공존의 기술』(공저, 2007) 등이 있고, 주요 논문으로 「물질과 의미의 물의(物議) 빚기 : 캐런 버라드의 행위적 실재론에 관한 예비적 고찰」(2021), 「철학자의 시간과 물리학자의 시간: 베르그손과 푸앵카레의 상대성이론 해석」(2019) 등이 있으며, 역서로는 『아나키즘의 역사』(공역, 2003)가 있다.

감수 신상규

서강대학교에서 경영학과 철학을 전공하고, 미국 텍사스대학교(오스틴)에서 철학 박사학위를 받았다. 현재 이화여자대학교 이화인문과학원에 재직 중이며 포스트휴먼 융합인문학 협동과정의 주임교수를 맡고 있다. 주요 관심 분야는 심리철학, 인공지능의 철학, 정보철학, 트랜스휴머니즘, 포스트휴머니즘 등이다. 주요 저서로 『호모사피엔스의 미래』, 『푸른 요정을 찾아서』, 『인문테크놀로지 입문』(공저), 『인공지능의 윤리학』(공저), 『포스트휴먼이 몰려온다』(공저)가 있다. 『내추럴-본 사이보그』, 『우주의 끝에서 철학하기』, 『커넥톰, 뇌의 지도』 등을 우리말로 옮겼다.

철학적 포스트휴머니즘

포스트휴먼 시대를 이해하는 237개의 질문들

1판 1쇄 펴냄 | 2021년 11월 05일
1판 2쇄 펴냄 | 2022년 10월 04일

지은이 | 프란체스카 페란도
옮긴이 | 이지선
감수자 | 신상규
펴낸이 | 김정호
펴낸곳 | 아카넷

책임편집 | 김일수

출판등록 2000년 1월 24일(제406-2000-000012호)
주소 | 10881 경기도 파주시 회동길 445-3
전화 | 031-955-9510(편집) · 031-955-9514(주문)
팩시밀리 | 031-955-9519

www.acanet.co.kr

Printed in Paju, Korea

ISBN 978-89-5733-738-7 93100

이 저서는 2019년 대한민국 교육부와 한국연구재단의 지원을 받아 수행된
연구임(NRF-2019S1A5C2A02082760)